Managementprognosen und Analystenschätzungen

Betriebswirtschaftliche Forschung im Rechnungswesen

Herausgegeben von Nils Crasselt, Rolf Uwe Fülbier, Joachim Gassen, Bernhard Pellens und Thorsten Sellhorn

Band 14

*Zur Qualitätssicherung und Peer Review der vorliegenden Publikation*

Die Qualität der in dieser Reihe erscheinenden Arbeiten wird vor der Publikation durch Herausgeber der Reihe geprüft.

*Notes on the quality assurance and peer review of this publication*

Prior to publication, the quality of the work published in this series is reviewed by editors of the series.

Kai Lehmann

# Managementprognosen und Analystenschätzungen

## Empirische Untersuchung zum Prognoseverhalten von Unternehmen und Finanzanalysten

PL ACADEMIC RESEARCH

**Bibliografische Information der Deutschen Nationalbibliothek**
Die Deutsche Nationalbibliothek verzeichnet diese Publikation in der Deutschen Nationalbibliografie; detaillierte bibliografische Daten sind im Internet über http://dnb.d-nb.de abrufbar.

Zugl.: Bochum, Univ., Diss., 2014

Gedruckt auf alterungsbeständigem, säurefreiem Papier.

D 294
ISSN 2191-6098
ISBN 978-3-631-65608-2 (Print)
E-ISBN 978-3-653-04833-9 (E-Book)
DOI 10.3726/978-3-653-04833-9


PL Academic Research ist ein Imprint der Peter Lang GmbH.

Peter Lang – Frankfurt am Main · Bern · Bruxelles · New York · Oxford · Warszawa · Wien



Diese Publikation wurde begutachtet.

www.peterlang.com

# Vorwort

In sportlicher Hinsicht gilt meine Leidenschaft dem Laufen. Gerne laufe ich dabei auch einmal längere Distanzen, ermöglichen sie es einem, seine vermeintlichen Grenzen auszutesten. Gerade in der Endphase der Anfertigung dieser Arbeit kam mir oftmals der Vergleich mit einem Marathon in den Kopf. Erfolgreiche Langstreckenläufer benötigen Kraft und Ausdauer, vor allem aber einen starken Willen und den Glauben an ein gutes Ende. Das Projekt Dissertation ähnelt hinsichtlich der benötigen Ausdauer einem Marathon, mit dem kleinen, aber bedeutenden Unterschied, dass die Distanz und damit auch die Mühen, die man auf sich nehmen muss, bei einem Marathon von vorne herein recht klar bestimmt sind. Bei einer Dissertation hingegen mag das Ziel zunächst ebenso klar erscheinen, der Weg zumindest grob umrissen sein, doch sind es die vielen Unwägbarkeiten und das durch sie hervorgerufene Gefühl, dass sich die Ziellinie ständig zu verschieben scheint, die eine Dissertation zu weit mehr als nur einer sportlichen Herausforderung machen. Doch sind die oben angeführten Attribute eine notwendige, aber noch keine hinreichende Bedingung für das letztendliche Gelingen. Denn ohne die tatkräftige Unterstützung des gesamten Umfeldes ist es sowohl für einen Sportler als auch für einen Dissertanten ungleich schwerer die Ziellinie zu erreichen. Daher möchte ich mich an dieser Stelle bei den nachfolgenden Personen ganz herzlich für ihre Unterstützung, sei es in fachlicher oder formeller, materieller oder mentaler Hinsicht, bedanken:

Meinem akademischen Lehrvater, Herrn Prof. Dr. Bernhard Pellens gebührt mein großer Dank. Nicht nur hat er zu Beginn meines Studiums im Rahmen von Vorlesungen durch seine begeisternde Art betriebswirtschaftliche Inhalte zu vermitteln, meine spätere inhaltliche Schwerpunktsetzung im Studium und damit auch meinen beruflichen Werdegang entscheidend geprägt, auch legte er den Grundstein im Prozess der Themenausarbeitung zur vorliegenden Arbeit. Er stand mir während der Anfertigung stets als interessierter Ansprechpartner für den Gedankenaustausch zur Seite. Ebenso danke ich ihm für die Möglichkeit, dass ich auch abseits des akademischen Alltags vielfältige spannende Aufgaben und Projekte übernehmen durfte. Zu nennen sind hier insbesondere die Dozententätigkeiten am USW Netzwerk der ESMT und am CDHK der Tongji-Universität in Shanghai. Den Herren Prof. Dr. Stephan Paul und Prof. Dr. Dr. Hans

Dirrigl danke ich für die Übernahme der Zweitbegutachtung bzw. der Diskussionsleitung im Rahmen der Disputation.

Die Zeit als wissenschaftlicher Mitarbeiter am Lehrstuhl für Internationale Unternehmensrechnung wird mir in vielerlei Hinsicht in positiver Erinnerung bleiben. Zurückblickend erinnere ich mich ganz besonders gerne an den kollegialen und humorvollen Umgang am Lehrstuhl. Hierfür verantwortlich zeichnen die ehemaligen Kollegen Dr. Holger Amshoff, Dr. Torben Auste, Omar Barekzai, Dr. Ole Berger, Dr. Eva Brandt, Prof. Dr. Nils Crasselt, Fabian Engstermann, Kai Hüttermann, Stefan Jannett, Dr. Dirk Jödicke, Tom Jungius, Dr. Thomas Kemper-Scharpegge, Janina Knappstein, Dr. Peter Küting, Philipp Obermüller, Beate Preuß, Dr. Sebastian Riemenschneider, Maximilian Rowoldt, Dr. Torben Rüthers, Ann-Kathrin Schmeling, Dr. André Schmidt, Prof. Dr. Thorsten Sellhorn, Jan-Henning Sohlmann, Dennis Starke, Dr. Adam Strzyz, Alina Unkhoff und Dr. Markus Weinreis. Zudem möchte ich mich auch den Herren Dr. Andreas Bonse und Dr. Martin Seidler für die tolle Zusammenarbeit in all den Jahren danken.

Viele meiner ehemaligen Kollegen sind während der Zeit am Lehrstuhl zu Freunden geworden. Hierbei gilt mein erster Dank Thomas, der mich einst ermutigt hat, meine Unikarriere um ein paar Jahre zu verlängern, um das Team von Herrn Prof. Dr. Pellens zu verstärken. Thomas ist mir während der Lehrstuhlzeit zu einem tollen Freund geworden, mit dem ich wahlweise während gemeinsamer Besuche im Stadion, bei unserem Stammitaliener „Jupp" oder auf pfälzischen Weinfesten nach wie vor gerne in Erinnerungen an gemeinsame Bürozeiten schwelge. Ebenso zu nennen ist Jan-Henning, mit dem ich nicht nur unzählige skurrile Erinnerungen in Bezug auf Begegnungen von Student und wissenschaftlichem Mitarbeiter teile, sondern zum Leidwesen vieler auch den gleichen Humor. Philipp war stets zu Diensten, wenn Excel mal wieder seinen eigenen Weg ging oder wenn Lebensweisheiten aus Bud Spencer und Terrence Hill Filmen zur Erheiterung des Unialltags herhalten mussten. André, gebührt mein großer Dank für den vielfältigen Input während der Anfertigung dieser Arbeit sowie im Rahmen des Korrekturlesens. Zudem ist es insbesondere André, der durch regelmäßige Einladungen zum Grillen oder zu Filmvorführungen in sein Heimkino den Zusammenhalt am Lehrstuhl fördert. Tom und Torben waren nicht nur bei den regelmäßig ausgetragenen FIFA-Turnieren verlässliche Team-Player, auch bei unseren alljährlichen sommerlichen Highlights, dem Verzweifeln vor kilometerlangen Excel-Sheets im Rahmen der Euro 500-Studie sowie der sportlichen Betätigung auf dem Beach-Volleyballfeld, konnte ich immer auf sie zählen. Max fungiert sicherlich nicht nur (zu Recht) als Stilikone des

Lehrstuhls, sondern ebenso als vielseitig interessierter Diskussionspartner und ich konnte stets auf den Mehrwert bauen, der aus fachlichen Gesprächen mit ihm hervorging und der ganz entscheidend zum Gelingen dieser Arbeit beigetragen hat.

Die Anfertigung dieser Arbeit war mit einem enormen Aufwand beim Sammeln und Aufbereiten der entsprechenden Daten verbunden. Ohne die tatkräftige Unterstützung eines engagierten Teams von studentischen Hilfskräften, wäre das Zusammentragen kaum händelbar gewesen. Ausdrücklich danken möchte ich hierbei Simon Manuel Ingram, Vanessa Logermann und ganz besonders Alena Charlotte Schmitz. Zudem gilt den übrigen studentischen Hilfskräften des Lehrstuhls ein großer Dank für die tolle Unterstützung bei der Literaturrecherche.

Zu guter Letzt möchte ich mich bei meiner Familie und bei meinen Freunden bedanken. Stellvertretend möchte ich hier Jan Speckenbach nennen, der mir als Statistikprofi selbstlos zu jeder Tages- und Nachtzeit mit Rat und Tat zur Seite stand und der mir auch abseits der akademischen Pfade seit langer Zeit ein guter Freund ist. Meiner Freundin Ann-Kathrin Grötschel danke ich nicht nur dafür, dass diese Arbeit (hoffentlich) dem Anspruch auf orthographische Fehlerfreiheit entspricht, sondern ebenso für die moralische Unterstützung und die schönen Momente der Ablenkung während stressiger Phasen. Der abschließende Dank gilt meinen Eltern für ihren vorbehaltlosen Rückhalt, denn ohne ihre vielfältige Unterstützung wäre mein akademischer Werdegang schlicht nicht möglich gewesen.

Schwelm im Juli 2014 Kai Lehmann

# Geleitwort

Mit der Herausgabe des Deutschen Rechnungslegung Standards Nr. 15 (DRS 15) im Jahr 2004 hat das Deutsche Rechnungslegungs Standards Committee (DRSC) die HGB-Vorgaben bezüglich der konkreten Ausgestaltung der prospektiven Unternehmensberichterstattung erstmals konkretisiert. Die vorher nur vage formulierten Anforderungen hinsichtlich des Umfangs und der Qualität von zukunftsorientierten Unternehmensinformationen im Lagebericht wurden bedeutend ausgeweitet. Weil die Relevanz prospektiv ausgerichteter Finanzberichtsdaten zum Zwecke der Informationsvermittlung und damit einhergehender effizienter Kapitalallokation in der jüngeren Vergangenheit stetig gestiegen ist, kam es unlängst mit dem DRS 20 zu einer Überarbeitung der bestehenden Vorgaben. Hier wurden die Mindestanforderungen bspw. hinsichtlich des Präzisionsgrads, in dem Prognosen zu formulieren sind, bedeutend angehoben.

Die vorliegende Arbeit von Herrn Lehmann greift mit dem Themenkomplex der Managementprognosen ein auch aus praktischer Sicht zeitloses Thema auf. Herr Lehmann befasst sich insbesondere mit der Fragestellung, inwiefern die Prognoseinformationen als glaubwürdig angesehen werden können. Die Glaubwürdigkeit wurde über die ex-post feststellbare Abweichung zwischen den in den Prognoseberichten kommunizierten und später realisierten zentralen Erfolgskennzahlen operationalisiert. Herr Lehmann analysiert hierzu die Geschäfts- und Quartalsberichte der 110 HDAX-Unternehmen im Zeitraum 2005 bis 2011. Mit nahezu 4.000 Einzelprognosen, die aus den jeweiligen Prognoseberichten gewonnen wurden, fußt die Arbeit auf einer überaus breiten Basis. Dies und die langjährige Betrachtung unter Einbezug der sich in den Berichtsjahren 2008 und 2009 niederschlagenden Finanzkrise ermöglichen es, das Prognoseverhalten von Unternehmen in Abhängigkeit des gesamtwirtschaftlichen Umfelds detailliert zu analysieren. Herr Lehmann stellt unter anderem fest, dass in Zeiten hoher gesamtwirtschaftlicher Unsicherheit ex-post recht genaue Prognosen zu beobachten sind, was die Vermutung nahe legt, dass Unternehmen die künftige Unternehmenssituation vor dem Hintergrund drohender Kapitalmarktreaktionen bewusst konservativ einschätzen. Die Analyse der Prognosequalitätsdeterminanten zeigt zudem, dass die ermittelte Prognosequalität von bestimmten Unternehmenscharakteristika sowie dem Betrachtungszeitpunt systematisch getrieben zu sein scheint. Die Schilderung des aktuellen Forschungsstands, unterteilt in deskriptive und wirkungsorientierte Analysen, erlaubt es, die gewonnenen Erkenntnisse auch im Lichte internationaler Studienergebnisse besser einordnen zu können. Mit der Übertragung der Fragestellung auf Finanzanalysten geht Herr Lehmann darüber hinaus der spannenden Frage nach, ob die kommunizierten Einschätzungen von Unternehmen und Informationsintermediären korrelieren oder ob aufgrund differierender Anreizstrukturen ein systematisch abweichendes Prognoseverhalten beider Gruppen festzustellen ist. Es wird deutlich, dass eine hohe Korrelation im Prognoseverhalten zwischen beiden Gruppen besteht, was die Bedeutung von zukunftsgerichteten Informationen für die Finanzanalysten und somit auch für die Informationseffizienz auf Kapitalmärkten aufzeigt.

Da verlässliche zukunftsgerichtete Finanzberichtsinformationen eine wesentliche Voraussetzung für funktionsfähige und allokationseffiziente Kapitalmärkte sind, werden die gewonnenen Ergebnisse für einen breiten Adressatenkreis relevant sein. Ich wünsche der Arbeit sowohl in der Wissenschaft als auch bei den Nutzern von Rechnungslegungsinformationen die ihr gebührende Aufmerksamkeit.

Bochum im Juli 2014 Bernhard Pellens

# Inhaltsverzeichnis

# Abkürzungsverzeichnis

| | |
|---|---|
| 25%-Q. | 25%-Quartil |
| 75%-Q. | 75%-Quartil |
| | |
| Abb. | Abbildung |
| Abs. | Absatz |
| ACIIA | Association of Certified International Investment Analysts |
| AG | Aktiengesellschaft |
| AktG | Aktiengesetz |
| AnSVG | Anlegerschutzverbesserungsgesetz |
| APT | Arbitragepreistheorie |
| ASIC | Australian Securites and Investments Commission |
| ASRB | Accounting Standard Review Board |
| ASX | Australian Stock Exchange |
| Aufl. | Auflage |
| | |
| BaFin | Bundesanstalt für Finanzdienstleistungsaufsicht |
| BERI | Business Environmental Risk Intelligence |
| BilReG | Bilanzrechtsreformgesetz |
| BilRiLiG | Bilanzrichtliniengesetz |
| BMJ | Bundesministerium der Justiz |
| bspw. | Beispielsweise |
| bzgl. | bezüglich |
| bzw. | beziehungsweise |
| | |
| c.p. | ceteris paribus |
| ca. | circa |
| CAPM | Capital Asset Pricing Model |
| CEFA | Chartered European Financial Analyst |
| CEO | Chief Executive Officer |
| CFA® | Chartered Financial Analyst® |
| CFAI | Chartered Financial Analysts Institute |

| | |
|---|---|
| CFO | Chief Financial Officer |
| CIIA | Certified International Investment Analysts |
| DAX | Deutscher Aktienindex |
| DBW | Die Betriebswirtschaft (Zeitschrift) |
| DGFR | Deutsche Grundsätze für Finanzresearch |
| Diss. | Dissertation |
| DRS | Deutscher Rechnungslegungs Standard |
| DRSC | Deutsches Rechnungslegungs Standard Committee |
| DSR | Deutscher Standardisierungsrat |
| DVFA | Deutsche Vereinigung für Finanzanalyse und Asset Management |
| ebd. | Ebenda |
| EBIT | Earnings Before Interest and Taxes |
| EBITDA | Earnings Before Interest, Taxes, Depreciation and Amortisation |
| EBT | Earnings Before Taxes |
| EFFAS | European Federation of Financial Analysts Societies |
| EG | Europäische Gemeinschaft |
| EPS | Earnings per Share |
| EU | Europäische Union |
| et al. | et alii (und andere) |
| etc. | et cetera |
| e.V. | eingetragener Verein |
| f. | folgende |
| F+E | Forschung und Entwicklung |
| FAC | Financial Acccounting Commission |
| ff. | fortfolgende |
| FinAnV | Finanzanalyseverordnung |
| Fn. | Fußnote |
| FRS | Financial Reporting Standard |
| FS | Festschrift |
| FZI | Forschungszentrum Informatik |

| | |
|---|---|
| GB | Geschäftsbericht |
| GCFAS | German Chartered Financial Analysts Society |
| ggf. | gegebenenfalls |
| GoFR | Grundsätze des ordnungsmäßigen Finanz-Researchs |
| GRAS | Global Research Analyst Settlement |
| | |
| Habil. | Habilitation |
| HDAX | Aktienindex aus allen Werten des DAX, MDAX und TecDax |
| HGB | Handelsgesetzbuch |
| Hrsg. | Herausgeber |
| http | Hypertext Transfer Protocol |
| | |
| i. d. R. | in der Regel |
| IAS | International Accounting Standards |
| IASB | International Accounting Standards Board |
| I/B/E/S | Institutional Brokers' Estimate System |
| IDW | Institut der Wirtschaftsprüfer |
| IFRS | International Financial Reporting Standards |
| IPO | Initial Public Offering |
| IR | Investor Relations |
| IRZ | Zeitschrift für Internationale Rechnungslegung |
| i.S.d. | im Sinne der/des |
| i.V.m. | in Verbindung mit |
| IW | Institut der Deutschen Wirtschaft Köln |
| | |
| Jg. | Jahrgang |
| | |
| KGaA | Kommanditgesellschaft auf Aktien |
| KGV | Kurs-Gewinn-Verhältnis |
| KoR | Zeitschrift für internationale und kapitalmarktorientierte Rechnungslegung |
| | |
| Ltd. | Limited |
| | |
| M&A | Mergers and Acquisitions |
| Max. | Maximum |

| | |
|---|---|
| MC | Management Commentary |
| MD&A | Management's Discussion and Analysis of Financial Condition and Results of Operation |
| MDAX | Mid-Cap-Deutscher Aktienindex |
| Med. | Median |
| Min. | Minimum |
| MSFR | Mindeststandards für Finanz-Research |
| MW | Mittelwert |
| m. w. N. | mit weiteren Nachweisen |
| | |
| NASD | National Association of Securities Dealers |
| NIRI | National Investor Relations Insitute |
| No. | Number |
| Nr. | Nummer |
| NYSE | New York Stock Exchange |
| | |
| OLS | Ordinary Least Squares |
| OFR | Operating and Financial Review (and Prospects) |
| o.S. | ohne Seitenangabe |
| o.V. | ohne Verfasser |
| | |
| PiR | Praxis der internationalen Rechnungslegung |
| PS | Practice Statement |
| | |
| Q1 | erstes Quartal |
| Q2 | zweites Quartal |
| Q3 | drittes Quartal |
| | |
| RegFD | Regulation Fair Disclosure |
| Rn. | Randnummer |
| RoRaC | Return on Risk adjusted Capital |
| RS | Reporting Standard |
| | |
| s. | siehe |
| S. | Seite(n) |
| SE | Societas Europaea |
| SEC | Securities and Exchange Commission |

| | |
|---|---|
| SEO | Seasoned Equity Offering |
| SG | Schmalenbach-Gesellschaft für Betriebswirtschaft e.V., Köln/Berlin |
| sog. | so genannte |
| Tab. | Tabelle |
| TecDAX | Technologie Werte Deutscher Aktienindex |
| Tech. Univ. | Technische Universität |
| TSE | Tokyo Stock Exchange |
| Tz. | Textziffer |
| u.a. | unter anderem |
| UK | United Kingdom |
| UK-GAAP | United Kingdom-Generally Accepted Accounting Principles |
| Univ. | Universität |
| US | United States |
| USA | United States of America |
| u.U. | unter Umständen |
| VBA | Vereniging van Beleggingsanalisten |
| vgl. | Vergleiche |
| VIF | Variance-Inflation-Faktor |
| Vol. | Volume |
| WHU | Wissenschaftliche Hochschule für Unternehmensführung |
| www | world wide web |
| WpHG | Wertpapierhandelsgesetz |
| z.B. | zum Beispiel |
| ZfB | Zeitschrift für Betriebswirtschaft |
| Zfbf | Zeitschrift für betriebswirtschaftliche Forschung |

# Symbolverzeichnis

| | |
|---|---|
| § | Paragraph |
| € | Euro |
| * | Signifikanzniveau |
| Σ | Summe |
| % | Prozent |
| _95 | Winsorizing auf 95%- bzw. 5%-Niveau |
| _99 | Winsorizing auf 99%- bzw. 1%-Niveau |
| _E | Ergebnisgröße |
| _U | Umsatz |
| Adj. $R^2$ | Korrigiertes Bestimmtheitsmaß |
| $ß_0$ | Konstante |
| $ß_n$ | Partieller Regressionskoeffizient |
| Δ | Veränderung zur Vorperiode |
| Df | Freiheitsgrade |
| ε | Störterm |
| FE | relativer Prognosefehler |
| \|FE\| | betragsmäßiger Prognosefehler |
| FV | prognostizierte Größe |
| i | Laufindex Unternehmen |
| j | Laufindex für Prognoseinhalt |
| l | Laufindex Analysten |
| μ | Mittelwert |
| n | Anzahl an Beobachtungen |
| p-Wert | Signifikanzwert |
| q | Laufindex Quartal |
| r | Korrelationskoeffizient |
| $R^2$ | Bestimmtheitsmaß |
| s | Standardabweichung |
| t | Laufindex Jahr |
| V | realisierte Größe |

# Abbildungsverzeichnis

## Abbildungsverzeichnis (Abbildungen im Text)

## Abbildungsverzeichnis (Abbildungen im Anhang)

# Tabellenverzeichnis

## Tabellenverzeichnis (Tabellen im Text)

## Tabellenverzeichnis (Tabellen im Anhang)

# 1 Einleitung

## 1.1 Problemstellung und Zielsetzung

*"I think it is both deceptive and dangerous for CEOs to predict growth rates for their companies. They are, of course, frequently egged on to do so by both analysts and their own investor relations departments. They should resist, however, because too often these predictions lead to trouble."*[1]

Dieses Zitat der berühmten amerikanischen Investorenlegende Warren Buffett zeigt auf, in welchem Spannungsfeld sich Unternehmen bei der Abgabe von Prognosen zur erwarteten künftigen Unternehmensentwicklung bewegen. Managementprognosen werden aufgrund ihrer enormen Entscheidungsrelevanz von der *Financial Community* intensiv verfolgt und nachgefragt.[2] Insbesondere aktuelle und potenzielle Investoren haben ein besonderes Interesse an prospektiven Unternehmensinformationen. So richten Kapitalgeber ihre Investitionsentscheidungen an den mit dem Kapitalengagement in Verbindung stehenden erwarteten künftigen Zahlungsströmen aus. Da das Management als Insider über Wissensvorsprünge hinsichtlich des zeitlichen Anfalls und der Höhe dieser Zahlungsströme verfügt, orientieren sich Investoren bezüglich ihrer Analgeentscheidungen an den diesbezüglichen Aussagen des Managements. Somit verwundert es nicht, dass die Veröffentlichung zukunftsgerichteter Aussagen der Unternehmensleitung am Kapitalmarkt regelmäßig starke Aktienkursreaktionen hervorruft und die Wertrelevanz prognostischer Informationen die von primär vergangenheitsorientierten Jahresabschlussinformationen übersteigt. Während das Übertreffen der unternehmensseitig kommunizierten Einschätzungen an den Börsen mit Kursaufschlägen honoriert wird, drohen bei einem Verfehlen der Erwartungen sowie bei negativen Prognoseanpassungen Kursrückgänge, wobei Enttäuschungen am Kapitalmarkt deutlich stärkere Kursreaktionen hervorrufen als betragsgleiche positive Überraschungen.[3]

1 *Buffet* (2000), S. 18.
2 Vgl. *Knauer/Ledwig/Wömpener* (2012), S. 166; *Barth* (2009), S. 1 m.w.N.
3 Vgl. *Skinner/Sloan* (2002), S. 289ff.; *Barth* (2009), S. 212ff.

Die Darstellung künftiger Chancen und Risiken ist in Deutschland als Bestandteil des Lageberichts verpflichtendes Element der Finanzberichterstattung, so dass sich der Unternehmensleitung, anders als im vorherigen Zitat anklingend, die Frage, ob der *Financial Community* überhaupt prospektive Informationen zur Verfügung gestellt werden sollen, gar nicht erst stellt. Durch die enorme Wertrelevanz zukunftsgerichteter Aussagen, nimmt die Prognoseberichterstattung eine herausragende Stellung im Rahmen der Kapitalmarktkommunikation ein. Die hier geäußerten Einschätzungen der Unternehmensleitung hinsichtlich der künftigen Entwicklung zentraler finanzieller und nicht finanzieller Leistungsindikatoren des Unternehmens stellen eine wichtige Orientierungshilfe für die Kapitalgeber dar. Auch wenn kapitalmarktorientierte Unternehmen hierzulande ein gesetzlich vorgeschriebenes Mindestmaß an prospektiven Informationen bereitstellen müssen, variierten Umfang und Qualität dieser Berichterstattung bis zuletzt allerdings enorm.[4] Die empirische Forschung fokussierte sich bislang weitestgehend auf die Analyse ex ante messbarer Qualitätsmerkmale wie Umfang, Vollständigkeit, Konsistenz und logische Richtigkeit entsprechender Berichte sowie etwaiger Aktienkursreaktionen auf Prognoseveröffentlichungen.[5] Dieser Fokus mag überraschen, denn um als nützliche Entscheidungsgrundlage dienen zu können, müssen Managementprognosen neben der beschriebenen Relevanz über ein hinreichendes Maß an Verlässlichkeit verfügen.[6] Managementprognosen gelten als verlässlich, wenn sie in hohem Maße treffgenau sind, also keine bedeutenden Abweichungen zwischen den prognostizierten und den letztendlich realisierten Ausprägungen der entsprechenden Prognoseinhalte bestehen. Inwiefern Prognosen im Rahmen der regelmäßigen Berichterstattung diese Verlässlichkeit zugesprochen werden kann, wurde in der Forschung bislang weitestgehend ausgeblendet. So existieren mit den Studien von *Knauer/Wömpener* (2010) und *Pellens/Lehmann* (2012) bislang erst zwei deskriptive Untersuchungen, die sich mit der Treffgenauigkeit von im Prognosebericht enthaltenen prospektiven Informationen befassen.[7] Die im empirischen Teil dieser Arbeit durchgeführte Analyse grenzt sich hiervon neben einem deutlich erweiterten

4 Vgl. *Baetge/Hippel/Sommerhoff* (2011), S. 365.

5 Vgl. *Velte/Stiglbauer/Sepetauz* (2011), S. 159. Einen umfassenden Überblick ausgewählter empirischer Erkenntnisse zum Thema liefern *Velte/Stiglbauer/Sepetauz* (2011), S. 158ff.

6 Vgl. *Baetge* (1970), S.169; *Baetge/Hippel/Sommerhoff* (2011), S. 367.

7 Vgl. *Knauer/Wömpener* (2010), S. 84ff.; *Pellens/Lehmann* (2012), S. 879ff. Zudem existieren mit *Pellens/Nölte/Berger* (2007) und *Knauer/Wömpener* (2012) zwei Studien, die sich mit der Treffgenauigkeit von freiwilligen Managementprognosen beschäftigen.

Untersuchungszeitraum insofern ab, als dass insb. die unterjährige Entwicklung der Treffgenauigkeit und die Determinanten letzterer analysiert werden, wobei zudem zwischen Umsatz- und Ergebnisprognosen differenziert wird.

Da zukunftsgerichtete Aussagen inhärent unsicher sind und die mangelnde Verifizierbarkeit der Prognoseprämissen zu einem Verlässlichkeitsdefizit führt,[8] müssen Unternehmen die Glaubwürdigkeit ihrer Aussagen über aktive *Earnings Guidance* sicherstellen, um bestehende Informationsasymmetrien zwischen Unternehmen und *Financial Community* abzubauen und somit Kapitalkosten senken zu können. Unternehmen sind sich der Bedeutung eines effektiven Erwartungsmanagements im Rahmen der Finanzkommunikation zunehmend bewusst und haben die Budgets zuständiger Investor-Relations Abteilungen in der jüngeren Vergangenheit deutlich erhöht.[9] Vor dem Hintergrund des intensivierten Wettbewerbs um Finanzierungsquellen hat die zunehmende Fokussierung auf die Informationsinteressen der Investoren zu einer Wandlung von einer normierten Finanzberichterstattung zu einer kapitalmarktorientierten Unternehmensberichterstattung geführt, bei der auf freiwilliger Basis auch Zusatzangaben über das unternehmerische Erfolgspotenzial publiziert werden.[10]

Neben privaten Kapitalgebern messen insb. institutionelle Investoren und Finanzanalysten als weitere Adressaten der unternehmerischen Finanzberichterstattung Managementprognosen eine zunehmende Bedeutung bei.[11] So lassen Finanzanalysten unternehmensseitig kommunizierte Einschätzungen regelmäßig in die eigenen Erwartungen einfließen.[12] Analysten fungieren als Informationsintermediäre zwischen dem Unternehmen und seinen *Stakeholdern*. Durch ihre Expertise bei der Sammlung und Bewertung von Informationen generieren sie komparative Vorteile, so dass sie zu einer effizienzsteigernden Informationsversorgung des Kapitalmarkts beitragen.[13] Durch das Aufdecken von etwaigen Fehlbewertungen am Aktienmarkt und daraus abgeleiteten Anlageempfehlungen nehmen sie hinsichtlich der effizienten Allokation des Investorenkapitals eine Schlüsselposition ein.[14] Voraussetzung für die effizienzsteigernde Wirkung der Analystentätigkeit ist jedoch, dass sowohl die in den Bewertungsprozess eingehenden Informationen als auch die Informationsweitergabe seitens des

8 Vgl. *Velte/Stiglbauer/Sepetauz* (2011), S. 128.

9 Vgl. *Königs/Schiereck* (2010), S. 1541.

10 Vgl. *Velte/Stiglbauer/Sepetauz* (2011), S. 124 und 168.

11 Vgl. *Ernst/Gassen/Pellens* (2009), S. 47.

12 Vgl. *Knauer/Wömpener* (2011), S. 484.

13 Vgl. *Stanzel* (2007), S. 42; *Wichels* (2002), S. 1.

14 Vgl. *Wichels* (2002), S. 1; *Friedrich* (2007), S. 4.

Analysten als unverzerrt angesehen werden können, d.h. die unternehmensseitig zur Verfügung gestellten Informationen müssen eine realitätsgetreue Abbildung des unternehmerischen Erfolgspotenzials erlauben.[15] Zudem sind Analysten in ein verzweigtes Geflecht von Interessenkonflikten eingebettet, die die unverzerrte Transformation bewertungsrelevanter Parameter in entsprechende Anlageempfehlungen sowie deren Distribution beeinträchtigen können.[16] So liefert insbesondere die US-amerikanische empirische Literatur Belege für einen auszumachenden Prognoseoptimismus unter den Finanzanalysten.[17] Die als Erklärungsfaktoren herangezogenen verhaltenswissenschaftlichen Anreize beeinträchtigen jedoch nicht nur die Kapitalmarkteffizienz und damit die effiziente Kapitalallokation, sondern stellen ebenso die den Analysten zugeschriebene Überwachungsfunktion in Frage.[18] So werden in der Literatur häufig die Interessen des eigenen Arbeitgebers sowie ein erhoffter besserer Zugang zu exklusiven Managementinformationen als Gründe für zu positive Analysteneinschätzungen angeführt.[19] Inwiefern diese Verzerrungen vor dem Hintergrund abweichender institutioneller Rahmenbedingungen auch für den deutschen Kapitalmarkt festzustellen sind und inwiefern Analystenschätzungen aufgrund der großen Bedeutung unternehmensseitiger prospektiver Informationen für den Prozess der Finanzanalyse mit den Prognosen des Managements korrelieren, soll im Rahmen der empirischen Untersuchung dieser Arbeit analysiert werden. Ziel ist es demnach, Kenntnisse darüber zu erlangen, inwiefern die Aussagen beider Gruppen zu zentralen finanzwirtschaftlichen Leistungsindikatoren als unverzerrt angesehen werden können und welche Faktoren die Treffgenauigkeit dieser Prognosen beeinflussen.

Die vorliegende Arbeit soll somit einen Teil der jüngst in der wissenschaftlichen Literatur diskutierten Forschungslücke hinsichtlich eines tiefer gehenden Verständnisses der Treffgenauigkeit von Managementprognosen sowie der Interaktion zwischen Management und Finanzanalysten schließen.[20] Diesbezügliche Erkenntnissgewinne sind in verschiedener Hinsicht von Bedeutung. Dem Regulierer geben sie Aufschluss darüber, inwiefern die von ihm erlassenen gesetzlichen Mindestvorgaben zu einer realitätsgetreuen i.S.v. treffgenauen

15 Vgl. *Wichels* (2002), S. 3.

16 Vgl. *Hax* (1998), S. 25f.; *Stanzel* (2007), S. 47f.

17 Vgl. *Oberdörster* (2009), S. 46 m.w.N.

18 So schreibt *Hax* (1998) den Finanzanalysten sowohl die Rolle des „Informationsintermediärs" als auch des „Überwachungsagenten" zu. Vgl. *Hax* (1998), S. 45 und 50.

19 Vgl. *Müller* (2005), S. 32ff.

20 Vgl. *Barth* (2009), S. 234; *Knauer/Wömpener* (2012), S. 131.

Darstellung zukünftiger Chancen und Risiken führen. In erster Linie jedoch adressieren die Ergebnisse die Investoren. Als Residualanspruchsberechtigte sind sie an einer risikoadäquaten Verzinsung des zur Verfügung gestellten Haftungskapitals interessiert.[21] Um Kapitalengagements entsprechend ihres Rendite-Risiko-Profils tätigen zu können, ist ein Verständnis über die Verlässlichkeit der unternehmensseitig kommunizierten Ergebnis- und Rentabilitätsziele sowie der korrespondierenden Prognosen von Finanzanalysten essenziell. Zuletzt könnten die Unternehmen selbst als Nutzer der gewonnenen Forschungsergebnisse genannt werden, da diese durch die Identifikation verschiedener Determinanten Einblicke in das Prognoseverhalten des Wettbewerbs ermöglichen.

Durch einen Untersuchungszeitraum von sechs Jahren und ein breites Unternehmenssample, fußt die Arbeit auf einer breiten Basis, die es erlaubt, Aussagen über das Prognoseverhalten des Managements und der Analysten über die Stichprobe hinaus zu tätigen.

## 1.2 Gang der Untersuchung

Die vorliegende Arbeit gliedert sich in sieben Kapitel (s. Abbildung 1). Nach dem einführenden ersten Kapitel werden im **zweiten Kapitel** zunächst terminologische Grundlagen gelegt. Hierzu wird der Prognosebegriff abgegrenzt und es werden die konstituierenden Merkmale von Prognosen herausgearbeitet. Zudem wird aufgezeigt, welche Funktion von unternehmerischen Prognosen ausgeht, wer ihr primärer Adressatenkreis ist und welche Anforderungen an eine entscheidungsnützliche Prognoseberichterstattung zu stellen sind.

Die Veröffentlichung zukunftsgerichteter Informationen unterliegt hierzulande seit geraumer Zeit regulatorischen Vorgaben. **Kapitel 3** beinhaltet eine Erläuterung dieser gesetzlichen und im Rahmen von Auslegungshilfen konkretisierten Vorschriften. Ebenso werden aktuelle Entwicklungen zur Regulierung prospektiver Unternehmensberichterstattung auf internationaler sowie supranationaler Ebene aufgezeigt. Die Darstellung dieser Vorgaben erlaubt ein tiefergehendes Verständnis der im sich anschließenden Kapitel diskutierten empirischen Befunde.

Managementprognosen sind schon weit vor ihrer erstmaligen gesetzlichen Regulierung Gegenstand empirischer Forschungsarbeiten gewesen. So gingen erste Studien vornehmlich der Frage nach, in welchem Umfang und zu welchen Sachverhalten Unternehmen zukunftsgerichtete Aussagen auf freiwilliger Basis

21 Vgl. *Pellens et al.* (2011), S. 4.

veröffentlichten. Dieses Forschungsfeld ist bis heute populär, auch wenn sich der Fokus infolge der im Zeitverlauf eingeführten gesetzlichen Verpflichtung zur Prognoseberichterstattung gewandelt hat und in jüngerer Vergangenheit vermehrt auf die Überprüfung der Einhaltung der gesetzlichen Mindestvorschriften abzielte. Des Weiteren haben sich verschiedenste Forschungsarbeiten mit der Frage auseinandergesetzt, welche Unternehmenscharakteristika mit einer umfangreichen und qualitativ hochwertigen Prognoseberichterstattung einhergehen und welche Bestimmungsfaktoren Unternehmen zur freiwilligen Abgabe von Prognosen bewegen. Letztlich widmete sich auch die empirische Kapitalmarktforschung dem Themenspektrum unternehmerischer Prognosen. Bei diesen Analysen, die vornehmlich der internationalen empirischen Literatur entstammen, stehen vor allem die Wertrelevanz prospektiver Unternehmensinformationen und die Konsequenzen auf die Aktienliquidität im Mittelpunkt. Die Diskussion der wesentlichen Befunde all dieser Forschungsarbeiten ist Gegenstand von **Kapitel 4**.

**Kapitel 5** widmet sich der Funktion von Finanzanalysten auf Aktienmärkten. Bevor die Relevanz von Informationsintermediären auf Kapitalmärkten im Kontext der neoinstitutionalisitischen Finanzierungstheorie fundiert wird, wird der typische Arbeitsprozess eines Finanzanalysten aufgezeigt und an geeigneter Stelle um empirische Erkenntnisse ergänzt. Die abschließende Diskussion von verhaltenstheoretischen Agency-Problemen liefert die Basis für das im sich anknüpfenden Kapitel zu untersuchende Spektrum an Forschungsfragen.

**Kapitel 6** beinhaltet mit der empirischen Untersuchung den Hauptteil dieser Arbeit. Unter Rückgriff auf vorherige theoretische Diskussionen und empirische Befunde zu dem Themenspektrum werden dabei zunächst Hypothesen hergeleitet, die im späteren Verlauf einer Überprüfung unterzogen werden. Nach der Beschreibung der Datenbasis und der Untersuchungsmethodik wird der Datensatz deskriptiv ausgewertet. Hierbei wird insbesondere die Treffgenauigkeit von Management- und Analystenprognosen eingehend analysiert. Anschließend werden Korrelations- und Regressionsanalysen durchgeführt, die Aufschluss über etwaige Zusammenhänge zwischen verschiedenen unternehmens- und kapitalmarktbezogenen Determinanten und der Prognosequalität von Management und Analysten liefern sollen. Nachdem die empirischen Befunde zusammengetragen und kritisch diskutiert wurden, werden die zentralen Ergebnisse Robustheitstests unterzogen, die die Validität der Erkenntnisse sicherstellen sollen.

Abschließend werden die wesentlichen Ergebnisse in Thesenform zusammengefasst. Zudem erfolgt ein kurzer Ausblick auf potenzielle künftige Forschungsfelder.

*Abbildung 1: Gang der Untersuchung*

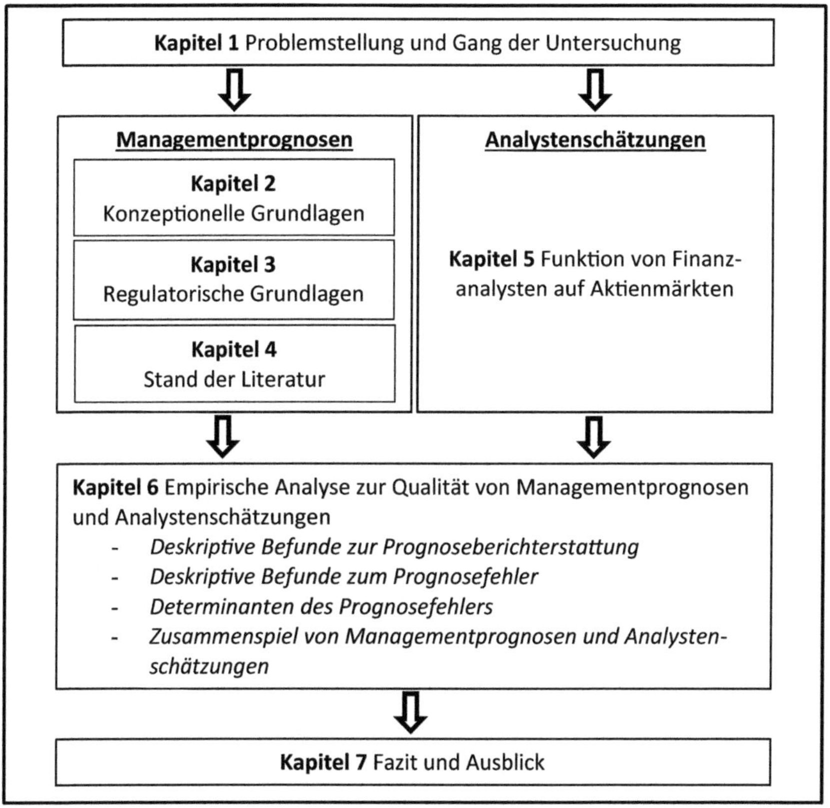

# 2 Konzeptionelle Grundlagen

## 2.1 Terminologische Grundlagen

In der wissenschaftlichen Literatur findet sich keine einheitliche Abgrenzung des Begriffs „Prognose“.[22] Der Begriff geht auf das griechische Wort „Prognosis“ zurück, was mit „Vorhersage“ oder „Vorhersehen“ übersetzt werden kann. Im allgemeinen Sprachgebrauch bezeichnet der Begriff Prognose eine Aussage über ein zukünftiges Ereignis.[23] Diese Definition ist allerdings sehr weit gefasst und bedarf für den Bereich der Wirtschaftswissenschaft, in dem Prognosen in vielen Teildisziplinen in Theorie und Praxis seit langer Zeit eine bedeutende Rolle spielen[24], einer weiteren Präzisierung. So umfasst obige Definition auch Aussagen wie *„Kräht der Hahn auf dem Mist, ändert sich‘s Wetter oder‘s bleibt wie es ist“*, die aufgrund ihres totalen logischen Spielraums und dem damit einhergehenden sicheren Eintreten komplett inhaltsleer und somit unbrauchbar sind.[25] Der Prognosebegriff sollte daher zweckmäßigerweise auf solche Aussagen beschränkt werden, die nach einer gewissen Zeitspanne auf ihren Eintritt hin überprüft werden können. Prognosen gelten als überprüfbar, wenn sie mit möglichen zukünftigen Ereignissen unvereinbar sind, d.h. ihre Eintrittswahrscheinlichkeiten weniger als Eins betragen, sich auf ein endliches, geschlossenes Zeitintervall und auf präzise Sachverhalte beziehen.[26] Grundvoraussetzung gehaltvoller Vorhersagen ist somit, dass die zu prognostizierenden Zustände oder Veränderungsprozesse zum Zeitpunkt der Prognoseerstellung instabil sind, sonst wäre der Prozess der Prognoseerstellung obsolet.[27]

---

22 Vgl. exemplarisch für verschiedenartige Definitionen des Prognosebegriffs *Radde* (2006), S. 112 m.w.N.; *Quick/Kayadelen* (2002), S. 950; *Sieben* (1987), S. 589; *Rückle* (1984), S. 57f.; *Brockhoff* (1977), S. 17 m.w.N.; *Hagest/Kellinghusen* (1977), S. 407 m.w.N.; *Mennenöh* (1984), S. 2.

23 Vgl. *Rückle* (1984), S. 57; *Theil* (1975), S. 1; *Bretzke* (1975), S. 116.

24 Vgl. *Busse von Colbe* (1968), S. 91ff.; *Rothschild* (1969), S. 1.

25 Selbiges Beispiel wird vom *Arbeitskreis „Externe und Interne Überwachung der Unternehmung“ der Schmalenbach-Gesellschaft für Betriebswirtschaftslehre e.V., Köln* (2003), S. 106, Fn. 8, angeführt.

26 Vgl. *Bretzke* (1975), S. 117; *Bretzke* (1992), Sp. 1436.

27 Vgl. *Rothschild* (1969), S. 21.

Allerdings ist die Verifizierbarkeit von Prognosen allein mit der Erfüllung dieser Bedingungen noch nicht sichergestellt, da nicht zwingend erkennbar sein muss, auf welchen Annahmen die jeweilige Aussage fußt. So können gänzlich irrationale Aussagen und Einschätzungen zwar überprüfbar und dennoch völlig nutzlos sein, da sie jeglicher Objektivität entbehren und daher nicht als Prognose, sondern vielmehr als unbegründete Prophezeiung angesehen werden müssen.[28] Im Gegensatz dazu verfügen rationale Prognosen i.d.R. über ein realtheoretisches Fundament, welches die objektivierbaren Annahmen beinhaltet.[29] Diese werden auf Basis von vergangenheitsorientierten Informationen, Erfahrungswerten und wissenschaftlicher Methoden gewonnen, was sie von Meinungen, Vermutungen und bloßem Glauben abgrenzt.[30] Allerdings zeigen diese Ausführungen, dass die in die Prognose eingehenden Prämissen nicht unbedingt formalisierten Gesetzen entnommen werden müssen, sondern auch intuitive Plausibilitätsüberlegungen beinhalten können.[31] Die Überprüfbarkeit wird somit nicht lediglich auf die eigentliche Aussage bezogen, sondern auf die ihr zugrundeliegenden Annahmen ausgeweitet. Dieses breite Spektrum an Anforderungen hat in der wissenschaftlichen Literatur eine Vielfalt an Abgrenzungen und Definitionen des Prognosebegriffs hervorgebracht.[32] So versteht *Bretzke* unter einer Prognose „(…) *eine durch eine Kette nachvollziehbarer realitätsbezogener Argumente gestützte Aussage, über das Eintreten von bestimmten Zuständen, Ereignissen oder Ereignisfolgen (Entwicklungen), innerhalb bestimmter zukünftiger Zeiträume und/oder über die entsprechenden Eintrittswahrscheinlichkeiten*“[33], während der *Arbeitskreis „Externe und Interne Überwachung der Unternehmung“ der Schmalenbach-Gesellschaft für Betriebswirtschaftslehre e.V.* eine Prognose als *„qualitative und/oder quantitative Aussage über ein in der Zukunft liegendes Ereignis oder über eine in der Zukunft liegende Entwicklung, die – gegebenenfalls unter Zuhilfenahme von statistischen Modellen – auf der Basis von Erfahrungswissen und auf der Basis von konkreten aktuellen Umfeldinformationen und Umfeldsituationen getroffen wird*“[34] beschreibt. Diesen Umschreibungen ist gemein, dass

28 Vgl. *Tietzel* (1983), S. 6; *Hagest/Kellinghusen* (1977), S. 407.

29 Vgl. *Barth* (2009), S. 15.

30 Vgl. *Scieranski* (2010), S. 35.

31 Vgl. *Rückle* (1981), S. 433.

32 Für eine umfassende Diskussion verschiedener Prognosebergriffe s. *Khosrawi-Rad* (1991), S. 5ff.

33 *Bretzke* (1985), Sp. 550.

34 *Arbeitskreis „Externe und Interne Überwachung der Unternehmung“ der Schmalenbach-Gesellschaft für Betriebswirtschaftslehre e.V., Köln* (2003), S. 106.

Prognosen stets zukunftsgerichtet sind und auf objektivierbaren, vergangenheitsorientierten Annahmen hinsichtlich der zugrundeliegenden Ursache-Wirkungszusammenhänge und entsprechender Wahrscheinlichkeitsverteilungen fußen. Diese Kriterien ermöglichen es, inhaltsverwandte Begrifflichkeiten wie Projektion, Planung oder Ziel vom Begriff der Prognose abzugrenzen. Ziele beschreiben klar definierte und angestrebte Endpunkte von langfristigen und eher grundsätzlichen, konjunkturabhängigen Prozessen[35], von denen in der kurzen Frist ein im Gegensatz zu Prognosen geringerer Verbindlichkeitsgrad ausgeht. Dennoch wird kommunizierten Langfristzielen am Kapitalmarkt erhöhte Aufmerksamkeit geschenkt.[36] Im Gegensatz hierzu werden Pläne allein zur internen Steuerung und Kommunikation erstellt. Sie beinhalten Verhaltensabsichten zur Erreichung der Prognosen und legen den Handlungsrahmen beim Eintritt zukünftiger Ereignisse fest.[37] Projektionen werden häufig als spezielle Unterform von Prognosen angesehen und beschreiben einen Prognoseprozess, bei dem vergangene Trends mittels Extrapolationsverfahren in die Zukunft fortgeschrieben werden.[38]

Die Veröffentlichung von unternehmerischen Prognosen ist in Deutschland im Wesentlichen Gegenstand der Prognoseberichterstattung bzw. Prognosepublizität.[39] Als Teil der Lageberichterstattung liefert sie in regelmäßigen Abständen und auf Basis gesetzlicher Regelungen und Empfehlungen Informationen über die erwartete zukünftige Entwicklung aus Sicht der Unternehmensleitung.[40] Da die Verantwortung zur Prognoseerstellung und Prognoseveröffentlichung somit auf Geschäftsführungsebene anzusiedeln ist, soll im weiteren Verlauf der Begriff „Managementprognose“ Verwendung finden. Dabei umfasst der Begriff des Managements, der Definition *Nöltes* folgend, neben Mitgliedern der Geschäftsführungsorgane auch Personen, die auf Unternehmensebene eng mit diesen verbunden sind, etwa den Leiter der *Investor Relations* (IR)-Abteilung.[41]

---

35 Vgl. *DVFA* (2006), S. 17; *Scieranski* (2010), S. 36.

36 Vgl. *DVFA* (2006), S. 17.

37 Vgl. *Rothschild* (1969), S. 88; *Barth* (2009), S. 15 m.w.N.

38 Vgl. *Rothschild* (1969), S. 20ff.; *Tietzel* (1981/1982), S. 5; *Radde* (2006), S. 113, Fn. 602.

39 Vgl. *Barth* (2009), S. 14.

40 Siehe zu den regulatorischen Grundlagen der Prognoseberichterstattung Kapitel 3.

41 Vgl. *Nölte* (2009), S. 1231; *Nölte* (2008), S. 14f.

## 2.2 Ausgestaltungsformen unternehmerischer Prognosen

### 2.2.1 Prognosegegenstand

Prognoseaussagen können sich auf verschiedene Gegenstandsbereiche beziehen. Das Kriterium des Prognosegegenstands bzw. der Prognosevariable definiert die Größe, auf die sich eine prospektive Aussage bezieht.[42] Hierbei sind bei ökonomischen Prognosen zunächst unternehmensinterne und unternehmensexterne Prognosegegenstände voneinander abzugrenzen. Letztere umfassen sowohl Aussagen zur erwarteten gesamtwirtschaftlichen Situation, die sich konkret in Vorhersagen zur Konjunktur- und Marktentwicklung, zu Wechselkursrelationen oder zu Rohstoffpreisen niederschlagen können, als auch zur erwarteten branchenspezifischen Entwicklung. Unternehmen greifen zur Beurteilung dieser externen Prognosegegenstände in praxi regelmäßig auf die Expertise öffentlicher Einrichtungen, wie z.B. Wirtschaftsforschungsinstituten oder Branchenverbänden zurück.[43]

Demgegenüber beinhalten unternehmensinterne Prognosen Einschätzungen, die sich allein auf die in dieses Umfeld eingebettete Unternehmung beziehen. Bei unternehmensinternen Prognosevariablen werden traditionell Vorhersagen über bestimmte Einzelgrößen sowie Vorhersagen über umfassende Berichtssysteme unterschieden.[44] Erstere umfassen sowohl Performancegrößen, die als Absolutwerte oder relative Größen in Form von Rentabilitäten oder Wachstumsraten kommuniziert werden können, als auch künftige Investitions- oder Finanzierungsvorhaben. Plan-Bilanzen, Plan-Gewinn-und-Verlust-Rechnungen sowie prospektive Kapitalflussrechnungen als sog. *pro forma statements* sind hingegen in sich geschlossene Berichtssysteme.[45]

Prognosen für Einzelgrößen sind im Vergleich zu denen gesamter Berichtssysteme relativ einfach zu erstellen und haben für den Berichtsadressaten zudem den Vorteil, dass sie als verdichtete Werte seinen relevanten Zielgrößen

---

42 Vgl. *Drobeck* (2001), S. 1224; *ders.* (1998), S. 88. *Pepels* (2007) spricht zudem vom Prognoseobjekt. All jene Begrifflichkeiten werden im Folgenden synonym verwendet.

43 Vgl. *Klein/Hartmann/Scherr* (2011), S. 146.

44 Vgl. *Bechtel/Köster/Steenken* (1976), S. 209f.; *Rückle* (1984), S. 62; *Radde* (2006), S. 113f.

45 Zur Praxis der Erstellung und Prüfung von Plan-Bilanzen und Plan-Gewinn-und-Verlustrechnungen s. *Schedlbauer/Oswald* (1979), S. 467ff. sowie *Zwehl* (1968); bzgl. der prospektiven Kapitalflussrechnung s. *Busse von Colbe* (1966) sowie *Peiffer* (1974b), S. 188.

i.d.R. entsprechen dürften, wie etwa der erwartete Gewinn pro Aktie oder die voraussichtliche Dividende, so dass der Aufwand der Informationsbeschaffung für den Adressaten relativ gering ist und die Einarbeitung in ggf. nicht entscheidungsrelevante Angaben entfällt.[46] Allerdings können diese immer nur einen geringen Ausschnitt der Unternehmensentwicklung aufzeigen.[47] Berichtssysteme hingegen müssen stets vollständig und widerspruchsfrei sein[48] und bieten zudem Adressaten und Interessenten mit unterschiedlichen Zielvorstellungen eine umfangreiche Informationsgrundlage.[49] Aufgrund dieses *„Zwang(s) zur Vollständigkeit und Widerspruchsfreiheit der Schätzungen, genauerer inhaltlicher Festlegung der Prognosegegenstände, der Regelmäßigkeit ihres Erscheinens, der besseren Vergleichbarkeit mit anderen Unternehmen und der leichteren Gegenüberstellung von prognostizierten und eingetretenen Werten der Prognosegegenstände"*[50] erscheinen geschlossene Berichtssysteme geeigneter als Einzelwertprognosen, um den unterschiedlichen Ansprüchen der Berichtsadressaten zu entsprechen. Die Wahl des entsprechenden Systems ist in Abhängigkeit von der Verständlichkeit und Entscheidungsnützlichkeit für den Adressaten zu wählen, wobei prospektive Kapitalflussrechnungen am nützlichsten erscheinen. So lassen sich aus diesen diverse Einzelaussagen herausfiltern, die den Informationsansprüchen verschiedenster Adressatengruppen gerecht werden und zudem weniger durch subjektive Einschätzungen getrieben sind.[51] Plan-Kennzahlensysteme und Plan-Bilanzen hingegen bieten zwar auch einen Informationswert, doch erscheint dieser aufgrund zu erwartender Interpretationsspielräume und Verständnisschwierigkeiten im Regelfall geringer.[52]

---

46 Vgl. *Rückle* (1984), S. 62; *Glöckle* (1996), S. 30.

47 Vgl. *Bechtel/Köster/Steenken* (1976), S. 209f.

48 So führen *Bechtel/Köster/Steenken* (1976) beispielhaft aus, dass sich hohe Investitionszuwächse nur durch hohe Absatzerwartungen begründen ließen und ersteren entsprechende Finanzierungsmaßnahmen gegenüberzustehen haben, so dass eine Nachprüfbarkeit der getroffenen Managementeinschätzungen zumindest in gewissen Grenzen möglich sei.

49 Vgl. *Rückle* (1984), S. 62.

50 *Busse von Colbe* (1968), S. 114.

51 Vgl. *Mennenöh* (1984), S. 82.

52 Vgl. *Glöckle* (1996), S. 31f.

### 2.2.2 Prognosepräzision

Prognosen lassen sich des Weiteren anhand des Präzisionsgrades klassifizieren.[53] So sind zunächst qualitative und quantitative Prognosen zu unterscheiden.[54] Während qualitative Vorhersagen rein verbaler Natur sind und nur bedingten Rückschluss auf die zu erwartende Ausprägung des Prognosegegenstandes zulassen, geschieht die Vorhersage bei quantitativen Prognosen im Regelfall durch Nennung konkreter Zahlenwerte. Bei komparativen Prognosen müssen die Aussagen seitens des Adressaten jedoch zunächst in quantitative Einschätzungen transformiert werden, da diese zunächst lediglich eine Veränderung der betrachteten Prognosegröße im Vergleich zu einem Referenzzeitpunkt beschreiben. Gewöhnlich handelt es sich bei komparativen Prognosen um Minimum- bzw. Maximumprognosen, bei denen entsprechende Vorjahreswerte als konkrete Wertunter- bzw. Wertobergrenzen der erwarteten Ausprägung definiert werden. Demgegenüber beinhalten Intervallprognosen eine Bandbreite möglicher Ausprägungen, ggf. unter zusätzlicher Angabe eines Erwartungswertes. Hingegen wird die erwartete Entwicklung im Rahmen von Punktprognosen mit einem einzelnen numerischen Wert unterlegt. Des Weiteren geben Unternehmen regelmäßig Prognosen ab, die sich mit diesem Schema nicht erfassen lassen, da sie weder wertenden Charakter haben, noch quantifizierbar sind und somit als inhaltsleer gelten.[55] Qualitative Aussagen sind in der Regel mit einer höheren Eintrittswahrscheinlichkeit versehen als quantitative Aussagen, da erstgenannte mit einem größeren Auslegungsspielraum auf Seiten des Informationsempfängers einhergehen. So lässt sich nicht abschließend beurteilen, ob die Aussage des Vorstandsvorsitzenden der Gildemeister AG Rüdiger Kapitza in einem Interview mit der „Börsen-Zeitung“, nach der das Unternehmen im Jahr 2011 eine „*ordentliche und angemessene Dividende*“[56] zahlen wolle, anschließend durch die de facto vorgenommene Zahlung von 0,25€ je Anteilsschein als erfüllt angesehen werden kann, da die Einschätzung hierüber von Aktionär zu Aktionär unterschiedlich ausfallen dürfte. Im Falle der Adidas AG hingegen, die im Jahr 2011 für das Geschäftsjahr 2012 ein Ergebnis

53 Vgl. *Schmidt* (1971), S. 76.

54 Diese Einteilung erfolgt im Schrifttum allerdings nicht einheitlich. So unterscheidet *Drobeck* (1998) deskriptive, qualitative, komparative und quantitative Prognosen, während *Bretzke* (1975) eine Unterteilung in klassifikatorische, komparative und quantitative Prognosen vornimmt.

55 Vgl. *Wasser* (1976), S. 43f.

56 *Börsen-Zeitung* vom 03. August 2011, o.V.

je Aktie zwischen 3,52€–3,68€ prognostiziert, ist das Übertreffen in Anbetracht eines tatsächlichen Wertes von 3,78€ offensichtlich.[57]

Abbildung 2 gibt einen Überblick über die verschiedenen Ausgestaltungsformen und nennt sogleich konkrete Beispiele für jede Ausprägung:

*Abbildung 2: Verschiedene Präzisionsformen unternehmerischer Prognosen*

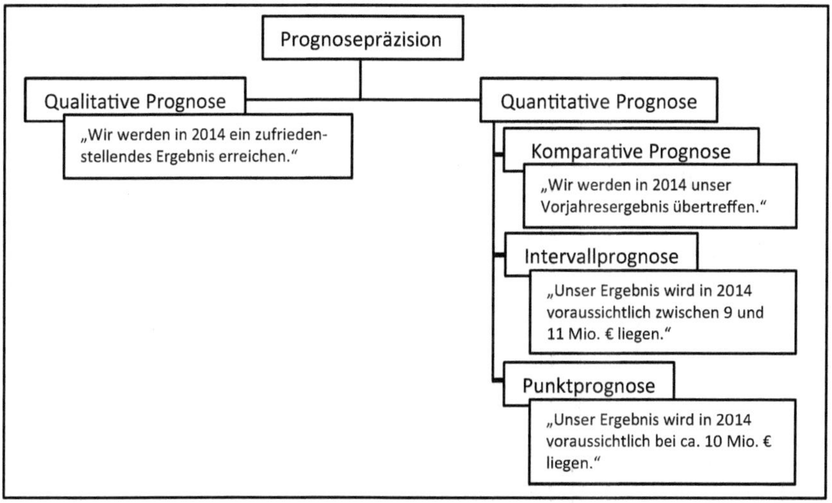


Häufig wird die Prognosepräzision unterjährig angepasst. Ein sich im Laufe des Geschäftsjahres verkürzender Prognosehorizont lässt eine Konkretisierung der Erwartungen seitens des Managements zu, was häufig mit einer Erhöhung des Präzisionsgrades der an den Kapitalmarkt kommunizierten Prognosen einhergeht.

Welchem Prognosegrad der höchste Informationsgehalt zugesprochen werden kann, wird in der Literatur kritisch diskutiert.[58] Tendenziell erhöht sich der Informationsgehalt einer Vorhersage mit zunehmender Präzision, da ein hohes Maß an Bestimmtheit dem Adressaten einen konkreten Anhaltspunkt für die Einschätzungen des Managements offeriert. Daher müsste die Punktprognose als Extrem des Bestimmtheitsgrades von den Prognosenutzern jederzeit präferiert werden. Allerdings besteht zwischen der Genauigkeit einer Prognose und der Wahrscheinlichkeit ihres Eintritts ein negativer

57 Vgl. Adidas (2012), S. 165.

58 Vgl. *Lammert/Watrin/Zeisberger* (2011), S. 350; *Knauer/Wömpener* (2011), S. 487f.; *Barth* (2009), S. 22f.

Zusammenhang, so dass die Eintrittswahrscheinlichkeit im Falle eines stetig verteilten Prognosegegenstandes im statistischen Sinne sogar bei Null läge.[59] Punktgenaue Vorhersagen sind daher lediglich scheingenau und erscheinen somit wenig verlässlich, auch weil etwaige Alternativszenarien nicht abgebildet werden können.[60] *Menges* (1967) tituliert Punktprognosen als *„unwissenschaftliche Prophezeiungen“*, die *„auf der Grenzlinie, welche die wissenschaftlichen Prognosen von den Prophezeiungen und vom Betrug trennt“*[61], liegen. Der Bestimmtheitsgrad einer Prognose ist daher dem *„jeweils im Lichte des aktuellen Wissensstandes Prognostizierbaren“*[62] anzupassen. *Wolz* (2004) argumentiert, dass Intervallprognosen durch die Angabe der Bandbreiten einen höheren Informationswert für den Prognoseadressaten versprechen.[63] Ebenso empfiehlt die *Deutsche Vereinigung für Finanzanalyse und Asset Management* (DVFA) im Sinne einer effektiven Finanzkommunikation von der Kommunikation singulärer Zahlen abzusehen und stattdessen Bandbreiten möglicher Ausprägungen zu kommunizieren, um der Prognoseunsicherheit Rechnung zu tragen.[64]

Unbestritten ist jedoch, dass quantitative Prognosen den qualitativen Prognosen i.S.d. Objektivität vorzuziehen sind, da diese ex post überprüfbar sind und qualitative Prognosen aufgrund des zuvor aufgezeigten Interpretationsspielraums vage sind und somit keine aussagekräftige Entscheidungsgrundlage darstellen.[65] Aus Adressatensicht wünschenswert wäre die Publikation eines Erwartungsspektrums auf Basis einer Wahrscheinlichkeitsverteilung, der man sich realiter durch die Angabe mehrerer Szenarien (z.B. *worst case*, *real case*, *best case*) annähern könnte.[66] Doch auch klassische Intervallprognosen lassen die Streuung um einen zu erwartenden Wert erkennen und geben so besseren Einblick in das Prognoserisiko.[67] Dies bestätigen Befragungsstudien der jüngeren

---

59 Vgl. *Rückle* (1984), S. 64.

60 Vgl. *Drobeck* (1998), S. 89; *Lammert/Watrin/Zeisberger* (2011), S. 353; *Quick/Reus* (2009), S. 20; *Bechtel/Köster/Steenken* (1976), S. 211.

61 *Menges* (1967), S. 25.

62 *Drobeck* (2001), S. 1225.

63 Vgl. *Wolz* (2004), S. 110.

64 Vgl. *DVFA* (2008), S. 18.

65 Vgl. *Baetge/Hippel/Sommerhoff* (2011), S. 367.

66 Vgl. *Drobeck* (1998), S. 90; *Drobeck* (2001), S. 1225; *Arbeitskreis „Externe und Interne Überwachung der Unternehmung“ der Schmalenbach-Gesellschaft für Betriebswirtschaftslehre e.V., Köln* (2003), S. 106.

67 Vgl. *Bretzke* (1992), S. 1440; *Baetge/Hippel/Sommerhoff* (2011), S. 367.

Vergangenheit, die unter professionellen Kapitalmarktteilnehmern, wie Finanzanalysten und Asset Managern, eine Präferenz für Intervallprognosen erkennen lassen.[68]

### 2.2.3 Prognosehorizont

Der Informationsgehalt einer Prognose wird des Weiteren durch den Zeithorizont bestimmt. Dieser Zeithorizont bezeichnet dabei die zeitliche Reichweite oder Geltungsdauer einer Vorhersage, d.h. die Zeitspanne zwischen Abgabe der Prognose und der tatsächlichen Realisation des Prognosegegenstandes, wobei üblicherweise zwischen kurzfristigen, mittelfristigen und langfristigen Prognosen differenziert wird.[69] Eine Zuweisung von konkreten Werten zu den jeweiligen Klassen ist allerdings nicht ohne weiteres möglich, da dies immer vom zugrundeliegenden Prognosegegenstand abhängt.[70] So können bspw. makroökonomische Prognosen für die Bevölkerungs- oder Einkommensentwicklung mit einem Zeithorizont von fünf Jahren durchaus als kurz- bis mittelfristig bezeichnet werden, während der gleiche Vorhersagezeitraum im Falle einer Unternehmensprognose, bspw. bei zu schätzenden Umsatzerlösen für ein kurzlebiges Produkt, wohl als langfristig deklariert würde. So determinieren Produktionszyklen und Produkttechnologien sowie die Spezifika des jeweiligen Marktes a priori die Kurz- bzw. Langfristigkeit des Prognosehorizonts.[71] In der Unternehmenspraxis dürften Prognosen mit maximal einjährigem Prognosehorizont im Allgemeinen als kurzfristig, Vorhersagen von bis zu 4 Jahren als mittelfristig und darüber hinausgehende Prognosen als langfristig gelten.

Grundsätzlich ergibt sich bei der Wahl des Prognosehorizonts ein Trade-Off zwischen Zuverlässigkeit und Nutzen für den Berichtsadressaten. Entsprechend stellt *Busse von Colbe* (1968) heraus, dass *„(...)eine Vorhersage umso schwieriger [ist], je weiter sie sich in die Zukunft erstreckt."*[72] Mit zunehmender Reichweite der Prognose ist die Entwicklung unternehmensexterner Einflussfaktoren, wie z.B. des technischen Fortschritts oder der gesamtwirtschaftlichen Entwicklung, immer schwieriger abzuschätzen, so dass die Unsicherheit mit zunehmendem Prognosehorizont wächst. Verschiedene internationale Studien

---

68 Vgl. *Lammert/ Watrin/Zeisberger* (2011), S. 357.

69 Vgl. *Drobeck* (2001), S. 1224; *Nölte* (2008), S. 15; *Barth* (2009), S. 23.

70 Vgl. hierzu ausführlich *Lewandowski* (1980), S. 32; *Brockhoff* (1977), S. 40f.; *Rosentreter* (1976), S. 10.

71 Vgl. *Lewandowski* (1974), S. 248.

72 *Busse von Colbe* (1968), S. 107.

bestätigen den intuitiv zu erwartenden positiven Zusammenhang zwischen der Reichweite der Managementprognose und dem ex post beobachtbaren Prognosefehler.[73] Allerdings sind die Adressaten an möglichst langfristigen Prognosen über die zukünftige Unternehmensentwicklung interessiert.[74] Der Nutzen von Vorhersagen, die lediglich das aktuelle Geschäftsjahr umfassen und somit zum Zeitpunkt der Veröffentlichung aufgrund der mehrmonatigen Zeitspanne zwischen Geschäftsjahresende und Publikation des Geschäftsberichts lediglich einige Monate abdecken, wird in der wissenschaftlichen Literatur zumindest als fraglich angesehen.[75] Des Weiteren wird der Prognosehorizont durch den zuvor erläuterten Bestimmtheitsgrad einer Vorhersage determiniert. Während recht vage Prognosen einen relativ langen Vorhersagezeitraum zulassen, bedingt eine äquivalente Genauigkeit bei zunehmendem Horizont einen höheren Aufwand.[76] Welcher Zeithorizont im Einzelfall als geeignet erscheint, hängt auf Unternehmensebene zudem davon ab, wie konjunktursensitiv das jeweilige Geschäftsmodell ist.[77]

### 2.2.4 Prognosekonditionalität

Als weiteres Merkmal zur Differenzierung von Prognosen dient das Kriterium der Konditionalität. Dieses klassifiziert Prognosen in bedingte und unbedingte Prognosen. Während unbedingte Prognosen lediglich die eigentliche Aussage zur künftigen Entwicklung des Prognosegegenstandes enthalten, umfassen bedingte Prognosen Prämissen, die eine Abhängigkeit des Eintretens des Prognoseergebnisses vom Eintreffen eines oder mehrerer künftiger Ereignisse erkennen lassen.[78] In der Ökonomie gilt im Prinzip jede Prognose als bedingt, da nahezu ausnahmslos jede der betrachteten Größen in einem interdependenten Verhältnis steht.[79] Im Rahmen von Prognosen über die finanzwirtschaftliche Entwicklung eines Unternehmens werden bspw. gesamtwirtschaftliche bzw. branchenspezifische Entwicklungen, Wechselkursrelationen oder Rohstoffpreisentwicklungen regelmäßig als Prämissen genannt. Selbst

---

73 Vgl. exemplarisch *Baginski/Hassell* (1997), S. 303ff.

74 Vgl. *Barth* (2009), S. 24.

75 Vgl. *Barth* (2009), ebd.

76 Vgl. *Schröder* (2012), S. 11.

77 So führt *Brockhoff* (1977), S. 41, aus, dass *„Planungs- und Prognosezeitraum (...) umso kürzer werden, je stärker man sich von der Grundstoffindustrie zu den Verbrauchsgütern und insbesondere zu Modeartikeln bewegt."*

78 Vgl. *Khosrawi-Rad* (1991), S. 20; *Busse von Colbe* (1968), S. 108; *Radde* (2006), S.122f.

79 Vgl. *Bretzke* (1975), S. 118f.

wenn dem Prognoseersteller hier niemals ein vollständiges Bild über sämtliche Ursache-Wirkungszusammenhänge bekannt sein kann, da die unermessliche Anzahl der Gesetze und Ursachen der Geschehnisse der realen Welt immer nur einen Ausschnitt der Zusammenhänge darstellen kann und sich diese in einer sich rasch ändernden Unternehmensumwelt zudem stets wandeln[80], so ist doch jede Vorhersage mit bestimmten Annahmen verknüpft, da sie ansonsten als unwissenschaftliche Prophetie gelten müsste.[81] Im Interesse des Berichtsadressaten wäre es daher wünschenswert, wenn stets die der Prognose hinterlegten Prämissen und die wesentlichen Determinanten aufgezeigt würden, um auf bestehende Unsicherheiten der erwarteten künftigen Unternehmensentwicklung aufmerksam zu machen.[82] Hierdurch soll der Berichtsadressat in die Lage versetzt werden, entweder die vom Unternehmen kommunizierten Eintrittswahrscheinlichkeiten für verschiedene Szenarien beurteilen zu können oder zumindest eigenständig subjektive Wahrscheinlichkeiten für deren Eintreffen ableiten zu können.[83] Allerdings weist bereits *Busse von Colbe* (1968) darauf hin, dass Berichtsadressaten, wie Aktionäre und Gläubiger, niemals alle Einzelheiten hinsichtlich ihrer jeweiligen Eintrittswahrscheinlichkeiten beurteilen können.[84] Zumindest würde aber eine Angabe der Prämissen eine Beurteilung des Annahmegerüsts und eine Einschätzung der Plausibilität der prospektiven Aussage seitens des Adressaten erlauben.[85] Werden die Prämissen nicht kommuniziert, so sind aufgrund der gegenseitigen Abhängigkeit der allermeisten ökonomischen Variablen implizite Voraussetzungen an die Entwicklung projizierter Größen geknüpft, auch wenn deren Offenlegung unterbleibt.[86]

Die nachfolgende Übersicht fasst die vorangegangenen Ausführungen zu den Merkmalen unternehmerischer Prognosen noch einmal zusammen:

---

80 Vgl. *Pepels* (2007), S. 212.

81 Vgl. *Schmidt* (1971), S. 156 und 167.

82 Vgl. *Baetge/Schulze* (1998), S. 941; *Sieben* (1987), S. 591; *Hachmeister* (2002), Sp. 1438.

83 Vgl. *Wasser* (1976), S. 45; *Nadvornik/Schwarz* (1997), S. 40.

84 Vgl. *Busse von Colbe* (1968), S. 115.

85 Vgl. *Radde* (2006), S. 123.

86 Vgl. *Radde* (2006), S. ebd.

*Tabelle 1: Merkmale unternehmerischer Prognosen*

| **Prognosegegenstand** | **Prognosepräzision** | **Prognosehorizont** | **Prognosekonditionalität** |
|---|---|---|---|
| Unternehmensextern:<br>• BIP-Wachstum<br>• EUR/USD-Wechselkurs<br>• …<br>Unternehmensintern:<br>• Umsatzerlöse<br>• EBIT<br>• … | Qualitative Prognose<br><br>Quantitative Prognose<br>• Komparative Prognose<br>• Intervallprognose<br>• Punktprognose | Kurzfristige Prognose<br><br>Mittelfristige Prognose<br><br>Langfristige Prognose | Bedingte Prognose<br><br>Unbedingte Prognose |

(Quelle: In Anlehnung an *Barth* (2009), S. 20.)

### 2.2.5 Prognoseprozess

Die vorangegangenen Ausführungen verdeutlichen, dass Prognosen in Abhängigkeit von den beschriebenen konstituierenden Merkmalen äußerst verschiedenartig ausgestaltet sein können. Unabhängig von der konkreten Ausgestaltung ist ihnen jedoch gemein, dass sie einer umfangreichen Informationsbasis bedürfen. Diese sollte der Unternehmensleitung ein möglichst vollständiges und verlässliches Bild der wesentlichen Chancen und Risiken im Unternehmen vermitteln.[87] Bevor ein Zusammentragen der relevanten Daten beginnen kann, müssen zunächst das zugrundliegende Problem definiert und ein theoretisches Modell entwickelt werden, welches die Ursache-Wirkungszusammenhänge der zu prognostizierenden Zielvariablen berücksichtigt. Die Struktur dieses Modells lässt sich auf Grundlage eines von *Hempel/Oppenheim* entwickelten Formalschemas beschreiben. Danach fußt jede Prognosevariable auf mindestens einer generell gültigen Aussage (nomologische Hypothese) und mindestens einer sog. Antezedenzbedingung, die den Bezug zum vorliegenden Sachverhalt herstellt.[88] Die nomologische Hypothese stellt die Koexistenz oder

87 Vgl. *Barth* (2009), S. 25; *Freidank/Steinmeyer* (2005), S. 2515.

88 Vgl. *Hempel/Oppenheim* (1948), S. 136ff.; *Drobeck* (1998), S. 90ff.; *Radde* (2006), S. 125ff.; *Hagest/Kellinghusen* bezeichnen die nomologische Hypothese auch als Majorprämisse, während die Antezedenzbedingung als Minorprämisse bezeichnet wird. Vgl. *Hagest/Kellinghusen* (1977), S. 408.

Sukzession von bestimmten Sachverhalten (Ereignisse, Zustände, Eigenschaften) heraus.[89] So ist die Behauptung, dass alle Menschen sterblich sind, ebenso eine nomologische Hypothese wie die Aussage, dass Wasser friert, wenn eine bestimmte Temperaturschwelle unterschritten wird. Generelle Aussagen i.e.S. lassen sich in der Wirtschaftswissenschaft im Gegensatz zur Naturwissenschaft, in der viele Beobachtungen auf physikalischen Gesetzen beruhen, nicht erstellen, so dass auf empirische Generalisierungen zurückgegriffen werden muss.[90] Diese können auf objektiven Sachverhalten, wie Vergangenheitserfahrungen, Beobachtungen und Messungen basieren, umfassen jedoch nicht subjektive Grundlagen in Form von Einstellungen, Überzeugungen, Hoffnungen, Erwartungen oder Befürchtungen.[91] So ist bspw. empirisch belegbar, dass mit steigender Mitarbeiterzahl einer Unternehmung durchschnittlich auch die absoluten Umsatzerlöse mittelfristig ansteigen.

Die zugehörige Antezedenzbedingung komplettiert das sog. Projectans, indem sie Sachverhalte beschreibt, die entweder bereits zum Zeitpunkt der Prognose Gültigkeit besitzen oder zukünftig gültig sein werden.[92] Dies könnten im Bereich der ökonomischen Prognosen sowohl umweltbezogene Annahmen im Hinblick auf gesamtwirtschaftliche Größen, wie bspw. Konjunktur oder Wechselkursrelationen, als auch unternehmenseigene Maßnahmen, wie die oben angesprochene Personalpolitik, sowie Handlungen Dritter sein.[93] Hierzu ist kritisch festzuhalten, dass diese Umweltbedingungen im Falle einer Zukunftsbezogenheit ihrerseits ebenso prognostiziert werden müssen, was ebenso eine Vorhersage über die Gültigkeit der dann geltenden Ursache-Wirkungszusammenhänge bedingt.[94] Dies führt letztlich zu einem infiniten Prognoseregress, welcher nur dadurch umgangen werden kann, indem für die relevanten Antezedenzbedingungen zum relevanten Zeitpunkt ad-hoc Hypothesen formuliert werden, die die relevanten Randbedingungen dann als gegeben unterstellen.[95] Grundlegende Bedingung ist, dass die betrachteten Ursache-Wirkungszusammenhänge nicht chaotisch, sondern temporär stabil sind und lediglich einem allmählichen

89 Vgl. *Drobeck* (1998), S. 90; *Bretzke* (1975), S. 124.

90 Vgl. *Hagest/Kellinghusen* (1977), S. 411; *Drobek* (1998), S. 91.

91 Vgl. *Scieranski* (2010), S. 37 und S. 264.

92 Vgl. *Rückle* (1984), S. 63; *Drobeck* (1998), S. 91; *Radde* (2006), S. 127.

93 Vgl. *Drobeck* (2001), S. 1225.

94 Vgl. *Hagest/Kellinghusen* (1977), S. 408. *Tietzel* spricht hier von einer *„Prognose zweiter Stufe"*. Vgl. *Tietzel* (1983), S. 12.

95 Vgl. *Radde* (2006), S. 129.

Wandel unterliegen.[96] Ist dies erfolgt, resultiert aus dem Zusammenspiel von nomologischer Hypothese und ihrer Antezedenzbedingung(en) schließlich die eigentliche Prognoseaussage.

*Abbildung 3: Formalstruktur von Prognosen*

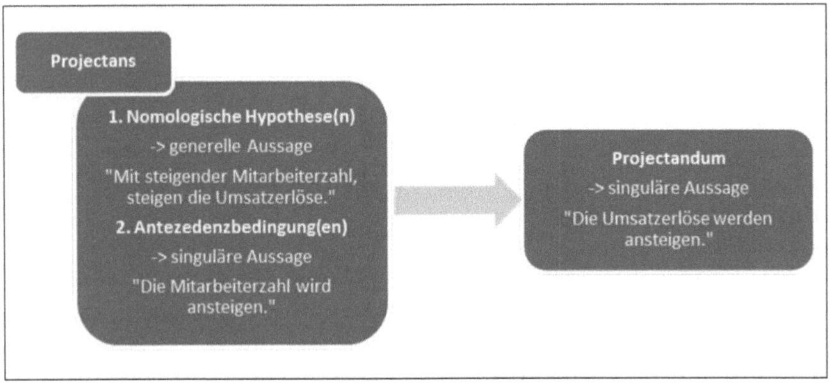


(Quelle: in Anlehnung an *Drobeck* (1998), S.91; *Radde* (2006), S. 126.)

Ist das Problem definiert und sind die Ursache-Wirkungszusammenhänge in einem Modell erfasst, schließt das Zusammentragen entscheidungsrelevanter Daten die Entwurfsphase der Prognoseerstellung ab.

Am Beginn der sich anschließenden Durchführungsphase steht die Auswahl zumindest eines geeigneten Prognoseverfahrens. Dieses bezeichnet die formelle Technik, um die Gesamtheit aller in der Entwurfsphase als relevant erachteten Daten in eine Prognoseaussage zu verwandeln.[97] Neben der im Vorfeld sicherzustellenden Erfassung einer möglichst vollständigen Datenbasis hängt die Qualität der späteren Prognoseaussage entscheidend von der Auswahl eines geeigneten Transformationsprozesses in Form eines spezifischen Prognoseverfahrens ab.[98] Wie *Wolz* (2004) herausstellt, existiert kein ultimativ „bestes“ Prognoseverfahren, da dessen Eignung für die Prognoseerstellung immer von der konkreten Problemstruktur und dem Gegenstand der jeweiligen Vorhersage abhängig ist.[99]

96 Vgl. *Rothschild* (1969), S. 21.
97 Vgl. *Quick/Kayadelen* (2002), S. 950.
98 Vgl. *Bretzke* (1975), S. 121; *Hagest/Kellinghusen* (1977), S. 411.
99 Vgl. *Wolz* (2004), S. 110.

Die nahezu unüberschaubare Anzahl gebräuchlicher Prognoseverfahren lässt sich anhand unterschiedlichster Klassifikationskriterien in besser überschaubare Gruppen einteilen.[100] Grundsätzlich sind intuitive und mathematisch-statistische Prognoseverfahren voneinander abzugrenzen.[101] Intuitive Prognoseverfahren kommen ohne formaltheoretischen Rahmen aus, bedürfen keiner umfangreichen Datenbasis und beinhalten ein hohes Maß an Subjektivität, sind daher umso mehr vom Erfahrungsschatz und Urteilsvermögen des Prognoseerstellers abhängig. Sie unterscheiden sich dabei untereinander ganz wesentlich hinsichtlich des Erstellungsaufwands, der Komplexität und dem letztendlichen Nutzen, den sie erbringen.[102] Als mögliche Ausprägung intuitiver Verfahren sollen an dieser Stelle beispielhaft die Analogieschätzung, die Szenario-Technik, die Delphi-Methode sowie das daran angelehnte *Crowdsourcing* skizziert werden.

Die Idee der Analogieschätzung besteht in der Übertragung einer beobachteten Entwicklung eines Bereiches (Markt, Segment, Land, etc.) auf die zu prognostizierende Entwicklung eines zeitlich nachgelagerten Bereichs.[103] Für eine sinnvolle Anwendung dieser Methode müssen eine strukturelle Gleichartigkeit der Probleme und damit ein vergleichbares Konstrukt an Ursache-Wirkungszusammenhängen bestehen.[104] Grundvoraussetzung ist daher eine analoge Entwicklung der betrachteten Bereiche in ökonomischer, politischer, ökologischer, technischer sowie sozio-kultureller Hinsicht.[105] So ist es bspw. denkbar, dass sich ein Hersteller von Mobiltelefonen bei der Prognose künftiger Absätze einer neu eingeführten Modellreihe an dem Produktlebenszyklus des Vorgängermodells orientiert.

Demgegenüber versucht die Szenario-Technik die Ausprägung des Prognosegegenstandes durch eine kombinatorische Abänderung der wesentlichen Einflussfaktoren zu modellieren, so dass ein Satz alternativer Rahmenbedingungen, welcher in der Zukunft hypothetisch existieren wird, resultiert. Das Bündel an Annahmen hat jedoch konsistent zu sein, d.h. die unterstellte Entwicklung

---

100 Vgl. *Thiele* (1993), S. 6.

101 Alternativ findet hierbei auch eine Unterscheidung in qualitative und quantitative (so bspw. bei *Wolz* (2004), S. 110) sowie intuitive und systematische Verfahren (so bspw. bei *Pepels* (2007), S. 314f.) statt.

102 Vgl. *Makridakis/Wheelwright/Hyndman* (1998), S. 12.

103 Vgl. exemplarisch *Duncan/Gorr/Szczypula* (2001), S. 195ff.

104 Vgl. *Barth* (2009), S. 27.

105 Vgl. *Macharzina/Wolf* (2010), S. 839.

einzelner Einflussfaktoren muss nachvollziehbar aufeinander abgestimmt sein.[106] Populär ist etwa die zuvor bereits erwähnte gleichzeitige Erstellung extrem optimistischer Entwicklungen (*best-case*-Szenario), extrem negativer Entwicklungen (*worst-case*-Szenario) sowie die Darstellung des wahrscheinlichsten Szenarios (*real-case*-Szenario). Im Rahmen des bereits angeführten Beispiels könnten die aus der Einführung des neuen Modells generierten Deckungsbeiträge bei Variation von Produktpreisen, Rohstoffpreisen oder Personalaufwandsentwicklungen simuliert werden.

Bei der Delphi-Methode nutzt man die Einschätzung verschiedener Experten zur künftigen Entwicklung des relevanten Themenfeldes. Hierbei werden Experten verschiedener Fachdisziplinen schriftlich zu ihren Erwartungen in einem bestimmten Bereich befragt.[107] Dabei werden die Ergebnisse zunächst anonymisiert gesammelt, statistisch ausgewertet und den Experten dann im Rahmen einer neuen Befragungsrunde i.d.R. in Form von Durchschnittswerten bekannt gemacht, so dass das individuelle Urteil unter Beachtung der Gruppeneinschätzung ggf. adjustiert wird und letzten Endes ein relativ homogenes Prognoseergebnis erzielt werden kann.[108] Ein wesentlicher Vorteil dieses Verfahrens ist, dass Prognosen trotz des möglicherweise mehrstufigen Informationsrückkopplungsprozesses relativ schnell und fundiert erarbeitet werden können.[109] Ein typischer Anwendungsbereich der Delphi-Methode ist die Erstellung von langfristigen Entwicklungsprognosen im technologischen oder strategischen Bereich.[110]

---

106 Vgl. *Dobler* (2009), S. 137. So erscheint es bspw. Inkonsistent, von einem erhöhten Stückabsatz bei gleichzeitig erhöhtem Absatzpreis auszugehen, wenn eine allgemein konstante Nachfragsituation unterstellt wird.

107 Vgl. hierzu ausführlich *Rowe/Wright* (2001), S. 125ff.

108 Hier handelt es sich um die klassische Delphi-Methode. Demgegenüber zielt die sog. policy Delphi-Methode bewusst auf die Offenlegung eines Dissenses zwischen den verschiedenen Experten ab, um ein breites Spektrum an Sichtweisen und Meinungen erfassen zu können. Vgl. zu den verschiedenen Ausprägungen der Delphi-Methode *Günther/Endrikat* (2011), S. 202f.

109 Vgl. *Macharzina/Wolf* (2010), S. 838f. Zudem führen *Rowe/Wright* aus, dass die Delphi-Methode gegenüber traditionellen Gruppendiskussionen den Vorteil hat, dass die Befragten unbefangen antworten, da sie keinem Konformitätsdruck unterliegen und sich unabhängig von ihrer hierarchischen oder sozialen Stellung äußern können. Vgl. *Rowe/Wright* (2001), S. 126. Brockhoff sieht im Rahmen von Gruppendiskussionen ähnliche Gefahren: *„Es treten Mitläufereffekte auf, Strategien zur Status- und Machtstärkung setzen sich durch, Eloquenz kann vor Expertise rangieren."*, s. *Brockhoff* (1977), S. 81.

110 Vgl. *Stang* (2011), S. 47; Für ein konkretes Anwendungsbeispiel der Delphi-Methode s. *Günther/Nowack* (2011), S. 501f.

In der jüngeren Vergangenheit erfreut sich das an die Delphi-Methode angelehnte Prinzip des sog. *Crowdsourcings* großer Beliebtheit.[111] Dieses Prinzip basiert darauf, dass eine Gruppe von Individuen unter Umständen bessere Ergebnisse erzielen kann als Einzelpersonen.[112] Auch hier wird also das Wissen vieler Personen gesammelt, allerdings auch Einschätzungen von Nichtfachleuten. Der amerikanische Journalist *Surowiecki* (2005) zeigt, wie aufgrund von Selbstorganisation aber auch durch statistische Effekte kollektive Prognosen von Massen hochwertiger sein können als die Einschätzungen von Einzelexperten.[113] Dies wird auf die Faktoren der Meinungsvielfalt, Unabhängigkeit und Dezentralität innerhalb einer Masse zurückgeführt.[114] Im Jahr 2009 hat das Handelsblatt gemeinsam mit dem Institut der deutschen Wirtschaft Köln (IW) und dem Institut für Informationswirtschaft und Marketing und dem Forschungszentrum Informatik (FZI) die webbasierte Prognosebörse EIX (Economic Indicators eXchange) gestartet. Auf dieser Plattform können Nutzer neben der Vorhersage ökonomischer Indikatoren, wie bspw. des Bruttoinlandsprodukts, Inflationsraten oder Arbeitslosenzahlen ebenso auf den Ausgang von anstehenden Wahlen wetten und ihre Einschätzungen über virtuelle Aktien handeln.[115] Die Preise der Aktien spiegeln dabei die von den Nutzern erwarteten Wahrscheinlichkeiten für den Eintritt der zugrunde liegenden Ereignisse wieder, so dass der jeweilige Marktpreis die aggregierte Teilnehmermeinung repräsentiert. Hält ein Marktteilnehmer den Preis für ein Ereignis und damit die vom Markt unterstellte Eintrittswahrscheinlichkeit für zu niedrig (zu hoch), so kauft (verkauft) er die jeweilige virtuelle Aktie.[116]

Die beschriebenen intuitiven Verfahren finden in den seltensten Fällen als alleinige Prognoseverfahren Anwendung, sondern dienen Vielmehr als Komplement zu quantitativen Modellen, insb. bei der Berücksichtigung nicht finanzieller oder

111 Der Begriff „*Crowdsourcing*“ ist ein auf den amerikanischen Journalisten *Jeff Howe* zurückgehender Neologismus und setzt sich aus den Begriffen „*Crowd*“ und „*Outsourcing*“ zusammen. Vgl. *Howe* (2006), http://www.wired.com/wired/archive/14.06/crowds.html (abgerufen am 21.12.2012). Er ist dabei als Oberbegriff über die nach den verschiedenen Einsatzbereichen spezifizierten Bezeichnungen des „*Crowdfunding*“ (Finanzierung der Masse durch viele Einzelbeiträge), *Crowdvoting* oder *Crowdtesting* (Bewertungen eines Produkts auf Basis von Einzelmeinungen) und *Crowdcreation* (Generierung von Ideen) zu verstehen. Vgl. *Leimeister* (2012), S. 388ff.

112 Vgl. *Leimeister* (2012), S. 388.

113 Vgl. *Surowiecki* (2005), o.S.

114 Vgl. *Leimeister* (2012), S. 388.

115 http://eix.handelsblatt.com/, abgerufen am 18.01.2013.

116 Vgl. *Kranz/Teschner* (2012), S. 47.

generell nicht quantifizierbarer Faktoren, sowie für die Formulierung langfristiger Aussagen, bspw. zur strategischen Ausrichtung der Unternehmung.[117] Dem Vorteil der möglichen Implementierung nicht quantifizierbarer Einflussfaktoren und Zusammenhänge steht allerdings der Nachteil der schwierigen Nachprüfbarkeit und Nachvollziehbarkeit aufgrund der hohen Subjektivität, die diesen Verfahren naturgemäß anhängt, gegenüber.[118] Sind wesentliche Informationen und Argumente hingegen erst gar nicht mathematisch formulierbar, so ist die Verwendung intuitiver Verfahren unerlässlich[119], auch wenn ihre Relevanz für die Entscheidungsunterstützung als eingeschränkt gilt.[120] Ebenso sollte intuitiven Verfahren besondere Beachtung geschenkt werden, wenn zukünftig mit Strukturbrüchen in den zugrundeliegenden Kausalketten zu rechnen ist, die eine Modellierung mittels mathematisch-statistischer Verfahren fehleranfällig werden lassen.[121] Dies ist umso wahrscheinlicher, je schnelllebiger der Markt ist, auf dem das Unternehmen agiert.[122] In Zeiten zunehmender Globalisierung und Internationalisierung der Märkte kann unterstellt werden, dass diese Strukturbrüche vermehrt auftreten.[123]

Kann zumindest in der kurzen und mittleren Frist eine Stetigkeit der Umweltbedingungen unterstellt werden, so kommen zur Prognoseerstellung häufig mathematisch-statistische Verfahren zur Anwendung. Hierbei ist zunächst zwischen Regressionsanalysen[124] und Zeitreihenanalysen[125] zu differenzieren, bei denen die zukünftige Entwicklung des Prognosegegenstandes mittels formalmathematischer Operationen aus vergangenheits- und gegenwartsorientierten Daten errechnet wird.[126] Das Ziel der Regressionsanalyse ist die Identifikation von Beziehungen zwischen einer abhängigen und einer (im Falle einer univariaten Regression) oder mehreren (im Falle einer multivariaten oder auch multiplen Regression) unabhängigen Variablen. Auf Basis des ermittelten funktionellen

---

117 Vgl. *Barth* (2009), S. 27; *Makridakis/Wheelwright/Hyndman* (1998), S. 12.

118 Vgl. *Quick/Kayadelen* (2002), S. 951.

119 Vgl. *Hagest/Kellinghusen* (1977), S. 412.

120 Vgl. *Arbeitskreis „Externe und Interne Überwachung der Unternehmung" der Schmalenbach-Gesellschaft für Betriebswirtschaftslehre e.V., Köln* (2003), S. 107.

121 Vgl. *Bretzke* (1975), S. 180; *Radde* (2006), S. 132.

122 Vgl. *Bretzke* (1975), S. 186.

123 Vgl. *Hayn* (2012), S. 788.

124 Vgl. zur Prognose auf Basis der Regressionsanalyse exemplarisch *Bauer/Fertig/Schmidt* (2009), S. 179ff.; *Makridakis/Wheelwright/Hyndman* (1998), S. 185ff.; *Kähler* (2002), S. 33ff.

125 Vgl. zu den Verfahren der Zeitreihenanalyse exemplarisch *Wooldridge* (2009), S. 339ff.; *Buscher* (2002); S. 131ff.

126 Vgl. *Thiele* (1993), S. 7; *Nölte* (2008), S. 22.

Zusammenhangs lässt sich dann die Ausprägung der abhängigen Variable bei einer bestimmten Ausprägung der determinierenden Variablen prognostizieren. Ähnlich der Szenarioanalyse lässt sich auf Basis einer Regressionsanalyse durch Berücksichtigung alternativer Annahmen hinsichtlich der unabhängigen Variablen ein mehrwertiges Erwartungsspektrum der möglichen künftigen Ausprägungen der Prognosevariablen ermitteln, so dass hieraus abgeleitete Prognoseintervalle zur Transparenz über das Schätzrisiko beitragen.[127]

Zeitreihenanalysen hingegen beschränken sich auf eine eindimensionale Perspektive, indem das Entwicklungsgesetz der Variablen allein durch eine zeitabhängige Funktion ausgedrückt wird.[128] Die Analyse eines kausalen Zusammenhangs zwischen der zu prognostizierenden Größe und anderweitigen Einflussfaktoren unterbleibt gänzlich.[129] Wie oben bereits angedeutet, unterstellt dies, dass das System von Einflussfaktoren, welches zum Zeitpunkt der Analyse Bestand hat, auch zukünftig in gleicher Form fortbesteht.[130] Das Fortschreiben des beobachteten Trendverlaufes, das sog. Extrapolieren, ist demnach nur sinnvoll, wenn diese Strukturkonstanz gegeben ist, was jedoch realiter kaum der Fall sein dürfte, da der Einfluss der relevaten Faktoren aufgrund eines sich stets wandelnden ökonomischen Umfelds Veränderungen unterliegt.[131] Daher eignet sich das Verfahren der Zeitreihenanalyse bestenfalls für die Vorhersage kurzfristiger Trends und sollte niemals als alleinige Entscheidungsgrundlage dienen, da es der Komplexität des Kapitalmarkts in keiner Weise Rechnung trägt.[132]

Ein wesentlicher Vorteil dieser analytischen Verfahren liegt in der möglichen Reproduzierbarkeit des Prognoseergebnisses, da die Prognose hier ausgehend von vorhandenen Daten und auf Basis eines spezifischen Modells erfolgt. Allerdings weist auch die Auswahl der verwendeten Informationen und des jeweiligen Modells ein hohes Maß an Subjektivität auf, welches für den externen Adressaten oftmals nur schwer zu beurteilen ist.[133]

Die Dokumentation und die Kommunikation des Prognoseergebnisses sind Bestandteil der den Prognoseprozess abschließenden Evaluationsphase. Eine fortlaufende Überwachung und ggf. Revision der ursprünglichen Prognoseaussage

127 Vgl. *Radde* (2006), S. 137.
128 Vgl. *Radde* (2006), ebd.
129 Vgl. *Schmidt* (1971), S. 107 m.w.N.
130 Vgl. *Tietzel* (1983), S. 5.
131 Vgl. *Quick/Kayadelen* (2002), S. 951; *Thiele* (1993), S. 8.
132 Vgl. *Scieranski* (2010), S. 56.
133 Vgl. *Winker* (2010), S. 293.

ist unerlässlich[134], um den Informationsbedürfnissen der nachfolgend beschriebenen Adressaten gerecht zu werden. Hierzu bedarf es eines Informations- und Risikomanagementsystems, das eine ordnungsgemäße Informationsbeschaffung und -verarbeitung auch nach der originären Prognoseerstellung fortlaufend gewährleistet.[135]

## 2.3 Adressaten der Prognoseberichterstattung

Prognosen werden vom Unternehmensmanagement im Rahmen der internen Planungsrechnung erstellt. Sie unterstützen Entscheidungsträger innerhalb des Unternehmens, die über die Verwendung finanzieller Ressourcen in alternative Investitionsobjekte befinden, bei der effizienten Kapitalallokation, was als Basis einer effektiven und nachhaltigen Unternehmenssteuerung betrachtet werden kann.[136]

Dass Rechnungslegungsadressaten für ihre stets in die Zukunft gerichteten Entscheidungen prospektive Informationen benötigen, ist unbestritten.[137] Aussagen des Managements über die antizipierte zukünftige Unternehmensentwicklung erlauben den Adressaten einen Abgleich mit den individuellen Erwartungen und führen durch eine Bestätigung oder Revision derselben zu einer höheren Entscheidungseffizienz.[138] Dabei können die Informationsansprüche dieser Interessentengruppen aus den jeweils zugrunde liegenden Entscheidungsprozessen deduziert werden. Der Adressatenkreis der Prognoseberichterstattung umfasst alle *Stakeholder* des Unternehmens, also Investoren, Gläubiger, Kunden und Lieferanten, die Belegschaft, die allgemeine Öffentlichkeit, zu denen sowohl Konkurrenten als auch der Staat gezählt werden, sowie nicht zuletzt auch Informationsintermediäre wie Finanz- und Ratinganalysten.

Als Eigentümer zählen die Eigenkapitalgeber einer Unternehmung zu den zentralen Adressaten der Unternehmenspublizität und damit auch der Prognoseberichterstattung. Sie stellen dem Unternehmen zeitlich unbegrenzt einen Teil ihres Vermögens zur Verfügung, mit dem sie rechtsformabhängig zumindest in Höhe ihre Einlage haften. Darüber hinaus sind sie lediglich residualanspruchsberechtigt, partizipieren also erst an Unternehmensgewinnen und dem Reinvermögen, wenn die Ansprüche aller anderen Vertragspartner des Unternehmens

---

134 Vgl. *Barth* (2009), S. 25.

135 Vgl. *Scieranski* (2010), S. 264.

136 Vgl. *Arbeitskreis „Externe und Interne Überwachung der Unternehmung" der Schmalenbach-Gesellschaft für Betriebswirtschaftslehre e.V., Köln* (2003), S. 105.

137 Vgl. *Drobeck* (1998), S. 35.

138 Vgl. *Sellhorn/Lerchenmüller* (2011), S. 501.

befriedigt sind. Daher dürften sie bestrebt sein, die Vorteilhaftigkeit ihres Engagements fortlaufend zu überprüfen. Diese bemisst sich an den zu erwartenden Zahlungsmittelrückflüssen in Form von Dividenden und Kurssteigerungen. Da diese Größen jedoch Schwankungen unterliegen, verlangt der Eigenkapitalgeber als Ausgleich für den risikobehafteten Kapitaleinsatz neben einer Verzinsung, die sich bei Investition in eine relativ risikolose Anlage wie bspw. eine Bundesanleihe ergeben würde, zusätzlich eine Risikoprämie.[139] Die Bereitstellung von zukunftsgerichteten Aussagen der Unternehmensleitung zu der Höhe, der zeitlichen Verteilung sowie der Sicherheit dieser Cashflows ist daher für diese Adressatengruppe höchst relevant, da davon ausgegangen werden kann, dass beteiligte bzw. potenzielle Aktionäre den Zahlungsstrom zwischen ihnen und dem Unternehmen hinsichtlich dieser Kriterien und unter Berücksichtigung alternativer Kapitalanlagen optimieren wollen (Kapitalwertkalkül).[140] Dementsprechend stellt *Seed* (1985) heraus, „*(...) that the investing public doesn´t care much about yesterday, but is interested more in what the corporation is going to do for the investor tomorrow*"[141]. Ebenso merkt *Sir David Tweedie* (2002), ehemaliger Chairman des International Accounting Standards Board (IASB), an: „*I learned the objective of financial reporting was stewardship (...). But since then, there has been another objective, which is information for decision-making. So there is a forward looking focus now to accounting. Not forecasts, but information that people can start assembling their own forecasts*"[142]. Eine intensive Kommunikation mit den Investoren mindert daher die auf den Informationsasymmetrien beruhende Komponente der Kapitalkosten.[143] Zudem hat das Unternehmen hinsichtlich der bereits erfolgten und der geplanten Verwendung der bereitgestellten Mittel eine Informationsbringschuld gegenüber den Eigentümern (Stewardshipfunktion).[144] *Hank* (1999) kommt im Rahmen einer Befragungsstudie zu dem aufgrund der vorherigen Ausführungen wenig überraschenden Ergebnis, dass Anleger Informationen über die zukünftige Entwicklung der Unternehmung, insb. hinsichtlich Umsatzerlösen, Gewinnen und Cash-Flows, den größten Wert beimessen.[145] Zu diesem hier beschriebenen

---

139 Vgl. *Coenenberg/Günther* (2011), S. 9.

140 Vgl. *Busse von Colbe* (1968), S. 94; *Nölte* (2008), S. 33.

141 *Seed* (1985), S. 45.

142 *Tweedie* (2002), Rede abrufbar unter: http://hesabras.org/Portals/_Rainbow/images/default/download/speech-28.pdf, abgerufen am 18.01.2013.

143 Vgl. *Achleitner/Bassen/Pietsch* (2001), S. 18.

144 Vgl. *Diehl/Loistl/Rehkugler* (1998), S. 19; *Scieranski* (2010), S. 33.

145 Vgl. *Hank* (1999), S. 185f.

Adressatenkreis zählen sowohl Privatinvestoren[146] als auch institutionelle Investoren, wie Banken, Versicherungen sowie Pensions- und Investmentfonds.[147]

Die Gläubiger des Unternehmens stellen diesem im Gegensatz zu den Aktionären einen i.d.R. zeitlich befristeten, mit einem konkreten Verzinsungsanspruch versehenen Kapitalbetrag zur Verfügung. Die Höhe des Verzinsungsanspruches korreliert dabei positiv mit der Wahrscheinlichkeit, dass den Rückzahlungsforderungen unternehmensseitig nicht fristgerecht nachgekommen wird. Der Gläubiger wird im Rahmen einer Kreditgewährung, -prolongation oder -kündigung regelmäßig prospektive Aussagen der Unternehmensleitung analysieren, da er analog zum Eigenkapitalgeber versuchen wird, den Zahlungsstrom zwischen sich und der Unternehmung zu optimieren.[148] Er ist daher an einer realistischen Einschätzung der Sicherheit seines Engagements im Unternehmen interessiert, das sich an der Fähigkeit des Unternehmens, Einzahlungsüberschüsse innerhalb des Leistungsbereichs generieren zu können, bemisst.[149] Eine intensive Kapitalmarktkommunikation fördert eine transparente Bonitätseinschätzung durch den Gläubiger, wodurch die geforderte Risikokompensation, die in der Höhe der Fremdkapitalkosten zum Ausdruck kommt, gemindert wird.[150] Die von dieser Adressatengruppe geforderten prognostischen Aussagen dienen jedoch nicht zur Abschätzung eines künftigen Unternehmenswertsteigerungspotenzials, sondern vielmehr zur Ableitung von Wahrscheinlichkeiten für eine mögliche Unternehmensgefährdung.[151]

Lieferanten, Kunden und die Belegschaft sind ebenso an einem sicheren Fortbestand der Unternehmung interessiert, gerade wenn zwischen Ihnen und dem Unternehmen ein langfristiges Abhängigkeitsverhältnis besteht. Lieferanten sind zumeist auch Gläubiger und haben daher vergleichbare Informationsbedürfnisse wie diese. Sie unterhalten möglicherweise langjährige Beziehungen zum Unternehmen und haben ihr Produktportfolio ggf. auf dieses ausgerichtet und

---

146 Zu den spezifischen Informationsbedürfnissen von Privatinvestoren s. *Hank* (1999), S. 124ff.

147 Im Rahmen einer umfangreichen Befragungsstudie stellen *Ernst/Gassen/Pellens* fest, dass gerade Managementprognosen und die allgemeine strategische Ausrichtung der Unternehmung in der jüngeren Vergangenheit für institutionelle Investoren stark an Bedeutung gewonnen haben und mittlerweile als Orientierungsgröße weitaus relevanter sind als die aktuelle Vermögens- und Finanzlage der Gesellschaft. Vgl. *Ernst/Gassen/Pellens* (2009), S. 47.

148 Vgl. *Busse von Colbe* (1968), S. 94; *Coenenberg/Haller/Schultze* (2009), S. 1226; *Nölte* (2008), S. 35.

149 Vgl. *Drobeck* (1998), S. 35.

150 Vgl. *Achleitner/Bassen/Pietsch* (2001), S. 18.

151 Vgl. *Grüning* (2010), S. 20.

spezifische Investition getätigt.[152] Kunden wiederum möchten, gerade im Falle eines Bezugs von langlebigen Wirtschaftsgütern, sicherstellen, dass das Unternehmen eingeräumten Garantie- und Reparaturdienstleistungen nachkommen kann.[153] Demnach dürften diese Adressatengruppen in besonderem Maße an Informationen über das Produkt- und Investitionsprogramm und den damit in Verbindung stehenden Ein- und Auszahlungen gelegen sein.[154] Die Belegschaft des Unternehmens ist unter den Aspekten der Arbeitsplatzsicherung, Karrierechancen und Lohnforderungen an prospektiven Aussagen der Geschäftsleitung interessiert. Hierzu zählt auch die Sicherheit bzgl. zugesagter Pensionszahlungen und etwaiger ergebnisabhängiger Vergütungen.[155]

Der Staat und seine Gebietskörperschaften sind an der künftigen wirtschaftlichen Unternehmensentwicklung interessiert, um hierdurch eine Indikation für künftige Steuerzahlungen gewinnen zu können, sofern sich die Besteuerung an der wirtschaftlichen Leistungsfähigkeit des Unternehmens orientiert. Auch bestehen zwischen Unternehmen und öffentlichem Sektor oftmals Kunden- und Lieferantenbeziehungen.[156]

Im Gegensatz zu den bislang beschriebenen Adressatengruppen existieren zwischen dem Unternehmen und seinen Konkurrenten i.d.R. keine Vertragsbeziehungen. Allerdings haben die Konkurrenzunternehmen ein über das Interessensspektrum der übrigen *Stakeholder* hinausgehendes Informationsbedürfnis, das alle Angaben, aus denen sich die Investitions-, die Produktions-, die Absatz- sowie die Finanzpläne der Wettbewerber, erschließen lassen, umfasst. Diese Informationen sind unabdingbar, um die unternehmenseigene Ausrichtung hinsichtlich dieser Punkte vorzunehmen und den Zahlungsstrom zwischen dem Unternehmen und seiner Umwelt optimieren zu können.[157]

152 Vgl. *Stobbe* (1988), S. 304

153 Vgl. *Pellens et al.* (2011), S. 5.

154 Vgl. *Busse von Colbe* (1968), S. 94.

155 Vgl. *Coenenberg/Haller/Schultze* (2009), S. 1226f.; Allerdings weist *Glöckle* darauf hin, dass sich derartige Informationen im Gegensatz zu den eingeforderten Informationen der Anteilseigner, Gläubiger, Lieferanten und Kundern nicht primär aus extern veröffentlichten Daten gewinnen lassen, sondern auf betriebsinterne Informationsorgane, wie Betriebsrat oder Betriebsversammlung, zurückzugreifen ist. Vgl. *Glöckle* (1996), S. 13; *Stobbe* (1998), S. 304; *Peiffer* (1974a), S. 164.

156 Vgl. *Pellens et al.* (2011), S. 5.

157 Vgl. *Busse von Colbe* (1968), S. 94f.; Die Vermutung, dass sich eine verschärfte Wettbewerbssituation negativ auf den Umfang freiwillig publizierter Unternehmensinformationen niederschlägt, widerlegen *Wagenhofer/Ewert* (2007), S. 349ff, im Rahmen eines theoretischen Modells.

Konkurrenzunternehmen gehören allerdings nicht zum eigentlichen Adressatenkreis der Prognoseberichterstattung, sondern können vielmehr als Interessenten bezeichnet werden.[158]

Finanzanalysten nehmen als Informationsintermediäre auf Kapitalmärkten eine zentrale Rolle bei der Verarbeitung und Distribution bewertungsrelevanter Unternehmensdaten ein. Sie verdichten bewertungsrelevante Unternehmensinformationen und transformieren diese in Einschätzungen über den Unternehmenswert, so dass Analysten eine wesentliche Funktion beim Abbau von Informationsasymmetrien auf dem Kapitalmarkt innehaben.[159] In der Praxis geschieht dies vornehmlich durch das Aussprechen konkreter Anlageempfehlungen bzw. durch das Verfassen sog. *Broker Reports* oder auch *Equity Research Reports*, die meist an institutionelle Investoren weitergegeben werden.[160] Die vom Unternehmen zur Verfügung gestellten Informationen des externen Rechnungswesens stellen dabei eine essentielle Informationsquelle der Finanzanalysten dar.[161] Neben der direkten Kommunikation mit der Unternehmensführung und der Teilnahme an Analystenkonferenzen kommt insbesondere der Darstellung künftiger Chancen und Risiken im Rahmen der Prognoseberichterstattung eine elementare Bedeutung bei der Informationsbeschaffung eines Analysten zu.[162] Der Einfluss des Umfangs und der konkreten Ausgestaltung der in diesen Berichtsinstrumenten vom Management getroffenen Einschätzungen über die voraussichtliche künftige Unternehmensentwicklung auf die Qualität von Analystenschätzungen wurde in der Vergangenheit kontrovers diskutiert.

Neben den Finanzanalysten agieren Rating-Agenturen als weitere Gruppe von Informationsintermediären auf dem Kapitalmarkt, die sich aber im Unterschied zu Finanzanalysten auf die Bewertung des Fremdkapitals fokussieren. Die Bewertungen dieser beiden Gruppen erfolgen jedoch nicht unabhängig voneinander, da sich bspw. eine verschlechterte Bonitätsbeurteilung, die ein höheres Insolvenzrisiko anzeigt, negativ auf den Finanzierungscashflow und somit

158 Vgl. *Reittinger* (1983), S. 20; *Drobeck* (1998), S. 116.

159 Vgl. *von Rosen/Gerke* (2001), S. 36; Für einen Überblick über den Informationsbeschaffungs- und verarbeitungsprozess von Finanzanalysten siehe Kapitel 5.2.

160 Vgl. *Wichels* (2002), S. 28f.; *Nölte* (2008), S. 100.

161 Für eine umfassende Übersicht über empirische Studien, die die Bedeutung von verschiedenen Informationsquellen für Finanzanalysten untersuchen, siehe Kapitel 5.2.1.

162 Vgl. *Ernst/Gassen/Pellens* (2009), S. 48.

ebenso negativ auf die Eigenkapitalbewertung auswirkt.[163] Dass Ratingveränderungen somit auch Wertrelevanz haben, wurde in zahlreichen Studien belegt.[164]

## 2.4 Anforderungen an die Prognoseberichterstattung

Die vorangegangenen Ausführungen verdeutlichen, dass unternehmerische Prognosen verschiedensten Adressatengruppen als essenzielle Informationsgrundlage bei wirtschaftlichen Entscheidungsprozessen dienen. Damit die prospektiven Aussagen allerdings auch verwertbar und damit entscheidungsnützlich sind, müssen sie verlässlich sein.[165] Wesentliches Charakteristikum von zukunftsbezogenen Aussagen ist allerdings die ihnen anhaftende Unsicherheit.[166] Absolute systematische Treffsicherheit wird naturgemäß niemals möglich sein, weshalb *Tietzel* (1989) Prognosen daher *„eine Art logisches Recht auf Irrtum*“[167] einräumt. Der Wert einer Prognose wird demnach durch die Verbesserung der Qualität der Entscheidung des Adressaten unter Unsicherheit determiniert.[168]

Der Nutzen für den Abschlussadressaten ergibt sich durch den Informationsgehalt der Prognose. Die Sicherheit und die Genauigkeit stellen die zwei wesentlichen, in einem Spannungsverhältnis stehenden Determinanten des Informationsgehaltes und damit der Entscheidungsnützlichkeit dar. So ist der Eintritt einer Prognose umso sicherer, je offener sie formuliert ist.[169] Allerdings liefern sehr vage formulierte Aussagen nur einen sehr geringen Erkenntnisgewinn für den Adressaten. Ist die Aussage jedoch sehr präzise formuliert, ist zwar die Genauigkeit aufgrund des eingegrenzten Spektrums möglicher Ergebnisalternativen größer, allerdings ist die Wahrscheinlichkeit einer entsprechenden Realisation naturgemäß geringer.[170] Es stellt sich somit die Frage, welchen Ansprüchen Prognoseaussagen generell genügen müssen und welchen Grad an Verlässlichkeit sie aufweisen müssen, damit sie überhaupt als nutzenstiftend betrachtet werden können. Grundsätze ordnungsgemäßer Prognoseberichterstattung werden in der deutschsprachigen wissenschaftlichen Literatur schon

---

163 Vgl. *Grüning* (2010), S. 12.

164 Einen Überblick über durchgeführte Studien sowie eine eigene empirische Analyse zu dieser Fragestellung liefern *Užík/Nelles* (2007), S. 173.

165 Vgl. *Baetge/Hippel/Sommerhoff* (2011), S. 367.

166 Vgl. *Glöckle* (1996), S. 33.

167 *Tietzel* (1989), S. 26.

168 Vgl. *Scieranski* (2010), S. 54.

169 Vgl. *Busse von Colbe* (1968), S. 105.

170 Vgl. *Drobeck* (2001), S. 1227; *Tietzel* (1983), S. 15.

seit geraumer Zeit diskutiert. Die hier regelmäßig genannten Grundsätze umfassen die Kriterien „Wahrheit", „Vollständigkeit", „Klarheit" und „Stetigkeit".

Der Grundsatz der Wahrheit zielt aufgrund der prognoseimmanenten Unsicherheit nicht auf die Richtigkeit der Prognose ab, sondern bezieht sich vielmehr auf die Glaubwürdigkeit und Willkürfreiheit.[171] Die Berichterstattung darf demnach nicht wider besseres Wissen erfolgen, d.h. sie hat im Einklang mit der subjektiven Informationsgrundlage zu stehen, die zuvor mit angemessener Sorgfalt zusammengetragen wurde.[172] Die ex post beobachtbare Richtigkeit einer Prognose muss nicht zwingend auf die Fähigkeit des Managements zurückführen sein, zielgenaue Prognose erstellen zu können. Ebenso wenig lassen sich deutlich verfehlte Prognosen stets auf mangelnde Kenntnisse des Managements in puncto Prognoseerstellung zurückführen. Der Prognoseersteller hat jedoch dafür Sorge zu tragen, dass seine Prognosen glaubwürdig sind. Die Glaubwürdigkeit könnte über die Stärkung der intersubjektiven Nachvollziehbarkeit der Prognosen und der ihnen zugrundliegenden Prämissen gestärkt werden. Allerdings kann aufgrund eventuell fehlender Sachkenntnis nicht sämtlichen Adressatengruppen zugemutet werden, alle Annahmen auf Plausibilität zu überprüfen, was zudem in Anbetracht der Fülle an darzustellenden Daten zu einer Informationsüberlastung der Adressaten führen würde. Daher sollte sich der Prognoseersteller auf eine Darlegung derjenigen Aussagen beschränken, die er auf Basis einer rationalen Tatsachengrundlage und sorgfältiger Herleitung verantworten kann.[173] Um entsprechendem Fehlverhalten vorzubeugen, wäre eine verpflichtende Gegenüberstellung von prognostizierter und erzielter Ausprägung der Prognosevariablen denkbar. So kann die Qualität unternehmerischer Entscheidungen besser kontrolliert und beurteilt werden.[174] Kommt es dabei trotz fundierter Prognoseerstellung bspw. aufgrund eines externen Schocks zu einer signifikanten Abweichung zwischen vorhergesagter und realisierter Ausprägung der zu prognostizierenden Größe, könnte sich das Management durch einen Verweis auf die außerordentlichen und daher nicht vorhersehbaren Umstände wohl relativ problemlos exkulpieren.[175]

Der Grundsatz der Vollständigkeit ist untrennbar mit dem Grundsatz der Wahrheit verbunden, denn eine *„unvollständige' Rechenschaft kann nur in einem sehr engen Sinne ‚wahr' sein; sie ist ‚unwahr' insofern, als der Bericht insgesamt*

171 Vgl. *Glöckle* (1996), S. 33; *Hagest/Kellinghusen* (1977), S. 413.

172 Vgl. *Moxter* (1976), S. 91f.; *Drobeck* (1998), S. 139.

173 Vgl. *Glöckle* (1996), S. 33.

174 Vgl. *Drobeck* (1998), S. 42; *Scieranski* (2010), S. 64.

175 Vgl. *Hagest/Kellinghusen* (1977), S. 414.

*(die Summe der einzelnen Berichtselemente) nicht die 'verfügbaren' Informationen widerspiegelt: Es fehlen einzelne Berichtselemente, und durch diese Lückenhaftigkeit wird der zu berichtende Sachverhalt insgesamt verzerrt; das Bild, das der Rechenschaftsadressat erhält, ist falsch*"[176]. Auf diesen Ausführungen *Moxters* beruhend, lassen sich im Rahmen einer Negativabgrenzung all diejenigen Informationen als entbehrlich betrachten, die die Beurteilung eines Sachverhalts durch den Adressaten und damit sein Entscheidungsverhalten nicht beeinflussen. Daher ist der Grundsatz der Vollständigkeit hier nicht wie in Bezug auf den Jahresabschluss auf quantitative, sondern vielmehr auf qualitative Vollständigkeit ausgelegt.[177] Der Prognoseersteller kann dies jedoch nur mit gewissen Vorbehalten entscheiden, da es zwischen einzelnen Adressaten unterschiedliche Ansichten über die Relevanz einzelner Tatbestände geben dürfte. Wie der zwingende Reduktionsprozess der Fülle an vielfach miteinander verwobenen und oftmals mehrdeutigen Einzelinformationen daher ausgestaltet sein sollte, lässt sich pauschal nicht beantworten.[178] Dieser Nachteil ergibt sich bei der Vorhersage geschlossener Berichtssysteme wie z.B. prospektiver Kapitalflussrechnungen, die per definitionem vollständig sein müssen, nicht.[179]

Der Grundsatz der Klarheit umfasst die verständliche und eindeutige Formulierung von zukunftsorientierten Informationen, die einen möglichst geringen Interpretationsspielraum seitens des Adressaten aufweist.[180] Diese Anforderung bezieht sich also auf die Art der Darstellung und den äußeren Aufbau der durch die zuvor beschriebenen Grundsätze der Vollständigkeit und Richtigkeit geforderten Inhalte. Die Komplexität der Darstellung sollte dabei auf ein am jeweiligen Sachverhalt ausgerichtetes erforderliches Mindestmaß reduziert werden. Hier darf ein ökonomisches Grundverständnis des Lesers unterstellt werden, welches die mentale Erfassbarkeit und Nachvollziehbarkeit des Sachverhalts ermöglicht. Allerdings dürfen etwaige Simplifizierungen nicht zu Fehlinterpretationen führen.[181]

Stetigkeit ist ebenso wie Klarheit eine eher formelle Anforderung an die prospektive Berichterstattung. Dieser Grundsatz fordert, dass ein und derselbe Prognosegegenstand im Zeitablauf unter Beibehaltung des gleichen äußeren Aufbaus, gleicher inhaltlicher Abgrenzung und gleicher Darstellungsform veröffentlicht

176 *Moxter* (1974), S. 92.
177 Vgl. *Mennenöh* (1984), S. 36.
178 Vgl. *Moxter* (1974), S. 93.
179 Vgl. *Hagest/Kellinghusen* (1977), S. 415.
180 Vgl. *Hagest/Kellinghusen* (1977), S. 414; *Glöckle* (1996), S. 34.
181 Vgl. *Drobeck* (2001), S. 1233.

wird. Die materielle Komponente der Kontinuität zielt auf eine Beibehaltung der verwendeten Prognoseverfahren ab. Bei deren Nichteinhaltung ist eine Unterrichtung des Prognoseadressaten geboten, um eine Einschätzung der Vertrauenswürdigkeit der mit neuen Methoden gewonnen Prognoseaussagen zu ermöglichen.[182]

182 Vgl. *Hagest/Kellinghusen* (1974), S. 414.

# 3 Regulierung der Prognoseberichterstattung

## 3.1 Regulierung von Prognosen im Rahmen der Regelpublizität

### 3.1.1 Regulierung des Lageberichts durch das HGB

Der (Konzern-)Lagebericht stellt neben dem (Konzern-)Jahresabschluss ein eigenes Rechnungslegungsinstrument in der Unternehmensberichterstattung in Deutschland dar.[183] Hierzulande ergibt sich die Pflicht zur Aufstellung eines Lageberichts für mittelgroße und große Kapitalgesellschaften sowie haftungsbeschränkte Personengesellschaften aus § 264 Abs. 1 Satz 1 und 4 sowie für Konzerne aus § 290 Abs. 1 Satz 1 HGB. Die jeweiligen inhaltlichen Anforderungen für den Einzel- bzw. den Konzernabschluss finden sich in den §§ 289 bzw. 315 HGB. Die Regelungen für den Einzel- und den Konzernabschluss entsprechen sich hierbei bis auf wenige Ausnahmen.[184]

Erstmalig Einzug in die Unternehmensberichterstattung fand der Lagebericht mit dem AktG 1965, welches Unternehmen in der Rechtsform einer Aktiengesellschaft (AG) und einer Kommanditgesellschaft auf Aktien (KGaA) dazu verpflichtete, im allgemeinen Teil des Geschäftsberichts den Geschäftsverlauf sowie die Lage der Gesellschaft darzulegen und über Vorgänge von besonderer Bedeutung zu berichten, die nach dem Schluss des Geschäftsjahres eingetreten waren.[185] Zwar war der Begriff des Lageberichts im AktG 1965 nicht gesetzlich normiert, allerdings setzte sich der Begriff in Wissenschaft und Praxis alsbald durch.[186] Mit der Transformation der 4., 7. und 8. EG-Richtlinie im Rahmen des Bilanzrichtliniengesetzes von 1985 wurde die Lageberichterstattungspflicht vom AktG in das HGB übertragen und auf andere Rechtsformen ausgeweitet.

183 Vgl. *Hippel* (2011), S. 11; *Baetge/Kirsch/Thiele* (2012), S. 754; *Selch* (2003), S. 3.

184 Vgl. *Baetge/Kirsch/Thiele* (2012), S. 753. So ist ausschließlich im Einzelabschluss gem. § 289 Abs. 2 Nr. 4 HGB über Zweigniederlassungen zu berichten. Demgegenüber ist im Konzernabschluss gem. § 315 Abs. 1 Satz 4 HGB auch auf nicht finanzielle Leistungsindikatoren einzugehen. Diese Anforderung beschränkt sich im Rahmen des Einzelabschlusses gem. § 289 Abs. 3 HGB auf große Kapitalgesellschaften.

185 § 160 Abs. 1 AktG 1965.

186 Vgl. *Selch* (2003), S. 10.

Aufgrund der derzeit noch fehlenden IFRS-Regelung stellen obige Vorschriften somit auch für kapitalmarktorientierte Mutterunternehmen oder Konzerne, die zwingend nach den IFRS zu bilanzieren haben, sowie diejenigen, die die internationalen Rechnungslegungsstandards freiwillig anwenden, die entsprechende Regelungsgrundlage für die Lageberichterstellung dar.

Zwar handelt es sich beim (Konzern-)Lagebericht um ein eigenständiges Berichtsinstrument, allerdings ist dieser trotz der formalen Trennung zum (Konzern-)Jahresabschluss eng mit letzterem verzahnt, was bei einem Vergleich der Generalnormen der §§ 264 Abs. 2 und 297 Abs. 2 HGB mit dem Wortlaut der §§ 289 und 315 HBG deutlich wird.[187] Die Generalnormen fordern, dass unter Beachtung der Grundsätze ordnungsmäßiger Buchführung ein den tatsächlichen Verhältnissen entsprechendes Bild der Vermögens-, Finanz- und Ertragslage der Kapitalgesellschaft bzw. des Konzerns zu vermitteln ist. Die Vorschriften zum Lagebericht erweitern diese Berichtspflicht, indem sie vom berichterstattenden Unternehmen die Vermittlung eines den tatsächlichen Verhältnissen entsprechenden Bildes des Geschäftsverlaufs und der Lage der Gesellschaft fordern. Dieses umfasst eine Beurteilung und Erläuterung der voraussichtlichen Entwicklung mit ihren wesentlichen Chancen und Risiken. Hierbei wird aber auf eine explizite Beachtung der Grundsätze ordnungsmäßiger Buchführung verzichtet, was dem Lagebericht die Möglichkeit verleiht, die wirtschaftliche Situation des Unternehmens detaillierter darzustellen als dies im (Konzern-)Jahresabschluss möglich ist.[188] Dem Lagebericht kommt aufgrund seiner sachlichen und zeitlichen Ergänzung zum rein vergangenheitsorientierten (Konzern-)Jahresabschluss somit eine essentielle Informationsvermittlungsfunktion zu.[189] Letztere kommt insb. in der prospektiven Ausrichtung des Lageberichts im Rahmen der Prognoseberichterstattung, die in einer hohen Kapitalmarktrelevanz resultiert, zum Ausdruck.[190]

Als Element des Lageberichts hängt die historische Entwicklung der gesetzlichen Anforderungen zur Prognoseberichterstattung eng mit derjenigen des Lageberichts zusammen.[191] Dieser historische Verlauf lässt sich in drei wesentliche Phasen einteilen:

---

187 Vgl. *Baetge/Sommerhoff* (2010), S. 515.
188 Vgl. *Coenenberg/Haller/Schultze* (2009), S. 929.
189 Vgl. *Hippel* (2011), S. 14.
190 Vgl. *Hippel* (2011), S. 158f.
191 Vgl. *Knauer/Wömpener* (2011), S. 484.

Bis zum Jahr 1985 war die prognoseorientierte Berichterstattung in Deutschland kein expliziter Bestandteil der Unternehmensberichterstattung. Zwar findet sich bereits in § 160 Abs. 1 AktG aus dem Jahr 1965 die Vorschrift, dass Unternehmen in den Rechtsformen einer Aktiengesellschaft (AG) und einer Kommanditgesellschaft auf Aktien (KGaA) *„im Geschäftsbericht den Geschäftsverlauf und die Lage der Gesellschaft darzustellen"* haben, allerdings bezog sich diese Darstellung auf den allgemeinen Teil des Geschäftsberichts, der losgelöst vom Jahresabschluss lediglich eingeschränkten Prüfungs- und Offenlegungspflichten unterlag und keine prospektiven Aussagen vorsah. Dem Lagebericht nach altem Aktienrecht wurde daher weder in der Praxis noch in der Wissenschaft eine hohe Bedeutung beigemessen, was unter anderem auch an einer fehlenden Konkretisierung der formellen und inhaltlichen Anforderungen, bspw. in Form von Auslegungshilfen, gelegen haben dürfte.[192]

*Abbildung 4: Entwicklung der gesetzlichen Vorschriften zur Prognoseberichterstattung in Deutschland*

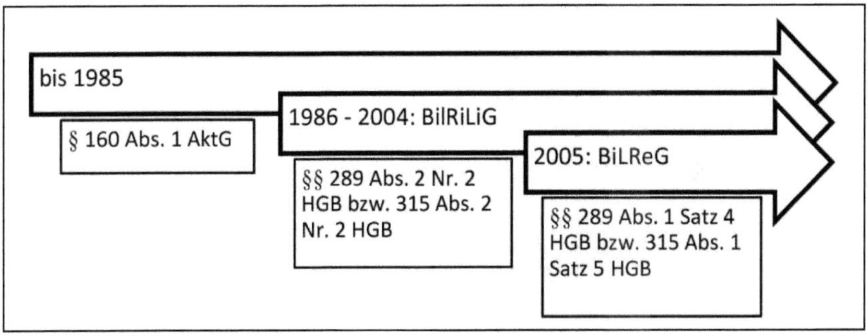


(Quelle: In Anlehnung an *Knauer/Wömpener* (2011), S. 485.)

### 3.1.2 Regulierung durch Deutsche Rechnungslegungsstandards

#### *3.1.2.1 Regulierung der jährlichen Berichterstattung durch DRS 15 für Geschäftsjahre, die vor oder an dem 31. Dezember 2012 beginnen*

Die Anforderungen an die konkrete inhaltliche Ausgestaltung der Lageberichte werden durch die bestehenden handelsrechtlichen Regelungen nur

192 Vgl. *Selch* (2003), S.10.

unzureichend konkretisiert.[193] Daher diente für die Konzernrechnungslegung für Geschäftsjahre, die vor oder an dem 31. Dezember 2012 begannen, der letztmalig im Jahr 2010 überarbeitete Deutsche Rechnungslegungsstandard (DRS) 15 zur „Lageberichterstattung" des Deutschen Rechnungslegung Standards Committees (DRSC) als Auslegungshilfe.[194] Für den Einzelabschluss wurde eine entsprechende Anwendung gem. DRS 15.5 empfohlen. Zu beachten ist, dass der Standard ausschließlich für die jährliche Berichterstattung galt, die Regelungsgrundlage für die unterjährige Berichterstattung stellt DRS 16 „Zwischenberichterstattung" dar. Auch wenn die Vorgaben des DRS 15 mittlerweile überholt sind, so stellen sie die relevante Auslegungsgrundlage für die Lageberichterstattung der Unternehmen im zugrundeliegenden Betrachtungszeitraum 2005 bis 2011 dar. Daher sollen die Vorgaben im Folgenden kurz dargestellt werden.

Eine Konkretisierung der Anforderungen an die zukunftsorientierte Berichterstattung enthalten DRS 15.83–92 (Regeln) sowie DRS 15.177–180 (Empfehlungen).[195] In DRS 15.83 wird gefordert, dass die Unternehmensleitung die voraussichtliche Entwicklung des Konzerns mit ihren wesentlichen Chancen und Risiken für die nächsten beiden Geschäftsjahre zu beurteilen und zu erläutern hat. Bei Unternehmen mit längeren Marktzyklen oder bei komplexen Großprojekten bietet sich ein über die in Tz. 83 geforderten zwei Jahre hinausgehender Zeithorizont an, in jedem Fall ist jedoch der Zeitraum, auf den sich die Prognose bezieht, anzugeben (Tz. 86). Ein lediglich einjähriger

---

193 Vgl. *Baetge/Kirsch/Thiele* (2012), S. 753.

194 Gemäß § 342 HGB kann das Bundesministerium der Justiz (BMJ) eine privatrechtlich organisierte Einrichtung mit der Entwicklung von Empfehlungen zur Anwendung der Grundsätze über die Konzernrechnungslegung beauftragen. Diese Aufgabe kommt seit 1998 dem durch Vertrag legitimierten Deutschen Standardisierungsrat (DSR) zu, dessen Träger das Deutsche Rechnungslegung Standards Committee (DRSC) ist. Die erarbeiteten Standards haben keinen Rechtscharakter, sondern stellen Empfehlungen dar. Der Vertrag zwischen dem BMJ und dem DRSC ist letztmalig am 2. Dezember 2011 in überarbeiteter Fassung unterzeichnet worden und gilt seitdem auf unbestimmte Zeit. Siehe http://www.drsc.de/docs/drsc/standardisierungsvertrag/111202_SV_BMJ-DRSC.pdf, abgerufen am 06.06.2012.

195 Der Begriff „Prognosebericht" findet sich in der überarbeiteten Fassung des DRS 15 nicht mehr. Durch die Aufhebung der strikten Trennung von Risiko- und Prognosebericht gem. Tz. 92, lautet die Bezeichnung für das integrierte Berichtselement fortan „Chancen- und Risikobericht". Die spezifischen Regelungen zur Risikoberichterstattung finden sich in DRS 5 „Risikoberichterstattung".

Prognosezeitraum erscheint zu kurz, da bei Veröffentlichung des Lageberichts in der Regel einige Monate vergangen sind und der Informationsnutzen bei diesem Prognosehorizont somit erheblich reduziert wäre.[196]

Der Prognosebericht hat Aussagen über Änderungen der Geschäftspolitik, die Erschließung neuer Produkt- und Absatzmärkte sowie die Verwendung neuer Verfahren zu umfassen. Das Management hat diese Erwartungen zu einer Gesamtaussage zu verdichten, wobei positive oder negative Entwicklungstrends sowie deren wesentliche Einflussfaktoren anzugeben sind (DRS 15.84). Gleiches gilt gem. Tz. 88 für die erwartete Ertrags- und Finanzlage. Bezogen auf die Ertragslage gibt Tz. 178 den Hinweis, dass die erwartete Entwicklung von Umsatz, Aufwendungen und Ergebnis angegeben und erläutert werden sollte. Eine Überleitung vom operativen Ergebnis zum Konzernergebnis unter expliziter Berücksichtigung von Zinsaufwendungen, der voraussichtlichen Entwicklung des Fremdkapitalkostensatzes und der Steuerquote wird empfohlen. Hinsichtlich der Finanzlage gibt Tz. 179 die Empfehlung, dass der Umfang der geplanten Investitionen erläutert und Informationen bereitgestellt werden sollen, in welchem Umfang der erwartete Cashflow aus laufender Geschäftstätigkeit zur Deckung der Investitionen beiträgt. Des Weiteren sollte die Unternehmensleitung weitere signifikante Finanzmittelabflüsse und deren Refinanzierung erläutern. Neben der unternehmensspezifischen Entwicklung hat die Unternehmensleitung ebenso die Erwartungen hinsichtlich der gesamtwirtschaftlichen Entwicklung, soweit diese für den Konzern von Bedeutung ist, sowie der Branchenentwicklung darzustellen. Durch den Ausbruch der Finanz- und Wirtschaftskrise sahen sich viele Unternehmen außer Stande, den oben skizzierten Anforderungen in vollem Umfang nachzukommen.[197] Ein Unternehmen aus dem DAX30 verzichtete im Geschäftsjahr 2008 gänzlich auf eine Prognose zur künftigen Unternehmensentwicklung.[198] Als Reaktion auf die von Unternehmensseite angeführten Probleme

196 Vgl. *Paetzmann* (2009), S. 1483, Tz. 44.

197 Vgl. *Schwab* (2010), S. 652ff.

198 Die Bundesanstalt für Finanzdienstleistungsaufsicht (BaFin) stellte daraufhin gem. § 37q Abs. 1 WpHG fest, dass der durch den Wirtschaftsprüfer testierte Lagebericht fehlerhaft sei. Zuvor war durch die Deutsche Prüfstelle für Rechnungslegung (DPR) im Rahmen einer Prüfung beanstandet worden, dass der Prognosebericht nicht den gesetzlichen Anforderungen entspreche, was vom Unternehmen zurückgewiesen wurde. Das OLG Frankfurt a.M. bestätigte in seinem Urteil vom 24. November 2009 die Sichtweise der BaFin und widersprach hiermit der Auffassung des Unternehmens, dass die Verpflichtung zur Bekanntgabe einer Prognose durch die Unmöglichkeit ihrer Erstellung entfallen sei. Vgl. *OLG Frankfurt a.M.*, Beschluss vom

bei der Erstellung von Prognosen in Zeiten hoher gesamtwirtschaftlicher Ungewissheit, hat der Gesetzgeber mit der Implementierung der in Tz. 90 aufgeführten abgeschwächten Anforderungen reagiert. Diese besagen, dass auf konkrete Aussagen zur zukünftigen Entwicklung verzichtet werden kann, wenn in Bezug auf diese aufgrund gesamtwirtschaftlicher Rahmenbedingungen außergewöhnlich hohe Unsicherheit besteht und daher die Prognosefähigkeit beeinträchtigt ist. Allerdings ist ein vollständiger Verzicht auf zukunftsgerichtete Aussagen nicht zulässig. Sollte sich ein Unternehmen außer Stande sehen, konkrete Prognosen abzugeben, so sind die Umstände sowie deren Auswirkungen auf die Prognosefähigkeit und auf die Ertrags-, Finanz- und Vermögenslage zu beschreiben. Falls eine quantitative Aussage aufgrund dieser Umstände mit zu großer Unsicherheit behaftet ist, wird nach Tz. 180 empfohlen, dies anzugeben und zu begründen.

Die im vorangegangenen Kapitel erläuterten Grundsätze ordnungsmäßiger Lageberichterstattung werden im DRS 15 ebenso konkretisiert, wobei sich verschiedene Textziffern auf die prospektive Berichterstattung konzentrieren. Der Grundsatz der Vollständigkeit fordert, dass der Konzernlagebericht aus Sicht der Unternehmensleitung sämtliche Informationen zu vermitteln hat, die ein fachkundiger Adressat benötigt, um den Geschäftsverlauf im abgelaufenen Geschäftsjahr und die Lage des Konzerns sowie die voraussichtliche Entwicklung unter Berücksichtigung der wesentlichen Chancen und Risiken beurteilen zu können.[199] Chancen und Risiken dürfen hierbei nicht gegeneinander aufgerechnet werden.[200] Hinsichtlich der Verlässlichkeit betreffend wird gefordert, dass die wesentlichen Prämissen zukunftsbezogener Aussagen offenzulegen sind. Diese haben plausibel, widerspruchsfrei und vollständig zu sein. Mit dieser Vorgabe kommen die Regelungen den Forderungen der Wissenschaft nach, nach denen Randbedingungen einer Prognose klar kommuniziert werden müssen, damit sich der Adressat Einschätzungen hinsichtlich der Prognosesicherheit machen kann.[201] Sofern von der Unternehmensleitung Schätzungen für die Prognosen vorzunehmen sind, wovon i.d.R. ausgegangen werden kann, so sind die Schätzverfahren zu beschreiben und ggf. Bandbreiten der Schätzungen anzugeben.[202] Insgesamt ist über Chancen und Risiken gleichwertig zu berichten.[203]

---

24.11.2009, Aktenzeichen WpÜG 11 und 12/09. Vgl. hierzu auch *Zülch/Hoffmann* (2010), S. 83ff.; *Merz/Wömpener* (2012), S. 268ff.

199 Vgl. DRS 15.9.

200 Vgl. DRS 15.12.

201 Vgl. *Barth* (2009), S. 45 sowie Kapitel 2.1.

202 Vgl. DRS 15.17.

203 Vgl. DRS 15.14.

Um dem Grundsatz der Klarheit und Übersichtlichkeit zu entsprechen, empfiehlt der Standard die Publikation von Mehrperiodenübersichten im Lagebericht. Diese sollen die wesentlichen Kennzahlen der Ertrags-, Finanz- und Vermögenslage des abgelaufenen, der vier vorhergehenden und des kommenden Geschäftsjahres umfassen.[204] Wesentliche Abweichungen zwischen der prognostizierten und der eingetretenen Entwicklung sind darzustellen und zu erläutern.[205] Die zukunftsorientierte Berichterstattung soll dabei mindestens qualitative Informationen in Bezug auf die bestehenden Planungen und Erwartungen der Unternehmensleitung hinsichtlich der nächsten beiden Geschäftsjahre bereitstellen.[206] Eine Quantifizierung wird daher zwar empfohlen, falls sie nach anerkannten und verlässlichen Methoden vorgenommen werden kann, jedoch nicht zwingend vorgeschrieben.[207]

#### *3.1.2.2 Regulierung der jährlichen Berichterstattung durch DRS 20 für Geschäftsjahre, die nach dem 31. Dezember 2012 beginnen*

Bis September 2012 befanden sich sowohl der Standard zur Lageberichterstattung als auch der Standard zur Risikoberichterstattung in der Überarbeitung durch das DRSC. Als Resultat der Überarbeitungsaktivitäten hat das DRSC am 14. September 2012 DRS 20 als sog. *near final Standard* verabschiedet, der zukünftig die Vorschriften zur Lageberichterstattung und zur Risikoberichterstattung nach DRS 5 einschließlich der branchenspezifischen Standards DRS 5-10 „Risikoberichterstattung von Kredit- und Finanzdienstleistungsinstituten" und DRS 5-20 „Risikoberichterstattung von Versicherungsunternehmen" bündelt. Dieser Standard wurde am 04. Dezember 2012 im elektronischen Bundesanzeiger veröffentlicht und ist anzuwenden auf Geschäftsjahre, die nach dem 31. Dezember 2012 beginnen, wobei eine freiwillige Anwendung bereits für das Geschäftsjahr 2012 möglich war.[208] Da der Fokus dieser Arbeit im empirischen Teil auf den Untersuchungszeitraum 2005 bis 2011 begrenzt ist, sind durchgängig die Vorgaben des zuvor bereits dargestellten DRS 15 für die Unternehmensberichterstattung relevant, so dass die Neuregelungen für die Untersuchung nicht greifen. Dennoch sollen die wesentlichen Neuerungen im Bereich der Lageberichterstattung

---

204 Vgl. DRS 15.27.
205 Vgl. DRS 15.33.
206 Vgl. DRS 15.34.
207 Vgl. *Schäfer/La Corte* (2008), § 14 Rdn. 7.
208 Den Verlauf des Standardsetzungsverfahrens zu DRS 20 schildern *Böcking et al.* (2013), S. 30ff.

durch die Implementierung der neuen Regelungen an dieser Stelle in aller Kürze aufgezeigt werden.[209]

Zunächst ergeben sich einige Änderungen im Bereich der Grundsätze der Konzernrechnungslegung. So wurden die Grundsätze der Wesentlichkeit und der Informationsabstufung neu in den Grundsatzkatalog aufgenommen, während der Grundsatz der Konzentration auf die nachhaltige Wertschaffung keinen Eingang mehr in diesen fand. Eine wesentliche Neuerung dürfte sich aus dem Grundsatz der Informationsabstufung ergeben, nach dem Umfang und Detaillierungsgrad der Darstellung von den spezifischen Gegebenheiten des Konzerns abhängen sollen. Die Größe und die Inanspruchnahme des Kapitalmarkts sind explizit genannte Indikatoren für die Komplexität eines Konzerns. Der Gesetzgeber differenziert in Folge dessen auch explizit zwischen den formalen Anforderungen in Abhängigkeit von der Beanspruchung des Kapitalmarktes. Sollte das jeweilige Unternehmen den Kapitalmarkt beanspruchen, so hat es neben den Textziffern, die für alle Anwender Gültigkeit besitzen, zusätzlich die mit einem „K" versehenen Textziffern zu beachten.[210] Hinsichtlich prognostischer Angaben unterscheidet der neue Standard bzgl. der Berichtspflichten jedoch nicht zwischen kapitalmarktorientierten und nicht kapitalmarktorientierten Unternehmen. So haben bspw. zukünftig alle Unternehmen innerhalb des Wirtschaftsberichts gemäß Tz. 20.57 eine Art „Prognoserechenschaftslegung"[211] zu präsentieren, in der eine Gegenüberstellung zwischen der in der Vorperiode getätigten Prognose und der tatsächlichen Geschäftsentwicklung erfolgt.[212]

---

209 Für eine detaillierte Darstellung der materiellen Änderungen durch die Einführung von DRS 20 siehe *Senger/Brune* (2012), S. 1285ff.

210 Diese zusätzlichen Berichtsanforderungen umfassen u.a. eine Darstellung des unternehmensintern eingesetzten Steuerungssystems und der wichtigsten Steuerungskennzahlen (Tz. 20.K45-K47), eine Darstellung der Grundsätze und Ziele des Finanzmanagements (Tz. 20.K79-K80), eine Darstellung der Merkmale des konzernweiten Risikomanagementsystems (Tz. 20.K137-K145) sowie eine Darstellung der wesentlichen Merkmale des internen Kontroll- und Risikomanagementsystems im Hinblick auf den Konzernrechnungslegungsprozess, sofern eines der in den Konzernabschluss einbezogenen Tochterunternehmen oder das Mutterunternehmen kapitalmarktorientiert im Sinne des § 264d HGB ist (Tz. 20.K168–178).

211 *Freidank/Sepetauz* (2013), S. 59.

212 Hierbei könnte das von *Haaker* (2012) umrissene „Phänomen" zukünftig vermehrt auftreten, nachdem eine große Differenz bei einem Soll-Ist-Vergleich zwischen Prognose und tatsächlichem Geschäftsverlauf vom Management auf Pech zurückgeführt wird, während der umgekehrte Fall der eigenen Prognosefähigkeit zugeschrieben wird. Vgl. *Haaker* (2012), S. 290. Vor etwaigen Glaubwürdigkeitsverlusten der

Als wesentliche Neuerungen im Bereich der Prognoseberichterstattung ist die Verschärfung der Prognosepräzision bei gleichzeitiger Verkürzung des Prognosezeitraums auf ein Jahr zu nennen, womit nach Tz. B34 den gesammelten praktischen Erfahrungen Rechnung getragen wird. So genügt es gemäß Tz. 20.128 nicht mehr, lediglich die Ertrags- und Finanzlage darzustellen und als positiven oder negativen Trend zu beschreiben, wie dies noch nach DRS 15.88 vorgesehen war. Vielmehr müssen nun Prognosen zu den bedeutsamsten finanziellen und nicht finanziellen Leistungsindikatoren abgegeben werden, wobei Aussagen zur erwarteten Veränderung dieser Indikatoren gegenüber dem entsprechenden Istwert des Berichtsjahres enthalten sein und Richtung sowie Intensität der Veränderung verdeutlicht werden müssen. Diese Anforderungen werden gemäß Tz. 20.130 von Punkt- und Intervallprognosen sowie qualitativ-komparativen Prognosen regelmäßig erfüllt, während dies für rein komparative und qualitative Prognosen nicht der Fall ist. Die Verschärfung der Anforderungen ist im Hinblick auf den gesteigerten Informationsnutzen zu begrüßen, während der Gefahr der Scheingenauigkeit, zumindest in Zeiten außergewöhnlich hoher Unsicherheit, die die Prognosefähigkeit des Unternehmens wesentlich beeinträchtigt, mit einer Ausnahmeregelung begegnet wird.[213] Diese sieht vor, dass sich Unternehmen in einer derartigen Situation auf die Veröffentlichung von komparativen Prognosen oder Zukunftsszenarien, die die intern verwendeten Leistungsindikatoren und deren Annahmen darstellen, beschränken dürfen.[214] Diese Regelung lehnt sich an die nachträglich in DRS 15 eingeführte an, allerdings erfolgt hier im Gegensatz zur vorherigen Verlautbarung eine konkrete Beschreibung, was unter weniger konkreten Prognosen zu subsumieren ist, auch wenn hier ebenso wenig präzisiert wird, wann genau ein derartiger Ausnahmetatbestand erfüllt ist.[215] Der regelmäßig zu vernehmenden Kritik aus der Praxis hinsichtlich des Mindestprognosezeitraums von zwei Jahren und der bisher zu beobachtenden Berichterstattungspraxis wurde mit einer Verkürzung desselben auf zumindest ein

---

Berichterstattung bei einem Auseinanderfallen von Ist- und Prognosewerten, das auf externen, vom Unternehmen nicht beeinflussbaren Faktoren beruht, warnt bspw. das Unternehmen RWE in seiner Stellungnahme zum Standardentwurf E-DRS 27, URL: http://www.drsc.de/service/docs/index.php?ixdox_do=show_docs&type_id=2&cat_id=47&base_doc_id=1441, abgerufen am 21. Februar 2013.

213 Vgl. *Ergün/Müller/Juchler* (2012), S. 899.

214 Vgl. DRS 20.133.

215 Diese Definitionslücke wird von *Ergün/Müller/Juchler* (2012) kritisiert, die auf das in Tz. 20.B37 angeführte Bestreben des DSR hinweisen, Leerformeln zu vermeiden. Vgl. *Ergün/Müller/Juchler* (2012), S. 899f.

Jahr begegnet, wobei absehbare Sondereinflüsse nach dem Prognosezeitraum darzustellen und zu analysieren sind.[216] Diese Neuausrichtung begründet das DRSC in Tz. 20B17 mit der Anpassung an internationale Gepflogenheiten, die keine mehrjährigen Prognosen fordern, und dem daran anknüpfenden Argument, dass deutsche Unternehmen im internationalen Vergleich keinen höheren Berichtsanforderungen unterliegen sollen.[217] Bedenklich ist, dass die maximalen Offenlegungsfristen je nach Kapitalmarktorientierung für Kapitalgesellschaften gem. § 325 Abs. 1 S. 2 und 3 HGB bzw. § 325 Abs. 4 HGB zwischen vier und maximal zwölf Monaten beträgt, so dass ggf. keinerlei prospektive Informationen mehr für die Adressaten bereitgestellt werden und somit der Prognosebericht ohne Informationsgehalt wäre.[218] Allerdings ist anzumerken, dass die Verlässlichkeit der Vorhersagen bei einer späteren Berichterstattung tendenziell steigt.[219] Zudem muss konstatiert werden, dass sich die Berichterstattungspraxis bis zuletzt ohnehin meist auf Prognosen mit einer Reichweite von einem Jahr beschränkte.[220]

Die Veränderungen in den Prognoseberichtsanforderungen haben bereits im Standardsetzungsprozess ein breites Echo aus Praxis und Wissenschaft hervorgerufen, das sich in zahlreichen Kommentierungsschreiben niederschlägt.[221] Dabei wurde erwartungsgemäß deutlich, dass die Ersteller den Erleichterungen hinsichtlich des Prognosehorizonts befürwortend gegenüberstehen, während dies von der Wissenschaft eher kritisch betrachtet wird. In Bezug auf die erhöhten Anforderungen an die Prognosepräzision ergibt sich hingegen ein gemischtes Bild. Demgegenüber befürworten die Kommentierenden nahezu einheitlich, dass die Anforderungen an die Prognosepräzision für die Ersteller in Zeiten außergewöhnlich hoher Unsicherheit abgemildert werden. Erstaunlich ist, dass sich neben den Praxis- und Hochschulvertretern keine Kapitalmarktakteure,

---

216 Vgl. DRS 20.127. Zustimmung aus der Wissenschaft in Bezug auf die Verkürzung des Prognosezeitraums liefert *Haaker* (2012), S. 290.

217 So sieht bspw. das im anschließenden Kapitel 3.1.3 dargestellte IFRS PS „Management Commentary“ lediglich einjährige Prognosen vor.

218 Vgl. *Freiberg* (2012), S. 291; *Senger/Brune* (2012), S. 1288, mit zusätzlichen Verweisen auf kritische Stellungnahmen von Seiten des IDW und der WPK zu dieser Thematik im Rahmen von E-DRS 27, abrufbar unter http://www.drsc.de/service/docs/index.php?ixdox_do=show_docs&type_id=2&cat_id=47&base_doc_id=1441, abgerufen am 19. Februar 2013.

219 Vgl. *Withus* (2013), S. 207.

220 Vgl. *Müller/Pommerenke/Reinke* (2013), S. 125.

221 Siehe Abbildung A-1 im Anhang.

insb. Finanzanalysten, in den Kommentierungsprozess eingebracht haben, sollte die Prognoseberichterstattung doch gerade für diese Akteure entscheidungsrelevant sein.

Neben den beschriebenen zentralen Reformen hinsichtlich Prognosepräzision und Prognosehorizont stellen die Neuregelungen klar, dass öffentlich verfügbare Prognosen zur Entwicklung der Gesamtwirtschaft und der Branche gemäß Tz. 20.124 nur in dem Maße darzustellen sind, wie dies für das Verständnis der Aussagen zur voraussichtlichen Entwicklung des Konzerns erforderlich ist. Hiermit reagierte das DRSC auf die teilweise ausufernde Berichterstattung zu diesem Aspekt unter Rückgriff auf extern erstellte Prognosen, die unternehmensspezifische Angaben in den Hintergrund rücken ließen.[222] Ebenso will man hierdurch seitens des Standardsetters der Gefahr eines *information overload* begegnen.[223]

Abschließend sei noch auf die Folgeänderungen an DRS 16 „Zwischenberichterstattung" hingewiesen, die sich aus der Neugestaltung der Lageberichterstattung aufgrund der inhaltlichen Verknüpfung der beiden Berichtsinstrumente ergeben. Diese umfassen im Wesentlichen allerdings lediglich formale Änderungen, welche darauf abzielen, eine standardübergreifende einheitliche Verwendung verschiedener Begriffsdefinitionen sicherzustellen.[224] Zudem wird klargestellt, dass Prognose-, Chancen- und Risikoberichterstattung wahlweise getrennt oder gemeinsam erfolgen können.[225] Die Neufassung des DRS 16 ist dabei erstmalig im Rahmen der Zwischenberichterstattung in dem Jahr der Erstanwendung von DRS 20 relevant, wobei auch eine frühere Anwendung zulässig war.[226]

#### *3.1.2.3 Regulierung der unterjährigen Prognoseberichterstattung durch WpHG und DRS 16*

Die Regelpublizität zukunftsgerichteter Rechnungslegungsinformationen beschränkt sich für die Emittenten, deren Aktien und/oder Schuldtitel an einem organisierten Markt im Inland zugelassen sind, nicht allein auf die jährliche Lageberichterstattung gem. § 264 HGB und § 290 HGB. Vielmehr haben diese Unternehmen gem. § 37w Abs. 1 WpHG für die ersten sechs Monate des Geschäftsjahres einen Halbjahresfinanzbericht zu erstellen und spätestens zwei

222 Vgl. DRS 20.B36 sowie *Grottke/Höschele* (2012), S. 389; *Senger/Brune* (2012), S. 1287.

223 Vgl. DRS 20.B36 sowie *Müller/Pommerenke/Reinke* (2013), S. 121.

224 Vgl. *Böcking et al.* (2013), S. 42.

225 Vgl. DRS 16.39a.

226 Vgl. DRS 16.70.

Monate nach Ablauf des Berichtszeitraums der Öffentlichkeit zur Verfügung zu stellen.[227] Für konzernrechnungslegungspflichtige Emittenten gelten für die Abschlusserstellung die internationalen Vorschriften des IAS 34. Dieser hat gem. § 37w Abs. 2 Nr. 2 WpHG u.a. einen Zwischenlagebericht zu enthalten, in dem laut § 37w Abs. 4 Satz 1 WpHG mindestens die wichtigsten Ereignisse des Berichtszeitraums im Unternehmen des Emittenten und ihre Auswirkungen auf den Abschluss anzugeben sowie die wesentlichen Chancen und Risiken für die dem Berichtszeitraum folgenden sechs Monate des Geschäftsjahres zu beschreiben sind.[228] Der unterjährigen Berichterstattung kommt daher eine wichtige Indikatorstellung für den nächsten Jahresabschluss zu.[229] Da es an einer weitergehenden Konkretisierung mangelt, regelt der letztmalig im Jahr 2012 überarbeitete DRS 16 zur „Zwischenberichterstattung" die Ausgestaltung der unterjährigen Lageberichterstattung. Die Regelungen sehen vor, dass Unternehmen über wesentliche Veränderungen der Prognosen und sonstigen Angaben zur voraussichtlichen Entwicklung aus dem letzten Konzernlagebericht zu berichten und die wesentlichen Chancen und Risiken der voraussichtlichen Entwicklung in den verbleibenden Monaten des Geschäftsjahres zu beschreiben haben.[230] Dies kann durch einen Verweis auf die im letzten Konzernlagebericht beschriebenen Chancen und Risiken erfolgen. Kommt die Unternehmensleitung hier zu der Erkenntnis, dass sich die wesentlichen Prognosen nicht geändert haben, so ist dies anzugeben. Falls das Management hingegen z.B. aufgrund der in Tz. 41 genannten externen und internen Ereignisse zu dem Ergebnis gelangt, dass sich die im letzten Konzernlagebericht abgegebenen Prognosen und sonstigen Aussagen zur voraussichtlichen Entwicklung des Konzerns für das Geschäftsjahr geändert haben, so muss hierüber berichtet werden, wobei es ausreichend

---

227 Hiervon ausgenommen sind Unternehmen, bei deren begebenen Wertpapieren es sich ausschließlich um Schuldtitel i.S.d. § 2 Abs. 1 Satz 1 Nr. 2 HGB handelt oder die ein zumindest bedingtes Recht auf den Erwerb von Wertpapieren nach § 2 Abs. 1 Satz 1 Nr. 2 begründen.

228 Die gesetzliche Pflicht zur Zwischenberichterstattung ist im Jahr 2006 mit der Verabschiedung des Transparenzrichtlinie-Umsetzungsgesetzes (TUG), das die europäische Richtlinie vom 15. Dezember 2004 zur Harmonisierung der Transparenzanforderungen in Bezug auf Informationen über Emittenten, deren Wertpapiere zum Handel auf einem geregelten Markt zugelassen sind, und zur Änderung der Richtlinie 2001/34/EG in nationales Recht umsetzt, umfassend neu geregelt worden. Das TUG ist am 20.01.2007 in Kraft getreten. Siehe hierzu *Strieder/Ammedick* (2007), S. 285ff.; *Kumm* (2009), S. 1118ff.

229 Vgl. *Federspieler* (1999), S. 62.

230 Vgl. DRS 16.35.

ist, über die Veränderung der wesentlichen Prognosen und sonstigen Aussagen zu berichten.[231] Der Prognosezeitraum wird im Gegensatz zu DRS 15 explizit auf das Ende des laufenden Geschäftsjahres limitiert.[232] Die im vorangegangenen Kapital erläuterten Grundsätze der Lageberichterstattung finden im Zwischenlagebericht ebenso Anwendung.[233] Eine prüferische Durchsicht von Zwischenlageberichten im Halbjahresfinanzbericht ist nicht zwingend, allerdings hat die Unternehmensleitung gem. § 37w Abs. 5 Satz 6 WpHG in dem Bericht darauf hinzuweisen, falls eine entsprechende Durchsicht unterbleibt.[234]

Darüber hinaus ergibt sich für inländische Aktienemittenten die Pflicht zur Erstellung von Zwischenmitteilungen der Geschäftsführung (§ 37x WpHG) oder alternativ zur Erstellung von Quartalsfinanzberichten (§ 37x Abs. 3 WpHG). Die Veröffentlichung hat auf Grundlage der handelsrechtlichen Regelungen und DRS 16.61 in einem Zeitraum zwischen zehn Wochen nach Beginn und sechs Wochen vor Ende der ersten und zweiten Hälfte des Geschäftsjahres zu erfolgen. Unternehmen, die im Prime Standard der Deutschen Börse notiert sind, haben gem. § 51 Abs.1 und 2 BörsO neben Jahres- und Halbjahresberichten zum Stichtag des ersten und dritten Quartals des Geschäftsjahres nach den Vorgaben des § 37w Abs. 2 Nr. 1 und 2, Abs. 3 und 4 WpHG ohnehin zwingend einen Quartalsbericht aufzustellen.[235] Die Quartalsberichte haben demnach ebenso wie Halbjahresfinanzberichte einen Zwischenlagebericht inklusive aktualisierter Prognoseinformationen bereitzustellen. Im Rahmen von Zwischenmitteilungen müssen hingegen keine konkreten Prognoseinformationen bereitgestellt werden. Vielmehr haben Zwischenberichte lediglich verbale Beschreibungen der Geschäftsentwicklung und Angaben zum Geschäftsergebnis zu enthalten.[236] Kritisch wird das potenziell sehr breite Zeitfenster gesehen, in dem die Zwischenberichte zu veröffentlichen sind. So ist es im Falle von quantifizierten

231 Hier wird deutlich, dass durch den Wesentlichkeitsgrundsatz geringere Anforderungen an den Zwischenlagebericht im Vergleich zum Konzernlagebericht gestellt werden. Vgl. *Kajüter/Barth/Meyer* (2009), S. 466.

232 Vgl. DRS 16.36.

233 Vgl. DRS 16.37.

234 Vgl. *Kajüter/Barth/Meyer* (2009), S. 463.

235 Bis zum Inkrafttreten des TUG waren kapitalmarktorientierte Unternehmen aus dem Prime Standard durch BörsG, BörsZulV und BörsO verpflichtet, quartalsweise Konzernabschlüsse nach internationalen Standards zu erstellen. Siehe hierzu auch *Höhn* (2011), S. 534. Die internationalen Vorschriften sehen bis heute keine Verpflichtung zur Erstellung eines Zwischenlageberichts vor. Daher ergibt sich die Pflicht über die handelsrechtliche Regulierung.

236 Vgl. *Barth* (2009), S. 32.

Informationen nicht wünschenswert, dass die Zahlenangaben unterschiedlicher Berichtszeiträume nur eingeschränkt vergleichbar sind.[237] Eine Prüfung durch den Wirtschaftsprüfer ist ebenso wie bei der Halbjahresfinanzberichterstattung nicht verpflichtend. Bleibt diese aus, muss im Gegensatz zu den Halbjahresabschlüssen keine entsprechende Erklärung abgegeben werden.[238]

### 3.1.3 Practice Statement „Management Commentary" des IASB

Derzeit existiert seitens des IASB kein zu § 315 HGB vergleichbarer Standard zur Lageberichterstattung. Vielmehr fokussiert sich das Board auf die Veröffentlichung von Rechnungslegungsregeln, die ein faires Bild der Vermögens-, Finanz- und Ertragslage auf Basis des (Konzern-)Jahresabschlusses sicherstellen sollen. Die Regulierung anderer Bereiche der Unternehmenspublizität überlässt das IASB hingegen den nationalen Regulierern.[239]

Allerdings hat das IASB aufgrund des international gestiegenen Interesses an Lageberichtsinformationen und der Einsicht, dass ein auf den IFRS-Vorschriften basierender (Konzern-)Jahresabschluss samt Anhang das Ziel der Vermittlung entscheidungsnützlicher Informationen ggf. nicht in vollem Umfang erfüllen kann, im Jahr 2002 ein Projektteam zur Erstellung eines Leitliniendokuments zur Lageberichterstattung eingerichtet.[240] Hierbei sollten Experten aus Deutschland, dem Vereinigten Königreich, Kanada und Neuseeland, die hinsichtlich der Entwicklung und Anwendung eines Lageberichts innerhalb ihres Rechtskreises bereits Erfahrungen auf nationaler Ebene vorweisen konnten, eine entsprechende Anwendungsleitlinie für die Erstellung eines Managementberichts entwickeln. Nach einem mehrjährigen Entwicklungsprozess und der Veröffentlichung eines Discussion Paper im Oktober 2005 sowie eines Exposure Drafts im Juni 2009, wurde am 8. Dezember 2010 das Practice Statement (PS) „Management Commentary" (MC) herausgegeben.[241] Hierbei handelt es sich um einen neuen Typus von Verlautbarung, da das PS MC weder einen verbindlichen

---

237 Vgl. *Strieder/Ammedick* (2007), S. 289.

238 Vgl. *Baetge/Haenelt* (2009), S. 546.

239 Vgl. *Pellens et al.* (2011), S. 993.

240 Vgl. *Pellens et al.* (2011), ebd.

241 Für den detaillierten Entstehungsverlauf des Projekts „Management Commentary" s. http://www.ifrs.org/Current+Projects/IASB+Projects/Management+Commentary/Management+Commentary.htm, abgerufen am 10.07.2012; Für eine Inhaltsanalyse des Exposure Drafts zum Management Commentary s. *Kajüter/Guttmeier* (2009), S. 2333ff.; Für einen Überblick über die Resonanz aus der Praxis auf die Implementierung eines IFRS-MC s. *Kajüter/Bachert/Bläsing* (2010), S. 183ff.

Rechnungslegungsstandard noch eine Interpretation, sondern vielmehr ein freiwillig anzuwendendes, den (Konzern-)Jahresabschluss ergänzendes verbales Managementberichtsinstrument darstellt.[242] Auf detaillierte Berichtsvorgaben hat der Standardsetter bewusst verzichtet, um die für die Erstellung eines Managementberichts erforderliche Managementperspektive nicht zu beeinträchtigen und der Unterschiedlichkeit der Unternehmen samt ihrer Umweltbedingungen gerecht zu werden.[243] Hierzu heißt es:

> *"The Practice Statement sets out the principles, qualitative characteristics and elements of management commentary that are necessary to provide users of financial reports with useful information. However, the form and content of management commentary may vary by entity. Thus, the Statement also provides principles to enable entities to adapt the information they provide to the particular circumstances of their business, including the legal and economic circumstances of individual jurisdictions. This flexible approach will generate more meaningful disclosure by encouraging entities that choose to present management commentary to discuss those matters that are most relevant to their individual circumstances."*[244]

Nicht zuletzt aber sollten inhaltliche Konflikte bei der Berücksichtigung nationaler Berichtsvorschriften vermieden werden.[245] Dennoch können die IFRS-Vorgaben zum Management Commentary von den jeweiligen Gesetzgebern oder Börsenaufsichtsbehörden in unveränderter oder angepasster Form zu verpflichtenden Bestandteilen erhoben werden.[246]

Der MC hat das Ziel, den Abschlussadressaten in integrierter Form zusätzliche relevante Informationen im Zusammenhang mit den IFRS-Abschlüssen bereitzustellen. Um den Erstellern eine Richtschnur an die Hand zu geben, wie diesem Ziel entsprochen werden kann, enthält das PS MC ein Rahmenkonzept zur Darstellung eines Managementberichts, das Hinweise zu dessen Zweck, Prinzipien und Berichtselementen enthält.[247]

Der MC soll den Berichtsadressaten verdeutlichen, welche positiven und negativen Umstände den Geschäftsverlauf und damit den (Konzern-)Jahresabschluss in der Berichtsperiode geprägt haben und warum entsprechende Effekte eingetreten sind. Dabei ist auch auf die sich aus diesen Umständen ergebenden Implikationen für die zukünftige Unternehmensentwicklung

---

242 Vgl. *Kajüter/Fink* (2012), S. 247.

243 Vgl. *Kirsch* (2012), S. 425.

244 IASB (2010a), IN.5.

245 Vgl. *Fink/Kajüter* (2011), S. 177; *Kajüter* (2011), S. 221.

246 Vgl. *Pellens et al.* (2011), S. 994.

247 Vgl. *Melcher/Murer* (2011), S. 430.

einzugehen, wobei die wesentlichen Trends und Faktoren, die die Finanz- und Ertragslage in Zukunft beeinflussen werden, zu erläutern sind.[248] Konkrete Anforderungen werden hierbei nicht genannt, vielmehr sind die Anwendungsleitlinien des MC nach einem prinzipienbasierten Ansatz ausgestaltet, d.h. es werden bestimmte Berichtsgrundsätze und qualitative Anforderungen definiert, die beachtet werden sollen.[249] So sollen die Erläuterungen die vergangenen und voraussichtlichen zukünftigen leistungsmäßigen Entwicklungen aus der Sicht der Managements darstellen und somit die Finanzberichterstattung ergänzen und erweitern.[250]

Der MC ist Bestandteil der Finanzberichterstattung und unterliegt somit den gleichen qualitativen Anforderungen des *Conceptual Framework* wie der (Konzern-)Jahresabschluss.[251] Konkret bedeutet dies, dass sowohl die primären Anforderungen der Relevanz und glaubwürdigen Darstellung zu beachten sind, als auch die Sekundärgrundsätze der Vergleichbarkeit, Überprüfbarkeit, Zeitnähe und Verständlichkeit.[252] Darüber hinaus wird das Kriterium der Wesentlichkeit als Anforderung genannt, wobei klargestellt wird, dass dieses unternehmensspezifisch variiert und daher individuell ausgelegt werden muss.[253]

Hinsichtlich des Adressatenkreises richtet sich der MC im Einklang mit der übrigen Finanzberichterstattung und im Gegensatz zum deutschen Lagebericht nicht an sämtliche *Stakeholder*, sondern fokussiert sich ganz explizit auf die Informationsbedürfnisse von bestehenden und potenziellen Eigen- und Fremdkapitalgebern.[254]

In Bezug auf die Berichtsbestandteile nennt der MC trotz der Ansicht, dass die konkrete Ausgestaltung des Berichtsinstruments von den spezifischen Gegebenheiten des jeweiligen Unternehmens abhängt, fünf Kernelemente, die in den MC aufzunehmen sind. Abbildung 5 gibt einen Überblick über die genannten Berichtselemente:[255]

---

248 Vgl. IASB (2010a), PS MC. 9 und .11.

249 Vgl. *Fink/Kajüter* (2011), S. 178.

250 Vgl. IASB (2010a), PS MC.12,.15,.16. Zur Nutzbarkeit des IFRS PS Management Commentary als Instrument zur strategischen Unternehmensanalyse siehe *Fink* (2009), S. 608ff.

251 Vgl. IASB (2010b), Chapter 3, QC 1ff.

252 Vgl. IASB (2010a), PS MC. 20.

253 Vgl. IASB (2010a), PS MC. 21.

254 Vgl. IASB (2010a), PS MC. 8. Vgl. *Fink/Kajüter* (2011), S. 177.

255 Vgl. IASB (2010a), PS MC. 24-.40. Die gewählte Darstellungsform orientiert sich an *Fink/Kajüter* (2011), S. 177.

*Abbildung 5: Inhaltliche Kernelemente des Management Commentary*

| | |
|---|---|
| PS.MC.26 | • Art der Geschäftstätigkeit (*nature of business*) |
| PS.MC.27/28 | • Ziele und Strategien (*objectives and strategies*) |
| PS.MC.29-33 | • Ressourcen, Risiken und Beziehungen (*ressources, risks and relationships*) |
| PS.MC.34-36 | • Geschäftsergebnis- und Aussichten (*results and prospects*) |
| PS.MC.37-40 | • Leistungsmaßstäbe und -indikatoren (*performance measures and indicators*) |

Die einzelnen inhaltlichen Berichtsbestandteile hängen nicht nur zusammen, sondern stellen vielmehr eine logische Abfolge dar.[256] Ausgangspunkt bildet eine Beschreibung der Geschäftstätigkeit, um dem Leser das notwendige Verständnis des Geschäftsmodells und des Unternehmensumfelds zu vermitteln. So kann das Management bspw. über das rechtliche, regulatorische und makroökonomische Umfeld der entsprechenden Branche, in der es tätig ist, die relevanten Märkte, die Stellung des Unternehmens in diesen Märkten, seine wesentlichen Produkte und Dienstleitungen, zugehörige Vertriebswege und die Organisationsstruktur des Unternehmens informieren.[257] In der Darstellung der Ziele und Strategien wird der Zukunftsbezug des MC deutlich. Hier soll geschildert werden, auf welche Art und Weise das eingeordnete Geschäft unter Einbeziehung erwarteter Markttrends und darauf basierender Chancen und Risiken künftig betrieben werden soll, um die angestrebten Ziele zu erreichen. Zudem ist auf die zur Steuerung verwendeten Kennzahlen sowie auf den Zeithorizont, auf den sich die zukunftsgerichteten Aussagen beziehen, einzugehen.[258] Auf wesentliche Veränderungen hinsichtlich der genannten Ziele und Strategien gegenüber der Vorperiode soll ebenso eingegangen werden.[259] Daran anknüpfend soll eine Darstellung der zur Realisierung der gesteckten Ziele erforderlichen finanziellen und nicht finanziellen Ressourcen sowie deren konkrete Bedeutung für die Zielerreichung

256 Vgl. *Grottke/Höschele* (2011), S. 127. Für eine ausführliche Darstellung s. *Fink/Kajüter* (2011), S. 179f.

257 Vgl. IASB (2010a), PS MC.26.

258 Vgl. IASB (2010a), PS MC.27.

259 Vgl. IASB (2010a), PS MC.28.

erfolgen.[260] Ebenso soll auf bedeutsame strategische, ökonomische, operationelle und finanzielle Risiken und deren Veränderung in der Berichtsperiode sowie die Grundzüge des Risikoberichtssystems des Unternehmens eingegangen werden.[261] Darüber hinaus soll das Unternehmen über die Beziehung zu wesentlichen *Stakeholdern* berichten, um den Adressaten eine Einschätzung darüber zu ermöglichen, inwiefern sich bspw. aus der Abhängigkeit von einzelnen Kunden oder Lieferanten Risiken für den Erfolg oder den Wert des Unternehmens ergeben.[262] Der MC sollte des Weiteren klare Informationen über das mit diesen Ressourcen erzielte finanzielle und nicht finanzielle Ergebnis bereitstellen.[263] Erläuterungen zum Ergebnis sollen den Adressaten einen Überblick über den Einfluss wesentlicher Trends in der Berichtsperiode geben. Dabei ist ein Vergleich zu den Vorperioden vorzunehmen, um den Adressaten eine Einschätzung darüber zu ermöglichen, inwiefern die erzielte Performance nachhaltig ist und als Indikation für zukünftige Perioden dienen kann. Zudem soll das Unternehmen selbst durch eine Analyse und Schilderung der voraussichtlichen zukünftigen Entwicklung deutlich machen, wie die zuvor beschriebenen Strategien langfristig umgesetzt werden sollen. Äußert die Unternehmensleitung konkrete Prognosewerte, so sind die zugrundeliegenden Annahmen sowie die Risiken, denen diese Vorhersagen unterliegen, deutlich zu machen, um dem Berichtsadressaten eine Einschätzung über die Wahrscheinlichkeit des Eintritts der Prognose zu ermöglichen.

> *"Management should provide an analysis of the prospects of the entity, which may include targets for financial and non-financial measures. This information can help users of the financial reports to understand how management intends to implement its strategies for the entity over the long term. When targets are quantified, management should explain the risks and assumptions necessary for users to assess the likelihood of achieving those targets."*[264]

Zuletzt sollten für die jeweilige Branche übliche Kennzahlen zur Messung der Leistungsentwicklung des Unternehmens verwendet werden. Diese Kennzahlen sollen die wesentlichen kritischen Erfolgsfaktoren reflektieren. Sie sollen konsistent über einen langen Zeitraum angewendet werden, um eine Vergleichbarkeit über die Perioden hinweg zu ermöglichen. Ein Wechsel von Kennzahlen oder

260 Vgl. IASB (2010a), PS MC.30.
261 Vgl. IASB (2010a), PS MC.31/32.
262 Vgl. IASB (2010a), PS MC.33.
263 Vgl. IASB (2010a), PS MC.34.
264 IASB (2010a), PS MC.36

eine Änderung von Kennzahlendefinitionen sollte vom Management erläutert werden.[265]

Festzuhalten bleibt, dass die Anforderungen des MC bei weitem nicht so streng und detailliert ausgestaltet sind wie die entsprechenden DRS-Vorgaben. Vielmehr handelt es sich beim MC um eine Anwendungsleitlinie, die den Erstellern hinsichtlich der inhaltlichen und formellen Ausgestaltung viele Freiheiten einräumt. So belässt man es auf Seiten des IASB bei der Formulierung von Berichtsgrundätzen, qualitativen Anforderungen und inhaltlichen Kernelementen. Der Konkretisierungsgrad einzelner inhaltlicher Anforderungen ist dabei gering, so dass viel Flexibilität und Spielraum hinsichtlich der konkreten Ausgestaltung bestehen.[266] Beispielsweise wird für zukunftsgerichtete Informationen weder ein Prognosehorizont gefordert, noch sind die Prognosen zu quantifizieren. In formaler Hinsicht finden sich keinerlei Informationen zu Periodizität des MC oder dessen inhaltlicher Struktur.[267] Die bewusst allgemein gehaltenen Leitlinien können ggf. inhaltlich und formal sehr unterschiedliche Managementberichte hervorbringen, was die Prüfung und das Enforcement sowie die Analysetauglichkeit des Berichts zumindest in Frage stellt.[268] Das PS MC richtet sich daher primär an Berichtsunternehmen in Ländern, in denen bislang keinerlei vergleichbare Berichtselemente existieren und die ihren Adressaten auf freiwilliger Basis Erläuterungen zur Lage des Unternehmens liefern wollen.[269] Nach wie vor bleibt abzuwarten, wie die nationalen Gesetzgeber, Standardsetter und Börsenaufsichten auf den IFRS MC reagieren und welche Akzeptanz und Verbreitung er bei den Berichtserstellern sowie -adressaten erfährt.[270] Vor dem Hintergrund der angestrebten Konvergenz der Rechnungslegungssysteme könnte die Anwendungsleitlinie ggf. nur ein Zwischenschritt bei der Entwicklung eines verbindlich anzuwendenden Rechnungslegungsstandards sein.[271]

265 Vgl. IASB (2010a), PS MC.37–40.
266 Vgl. *Kajüter* (2011), S. 226.
267 Vgl. *Teitler-Feinberg* (2011), S. 803.
268 Vgl. *Kajüter/Fink* (2012), S. 252.
269 Vgl. *Melcher/Murer* (2011), S. 430.
270 Vgl. *Kajüter* (2011), S. 226.
271 Vgl. *Unrein* (2011), S. 73; *ders.* (2009), S. 266; *Kajüter* (2011), S. 226.

## 3.2 Regulierung von Prognosen im Rahmen von anlassbezogener Publizität

### 3.2.1 Ad-Hoc-Publizität

In Ergänzung der Pflicht zur Publikation von Jahresabschlüssen, Lageberichten und Zwischenberichten werden börsennotierte Unternehmen über § 15 WpHG zusätzlich dazu verpflichtet, die Öffentlichkeit kontinuierlich über wichtige unternehmerische Ereignisse zu informieren. Während die Regelpublizität umfassend über die Unternehmenslage informiert, greift die Ad-Hoc-Publizität lediglich punktuell bei dem Vorliegen einer Insiderinformation.

Nach § 15 WpHG Abs. 1 müssen Inlandsemittenten Insiderinformationen, die den Emittenten unmittelbar betreffen und nicht den Befreiungstatbestand des § 15 Abs. 3 WpHG erfüllen, unverzüglich veröffentlichen.[272] Als Insiderinformation gelten gem. § 13 Abs. 1 WpHG konkrete Informationen über nicht öffentlich bekannte Umstände über einen Emittenten oder ein von ihm ausgegebenes Wertpapier, die geeignet sind, im Falle ihres öffentlichen Bekanntwerdens, den Börsen- oder Marktpreis erheblich zu beeinflussen. Über dieses Kurspotential verfügen Informationen immer dann, wenn ein verständiger Anleger die Information bei seiner Anlageentscheidung berücksichtigen würde.[273] Diese Publikationspflicht umfasst auch Insiderinformationen, die außerhalb des Tätigkeitsbereichs des Emittenten eintreten können, allerdings nicht solche Umstände, die wegen ihrer öffentlichen Verfügbarkeit nicht als Insiderinformationen in Frage kommen, z.B. allgemeine Marktveränderungen.[274] Ganz explizit fallen unter diese Definition auch zukünftige Umstände, sofern mit hinreichender Wahrscheinlichkeit davon ausgegangen werden kann, dass sie zukünftig eintreten werden.[275] Eine Prognose zur voraussichtlichen Entwicklung der Unternehmung ist demnach dann als Insiderinformation mit erheblichem Kursbeeinflussungspotential anzusehen, wenn sie über eine ausreichend

272 Vgl. *Coenenberg/Haller/Schultze* (2009), S. 974; *Pellens et al.* (2011), S. 986; Nach dem Befreiungstatbestand des § 15 WpHG Abs. 3 ist der Emittent solange von der Pflicht zur Veröffentlichung von Insiderinformationen nach § 15 WpHG Abs. 1 befreit, wie es der Schutz seiner berechtigten Interessen erfordert, keine Irreführung der Öffentlichkeit zu befürchten ist und der Emittent die Vertraulichkeit der Insiderinformation gewährleisten kann. Die Veröffentlichung ist bei Wegfall der Gründe unverzüglich nachzuholen.

273 Vgl. § 13 Abs. 1 Satz 2 WpHG.

274 Vgl. *Groschupp* (2010), S. 14.

275 Vgl. *Jungmichel* (2007), S. 83.

hohe Eintrittswahrscheinlichkeit verfügt und sie wesentlich von den Markterwartungen abweicht.[276] Zudem muss die Information einen gewissen Konkretisierungsgrad aufweisen, d.h. sie muss hinreichend präzise sein.[277] Hierunter fallen demnach keine allgemein formulierten Erwartungen oder langfristige Planungen des Unternehmens (Planungen mit einem Zeithorizont von drei oder mehr Jahren oder interne Planungen i.S.v. Zielvorgaben).[278] Der nicht abschließende Beispielkatalog der Bundesanstalt für Finanzdienstleistungsaufsicht (BaFin) listet Fallkonstellationen auf, die in der Regel ein erhebliches Preisbeeinflussungspotential aufweisen. Hierzu gehören bspw. neben der Veräußerung, dem Rückzug aus oder der Aufnahme von (neuen) Kerngeschäftsfeldern auch wesentliche Änderungen der Ergebnisse der Jahresabschlüsse oder Zwischenberichte gegenüber früheren Ergebnissen oder Marktprognosen. Allerdings verbleibt auf Unternehmensseite eine gewisse Restunsicherheit, da sich der Grad der Kursrelevanz einer Nachricht ex ante oftmals nicht mit Gewissheit abschätzen lässt.[279] Grundsätzlich liegt die Verantwortung hierüber beim Vorstand, der seine Entscheidungskompetenz allerdings im Interesse schneller und punktgenauer Reaktionen an ein sog. *Disclosure Committee* delegieren kann, dem neben einzelnen Vorstandsmitgliedern weitere Experten angehören können.[280] Theoretisch müssten die Auswirkungen potentiell publizitätspflichtiger Tatsachen und Umstände auf die Vermögens-, Finanz- und Ertragslage des Unternehmens bzw. auf den allgemeinen Geschäftsverlauf des Unternehmens geprüft werden, um daran anknüpfend eine quantitative Abschätzung einer Kursänderung vornehmen zu können. Dies ist jedoch problematisch, da sowohl die ex ante Erwartungshaltungen als auch die Erwartungsänderungen aller Marktteilnehmer homogen sein müssten, um den Preisanpassungsprozess quantifizieren zu können.[281]

Präzise Anforderungen bzgl. der inhaltlichen Ausgestaltung von Prognosen im Rahmen der Ad-Hoc-Publizität existieren nicht. Gemäß § 15 Abs. 1 Satz 6 WpHG müssen die im Rahmen einer Veröffentlichung genutzten Kennzahlen allerdings üblich sein und einen Vergleich mit den zuletzt

276 Vgl. Emittentenleitfaden der BaFin vom 28. April 2009, S. 60 (Ziff. IV.2.2.9.2); *Seibt/Huizinga* (2010), S. 295.

277 Vgl. *Frowein* (2008), § 10 Rdn. 11.

278 Vgl. Emittentenleitfaden der BaFin vom 28. April 2009, S. 60 (Ziff. IV.2.2.9.2); *Seibt/Huizinga* (2010), S. 295; *Jungmichel* (2007), S. 84.

279 Vgl. *Pellens et al.* (2011), S. 987.

280 Vgl. *Bedkowski* (2009), S. 398f.

281 Vgl. *Fülbier* (1998), S. 261ff.

genannten Kennzahlen ermöglichen. Klare Anforderungen an den Präzisionsgrad einer Prognose im Rahmen der Ad-Hoc-Publizität bestehen ebenso nicht.[282]

Vertritt die Unternehmensleitung die Ansicht, dass eine Insiderinformation i.S.d. § 13 WpHG Abs. 1 vorliegt, so hat sie gem. § 15 Abs. 4 Satz 1 Nr. 1 und 2 WpHG dies der Geschäftsführung der jeweiligen Börse sowie der BaFin mitzuteilen. Anschließend ist die Information unverzüglich über das internetgestützte Online-Informationssystem der Deutschen Gesellschaft für Ad-Hoc-Publizität (DGAP) zu veröffentlichen sowie dem Unternehmensregister i.S.d. § 8b HGB zur Speicherung zu übermitteln.[283] Gibt ein Unternehmen eine Insiderinformation gar nicht oder erst verspätet preis oder verbreitet es unwahre Insiderinformationen, so sehen §§ 37b und 37c WpHG Schadensersatzansprüche sowie § 39 WpHG erhebliche Busgelder vor.[284]

### 3.2.2 Börsenzulassungsprospekte

Unternehmen, die an inländischen Börsen Wertpapiere anbieten oder diese zum Handel an einem organisierten Markt zulassen wollen, müssen nach § 3 Abs. 1 Wertpapierprospektgesetz (WpPG) grundsätzlich einen Wertpapierprospekt veröffentlichen.[285] Dieser muss gem. § 5 Abs. 1 WpPG in leicht analysierbarer und verständlicher Form sämtliche Angaben enthalten, die im Hinblick auf den Emittenten und die öffentlich angebotenen oder zum Handel an einem organisierten Markt zugelassenen Wertpapiere notwendig sind, um dem Publikum ein zutreffendes Urteil über die Vermögenswerte und Verbindlichkeiten, die Finanzlage, die Gewinne und Verluste, die Zukunftsaussichten des Emittenten und jedes Garantiegebers sowie über die mit diesen Wertpapieren verbundenen Rechte zu ermöglichen. Basis hierfür bilden die Mindestangaben, die in einen Prospekt aufzunehmen sind, welche sich gem. § 7 WpPG nach der EU-Prospektverordnung (EU-ProspV) aus dem Jahr 2004 bestimmen.[286] Hierzu

---

282 Vgl. *Nölte* (2008), S. 31.

283 Vgl. *Pellens et al.* (2011), S. 987.

284 Vgl. *Coenenberg/Haller/Schultze* (2009), S. 975.

285 Nicht unter die Bestimmungen des WpPG fallen Wertpapiere, die unter die Definition des § 1 Abs. 2 WpPG fallen. Des Weiteren sind Wertpapiere, die unter die Definition des § 4 Abs. 1 und 2 WpPG fallen, von der Pflicht zur Veröffentlichung eines Prospekts ausgenommen.

286 VO 809/2004 der Kommission vom 29. April 2004 zur Umsetzung der Richtlinie 2003/71/EG des Europäischen Parlaments und des Rates betreffend die in Prospekten enthaltenen Informationen sowie das Format, die Aufnahme von Informationen

gehören neben historischen Finanzinformationen gem. Ziff. 12.2 Anhang I EU-ProspV auch zukunftsgerichtete Informationen über bekannte Trends, Unsicherheiten, Nachfrage, Verpflichtungen oder Vorfälle, die voraussichtlich die Aussichten des Emittenten zumindest im laufenden Geschäftsjahr wesentlich beeinflussen dürften. Eine konkrete Quantifizierung von Umsätzen und Ergebnissen ist allerdings nicht erforderlich, vielmehr zielt die Regelung auf die Angabe qualitativer Informationen ab.[287] Des Weiteren sieht die ProspV Angaben zur Vermögens-, Finanz- und Ertragslage der Emittentin vor, die sich zwar grundsätzlich an dem von den historischen Finanzinformationen abgedeckten Zeitraum orientieren sollen, gem. Ziff. 9.2.1 Anhang I ProspV allerdings auch Faktoren ausweisen sollen, die die Vermögens-, Finanz- und Ertragslage der Emittentin maßgeblich beeinflussen. Diesbezüglich werden in der Praxis auch solche Faktoren erfasst, die die Vermögens-, Finanz- und Ertragslage der Emittentin voraussichtlich zukünftig maßgeblich beeinflussen werden, um dem Grundsatz der Prospektvollständigkeit gem. § 5 Abs. 1 WpPG zu entsprechen.[288] Eine Verpflichtung zur Quantifizierung des entsprechenden Einflusses der Faktoren auf die Vermögens-, Finanz- und Ertragslage ergibt sich aus dem Wortlaut der Verordnung indes nicht. Darüber hinaus muss der Prospekt lt. Ziff. 5.2.3 i.V.m. Ziff. 10.5 Anhang I ProspV Angaben über die wichtigsten künftigen Investitionen, die von den Verwaltungsorganen der Gesellschaft bereits verbindlich beschlossen wurden, sowie deren Finanzierung beinhalten.[289]

Nicht eindeutig ist die Auffassung darüber, ob ein Wertpapierprospekt zwingend Gewinnprognosen oder Gewinnschätzungen enthalten muss.[290] Wie zuvor erwähnt, muss ein entsprechender Prospekt in leichter und verständlicher Form sämtliche Angaben enthalten, die notwendig sind, um dem

mittels Verweis und die Veröffentlichung solcher Prospekte und die Verbreitung von Werbung (Abl. EU Nr. L 149, S. 1, Nr. L 215 S. 3).

287 Vgl. *Alfes/Wieneke* (2008), Anh. 1, Rdn. 64.

288 Vgl. *Seibt/Huizinga* (2010), S. 299; *Fingerhut/Voß* (2009), Rdn. 158.

289 Vgl. *Alfes/Wieneke* (2008), Anh. 1, Rdn. 27ff..

290 Vgl. *Seibt/Huizinga* (2010), S. 300. Unter Gewinnschätzungen werden Angaben zu einem abgelaufenen Geschäftsjahr verstanden, dessen Abschluss noch nicht veröffentlicht ist (vgl. Art. 2 Nr. 11 ProspV). Demgegenüber ist eine Gewinnprognose ein Text, in dem ausdrücklich oder implizit eine Zahl oder eine Mindest- bzw. Höchstzahl für die wahrscheinliche Höhe der Gewinne oder Verluste im laufenden Geschäftsjahr und/oder in den folgenden Geschäftsjahren genannt wird und das Wort „Gewinn" nicht erscheint (vgl. Art. 2 Nr. 10 ProspV).

Publikum ein zutreffendes Urteil über die Zukunftsaussichten des Emittenten zu ermöglichen. Laut *Seibt/Huizinga*, könne daher argumentiert werden, dass vor dem Hintergrund der großen Bedeutung der erwarteten Unternehmensgewinne für die Kapitaldisposition (potenzieller) Investoren quantifizierte Gewinnprognosen zwingender Bestandteil eines Prospekts sein sollten, der dem in § 5 Abs. 1 Satz 1 WpPG statuierten Prinzip der Vollständigkeit und Richtigkeit entsprechen soll.[291] Demgegenüber lässt der Wortlaut der Ziff. 13 Anhang 1 ProspV ganz eindeutig darauf schließen, dass Gewinnprognosen kein zwingender Bestandteil eines vollständigen Prospekts sein müssen: *„Entscheidet sich der Emittent dazu, eine Gewinnprognose oder eine Gewinnschätzung aufzunehmen, dann hat das Registrierungsformular die unter den Punkten 13.1 und 13.2 genannten Angaben zu enthalten“.*[292] Gewinnprognosen sind nach der Auffassung des Verordnungsgebers demnach kein Pflichtbestandteil und daher nicht unerlässlich für die Informationsversorgung im Rahmen des Wertpapierprospekts. Die Entscheidung für oder gegen deren Aufnahme muss also vom jeweiligen Prospektverantwortlichen getroffen werden.[293] Verantwortlich für die Richtigkeit und Vollständigkeit der Prospektinhalte sind der Anbieter der Wertpapiere, falls die Wertpapiere zum Handel an einem organisierten Markt zugelassen werden sollen, die Emittentin und der Zulassungsantragssteller sowie nicht zuletzt das begleitende Konsortium aus Emissionsbanken. Da gerade die zukunftsgerichtete Geschäftsentwicklung des Unternehmens bei einem Angebot von Wertpapieren für aktuelle und potenzielle Investoren von entscheidender Bedeutung ist, besteht von Seiten des Unternehmens und der Konsortialbanken ein starkes Interesse, konkrete entscheidungsrelevante Informationen über die zukünftige voraussichtliche Entwicklung bereitzustellen.[294] Allerdings greift die gesetzliche Prospekthaftung nicht nur bei der Angabe falscher Tatsachen, sondern auch bei Darstellung fehlerhafter Prognosen. Daher sollten die Verantwortlichen bei der

291 Vgl. *Seibt/Huizinga* (2010), a.a.O.

292 Bei den genannten Punkten handelt es sich um Erklärungen zu den Annahmen der Prognosen oder Schätzungen bzw. um einen Bericht des Abschlussprüfers darüber, ob die Gewinnprognose oder Gewinnschätzung nach Meinung des Prüfers auf der angegebenen Grundlage ordnungsgemäß erstellt wurde und ob die Rechnungslegungsgrundlage, die für die Gewinnprognose oder -schätzung verwendet wurde, mit den Rechnungslegungsstrategien des Emittenten konsistent ist.

293 Vgl. *Seibt/Huizinga* (2010), S. 300.

294 Vgl. *Seibt/Huizinga* (2010), S. 298.

Aufnahme entsprechender Prognosen aufgrund evtl. Haftungsrisiken ggf. eher zurückhaltend agieren.[295]

*Abbildung 6: Instrumente der Prognoseberichterstattung*

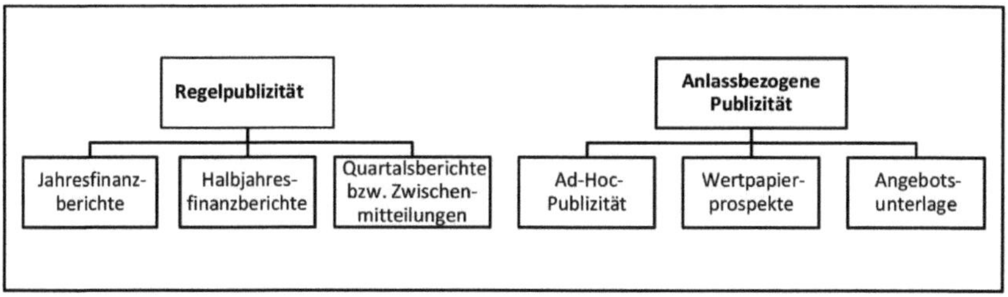


(Quelle: In Anlehnung an *Barth* (2009), S. 30.)

## 3.3 Regulierung von Managementprognosen in ausgewählten Ländern

Wie aufgezeigt, hat der Gesetzgeber die Prognoseberichterstattung in Deutschland durch die Instrumente der regelmäßigen und anlassbezogenen Berichterstattung im Laufe der letzten Jahrzehnte zu einem vergleichsweise streng regulierten Gebiet der Unternehmensberichterstattung entwickelt. In Deutschland gelten insb. die Implementierungen des Bilanzrichtliniengesetztes (BilRiLiG) und des Bilanzrechtsreformgesetzes (BilReG) als Meilensteine in einem dynamischen Fortentwicklungsprozess.[296] Auf europäischer Ebene haben durch die Umsetzung der 4. und 7. EU-Richtlinie vergleichbare Regelungen Eingang in die nationalen Gesetzgebungen gefunden. Zwar fehlt im Gegensatz zur vergangenheitsorientierten Finanzberichterstattung bislang ein verpflichtend anzuwendendes einheitliches Regelwerk zur Bereitstellung von prospektiven Informationen auf supranationaler Ebene, da es sich bei dem PS MC nur um freiwillig anzuwendende Empfehlungen handelt, doch auch in Jurisdiktionen außerhalb der EU hat

295 Vgl. *Alfes/Wieneke* (2008), Rdn. 65. Anders hierzu *Fingerhut/Voß* (2009), die sich gegen die Annahme einer Rechtspflicht zur Zurückhaltung aussprechen. Sie stellen klar, dass die Prospektverantwortlichen keine Gewähr dafür übernehmen, dass sich die Prognosen und die damit einhergehenden Werturteile auch tatsächlich realisieren. Vielmehr sei es ausreichend, „*dass Prognosen durch eine hinreichende Tatsachenbasis gestützt und vertretbar sind und dass der Gesamteindruck des Prospekts richtig ist.*“, *Fingerhut/Voß* (2009), Rdn. 189.

296 Vgl. *Ergün/Müller/Juchler* (2012), S. 897.

die Prognoseberichterstattung durch den Erlass konkreter Rechtsvorschriften im Laufe der jüngeren Vergangenheit eine Aufwertung erfahren. Dieses Kapitel soll einen Überblick der gesetzlichen bzw. börsenrechtlichen Regelungen zur Prognoseberichterstattung in verschiedenen ausgewählten Ländern liefern, um ein tiefergehendes Verständnis für die sich anschließende Darstellung der empirischen Befunde zur Prognoseberichterstattung zu ermöglichen.

### 3.3.1 Regulierung von Managementprognosen in den USA

In den USA ist die zukunftsgerichtete Unternehmensberichterstattung Teil der *Management's Discussion and Analysis of Financial Condition and Results of Operation* (MD&A). Dieses Berichtsinstrument, das seit 1968 verpflichtender Bestandteil der Unternehmensberichterstattung in den USA ist, kann als US-amerikanisches Pendant zum deutschen Lagebericht angesehen werden.[297] Die MD&A ist dabei neben dem nach Form 10-K zu erstellenden Geschäftsbericht jährlich bei der SEC einzureichen und in Item 303 der Regulation S-K börsenrechtlich geregelt.

Prognostische Informationen erfahren in den USA je nach Charakter unterschiedliche Publizitätspflichten. Angaben über bekannte Trends, Ereignisse, Anforderungen, Verpflichtungen und Ungewissheiten, die dem Management bekannt sind und mit hinreichender Wahrscheinlichkeit einen Einfluss auf die Finanz- und Ertragslage des Unternehmens haben, sind gem. Item 303 (a) der SEC Regulation S-K veröffentlichungspflichtig.[298] Darüber hinaus ist es Unternehmen freigestellt, weitere Angaben zu diesen Sachverhalten zu machen, falls deren Eintritt entweder als nicht hinreichend wahrscheinlich angesehen wird oder deren Einfluss auf die betriebliche Leistungsfähigkeit als gering eingestuft wird. Zudem ist über Trends sowie wesentliche Sachverhalte und Ereignisse zu berichten, die die Indikatorfunktion der gegenwärtigen Finanz- und Ertragslage für die zukünftige Entwicklung nachhaltig beeinträchtigen. Die hier getroffenen Aussagen unterliegen der sog. *Safe Harbor Rule*, die erstmals 1979 implementiert wurde und den berichterstattenden Unternehmen einen gewissen Schutz vor haftungsrechtlichen Konsequenzen bietet.[299] Demnach haftet das Management

297 Vgl. *Scheele* (2007), S. 222.

298 Der Begriff „hinreichend wahrscheinlich“ wird dabei von der SEC konkretisiert. Demnach ist die Schwelle für eine Berichtspflicht niedriger als beim „*more likely than not*“-Kriterium, allerdings höher als beim „*remote*“-Kriterium. Vgl. *Hüfner* (2007a), S. 66, Fn. 15.

299 Für einen Überblick über Zweck, Historie, Regulierung und empirische Befunde zur *Safe Harbor Rule* siehe exemplarisch *Dobler* (2008), S. 749ff.

nicht für fehlerhafte Prognosen, solange es nachweisen kann, dass diese gewissenhaft und in gutem Glauben erstellt wurden.[300] Hiermit beabsichtigt die SEC, Unternehmen zur freiwilligen Publizität zu ermutigen. Da sich diese Schutzklausel jedoch in der Berichtspraxis als untauglich erwies[301], wurde die *Safe Harbor Rule* neu konzipiert und sieht nun über die bestehenden Sachverhalte hinaus ebenso einen Haftungsausschluss für den Prognoseersteller vor, wenn dieser auf den spezifischen Charakter der Prognose als ex ante unsichere Information hinweist und zudem auf mögliche Ursachen von etwaigen Soll-Ist Abweichungen aufmerksam macht. Hierdurch sollen Prognosegeber effektiver vor Haftungsklagen der Berichtsadressaten geschützt werden. Allerdings muss konstatiert werden, dass dies nur bedingt gelungen ist, wie die empirische Evidenz zum Einfluss von Haftungsfragen auf die Prognosepublizität zeigt.[302]

Ausländische Emittenten, deren Aktien an einer US-amerikanischen Börse gelistet sind, müssen seit 1999 anstatt eines MD&A einen „*Operating and Financial Review and Prospects*" (OFR) erstellen, der sich allerdings hinsichtlich der zu veröffentlichenden zukunftsorientierten Informationen nicht nennenswert vom MD&A unterscheidet.[303] So ist auch in diesem Berichtswerk über Trends zu berichten, die zukünftig wesentlichen Einfluss auf die Finanz- und Ertragslage des Unternehmens haben könnten. Regelungsgrundlage für den OFR ist Form 20-F, Item 5.

### 3.3.2 Regulierung von Managementprognosen in Australien und Neuseeland

Die zukunftsbezogene Berichterstattung ist in Australien im *Coporations Act* 2001, Sec. 299, kodifiziert. Hiernach haben Unternehmen gem. CA 2001 Set. 299 (1) (d) (i-iii) im *Annual Directors' Report* Angaben über sämtliche Sachverhalte zu machen, die sich auf die zukünftige Geschäftstätigkeit, auf das zukünftige Ergebnis dieser Geschäftstätigkeit oder die Lage der Gesellschaft auswirken können. Für börsennotierte Gesellschaften gelten darüber hinaus die im Rahmen des 2004 vollzogenen „*Corporate Law Reform Program Act 2004*" eingeführten ergänzenden Berichtspflichten der Sec. 299A. Diese sehen innerhalb eines *Operating and Financial Review* (OFR) verpflichtende Aussagen zur strategischen Ausrichtung und Prognosen für künftige Perioden vor, ohne dass diese

---

300 Vgl. SEC Regulation S-K Item 10 (b) (1).
301 Vgl. *Scheele* (2007), S. 228.
302 Vgl. *Dobler* (2008), S. 750f.
303 Vgl. *Hüfner* (2007b), S. 307f.

Anforderungen konkretisiert werden. Die entsprechenden Regelungen wurden von der Australian Stock Exchange (ASX) als Börsenregeln übernommen und finden sich hier in Chapter 4.10.17 der *ASX Listing Rules* wieder. Hiernach ist der Annual Report um einen *"Review of operations and activites for the reporting period"* zu ergänzen, der die entsprechenden Informationen ausweist und als börsenrechtliches Pendant zum OFR anzusehen ist.

Eine Auslegungshilfe für die wenig konkreten gesetzlichen Formulierungen bietet der in 1998 von der *Group of 100*, einem Interessensverband nationaler *Senior Finance Executives*, entwickelte *„Guide to Review of Operations and Financial Condition"*. Dieser stellt eine den DRS ähnliche Leitlinie dar, die "(...) *of particular relevance to entities in meeting the existing listing requirements of the Australian Stock exchange* (...)"[304] sein soll und in der "(...) *a company should explain its past performance and provide information which will increase understanding of its future directions.*"[305] Nach diesem Leitfaden sollen unter Anwendung des *Management Approach* die wesentlichen Trends und Faktoren erörtert werden, die einen möglichen Einfluss auf die zukünftige Ertragslage des Unternehmens haben, unabhängig davon, ob diese Faktoren in der abgelaufenen Periode bereits signifikanten Einfluss hatten.[306] Zudem hat die Unternehmensleitung den Adressaten aufzuzeigen, durch welche Maßnahmen die Nachhaltigkeit bzw. Verbesserung der derzeitigen Ertragslage realisiert werden soll, was ganz explizit auch Aussagen über künftige Investitionsvorhaben bedingt.[307]

Zuletzt befanden sich die gesetzlichen Anforderungen in einem Überarbeitungsprozess, da der australische Regulierer in Gestalt der *Australian Securites and Investments Commission* (ASIC) in der Vergangenheit innerhalb des OFR eine mangelnde Bereitschaft zur Bereitstellung analytischer Informationen feststellen musste, obwohl diesbezügliche Informationen über andere Kanäle, wie bspw. Analystenkonferenzen, an den Kapitalmarkt kommuniziert wurden.[308] Zudem verweist die ASIC auf eine teils fehlerhafte Auslegung der in Sec. 299 A (3) eingeräumten Ausnahmeregelung, nach der die Veröffentlichung von Informationen zur strategischen Ausrichtung sowie die Bekanntgabe von Prognosen unter gewissen Umständen unterbleiben darf, falls dem Unternehmen durch die Veröffentlichung unverhältnismäßige Nachteile entstehen können.[309]

---

304 *Group of 100* (2003), Foreword.
305 *Group of 100* (2003), Introduction.
306 Vgl. *Group of 100* (2003), Tz. 9
307 Vgl. *Group of 100* (2003), Tz. 15.
308 Vgl. *ASIC* (2012), Tz. 6 und 7.
309 Vgl. *ASIC* (2012), Tz. 8.

Nachdem die ASIC zwischenzeitlich im Rahmen des Konsultationspapiers 187 *"Effective disclosure in an operating and financial review"* erste Vorschläge für eine Anpassung der Regulierung machte und um Kommentierung dieser bat[310], wurde am 27. März 2013 der Regulatory Guide (RG) 247 *"Effective disclosure in an operating and financial review"* als finales Leitliniendokument dieses Überarbeitungsprozesses veröffentlicht. Neben einer Konkretisierung der Anforderungen des Ausnahmetatbestandes des Sec. 299 A (3) stellt die ASIC klar, dass Informationen zur strategischen Ausrichtung des Unternehmens sowie prognostische Aussagen eine über das laufende Geschäftsjahresende hinausgehende Reichweite haben sollten, wobei die Angemessenheit des Zeithorizonts an den unternehmensindividuellen Umständen festzumachen ist. Hierzu zählen bspw. das Unternehmensalter sowie die Branche, in der das Unternehmen tätig ist.[311] Zudem sollte die Diskussion der erwarteten künftigen Entwicklung bei diversifizierten Unternehmen mit zahlreichen und zudem komplexen Geschäftsfeldern umfassender ausfallen als bei vergleichsweise kleinen Unternehmen.[312] Die Aussagen zur strategischen Ausrichtung können dabei z.B. Informationen zu neuen Produkten oder Dienstleistungen, den Eintritt in neue Märkte oder den Ausbau von Marktanteilen in bestehenden Märkten beinhalten. Das ASIC stellt klar, dass derartige Informationen nicht derart sensibel seien, dass sich ein Unternehmen auf die in Sec. 299 A (3) genannte Ausnahmenregelung berufen und somit auf die Veröffentlichung verzichten dürfe.[313] Entschärft werden die Anforderungen dadurch, dass die Prognosen nicht mit konkreten Zahlenwerten unterlegt sein müssen.[314] Die Darstellung sollte neutralen Charakter haben, was einerseits eine Diskussion von Risiken, die die Realisierung der strategischen Unternehmensziele gefährden könnten, sowie andererseits auch die Erläuterung von Faktoren bedingt, welche die künftige Entwicklung positiv tangieren könnten.[315]

Auch wenn in Neuseeland kein mit dem Lagebericht vergleichbares Berichtswerk besteht, so ist die zukunftsorientierte Unternehmensberichterstattung dennoch ein wichtiger Bestandteil der neuseeländischen Berichtspraxis. Der dortige Standardsetter, das *Accounting Standard Review Board* (ASRB), verpflichtet die

---

310 Nachdem das Konsultationspapier 187 im September 2012 veröffentlicht wurde, gingen bei der ASIC bis zum Ende der Kommentierungsfrist im November 2012 insgesamt 25 schriftliche Stellungnahmen ein.

311 Vgl. *ASIC* (2013), Tz. 247.54.

312 Vgl. *ASIC* (2013). Tz. 247.57.

313 Vgl. *ASIC* (2013), Tz. 247.59.

314 Vgl. *ASIC* (2013), Tz. 247.60.

315 Vgl. *ASIC* (2013), Tz. 247.61.

Unternehmen im Rahmen des *Financial Reporting Standard* (FRS) 42 *"Prospective Financial Statements"* zur zukunftsorientierten Berichterstattung. Anders als in Deutschland reicht die Pflicht zur Bereitstellung prospektiver Informationen allerdings weit über die Bekanntgabe einzelner zentraler Performanceindikatoren hinaus und umfasst die Berichtstellung ganzer prospektiver Rechenwerke. So sieht FRS 42.28 die Bereitstellung eines *"complete set of prospective financial statements"* vor, das neben Bilanz und Gewinn- und Verlustrechnung auch eine zukunftsgerichtete Eigenkapitalveränderungsrechnung sowie eine Cashflow-Rechnung zu umfassen hat. Die Mindestgliederungsvorschriften dieser Rechenwerke orientieren sich an den Vorschriften der vergangenheitsorientierten Berichterstattung, was die Relevanz, die der prospektiven Berichterstattung in Neuseeland zugesprochen wird, verdeutlicht.[316] Darüber hinaus verlangt der Standard die Publikation der zentralen Bilanzierungsgrundsätze, weitergehender erläuternder Angaben und wesentlicher Prämissen der Managementprognosen.[317] Falls möglich, sollen sowohl die Prognoseannahmen an sich ebenso wie ihr Einfluss auf die Prognosen quantifiziert werden, um es dem Leser zu ermöglichen, die Reliabilität der zukunftsgerichteten Informationen besser einzuschätzen zu können.[318]

### 3.3.3 Regulierung von Managementprognosen in Japan

Im Gegensatz zu den bisher aufgeführten Jurisdiktionen stellen in Japan nicht die handelsrechtlichen Regelungen die Grundlage für die Erstellung und Veröffentlichung unternehmensseitiger Prognosen dar, sondern vielmehr die Bestimmungen der lokalen Börsen. Zwar sehen auch die gesetzlichen Bestimmungen auf Grundlage der aktuellen Fassungen des *Companies Act* aus dem Jahr 2005 und des *Financial Instruments and Exchange Act* aus dem Jahr 2006 vor, dass Unternehmen einen *Annual Securities Report* veröffentlichen müssen, der neben dem primär vergangenheitsorientierten Jahresabschluss auch prognostische Informationen zu enthalten hat. Diese beziehen sich allerdings vornehmlich auf geplante Investitionsvorhaben und deren Finanzierung und weniger auf Ertragsindikatoren. Da zwischen dem Geschäftsjahresende und der Veröffentlichung des *Annual Securities Report* zudem drei Monate liegen, was den Informationsbedürfnissen der Adressaten nicht genügt und somit die Funktionsfähigkeit des Aktienmarkts beeinträchtigen würde, sehen die Börsenvorschriften vor, dass

316 Vgl. FRS 42.29–40.
317 Vgl. FRS 42.28.
318 Vgl. FRS 42.49–51.

gelistete Unternehmen bereits zwischen Geschäftsjahresende und der Veröffentlichung des Geschäftsberichts verdichtete Jahresabschlussinformationen veröffentlichen sollten, sobald die Unternehmensleitung den Jahresabschluss festgestellt hat (sog. *Timely Disclosure Rules*). So heißt es bspw. in den *Principles of Corporate Governance for Listed Companies* der *Tokyo Stock Exchange* (TSE): "*Corporate governance for listed companies should ensure that timely and accurate disclosure is conducted on all material matters including the financial condition, performance results and ownership distribution.*"[319] Diese ungeprüften Informationen sollen auch Prognosen zu den wichtigsten Ertragsindikatoren umfassen. Unternehmen werden im Zuge der Bereitstellung von prospektiven Informationen explizit dazu aufgefordert, diese Prognosen für das aktuelle Geschäftsjahr in quantifizierter Form abzugeben.[320] Zu den Prognosegegenständen zählen mit den Größen Umsatzerlöse, operatives Ergebnis, Jahresüberschuss, Ergebnis je Aktie und Dividende je Aktie zentrale Performancekennzahlen. Werden unterjährig signifikante Abweichungen zwischen den an den Kapitalmarkt kommunizierten und den erwarteten Ausprägungen dieser Kennzahlen festgestellt, so haben Unternehmen dieses umgehend bekanntzugeben, falls die zu erwartenden Abweichungen festgelegte Schwellenwerte übertreffen. Während die Berichtspflicht bei der Größe Umsatzerlöse bspw. bereits bei einer zehnprozentigen Abweichung zwischen kommuniziertem und auf aktualisierter Basis erwartetem Wert ausgelöst wird, beträgt der Schwellenwert beim operativen Ergebnis sowie beim Jahresüberschuss 30%.[321]

Auch wenn diese 1974 in die Bestimmungen der *TSE* aufgenommenen Regeln keine Rechtswirksamkeit entfalten, so sehen sich die Unternehmen einem Veröffentlichungsdruck ausgesetzt, um den Informationsbedürfnissen der Kapitalmarktteilnehmer zu entsprechen. *Ota* (2010) stellt heraus: "*However, as a whole, compliance has been so high that almost all firms provide earnings forecasts.*"[322] So berichteten im Jahr 1980 bereits 90% der börsennotierten Gesellschaften auf freiwilliger Basis über die erwartete Unternehmensentwicklung, wobei sich dieser Wert bis zum Jahr 2006 auf 98,9% erhöhte, so dass von einer unternehmensübergreifend sehr hohen Prognosepublizitätsmoral gesprochen werden kann. Lediglich einige Finanz- und Versicherungsinstitute berufen sich bis heute auf den freiwilligen Charakter der Bestimmungen und verweisen auf die besondere Schwierigkeit bei der Prognose zentraler Performancekennzahlen für diese

319 *TSE* (2009), S. 9.

320 Vgl. *Kato/Skinner/Kunimura* (2009), S. 1577.

321 Vgl. *Kitagawa/Shuto* (2013), S. 9.

322 *Ota* (2010), S. 32.

Branche.[323] Das Zeitfenster für die Bekanntgabe dieser verdichteten Informationen beträgt für einen Großteil der Unternehmen in praxi 25–40 Tage nach dem Geschäftsjahresende.[324]

Die bisherigen Ausführungen haben verdeutlicht, dass sich die nationalen Gesetzgeber weltweit mit der Regulierung von Managementprognosen auseinandersetzen. Jüngste Modifikationen der bestehenden Leitlinienregelungen für die teilweise auslegungsbedürftigen gesetzlichen Vorschriften, wie etwa in Deutschland oder Australien, verdeutlichen die Relevanz von Unternehmensprognosen für den Kapitalmarkt. Die Wirkung der Regulierungsbestrebungen ist letztendlich eine Fragestellung, die von der empirischen Rechnungslegungsforschung zu beantworten ist. Das folgende Kapitel soll deshalb einen Überblick über die empirischen Befunde zu Managementprognosen liefern.

323 Vgl. *Ota* (2011), S. 1319.

324 Vgl. *Ota* (2010), S. 32.

# 4 Empirische Erkenntnisse zu Managementprognosen

Nachdem in den vorangegangenen Kapiteln der konzeptionelle Rahmen und die regulatorischen Vorgaben zur Prognoseberichterstattung aufgezeigt wurden, werden nun zentrale empirische Erkenntnisse zur Prognosepublizität dargestellt.[325] Diese Befunde sollen die fortwährende Relevanz des Themas in der empirischen Rechnungslegungsforschung verdeutlichen. Da die Empirie sowohl in Deutschland als auch im internationalen Kontext verschiedensten Fragestellungen nachgeht und im Zeitverlauf vielfältige Ergebnisse hervorgebracht hat, erfordert eine systematische Darstellung der unterschiedlichen Studienbefunde zunächst eine Kategorisierung.

Die empirische Evidenz lässt sich zunächst in die Befunde deskriptiver und wirkungsorientierter Untersuchungen einteilen.[326] Deskriptive Analysen untersuchen das in praxi beobachtbare Berichterstattungsverhalten der Unternehmen hinsichtlich Quantität und Qualität der Berichterstattung und erfassen

---

325 Die empirische Evidenz soll auf Grundlage der Befunde ausgewählter Studien dargelegt werden. Für eine Abhandlung weiterer Studien zu diesem Themengebiet bis zur Einführung des BilReG siehe *Barth* (2009), S. 64ff. Die Diskussion erhebt demnach keinen Anspruch auf Vollständigkeit, umfasst allerdings die nach Meinung des Verfassers wesentlichen Forschungserkenntnisse.

326 Eine derartige Systematisierung erfolgt ebenso durch *Barth* (2009), S. 57. Eine hiervon abweichende Einteilung nehmen *Knauer/Wömpener* (2012), S.118, vor. Die Autoren unterscheiden leidglich zwischen Studien, die den Status Quo der prospektiven Berichterstattung beschreiben und Studien, die einen Vergleich der Prognosen mit den realisierten Werten vornehmen. Diese Einteilung blendet allerdings die daran anknüpfenden Forschungsfragen, insb. zu den Kapitalmarktwirkungen der Prognosepublizität, aus. Hingegen differenzieren *Wiedmann* (2000), S. 664, *Hirst/Koonce/Venkataraman* (2008), S. 320, sowie *Knauer/Wöhrmann* (2011), S. 240, grundlegend zwischen Rahmenbedingungen, Charakteristika sowie Konsequenzen der freiwilligen Unternehmenspublizität, was im Hinblick auf den späteren Forschungsfokus wiederum eine zu ausschweifende Diskussion darstellen würde.

Es sei darauf hingewiesen, dass sich bei manchen Studien keine eindeutige Zuordnung hinsichtlich deskriptiver bzw. wirkungsorientierter Analyse vornehmen lässt, da diese Studien verschiedenartige Fragestellungen bzw. Methoden beinhalten. Die Zuordnung erfolgt dann nach wahrgenommenem Analyseschwerpunkt.

zumeist auf Basis von Scoring-Modellen, inwiefern den konkreten gesetzlichen Anforderungen bzw. Gesetzesauslegungen sowie den Informationsbedürfnissen der Adressaten entsprochen wird.[327] Diese Forschungspraxis sieht sich jedoch der Kritik ausgesetzt, dass ein höherer Umfang der Berichte, unabhängig von der Wesentlichkeit der Angaben, c.p. zu höheren Qualitätswerten führt.[328] Die Qualität wird allerdings nicht allein über den Berichtsumfang operationalisiert, sondern darüber hinaus über die Präzision, die Reichweite, die Angabe der Prognoseprämissen sowie der ex post überprüfbaren Genauigkeit der Prognose quantifiziert. Daran anknüpfend analysieren weiterführende wirkungsorientierte Studien, inwiefern das Berichterstattungsverhalten mit bestimmten Unternehmenscharakteristika korreliert. Hierbei wird regelmäßig der Einfluss von Unternehmensgröße, Unternehmensperformance, Eigentümerstruktur oder Beobachtung durch Finanzanalysten („*analyst following*") auf die konkrete Ausgestaltung der Prognosepublizität untersucht. Hierbei werden zumeist Indikationen in Bezug auf mögliche Ursache-Wirkungszusammenhänge aus der deskriptiven Evidenz extrahiert, theoretisch fundiert und auf statistische Signifikanz getestet. Studien zu den verschiedenartigen Auswirkungen der Veröffentlichung von Managementprognosen auf den Kapitalmärkten stellen den dritten Teilbereich der empirischen Forschung dar. Dieses Forschungsfeld erlaubt es, durch Analyse von Kapitalmarktreaktionen einen Rückschluss auf den Informationsgehalt der prospektiven Berichterstattung zu ziehen, der der Publizität von Investorenseite beigemessen wird. Hierbei werden insb. Aktienkursreaktionen, die bei der Veröffentlichung neuer Unternehmensinformationen auftreten, analysiert. Bei der Darstellung und Diskussion dieser Befunde soll der Fokus auch auf Untersuchungen liegen, die den Einfluss von Managementprognosen auf das Entscheidungsverhalten der Berichtsadressaten und hier insb. auf das der Finanzanalysten identifizieren, da dieses Zusammenwirken im späteren Verlauf der Arbeit ein wesentliches Untersuchungsfeld darstellen soll. Folgende Abbildung soll die verschiedenen Themenbereiche synoptisch aufzeigen.

327 Vgl. *Barth* (2009), S. 58.

328 So konstatiert bspw. *Hoffmann*: „*Die empirischen Studien dürfen nicht mehr Schulnoten für die Anzahl der Angaben nach dem vorgegebenen Vollständigkeitsmuster verteilen. Solche Studien können das Weglassen von unwesentlichen Angaben, was positiv zu beurteilen wäre, nicht greifen.*" *Hoffmann* (2013), S. 758.

*Abbildung 7: Untersuchungsfelder empirischer Studien zu Managementprognosen*[329]

| **Berichterstattungs-verhalten** | **Berichterstattungs-determinanten** | **Berichterstattungs-konsequenzen** |
|---|---|---|
| • Prognoseumfang<br>• Prognosepräzision<br>• Prognosehorizont<br>• Prognosekonditionalität<br>• Prognosegenauigkeit | • Unternehmensgröße<br>• Branchenzugehörigkeit<br>• Rentabilität<br>• Ergebnisvolatilität<br>• Analystencoverage<br>• Aktionärsstruktur | • Aktienkursreaktionen<br>• Kapitalkosten<br>• Bid-/Ask-Spread<br>• Analysten- und Investorenreaktionen |

## 4.1 Befunde deskriptiver Untersuchungen zur Prognoseberichterstattungspraxis

Die empirische Rechnungslegungsforschung widmet sich hierzulande vor dem Hintergrund vergleichsweise detaillierter regulatorischer Berichtspflichten vornehmlich der Analyse der Ausgestaltung der Prognoseberichterstattung in der Praxis. Da verpflichtende Prognosen für Kapitalgesellschaften erst im Rahmen des BilRiLiG eingeführt und durch das BilReG und DRS 15 im Jahr 2005 neu geordnet bzw. konkretisiert wurden, entstammt der überwiegende Teil der Untersuchungen der jüngeren Vergangenheit. Der Fokus der nachfolgenden Abhandlung soll demnach auch auf den vergleichsweise aktuellen Erkenntnissen liegen.

Erste Forschungsarbeiten in diesem Bereich gehen jedoch bis in das Jahr 1968 zurück, als *Busse von Colbe* die freiwillige Prognosepublizität von Aktiengesellschaften untersuchte.[330] Der Autor kommt hierbei zu dem Ergebnis,

329 Die hier aufgeführten Kriterien sind nicht als abschließender Kriterienkatalog der jeweiligen Untersuchungsfelder zu verstehen, decken jedoch die aus Sicht des Autors wesentlichen Aspekte der empirischen Forschung zum Themenspektrum von Managementprognosen ab.

330 Vgl. im Folgenden *Busse von Colbe* (1968), S. 91ff. So ist die Berichterstattung über die voraussichtliche zukünftige Entwicklung nach damalig herrschender Meinung eine freiwillige Leistung, da sich aus § 160 AktG 1965 zwar die Pflicht, den Geschäftsverlauf und die Lage der Gesellschaft darzustellen, ergibt und diese wesentlich von den für die Zukunft erwarteten Konstellationen der relevanten Erfolgsfaktoren abhängt, prospektive Aussagen aber nicht explizit verlangt werden. Vgl. *Busse von Colbe* (1968), S. 101.

dass sich die untersuchten Aktiengesellschaften in erster Linie auf die Prognose der Größen Umsatz, Investitionen und Jahresüberschuss konzentrieren, wobei diese Informationen in der Regel nicht aus den analysierten Geschäftsberichten entnommen werden konnten, sondern der Großteil aus Presseinformationen stammt. Die Prognosepräzision ist dabei je nach Prognosegegentand sehr heterogen. Während Informationen zur zukünftigen Investitionspolitik zumeist mit konkreten Werten versehen sind, sind Prognosen zum Jahresüberschuss regelmäßig qualitativer Natur. Die Abgabe von Intervallschätzungen ist unabhängig vom Prognosegegenstand die Ausnahme. Mit 21% geht dabei nur gut jede fünfte Prognose über das laufende Geschäftsjahr hinaus, wobei sich diese langfristigen Prognosen zumeist auf die geplanten Investitionsvorhaben beschränken und Aussagen zum Jahresüberschuss sehr selten (ca. 5% der Fälle) über das aktuelle Geschäftsjahr hinausgehen. Beachtlich ist zudem, dass nur 13% der abgegebenen Prognosen mit Prämissen hinterlegt werden.

Nachdem anschließende Studien mit ähnlichem Analyseschwerpunkt vergleichbare Ergebnisse hervorgebracht hatten[331], untersuchte *Sorg* (1984) in Anlehnung an die Untersuchung *Busse von Colbes* letztmalig vor Umsetzung des BilRiLiG, inwiefern sich das Berichterstattungsverhalten der Aktiengesellschaften anderthalb Dekaden nach dessen erstmaliger Analyse geändert hatte.[332] So stellt auch *Sorg* fest, dass sich die Unternehmensstichprobe in inhaltlicher Hinsicht nach wie vor auf die Prognose der Gegenstandsbereiche Umsatz- bzw. Absatzentwicklung, Ertragslage sowie Investitionen fokussiert. Bemerkenswert ist, dass Punktprognosen mit einem Anteil von 12% zugunsten komparativer und qualitativer Aussagen deutlich seltener sind als bei *Busse von Colbes* Untersuchung. Ebenso sind die Prognosen hauptsächlich kurzfristig ausgerichtet. So betreffen ca. 84% der Aussagen das laufende Geschäftsjahr. Prognosen mit unbestimmtem Zeithorizont machen etwa 11% der Gesamtaussagen aus, so dass ersichtlich ist, dass nur ca. 5% der Prognosen einen Prognosehorizont von mehr als einem Jahr aufweisen. Auch die mangelnde Nachvollziehbarkeit der zukunftsorientierten Aussagen wird vom Autor bemängelt.

Das BilRiLiG, welches das dritte Buch des HGB im Jahr 1985 neu ordnet, sieht gem. § 289 bzw. § 315 für alle Kapitalgesellschaften erstmalig die Erstellung eines Lageberichts vor, in dem die Gesellschaft auf die voraussichtliche Lage des Unternehmens einzugehen hat. *Sorg* (1988) analysiert, ob die für nach

331 Siehe hierzu die Befunde der Studien von *Berndsen* (1979) und *Tichy* (1979) dargestellt in *Barth* (2009), S. 64f.

332 Vgl. im Folgenden *Sorg* (1984), S. 1028ff.

dem 31. Dezember 1986 beginnenden Geschäftsjahre erstmalig anzuwendenden Vorschriften, bereits ein Jahr zuvor freiwillig in den Lageberichten Anwendung finden.[333] Es zeigt sich, dass im Gegensatz zu den zuvor durchgeführten Studien nunmehr die Geschäftsentwicklung und die Ertragslage die am häufigsten adressierten Gegenstandsbereiche der Prognosen sind. Angaben zu geplanten Investitionen treten hingegen in den Hintergrund. Allgemeine und qualitative Aussagen, die beim Adressaten der Information einen gewissen Interpretationsspielraum hinterlassen, machen mehr als die Hälfte aller Prognosen aus. Punktprognosen kommen deutlich seltener vor, Intervallprognosen so gut wie nie. Auch hinsichtlich des Prognosehorizonts erfährt die Berichterstattung keine Verbesserung. Nahezu zwei Drittel der Aussagen beziehen sich auf das aktuelle Berichtsjahr und ca. ein Drittel der Prognosen weisen keinen zeitlichen Bezugspunkt auf. Lediglich ca. 3% weisen den zu der damaligen Zeit bereits als angemessen erachteten Zeithorizont von zwei Jahren auf.[334] Ebenso findet sich in keinem der Berichtswerke ein umfassendes Prognoseberichtssystem, wie Plan-Bilanz oder Plan-Kapitalflussrechnung.

Dass sich das Berichtsverhalten auch einige Jahre nach der Implementierung der neuen Vorschriften nicht merklich änderte, zeigt *Sorg* (1994).[335] Wie bereits zuvor stehen die zukünftige Ertragslage und die Geschäftsentwicklung im Mittelpunkt der zukunftsgerichteten Berichterstattung. Beachtlich ist, dass die zuvor als sehr vage wahrgenommenen Informationen weiter an Präzision verlieren. So machen allgemeine und qualitative Aussagen zusammen mehr als drei Viertel aller identifizierten Prognosen aus. Auch hinsichtlich des Bezugszeitraums hat sich die Berichtserstattung tendenziell weiter verschlechtert, da sich nun lediglich etwa 1% der Aussagen auf Zeithorizonte zwischen einem und zwei Jahren beziehen, während ca. 82% maximal ein Jahr umfassen und ca. 16% jeglichen zeitlichen Bezugsrahmen vermissen lassen. Als ebenso ungenügend erachtet *Sorg*, dass bei drei Viertel der Aussagen keinerlei Informationen über zugrundeliegende Annahmen oder Randbedingungen publiziert werden und der Erklärungsgrad der Prognosen somit sehr gering ausfällt.

*Krumbholz* (1994), der die Qualität einzelner Lageberichtsbestandteile im Rahmen des „Wettbewerbs um den besten Geschäftsbericht" mit Hilfe eines Scoring-Modells bewertetet, kommt zu dem Ergebnis, dass viele Unternehmen überhaupt keine oder lediglich verbale Prognosen zu grundsätzlich prognosepflichtigen

333 Vgl. im Folgenden *Sorg* (1988), S. 381ff.

334 Vgl. *Bechtel/Köster/Steenken* (1976), S. 211.

335 Vgl. im Folgenden *Sorg* (1994), S. 1962ff.

Sachverhalten abgeben.[336] Zudem wird überwiegend weder über die Reichweite der Prognosen noch über die Prämissen berichtet. Prognosen über die erwartete Branchensituation oder geplante Investitionen finden sich nur in etwa jedem dritten Prognosebericht. Aufgrund der hohen Relevanz dieser Informationen für die *Financial Community*, gelangt der Autor zu dem Urteil, dass die analysierten Prognoseberichte kaum in der Lage seien, den Berichtsadressaten als Informationsgrundlage bei Dispositionen zu helfen.[337] So verwundert es nicht, dass den Prognoseberichten lediglich ein durchschnittlicher Qualitätswert von nur ca. 13% zugeordnet wird, womit der Prognosebericht als schwächster Lageberichtsbestandteil gilt. *Baetge/Armeloh/Schulze* (1997), die sich methodisch an die Untersuchung von *Krumbholz* (1994) anlehnen, kommen für eine wesentlich umfangreichere Stichprobe zu dem Ergebnis, dass lediglich 3 der 414 im Rahmen der Analyse untersuchten Abschlüsse eine zumindest „ausreichende" Qualität hinsichtlich ihrer Prognoseberichte attestiert werden kann.[338] Ansonsten müssen die Autoren konstatieren, dass der Prognosebericht unter den Lageberichtsbestandteilen die vergleichsweise größten Mängel aufweist. Falls überhaupt Aussagen zur erwarteten zukünftigen Unternehmensentwicklung getroffen werden, sind diese meist global gehalten und auf einen kurzen Zeitraum von bis zu einem Jahr bezogen. Zudem wird bemängelt, dass dementsprechende Aussagen nur selten mit Annahmen hinterlegt oder durch mögliche Szenarien begründet werden. Zudem erfolgt die Darstellung grundsätzlich qualitativ ohne die Angabe konkreter Zahlenwerte.

Mit dem einleitenden Urteil „*Das Ergebnis ist so ernüchternd, wie zu befürchten war*"[339] lässt *Ballwieser* (1997) im Rahmen einer Inhaltsanalyse der Lageberichte in Bezug auf die Berichterstattung über die voraussichtliche Entwicklung kein gutes Haar am Publizitätsverhalten der in die Untersuchung einbezogenen DAX 30-Unternehmen.[340] Immerhin werden bei fünf der Gesellschaften Umsatz- und Ergebniserwartungen quantifiziert und bei weiteren 15 Unternehmen werden komparative Prognosen zu diesen Prognosesachverhalten abgegeben. Dies stellt ein im Vergleich zu vorangegangenen Studien deutlich verbessertes Bild dar und dürfte wohl durch die Sampleauswahl getrieben sein. Dennoch wird kritisiert, dass der Planungshorizont bei diesen Aussagen häufig nicht erkennbar ist. Bei

---

336 Vgl. im Folgenden *Krumbholz* (1994), S. 233ff.

337 Siehe hierzu die Befunde von *Krumbholz* (1994) in Kapitel 4.2.1 zur Relevanz einzelner Prognosegegenstände für Wertpapieranalysten.

338 Vgl. im Folgenden *Baetge/Armeloh/Schulze* (1997), S. 212ff.

339 *Ballwieser* (1997), S. 172.

340 Vgl. In Folgenden *Ballwieser* (1997), S. 172ff.

der beispielhaften Darstellung einiger Aussagen wird schnell deutlich, dass auch die Berichterstattung der damaligen DAX-Unternehmen sehr heterogen ausfiel. So reichen die dargebotenen Informationen von vagen Aussagen wie *„Preussag sieht dem neuen Jahr zuversichtlich entgegen.“* bis zu konkreten Quantifizierungen wie *„Bayer berichtet als Umsatzplanziffer für 1996 47 Mrd. DM und erwartet eine Steigerung des Ergebnisses vor Ertragssteuern um rd. 10%.“*[341]

Ähnlich lautet auch das Fazit von *Küting/Heiden* (2002), die die Informationsqualität der Lageberichte deutscher börsennotierter Unternehmen in den Jahren 2000 und 2001 analysieren.[342] Sie kommen zu dem Schluss, dass die Prognoseberichte lediglich oberflächliche Informationen bereithalten und daher das Studium weiterer Quellen erforderlich machen. Die zwischen den Jahren identifizierten Verbesserungen sind den Autoren zufolge auf ein Mehr an qualitativen Angaben und weniger auf eine präzisere Berichterstattung zurückzuführen. Erwähnenswert ist, dass Unternehmen aus untergeordneten Indizes bzgl. des Informationsgehalts der Berichte zu den DAX-Unternehmen aufschließen konnten und wie im Falle der MDAX-Unternehmen über eine Prognoseberichterstattung auf qualitativ gleich hohem Niveau verfügen. *Küting/Heiden* stellen darüber hinaus fest, dass die angewendeten Rechnungslegungsstandards keinen Einfluss auf die Berichtsqualität zu haben scheinen.

Mit dem 2004 verabschiedeten BilReG wurde das deutsche Bilanzrecht als Reaktion auf die EU-Modernisierungsrichtlinie 2003/51/EG sowie auf die Fair-Value-Richtlinie 2001/65/EG umfassend modernisiert. Mit der Neufassung treten umfangreiche Veränderungen in der Lageberichterstattung in Kraft, die u.a. eine deutliche Aufwertung der Berichtspflichten im Bereich der zukunftsorientierten Berichterstattung vorsehen. Gleichzeitig konkretisiert die Interpretation des DRS 15 ab dem Berichtsjahr 2005 die nach wie vor wenig konkret ausformulierten gesetzlichen Vorschriften in formaler und inhaltlicher Hinsicht. Inwiefern diese neuen Regeln zu einer signifikanten Ausweitung der Lageberichtspublizität geführt haben, untersuchen *Schmidt/Wulbrand* (2007) in Anlehnung an *Küting/Heiden* (2002) anhand eines feingliedrigen Kriterienkatalogs, der die im DRS 15 genannten Berichtsanforderungen in einem 105 Einzelkriterien umfassenden Erhebungsraster erfasst.[343] Die Verfasser kommen zu dem Ergebnis, dass sich die Berichtspraxis im Untersuchungszeitraum deutlich verbessert hat. So sind die publizierten prospektiven Informationen deutlich umfangreicher und zudem

341 *Ballwieser* (1997), S. 172f. entnommen aus den Lageberichten der jeweiligen Gesellschaften.

342 Vgl. im Folgenden *Küting/Heiden* (2002), S. 933ff.

343 Vgl. im Folgenden *Schmidt/Wulbrand* (2007), S. 417ff.

präziser formuliert als in der Vergangenheit. Umfasste ein durchschnittlicher Prognosebericht eines DAX-Unternehmens im Jahr 2003 noch ca. 55 Sätze, so sind es im Jahr 2005 bereits knapp 90 Sätze. Der recht hohe Anteil von Punktprognosen ist insb. auf die Ausweitung der Berichterstattung über die Erwartungen der Unternehmensleitung zu der gesamtwirtschaftlichen und branchenmäßigen Entwicklung zurückzuführen, bei der sich die Unternehmen oftmals auf die Aussagen von Wirtschaftsforschungsinstituten berufen. Beachtlich ist die deutliche Ausweitung von Intervallprognosen, gerade bei der Darstellung der Erwartungen zur zukünftigen Ertragslage. Über alle Prognosesachverhalte hinweg konnte eine Ausweitung ihres Anteils von 18,0% auf 30,6% festgestellt werden, in erster Linie durch eine anteilsmäßige Reduktion nicht zu klassifizierender allgemeiner Aussagen. Auch wenn die Autoren weiterhin die Kurzfristigkeit der Prognosen bemängeln, so ist auch hier in der vermehrten Publikation von Prognosen mit zumindest zweijährigem Horizont eine Tendenz zu einer höherwertigen Berichterstattung zu erkennen.

Mit *Pellens/Nölte/Berger* (2007) geht die erste Studie zu Managementprognosen hierzulande der Frage nach, inwiefern die abgegebenen Prognosen zu wesentlichen Erfolgsgrößen mit den letztendlich realisierten Werten korrespondieren.[344] Dieser Fragestellung messen laut einer Umfrage von *Prigge* (2006) Privataktionäre und Kapitalmarktexperten eine hohe Bedeutung bei, um die Qualität der Gewinneinschätzungen des Unternehmens in der Vergangenheit verifizieren zu können.[345] Hierzu wurden sämtliche Prognoseaussagen aus dem Archiv des Handelsblatts entnommen, die zum Zeitpunkt der Bilanzpressekonferenz und der Vorstellung der drei folgenden Quartalsberichte zu finden waren. Die Größen Jahresüberschuss (22%) und operatives Ergebnis (19%) waren die am häufigsten prognostizierten Kennzahlen. Die Autoren gelangen zu dem Ergebnis, dass die Prognosen in lediglich etwa 40% der Fälle eingehalten werden, wobei sie im Falle einer Abweichung häufiger übertroffen als verfehlt werden, was auf eine gewisse Zurückhaltung bei der Prognosebekanntgabe seitens des Managements schließen lässt und mit dem Anreiz, die Kapitalmarkterwartungen bei Ergebnisbekanntgabe nicht enttäuschen zu wollen, begründet werden kann. Hierauf deutet auch der hohe Anteil von Minimumprognosen hin, die die häufigste Prognoseform darstellen und vom Unternehmen vergleichsweise leichter eingehalten werden können als etwa Punktprognosen.

---

344 Vgl. im Folgenden *Pellens/Nölte/Berger* (2007), S. 24ff.

345 Vgl. *Prigge* (2006), S. 128ff.

Inwiefern die 2008 ausgebrochene Finanz- und Wirtschaftskrise signifikante Auswirkungen auf die Unternehmensberichterstattung hatte, zeigen *Ruhwedel/Sellhorn/Lerchenmüller* (2009).[346] Die Autoren stellen fest, dass die Unternehmen des DAX-30 Umfang und Präzision ihrer zukunftsgerichteten Berichterstattung durch die aufgekommene hohe Unsicherheit hinsichtlich der gesamtwirtschaftlichen Entwicklung deutlich zurückgefahren haben. Zwar können die Autoren eine Ausweitung des durchschnittlichen Prognoseberichtsumfangs feststellen, dieser ist allerdings weniger auf die umfangreichere Darstellung unternehmensspezifischer Sachverhalte als vielmehr auf die Schilderung der Annahmen zur gesamtwirtschaftlichen und branchenweiten Entwicklung zurückzuführen. Wie die Autoren anführen, hatte offenbar keines der Unternehmen die Krise antizipiert, worauf die optimistischen Erwartungen in den Geschäftsberichten 2007 in Bezug auf die Entwicklung von Umsatz-, Ergebnis-, Mitarbeiter-, und Investitionskennziffern hindeuten. So zeigen die Aussagen, dass bspw. keines der Unternehmen zu diesem Zeitpunkt mit rückläufigen Umsatzerlösen rechnete. Im Folgejahr hingegen prognostiziert der Großteil der Unternehmen, der Angaben zur erwarteten Umsatzentwicklung macht, eine negative Entwicklung. Die Anzahl der Unternehmen, die für das Jahr 2008 eine Ergebnisprognose abgeben, ist rund ein Drittel geringer als noch im Vorjahr. Zudem ist der Anteil langfristiger und präzise quantifizierter Prognosen deutlich zurückgegangen. Ein ähnliches Bild zeigt sich auch bei den abgegebenen Umsatz- und Rentabilitätsprognosen, wobei letztere ohnehin Seltenheitswert haben. In das Gesamtbild einer über alle Jahre hinweg schwachen Prognoseberichtsqualität passt auch die Beobachtung, dass die Prognoseprämissen und die zugrundliegenden Prognoseverfahren relativ selten angegeben werden und mehrwertige Prognosen i.S.v. Szenarioanalysen fast gänzlich fehlen.

Die weitaus größere Datenbasis der Untersuchung von *Knauer/Wömpener* (2010) erlaubt, im Vergleich zu bis dato nach Implementierung des BilReG durchgeführten Studien, die Analyse von Branchen- und Indexunterschieden bei der Prognoseberichterstattung.[347] Es zeigt sich, dass der Umfang des Prognoseberichts mit abnehmender Marktkapitalisierung deutlich zurückgeht. Unternehmen aus den Sektoren „Utilities“ und „Basic Materials“, die den Umfang ihrer zukunftsbezogenen Berichterstattung im Betrachtungszeitraum besonders deutlich ausweiteten, prognostizieren deutlich mehr Kennzahlen als bspw. Unternehmen aus dem Bereich „Pharma & Healthcare“, auch wenn letztere zu

346 Vgl. im Folgenden *Ruhwedel/Sellhorn/Lerchenmüller* (2009), S. 1305ff.

347 Vgl. im Folgenden *Knauer/Wömpener* (2010), S. 84ff.

vergleichsweise präzisen Umsatzvorhersagen neigen, was den Autoren zufolge vor dem Hintergrund der Konjunkturunabhängigkeit dieser Branche auch plausibel erscheint. Insgesamt gibt ca. ein Viertel der Unternehmen quantifizierte Umsatz- und Ergebnisprognosen ab, wobei der Präzisionsgrad dieser beiden Kennzahlen in ca. 50% der Fälle identisch ist und in den übrigen Fällen ein leichter Überhang exakterer Umsatzprognosen gegenüber Ergebnisprognosen festgestellt werden kann. Neben dem Umfang der Berichterstattung nimmt auch der Bezugsrahmen mit sinkender Indexnotierung ab. Der Anteil von Unternehmen, die Prognosen mit einem Zeithorizont von mehr als einem Jahr abgeben, ist für Gesellschaften, die in keinem der bedeutenden Indizes HDAX oder SDAX gelistet sind, deutlich geringer als bei den Gesellschaften mit einer entsprechenden Indexnotierung. Die an *Pellens/Nölte/Berger* (2007) angelehnte Ermittlung der Treffgenauigkeit von Prognosen ergibt, dass die deutliche Mehrheit der Vorhersagen erfüllt wird. Im Gegensatz zu der vorherigen Untersuchung ergibt sich allerdings im Falle nicht erfüllter Prognosen ein Überhang von Prognosen, die die Erwartungen nicht erfüllen, was in Anbetracht der zu erwartenden Kapitalmarktreaktionen überrascht. Die Autoren führen dies auf das sich 2008 deutlich eintrübende gesamtwirtschaftliche Umfeld zurück. Unternehmen, die in keinem der genannten Indizes gelistet sind, verfehlen ihre Prognosen signifikant häufiger als Unternehmen des DAX oder MDAX. Insbesondere Unternehmen aus der wenig konjunktursensitiven Pharmabranche schaffen es auch im Krisenjahr 2008, ihre Prognosen zu erfüllen.

Das Prognoseberichterstattungsverhalten der kleineren Unternehmen aus der „zweiten Börsenreihe" steht im Fokus der Untersuchung von *Klein/Hartmann/Scherr* (2011).[348] Die Autoren bemängeln, dass eine Vielzahl der Unternehmen aus dem Entry Standard keine Aussagen zur gesamtwirtschaftlichen oder branchenmäßigen Entwicklung macht. Dies mag in Anbetracht der Krisendynamik, die im Betrachtungszeitpunkt vorherrschte, verwundern, da Informationen zu den Auswirkungen sich eintrübender Rahmenbedingungen auf die unternehmensspezifischen Prognosen für die Adressaten hochgradig relevante Informationen darstellen. Hingegen kommen knapp 90% der Unternehmen der Pflicht zur allgemeinen Einschätzung der künftigen Ertragslage nach, während ca. 70% ihre Erwartungen an die Umsatz- sowie Ergebnisentwicklung konkretisieren. Angaben zur künftigen Aufwandsentwicklung werden hingegen nur von jedem dritten Unternehmen publiziert. Die Prognosepräzision weicht dabei nur unwesentlich von derjenigen ab, die bei Unternehmen EU-regulierter Märkte,

348 Vgl. im Folgenden *Klein/Hartmann/Scherr* (2011), S. 143ff.

die bspw. Gegenstand der Untersuchung von *Knauer/Wömpener* (2010) sind, vorzufinden sind. Ebenso vergleichbar ist das Publizitätsverhalten in Bezug auf die Reichweite der Prognosen, die in etwa jedem zweiten Fall dem empfohlenen Zeithorizont von zwei Jahren entspricht. Auch wenn dies im Vergleich zu früheren Untersuchungen eine deutliche Verbesserung darstellt, so ist nach Ansicht der Autoren *„eine primär investororientierte Berichterstattung (…) damit nicht auszumachen.“*[349] Die Beurteilung der durchschnittlichen Prognoseberichtsqualität auf Basis eines Scoring-Modells, welches ähnlich wie frühere Untersuchungen auf den inhaltlichen Anforderungen des DRS 15 aufbaut, ergibt eine recht normalverteilte Punktwertzahl. Diese war bei der Analyse von *Baetge/Armeloh/Schulze* (1997) auf Basis eines vergleichbaren Bewertungssystems noch deutlich rechtsschief, auch wenn nach wie vor eine große Heterogenität im Berichtsverhalten zwischen den Unternehmen vorliegt.[350] Indes konnten die Autoren keinen wesentlichen Unterschied in der Berichtserstattung von einbezogenen Einzel- und Konzernunternehmen ausmachen.

Die Studie von *Barth/Beys* (2012) erlaubt eine umfassende Beurteilung der Entwicklung der Berichtsqualität seit Einführung des BilReG und DRS 15.[351] Die Autoren stellen fest, dass sich die Berichtsqualität der Prognoseberichte der HDAX- und SDAX-Unternehmen seit 2004 mit Ausnahme des Berichtsjahres 2008 nahezu kontinuierlich verbessert hat. Die Steigerung basiert gerade zuletzt in erster Linie auf einer Verbesserung der Berichtsqualität bei den Branchenaussichten und umfangreicheren Unternehmensprognosen. Umsatz- und Ergebnisprognosen sind die am häufigsten publizierten Prognosegegenstände, gefolgt von Prognosen zur Konjunktur- und Marktentwicklung sowie zur Investitionstätigkeit. So tätigten im Jahr 2011 98,2% der Unternehmen eine Aussage zur erwarteten Umsatzentwicklung, während immerhin noch 92,8% eine Aussage zur erwarteten Ergebnisentwicklung trafen. Informationen zum Liquiditätsbedarf, zur künftigen Auftragsentwicklung sowie Cash-Flow-Prognosen werden mehrheitlich vergebens gesucht, auch wenn eine zuvor von den Autoren durchgeführte Studie unter Berichtsadressaten ein besonderes Informationsinteresse in Bezug auf diese Aspekte ausmachen konnte.[352] Nach wie vor stellen die Autoren fest, dass den Vorgaben des DRS hinsichtlich des verwendeten Prognosehorizonts von mindestens zwei Jahren bei der Mehrzahl der Einzelprognosen nicht entsprochen wird. Zuletzt musste im Jahr 2011 eine Stagnation oder gar eine

---

349 *Klein/Hartmann/Scherr* (2011), S. 150.

350 Vgl. *Baetge/Armeloh/Schulze* (1997), S. 214.

351 Vgl. im Folgenden *Barth/Beys* (2012), S. 572ff.

352 Vgl. *Barth/Beys* (2010), S. 563.

Verschlechterung vereinzelter Qualitätsindikatoren festgestellt werden, bedingt durch die in diesem Berichtsjahr aufgekommene Staatschuldenkrise und dem damit einhergehenden Rückgang von Ergebnisprognosen. Zudem werden die Angaben zu den zugrundeliegenden Prognoseprämissen von den Autoren als nach wie vor unzureichend bezeichnet, da in nur etwa jedem zweiten Fall Prämissen und Einflussfaktoren der Prognosen genannt werden. Zudem herrscht nach wie vor eine große Heterogenität zwischen den Prognoseberichten einzelner Unternehmen.

In Anlehnung an die Studien von *Pellens/Nölte/Berger* (2007) und *Knauer/Wömpener* (2010) gehen *Pellens/Lehmann* (2012) in einem ersten Schritt der Frage nach, ob sich in Bezug auf das Prognoseverhalten der Unternehmen des HDAX systematische Verzerrungen, die durch ex post messbare Differenzen zwischen den eigenen Vorhersagen und den realisierten Ergebnissen quantifiziert werden, identifizieren lassen.[353] Anschließend analysieren sie, ob diese Verzerrungen mit den Einschätzungen von Finanzanalysten korrelieren. Es zeigt sich, dass die ausgewerteten Prognosen über den gesamten von 2006 bis 2010 reichenden Betrachtungszeitraum im Durchschnitt als zurückhaltend zu bezeichnen sind. So gelingt es den Unternehmen regelmäßig, ihre eigenen Vorhersagen zu übertreffen, was das Ergebnis von *Pellens/Nölte/Berger* (2007) bestätigt. Lediglich im Zeitraum 2008/2009 ist ein relativ exaktes Prognoseverhalten zu beobachten, was jedoch in Anbetracht des sich stark eintrübenden gesamtwirtschaftlichen Umfeldes weniger auf eine hohe Managementprognosequalität als vielmehr auf das Ausnutzen eines durch bewusst konservative Vorhersagen geschaffenen Prognosepuffers zurückzuführen sein dürfte. Dieser Puffer lässt die Prognosen im Nachhinein exakt erscheinen, was jedoch bei einem stabilen gesamtwirtschaftlichen Umfeld nicht der Fall gewesen wäre. Es scheint zudem, dass sich die Finanzanalysten an den Vorhersagen des Managements orientieren, da die Schätzfehler beider Gruppen eine starke Korrelation aufweisen. Beide Gruppen passen sich unterjährig über die einzelnen Berichtsquartale kontinuierlich aus dem pessimistischen Bereich kommend an das realisierte Ergebnis an. Dabei liegen die Schätzfehler von Management und Analysten jeweils auf ähnlich hohem Niveau, so dass in keinem der beiden Fälle von überlegenen Prognosen gesprochen werden kann. Da diese Befunde jedoch aufgrund der deskriptiven Auswertungsmethodik nur als indikativ zu bezeichnen sind, kann nicht von statistisch signifikanten Befunden gesprochen werden. Diese Thematik soll jedoch im empirischen Teil dieser Arbeit erneut aufgegriffen und auf statistische Signifikanz hin untersucht werden.

---

353 Vgl. im Folgenden *Pellens/Lehmann* (2012), S. 873ff.

Die durchgeführten Studien ermöglichen es, die Entwicklung der Prognoseberichterstattungspraxis über mehrere Dekaden und Rechtsregime hinweg zu analysieren. Die meisten der dargestellten Studien untersuchen die Quantität und Qualität des Berichtsveraltens auf Basis von Scoring-Modellen durch eine Gegenüberstellung von rechtlichen Anforderungen und deren konkreter Umsetzung in der Praxis. Alternative Beurteilungskriterien der einzelnen Studien schränken deren Vergleichbarkeit zwar ein, dennoch erlauben sie eine Identifikation von Tendenzen in der Berichterstattungspraxis.[354] Im Ergebnis wird den Unternehmen ein nach wie vor unzureichendes Berichterstattungsverhalten bescheinigt, wenngleich die Diskrepanz zwischen gesetzlichen Anforderungen und der unternehmensseitigen Umsetzung gerade mit der Konkretisierung durch das BilReG und DRS 15 deutlich abgenommen hat. Es muss jedoch konstatiert werden, dass die Unternehmen, die aufgrund auslegungsbedürftiger Rechtsnormen bestehenden diskretionären Spielräume oftmals für eine wenig aussagekräftige Prognoseberichterstattung nutzen. Dies lässt vermuten, dass Unternehmen nachteilige Konkurrenz- und Wettbewerbseffekte durch eine allzu detaillierte Informationsvermittlung höher gewichten als etwa den Abbau von Informationsasymmetrien zwischen Unternehmensleitung und Kapitalgebern und die damit einhergehende Reduktion von Kapitalkosten.[355] Somit scheint sich die von *Ballwieser* (2005) im Rahmen der Implementierung des BilReG geäußerte Vermutung einer persistenten Erwartungslücke zwischen adressatenseitiger Anforderung und praktischer Umsetzung zumindest in Teilen zu bestätigen.[356]

Der Vergleich mit den tatsächlich realisierten Ergebnissen dokumentiert ein tendenziell vorsichtiges Berichtsverhalten der Unternehmen. Jüngst sorgten die Verwerfungen rund um die Finanz- und Wirtschaftskrise und die Staatsschuldenkrise für große Unsicherheiten bei den Berichtserstellern, was sich in rückläufiger Qualität und Quantität der prospektiven Berichterstattung niederschlug. Diese externen Schocks verleiteten den Gesetzgeber zu einer Adjustierung der Anforderungen, aus der jüngst DRS 20 hervorging. Für viele Unternehmen dürften sich aus den neuen Vorgaben allerdings keine wesentlichen Veränderungen ergeben.[357] Vielmehr hat das DRSC die Vorgaben mit der jüngsten Neuausrichtung an die vorherrschende Berichterstattungspraxis angepasst.

354 Vgl. *Velte/Stiglbaur/Sepetauz* (2011), S. 160.
355 Vgl. *Velte/Stiglbaur/Sepetauz* (2011), S. 164
356 Vgl. *Ballwieser* (2005), S. 8.
357 Vgl. *Barth/Beys* (2012), S. 577.

*Tabelle 2: Ausgewählte Befunde deskriptiver Studien zur Prognoseberichterstattung*

| Quelle | Datenbasis | Wesentliche Ergebnisse |
|---|---|---|
| *Busse von Colbe* (1968) | 22 Unternehmen, 2.227 freiwillige Einzelprognosen aus Geschäftsberichten, Aktionärsbriefen und Zeitungen entnommen, 1962–1966, Deutschland | • Prognosen beziehen sich hauptsächlich auf die Variablen Umsatz, Investitionen und Jahresüberschuss.<br>• Prognosen überwiegend kurzfristig.<br>• Nur 12% der Prognosen entstammen dem Geschäftsbericht. |
| *Sorg* (1984) | 253 Unternehmen, 429 Einzelprognosen aus Geschäftsberichten entnommen, 1981, Deutschland | • Prognosen betreffen in erster Linie Absatzmengen, Umsatzerlöse, Ertragslage und Investitionen.<br>• Prognosen fast ausschließlich kurzfristig.<br>• Überwiegend qualitative und komparative Prognosen. |
| *Sorg* (1988) | 254 Unternehmen, 990 Einzelprognosen aus Geschäftsberichten entnommen, 1985, Deutschland | • Prognosen betreffen in erster Linie die Geschäftsentwicklung, Ertragslage sowie die Kapazitätsauslastung bzw. Beschäftigung.<br>• Prognosen fast ausschließlich kurzfristig.<br>• Überwiegend qualitative und komparative Prognosen. |
| *Sorg* (1994) | 285 Unternehmen, 1351 Einzelprognosen aus Geschäftsberichten entnommen, 1992, Deutschland | • Prognosen umfassen überwiegend Aussagen zur Ertrags- und Geschäftsentwicklung.<br>• Kaum quantifizierte Prognosen, die vornehmlich das laufende Geschäftsjahr betreffen.<br>• Annahmen oder Randbedingungen der Prognosen werden selten geschildert. |

| Quelle | Datenbasis | Wesentliche Ergebnisse |
|---|---|---|
| *Krumbholz* (1994) | 120 Unternehmen bzw. Prognoseberichte, 1990 bzw. 1990/91, Deutschland | • Prognoseberichte mit niedrigstem Qualitätsmittelwert aller Lageberichtsbestandteile.<br>• Mit Ausnahme der Prognosegegenstände Umsatz, Absatz und Ergebnis kommt mehr als die Hälfte der Unternehmen nicht über die niedrigste von zehn Qualitätsstufen hinaus. |
| *Baetge/Armeloh/ Schulze* (1997) | 500 Unternehmen, 1995, Deutschland | • Prognoseberichte bzgl. des Informationsgehaltes schwächster Lageberichtsteil.<br>• Durchschnittlich wurden lediglich 19,6 von 100 möglichen Qualitätspunkten erreicht.<br>• Prognosen i.d.R. qualitativ und kurzfristig. |
| *Ballwieser* (1997) | 30 Unternehmen, DAX, 1995 bzw. 1995/96, Deutschland | • Große Heterogenität in der Prognoseberichterstattung zwischen den DAX-Unternehmen.<br>• Quantifizierung von Umsatz- und Ergebniserwartungen unzureichend.<br>• Prognosehorizonte oftmals nicht erkennbar. |
| *Küting/Heiden* (2002) | DAX, MDAX, NEMAX, SMAX, 2000 und 2001, Deutschland | • Viele Pauschalaussagen zur zukünftigen Entwicklung.<br>• Kein Zusammenhang zwischen Informationsqualität in der Berichterstattung und Rechnungslegungssystem. |
| *Schmidt/Wulbrand* (2007) | 30 Unternehmen, DAX, 1.514 Einzelprognosen, 2003 bzw. 2002/03 und 2005 bzw. 2004/05, Deutschland | • Qualitätsniveau der Prognoseberichte deutlich gestiegen.<br>• Umfang der Berichterstattung und Präzision zeigen sich verbessert.<br>• Anteil von Prognosen mit einem Prognosehorizont von 2 Jahren hat signifikant zugenommen. |

| Quelle | Datenbasis | Wesentliche Ergebnisse |
|---|---|---|
| *Pellens/Nölte/ Berger* (2007) | 30 Unternehmen, DAX, 373 Ertragsprognosen aus Pressemitteilungen 2002–2005, Deutschland | • Jahresüberschuss und operatives Ergebnis stellen die mit Abstand am häufigsten prognostizierten Ertragskennzahlen dar.<br>• Durchschnittlich werden die Prognosen übertroffen.<br>• Minimum- und Punktprognosen sind die am häufigsten verwendete Prognoseform. |
| *Ruhwedel/Sellhorn/ Lerchenmüller* (2009) | 30 Unternehmen, DAX, 2006–2008, Deutschland | • Die Finanz- und Wirtschaftskrise führt zu einer deutlich schwächeren Prognoseberichtsqualität.<br>• Umfang, Präzision und Horizont der Prognosen sind rückläufig. |
| *Knauer/Wömpener* (2010) | 286 Unternehmen, Prime Standard, 2005–2008, Deutschland | • Umfang des Prognoseberichts erfährt im Untersuchungszeitraum deutliche Ausweitung.<br>• Qualität in der Berichterstattung korreliert positiv mit der Indexnotierung.<br>• Deutliche Unterschiede im Berichterstattungsverhalten zwischen Branchen. |
| *Klein/Hartmann/ Scherr* (2011) | 69 Unternehmen, Entry-Standard, 250 Einzelprognosen, 2008 bzw. 2008/09, Deutschland | • Berichterstattungsqualität der Unternehmen im Entry-Standard auf ähnlichem Niveau wie bei Prime Standard Unternehmen.<br>• Kaum Abweichungen der Berichterstattungsqualität zwischen Einzel- und Konzerngesellschaften. |
| *Barth/Beys* (2012) | 109 Unternehmen, HDAX und SDAX, 2004–2011, Deutschland | • Berichterstattungsverhalten hat sich seit 2004 mit Ausnahme von 2008 permanent verbessert.<br>• Ermittelter Qualitätsscore 2011 doppelt so hoch wie noch 2004.<br>• Umsatz und Ergebnis werden nahezu von jedem Unternehmen prognostiziert. |

| Quelle | Datenbasis | Wesentliche Ergebnisse |
|---|---|---|
| *Pellens/Lehmann* (2012) | 110 Unternehmen, HDAX, 3.013 Umsatz- und Ergebnisprognosen, 2006–2010, Deutschland | • Ergebnisprognosen des Managements sind ebenso wie die Schätzungen von Finanzanalysten durchschnittlich pessimistisch.<br>• Die Vorhersagen passen sich nahezu kontinuierlich an das realisierte Ergebnis an.<br>• Die Schätzfehler beider Gruppen weisen eine hohe Korrelation auf. |

## 4.2 Befunde zu Determinanten der Prognoseberichterstattungsqualität

Die deskriptiven Befunde zur Prognoseberichterstattungspraxis haben neben großen Diskrepanzen zwischen den Anforderungen und dem in der Praxis vorzufindenden Berichterstattungsverhalten der Unternehmen ebenso eine große Heterogenität der Prognoseberichtsqualität zwischen den Unternehmen aufgezeigt. In diesem Kapitel soll daher der Frage nachgegangen werden, welchen Einflussfaktoren in der empirischen Literatur Erklärungsgehalt in Bezug auf ein bestimmtes Publizitätsverhalten im Bereich der Prognoseberichterstattung zugeschrieben wird. Wie bereits von *Barth* (2009) angemerkt, ist die hiesige empirische Evidenz nach wie vor wenig umfangreich, so dass auch auf die Befunde internationaler Evidenzen, insbesondere aus der US-amerikanischen Literatur, zurückgegriffen wird.[358] Aufgrund der Freiwilligkeit zur Veröffentlichung konkreter zukunftsgerichteter Informationen stehen im Rahmen dieser internationalen Studien weniger die Qualität der Berichterstattung als vielmehr die Beeinflussungsfaktoren, die die Entscheidung zur freiwilligen Publizität tangieren, im Fokus.

*Wasser* (1977) untersucht in seiner Studie die Bestimmungsfaktoren freiwilliger Prognosepublizität.[359] Hierzu entwickelt er zunächst ein Scoring-Modell auf dessen Grundlage sich der Informationsgehalt von Prognosen quantifizieren lässt. Anschließend werden Faktoren identifiziert, die mit dem Ausmaß des Berichtsverhaltens über die erwartete Lage korrelieren. Es zeigte sich, dass die Größe einer Unternehmung gemessen an der Bilanzsumme, den Umsatzerlösen oder der Beschäftigtenzahl wesentlicher Treiber für das Ausmaß freiwilliger

358 Vgl. *Barth* (2009), S. 72.
359 Vgl. im Folgenden *Wasser* (1976), S. 62ff.

Prognosepublizität ist. Der Anzahl der Aktionäre wurde, bei isolierter Betrachtung ohne Rücksicht auf etwaige Korrelationen mit den zuvor beschriebenen Faktoren, ebenso Erklärungsgehalt zugeschrieben, was vom Autor mit einem stärkeren Informationsdruck durch Anteilseigner und Finanzanalysten erklärt wird. Dieser soll die verminderten individuellen Einwirkungsmöglichkeiten einzelner Unternehmensbeteiligter kompensieren. Ebenso kann der Autor einen Einfluss des Marktanteils sowie der Branchenzugehörigkeit auf das Ausmaß der freiwilligen Prognosepublizität feststellen. Der getestete Zusammenhang zwischen Umsatz- und Eigenkapitalrentabilität zeigte hingegen keinen ökonomisch signifikanten Erklärungsgehalt dieser Indikatoren auf.

Inwiefern das Publizitätsverhalten hinsichtlich einzelner Lageberichtsbestandteile von der Größe sowie der Börsennotierung eines Unternehmens beeinflusst wird, analysiert *Bauchowitz* (1979).[360] In Bezug auf Aussagen über die zukünftige Entwicklung des Unternehmens kann der Autor im Gegensatz zu *Wasser* (1977) zu den gewählten Untersuchungszeitpunkten 1968 und 1975 keine Korrelation zwischen den genannten Unternehmenscharakteristika und den Berichtsgepflogenheiten feststellen. *Wasser* beobachtet im Untersuchungszeitraum keinen signifikanten Wandel in der Berichterstattungspraxis: Allgemein ist die Berichterstattung zu den zukünftigen Chancen der Gesellschaft wenig konkret und ohne Angabe von zeitlichen Bezugspunkten. Am häufigsten, wenn auch nur in etwa jedem zehnten Lagebericht, finden sich Aussagen zur zukünftigen Entwicklung der Ertragslage. Erwähnenswert ist auch, dass zwei Drittel der Unternehmen gänzlich auf eine Darstellung der weiteren Chancen verzichten, mitunter weil sie sich nicht in der Lage sehen, entsprechende Prognosen zu stellen, so dass der Autor konstatieren muss, dass *„die Bemühungen um eine Prognosepublizität erst am Anfang stehen* (…).“[361]

Die Analyse von *Oberdörster* (2009) ergibt für den Prognosebericht gemessen an der inhaltlichen Aussagekraft den niedrigsten Qualitätswert unter allen Lageberichtsteilen.[362] Dieser Befund ist insofern dramatisch, als Privataktionäre und insb. Kapitalmarktexperten dem Prognosebericht eine sehr hohe relative Bedeutung im Vergleich zu anderen Lageberichtsteilen beimessen.[363] So ergibt die Analyse, dass vielen schlechten Prognoseberichten lediglich vereinzelte gute Berichte gegenüberstehen. Speziell angesichts der enormen Bedeutung dieser Berichtsteile für Kapitalgeber und Finanzanalysten verwundert dieses Ergebnis.

---

360 Vgl. im Folgenden *Bauchowitz* (1979), S. 170ff.

361 *Bauchowitz* (1979), S. 174.

362 Vgl. im Folgenden *Oberdörster* (2009), S. 100ff.

363 Vgl. *Prigge* (2006), S. 220.

Weniger verwunderlich ist auf den ersten Blick, dass zwischen HGB- und IFRS-Bilanzierern kein signifikanter Unterschied in den entsprechenden Qualitätsscores festgestellt werden kann, da die Unternehmen unabhängig von dem der Bilanz und der GuV zugrundeliegenden Rechnungslegungssystem ohnehin einen Lagebericht nach nationalen handelsrechtlichen Regeln aufzustellen haben. Wie bereits auf Grundlage der Ergebnisse der deskriptiven Studien vermutet werden konnte, ergibt sich für größere Unternehmen ein signifikant höherer Prognoseberichtsqualitätswert als für kleinere Unternehmen. Zudem weisen Unternehmen, deren Aktien zu einem großen Teil von Unternehmensinsidern gehalten werden, niedrigere Qualitätswerte auf als Unternehmen mit großem Streubesitz. Der Anreiz für eine hochqualitative Berichterstattung könnte hier geringer sein, da sich Insider anderer Informationsquellen bedienen können. Als Unternehmensinsider gelten dabei Mitglieder von Vorstand und Aufsichtsrat sowie deren unmittelbare Familienangehörige. Demgegenüber korreliert die Profitabilität eines Unternehmens positiv mit der ermittelten Qualität in der Prognosepublizität. Erstaunlich ist, dass die Autorin lediglich für ein Teilsample einen statistisch signifikant negativen Einfluss der Qualität der Prognoseberichterstattung auf den EPS-Prognosefehler von Analystenschätzungen feststellen kann. So führt eine qualitativ hochwertigere Prognoseberichterstattung lediglich bei Unternehmen mit geringer Analystencoverage und einer bereits ohnehin hochwertigen Berichterstattung zu einer signifikanten Reduktion des durchschnittlichen Analystenschätzfehlers.[364] Dass dies lediglich für ein untergeordnetes Unternehmenssample beobachtet werden kann, verwundert, da gerade die prospektiven Informationen im Prognosebericht die Planungsunsicherheit der Geschäftsberichtsadressaten reduzieren sollten.[365] Die auf diesen Ergebnissen aufsetzende Studie von *Glaum et al.* (2013) bestätigt die Befunde und stellt heraus, dass die Erklärungskraft der Qualität des Anhangs für den Schätzfehler von Analysten diejenige des Lageberichts übersteigt.[366]

*Nölte* (2009) geht der Frage nach, inwiefern bestimmte Unternehmenscharakteristika den Informationsgehalt von Managementprognosen beeinflussen. Der Informationsgehalt einer Prognose wurde dabei durch die Präzision in der Formulierung der Prognosesachverhalte operationalisiert. Es zeigt sich, dass Unternehmen des MDAX durchschnittlich präzisere Prognosen formulieren als DAX-30-Unternehmen. Punktprognosen sind die am häufigsten verwendete

---

364 Vgl. *Oberdörster* (2009), S. 195f.

365 Vgl. *Oberdörster* (2009), S. 193.

366 Vgl. *Glaum et al.* (2013), S. 79.

Präzisionsform, gefolgt von Minimum- und Intervallprognosen. Es zeigt sich, dass Unternehmen vergleichsweise präzisere Prognosen abgeben, wenn sie über einen relativ geringen Anteil immaterieller Vermögenswerte, eine geringe Marktkapitalisierung, einen hohen Bedarf an externer Finanzierung sowie ein hohes Marktwert/Buchwert-Verhältnis verfügen. Die Ergebnisvolatilität der Vorjahre korreliert hingegen negativ mit der Formulierungsgenauigkeit der Prognosen. Zuvor hatten bereits *Baginski/Hassel* (1997) Determinanten identifiziert, die die Präzision bei der Abgabe freiwilliger Managementprognosen beeinflussen. So stellen die Autoren fest, dass die Prognosen tendenziell konkreter formuliert werden, je näher das Geschäftsjahresende rückt. Ebenso wirkt die Anzahl der beobachtenden Analysten positiv auf die Prognosepräzision. Ohne signifikanten Einfluss auf die Präzision ist die zugrundeliegende inhaltliche Aussage der Prognose, klassifiziert als *good news* bzw. *bad news*. So hatten die Autoren argumentiert, dass schlechte Nachrichten ggf. vager formuliert sind, da vorherige Untersuchungen zeigen, dass die Kapitalmarktreaktionen auf unpräzisere Informationen geringer ausfallen. Entsprechend wäre mit der Art der Formulierung eine Möglichkeit für das Management verbunden, diesbezügliche Reaktionen zu dämpfen.[367] Hingegen übt die Größe eines Unternehmens einen signifikant negativen Einfluss auf die Genauigkeit der Formulierung der Managementprognose aus, was vor dem Hintergrund der starken Korrelation der Anzahl der covernden Analysten mit der Unternehmensgröße verwundert. Demgegenüber kommen *Kent/Ung* (2005) für ein australisches Unternehmenssample zu dem Ergebnis, dass größere Unternehmen unabhängig vom Grad der Präzision dazu tendieren, überhaupt auf freiwilliger Basis Aussagen zur erwarteten Ertragssituation zu treffen. Hohe Ergebnisvolatilität in der Vergangenheit eines Unternehmens sorgt hingegen dafür, dass sich die Unternehmensleitung überdurchschnittlich häufig mit freiwilligen Ergebnisprognosen zurückhält. Insgesamt sind die vorgefundenen Prognosen ohnehin sehr vage formuliert und nur in Ausnahmefällen mittels Punktwerten quantifiziert. Mehr als die Hälfte der analysierten Geschäftsberichte beinhaltet keinerlei zukunftsgerichtete Informationen.

Die von *Nölte* (2009) verfolgte Fragestellung lässt sich ebenso auf die Analyse der ex post beobachtbaren Präzision von Managementprognosen, d.h. deren Treffgenauigkeit, übertragen. Wie *Pellens/Nölte/Berger* (2007) und *Pellens/Lehmann* (2012) feststellen, ergibt sich für das zugrundliegende Unternehmenssample der DAX-Unternehmen ein im Durchschnitt eher pessimistisches Berichtsverhalten mit zurückhaltenden Prognosen. *Knauer/Wömpener* (2012)

367 Vgl. *Baginski/Conrad/Hassell* (1993), S. 913ff.

identifizieren daran anknüpfend erstmalig für ein deutsches Sample unternehmensspezifische Einflussfaktoren, die ein derartiges pessimistisches Prognoseverhalten von Unternehmen erklären können.[368] Zunächst stellen die Autoren fest, dass die Unternehmensprognosen im Untersuchungszeitraum anders als bei *Pellens/Nölte/Berger* (2007) über den gesamten Untersuchungszeitraum im Durchschnitt zwar mehrheitlich über den erzielten Ergebnissen lagen, dies allerdings auf die besondere Situation im Berichtsjahr 2008 zurückzuführen sei, in welchem sich das gesamtwirtschaftliche Umfeld für viele Unternehmen unvorhersehbar drastisch eintrübte und die zu Beginn des Geschäftsjahres abgegebenen Prognosen im Nachhinein als überzogen optimistisch erscheinen ließen. Die Streuung der Prognosefehler, die sich aus der Differenz von prognostiziertem und realisiertem Wert ergeben, zeigt hierbei eine große Heterogenität im Prognoseverhalten zwischen den Unternehmen auf. Ergebnisse der multivariaten Regression zeigen, dass zwischen dem vergangenen Erfolg eines Unternehmens, gemessen an der Gesamtkapitalrendite, und dem Prognosefehler ein negativer Zusammenhang besteht. Unternehmen, die in der Vergangenheit hohe Renditen realisierten, zeigen demnach eine gewisse Zurückhaltung in ihren Vorhersagen, was von den Autoren darauf zurückgeführt wird, dass erfolgreiche Unternehmen einem höheren Prognosedruck seitens des Kapitalmarktes unterliegen. Diesem könnte unternehmensseitig mit zurückhaltenden Prognosen begegnet werden, um die Erwartungen zu dämpfen.[369] Folgerichtig korreliert die Anzahl der covernden Analysten eines Unternehmens positiv mit pessimistisch verzerrten Vorhersagen. Von der Volatilität der Vorjahresergebnisse, die bereits bei *Nölte* (2009) als Maß für die Prognoseunsicherheit fungiert hatte, geht ein negativer Einfluss auf den Prognosefehler aus. Ebenso neigen Gesellschaften, bei denen ein vergleichsweise hoher Anteil der ausstehenden Aktien durch sog. Unternehmensinsider, d.h. Familien oder Management, gehalten wird, zu konservativen Ergebnisvorhersagen. Dies wird von den Autoren dadurch begründet, dass vor dem Hintergrund etwaiger Wettbewerbskosten, die durch realistische oder optimistische Einschätzungen entstehen können, vorzugsweise private Informationskanäle genutzt werden. Demgegenüber zeigen *Ajinkya/Bhojraj/Sengupta* (2005), dass Unternehmen, deren Anteile überwiegend von institutionellen Investoren gehalten werden und zudem von externen Managern geleitet werden, häufiger, präziser und zudem weniger optimistisch prognostizieren als

368 Vgl. im Folgenden *Knauer/Wömpener* (2012), S. 115ff.

369 Vgl. hierzu die Ausführungen zum *"Earnings Game"* in Kapitel 5.3.4.

der Durchschnitt.[370] Für Unternehmen, an die gemessen am Marktwert/Buchwert-Verhältnis eine hohe Wachstumserwartung gestellt wird, zeigt die Analyse eine positive Korrelation. Diese Unternehmen wollen den hohen Erwartungen mit tendenziell optimistischen Prognosen gerecht werden. *Ota* (2011) kann unter Zugrundelegung eines japanischen Unternehmenssamples beobachten, dass vergleichsweise kleine Unternehmen mit hohem Verschuldungsgrad und schlechter Ertragslage dazu tendieren, optimistische Prognosen abzugeben. Zudem ist es umso wahrscheinlicher, dass Unternehmen optimistisch verzerrte Prognosen abgeben, falls sie dies auch in der Vergangenheit getan haben. Hingegen veröffentlichen Unternehmen mit hohem Umsatzwachstum und geringem Marktwert/Buchwert-Verhältnis konservativere Prognosen. *Ota* kann aufzeigen, dass sich Finanzanalysten der Wirkung dieser Einflussfaktoren bzw. gewisser Prognosetrends sehr wohl bewusst sind und entsprechende Verzerrungen bereits eigenständig in ihren individuellen Schätzungen berücksichtigen. Dies zeigt die im Durchschnitt geringere Abweichung zwischen prognostiziertem und realisiertem Ergebnis der Finanzanalysten bei denjenigen Unternehmen, deren eigene Schätzungen durch Optimismus geprägt sind. Diese Befunde decken sich mit der Untersuchung von *Kato/Skinner/Kunimura* (2009), die im Durchschnitt ebenfalls optimistisch verzerrte Prognosen identifizieren, wobei dies insb. für Unternehmen mit schwacher Performance gilt. Insbesondere zeigt die Persistenz der Verzerrungen, dass Reputationsmechanismen allein keinen ausreichenden Anreiz für eine verzerrungsfreie Prognose der künftigen Unternehmensperformance bieten, so die Autoren.[371]

*Tabelle 3: Ausgewählte Befunde zu den Determinanten von Managementprognosen*

| Quelle | Datenbasis | Wesentliche Ergebnisse |
|---|---|---|
| *Wasser* (1977) | 100 Unternehmen, Einzelprognosen entnommen aus Geschäftsberichten und Pressemitteilungen, 1969–1971, Deutschland | • Das Ausmaß an freiwilliger Prognosepublizität korreliert positiv mit der Unternehmensgröße, der Aktionärsanzahl und dem Marktanteil.<br>• Branchenzugehörigkeit ebenso mit Erklärungsgehalt.<br>• Kein signifikanter Einfluss der getesteten Ertragskraftindikatoren. |

370 Vgl. *Ajinkya/Bhojraj/Sengupta* (2005), S. 343ff.

371 Vgl. *Kato/Skinner/Kunimura* (2009), S. 1575ff.

| Quelle | Datenbasis | Wesentliche Ergebnisse |
|---|---|---|
| *Bauchowitz* (1979) | 124 Unternehmen, einzelne Lageberichtsteile, 1968 und 1975, Deutschland | • Nur ca. ein Drittel der Unternehmen berichtet über zukünftige Chancen.<br>• Prognostische Informationen hauptsächlich qualitativer Natur.<br>• Kein Zusammenhang zwischen Berichtsverhalten und Größe bzw. Börsennotierung der Unternehmen. |
| *Baginski/Hassell* (1997) | 694 Unternehmen, 1.212 freiwillige Einzelprognosen, 1983–1986, USA | • Unternehmen, die von vergleichsweise vielen Analysten gecovert werden, geben präzisere Prognosen ab.<br>• Unternehmensgröße und Prognosehorizont mit negativem Einfluss auf die Prognosepräzision.<br>• Prognoseinhalt (*good news/bad news*) ohne signifikanten Einfluss auf Präzision. |
| *Kent/Ung* (2003) | 67 Unternehmen, freiwillige Einzelprognosen, 1991 und 1992, Australien | • Knapp die Hälfte der Geschäftsberichte beinhaltete keine zukunftsgerichteten Informationen.<br>• Unternehmensgröße wirkt positiv auf die Wahrscheinlichkeit der Bereitstellung prospektiver Informationen.<br>• Unternehmen mit hoher Ergebnisvolatilität veröffentlichen seltener Ergebnisprognosen. |
| *Ajinkya/ Bhojraj/ Sengupta* (2005) | 2.934 EPS-Prognosen, 1997–2002, USA | • Der Anteil von institutionellen Investoren und externen Managern erhöht die Wahrscheinlichkeit der Veröffentlichung freiwilliger Managementprognosen.<br>• Diese sind zudem präzisier formuliert und treffgenauer. |
| *Nölte* (2009) | 125 Unternehmen, DAX und MDAX, 1.442 Einzelprognosen aus Pressemitteilungen, 2002–2005, Deutschland | • MDAX-Unternehmen prognostizieren präziser als DAX-Unternehmen.<br>• Anteil des immateriellen Vermögens, Marktkapitalisierung, Ergebnisvolatilität korrelieren negativ mit Prognosepräzision.<br>• Bedarf an externer Finanzierung korreliert positiv mit der Prognosepräzision. |

| Quelle | Datenbasis | Wesentliche Ergebnisse |
|---|---|---|
| *Oberdörster* (2009) | 1.883 Prognoseberichte, 1997–2005, Deutschland | • Inhaltliche Aussagekraft beim Prognosebericht so gering wie bei keinem anderen Lageberichtsteil, allerdings mit positiver Tendenz.<br>• Prognoseberichtsqualität korreliert positiv mit Unternehmensgröße, hoher Profitabilität und negativ mit der Anteilsquote von Unternehmensinsidern.<br>• Prognoseberichtsqualität leistet keinen statistisch signifikanten Erklärungsgehalt für den EPS-Prognosefehler von Finanzanalysten. |
| *Kato/Skinner/ Kunimura* (2009) | 38.068 Einzelprognosen, 1997–2007, Japan | • Managementprognosen sind im Durchschnitt zu optimistisch.<br>• Optimismus bei Unternehmen mit schlechter Performance, höherem Insideranteil und kleineren Firmen ausgeprägter.<br>• Verzerrungen sind im Zeitablauf persistent. |
| *Ota* (2011) | 36.063 Einzelprognosen, 1979–2005, Japan | • Firmen mit hohem Verschuldungsgrad, Verlusten, geringer Marktkapitalisierung prognostizieren zu optimistisch.<br>• Analysten berücksichtigen den Einfluss dieser Faktoren in ihren Schätzungen. |
| *Knauer/ Wömpener* (2012) | Prime Standard, 268 Unternehmen, 138 Ergebnispunktprognosen, 2006–2008, Deutschland | • Jeweils ca. die Hälfte der Prognosen im Untersuchungszeitraum wird verfehlt bzw. übertroffen.<br>• Vergangener Unternehmenserfolg, Ergebnisvolatilität, Anzahl der Analysten, Anteil von Unternehmensinsidern korreliert negativ mit dem Prognosefehler.<br>• Hohe Wachstumserwartungen führen hingegen zu optimistischen Prognosen. |

## 4.3 Befunde zu Kapitalmarktreaktionen auf Managementprognosen

Die zuvor diskutierten Studien untersuchen sowohl den Status quo der Prognoseberichterstattung als auch die Determinanten von Managementprognosen. Im folgenden Abschnitt soll die Fragestellung umgekehrt werden: In den Fokus rückt daher der Erklärungsbeitrag von Managementprognosen in Bezug auf Kapitalmarkteffekte, da die Bereitstellung von prospektiven Informationen, sofern sie den Informationsstand des Adressaten tangieren, umgehend auf die Zahlungsbereitschaft wirkt und somit die Preisbildung am Aktienmarkt beeinflussen kann.

Da Studien zu den Kapitalmarkteffekten von Managementprognosen sowohl in Deutschland als auch im gesamten europäischen Raum rar sind und entsprechende repräsentative Ergebnisse weitestgehend fehlen[372], muss bei der Diskussion der bisherigen empirischen Evidenz zu den Kapitalmarktreaktionen von Managementprognosen größtenteils auf die Befunde US-amerikanischer Studien abgestellt werden. Die Wertrelevanz von Rechnungslegungsinformationen wurde hierzulande zumeist auf Basis der primär vergangenheitsorientierten Jahresabschlusspublizität untersucht.[373] Mit *Barth* (2009) und *Knauer/Ledwig/Wömpener* (2012) existieren nach dem Kenntnisstand des Autors bis dato lediglich zwei deutsche Forschungsarbeiten, die explizit der Frage nachgehen, inwiefern die Veröffentlichung von prospektiven Informationen bzw. deren nachträgliche Revision zu unmittelbaren Aktienkursreaktionen führt.

Bereits *Foster* (1973) kann die Wertrelevanz kurzfristiger Management-EPS-Prognosen nachweisen. So zeigen seine Untersuchungen auf Einzelinvestor- sowie auf Gesamtmarktebene, dass die Kapitalmarktteilnehmer kurzfristigen EPS-Prognosen, die zwischen Geschäftsjahresende und Veröffentlichung des Geschäftsberichts abgegeben wurden, einen Informationsgehalt beimessen, da auf die Bekanntgabe derartiger Prognosen signifikante Reaktionen des Handelsvolumens und des Aktienkurses folgen.[374] Die Untersuchungen von *Patell* (1976), *Penman* (1980) und *Waymire* (1984), die ebenso wie *Foster* (1984) auf freiwillige Managementprognosen zurückgreifen, bestätigen diese Befunde für größere Unternehmensstichproben durch die Identifikation von abnormalen

---

372 Vgl. *Knauer/Wömpener* (2011), S. 489; *Barth* (2009), S. 79 und 82.

373 Für eine Übersicht über die Ergebnisse verschiedener Ereignisstudien, die die Wertrelevanz von primär vergangenheitsorientierten Jahresabschlussinformationen analysieren siehe *Barth* (2009), 75ff.

374 Vgl. *Foster* (1973), S. 25ff.

Renditen im Rahmen der Veröffentlichung von Managementprognosen.[375] *Waymire* (1984) zeigt, dass die Kapitalmarktreaktion mit zunehmender Abweichung der Managementprognose von der Markterwartung steigt, wobei letztere durch die Konsensusschätzung von Finanzanalysten kurz vor Veröffentlichung der Prognose operationalisiert wurde. Die Kapitalmarktteilnehmer messen demnach den eigentlichen Prognoseinhalten einen größeren Informationsgehalt bei als der Entscheidung zur freiwilligen Prognoseveröffentlichung an sich.[376] Die aufgezeigten Studien kommen somit unabhängig von dem Betrachtungszeitraum und der Methodik zur Bestimmung der jeweiligen Marktrenditen allesamt zu dem Ergebnis, dass freiwillige Managementprognosen einen Informationsgehalt für die Investoren besitzen.[377] *Pownall/Waymire* (1989) finden Hinweise darauf, dass die Kapitalmarktreaktionen bei der Veröffentlichung freiwilliger Managementprognosen im Durchschnitt größer ausfallen als bei der Bekanntgabe von geprüften Jahresergebnissen, was die von den Autoren angeführte Hypothese widerlegt, dass letztere aufgrund ihrer Eigenschaft als testierte Jahresabschlussinformation eine höhere Glaubwürdigkeit und somit auch eine größere Kapitalmarktrelevanz hätten.[378] Allerdings kann dieser Befund in einer späteren Untersuchung nicht aufrechterhalten werden.[379]

Nachdem die Kapitalmarktrelevanz von freiwilligen Managementprognosen durch zahlreiche Studien belegt werden konnte, haben sich weiterführende Untersuchungen mit der Frage nach der Abhängigkeit der zu beobachtenden Kapitalmarktwirkung von den spezifischen Eigenschaften der Prognose sowie des Prognoseerstellers auseinandergesetzt.[380] Die Ergebnisse hierzu sind vielfältig und differenziert. So können *Pownall/Wasley/Waymire* (1993) und *Atiase et al.* (2005), die den Einfluss der Prognosepräzision auf die Investorenreaktion untersuchen, keine signifikanten Unterschiede hinsichtlich der zu beobachtenden Kapitalmarkteffekte zwischen Punktprognosen und anderen weniger präzisen Formulierungsarten feststellen.[381] *Pownall/Wasley/Waymire* (1993) zeigen zudem auf, dass Kapitalmarktteilnehmer kurzfristigen Prognosen des Quartalsergebnisses offenbar eine höhere Relevanz beimessen als Einschätzungen der Unternehmensleitung zum Jahresergebnis. Demgegenüber können *Baginski/*

375 Vgl. *Patell* (1976), S. 246ff.
376 Vgl. *Waymire* (1984), S. 704f.
377 Alle Studien bedienen sich dabei dem Wall Street Journal als Informationsquelle.
378 Vgl. *Pownall/Waymire* (1989), S. 227ff.
379 Vgl. *Pownall/Wasley/Waymire* (1993), S. 896ff.
380 Vgl. *Hirst/Koonce/Venkataraman* (2008), S. 329.
381 Vgl. *Pownall/Wasley/Waymire* (1993), S. 896ff.; *Atiase et al.* (2005), S. 522.

*Conrad/Hassell* (1993) sowohl für Quartals- als auch für Jahresprognosen eine nachlassende Kapitalmarktreaktion mit geringerer Prognosepräzision beobachten. Zudem scheint die Reaktion von Finanzanalysten mit der Präzision der Managementprognosen zu variieren. So nimmt die Varianz in den Einschätzungen einzelner Finanzanalysten ab, wenn das Management die Prognosen durch engere Prognoseintervalle präzisiert, was die Relevanz freiwilliger Prognosen für Finanzintermediäre verdeutlicht.[382] *Han/Tan* (2010) erweitern diese Fragestellung, indem sie explizit berücksichtigen, in welcher Form (*long* vs. *short*) die Adressaten der Managementprognose bereits in der jeweiligen Aktie engagiert sind, was die Reaktion auf die Bekanntgabe neuer Informationen beeinflussen könnte.[383] Die experimentelle Studie kommt zum einen zu dem Ergebnis, dass positive Nachrichten von Aktionären, die *long*-Positionen der Aktie halten, zu höheren persönlichen EPS-Schätzungen führen als dies auf Seite von Leerverkäufern der Fall ist. Zudem führen Intervallprognosen im Vergleich zu Punktprognosen zu einem verstärkten Optimismus bei *long*-Investoren, während dieselbe Information in Form einer Intervallprognose bei *short*-Investoren zu einem im Vergleich zu Punktprognosen erhöhten Pessimismus führt. Dies verdeutlicht, dass die Form der Prognosepräzision einen Einfluss auf die Wahrnehmung bei Kapitalmarktteilnehmern hat, die Wirkung jedoch von der Art des jeweiligen Engagements abhängt. Tendenziell verstärken weniger präzise Formulierungen offenbar die eigene Einschätzung zur künftigen Unternehmensentwicklung.

*Hutton/Stocken* (2009) untersuchen den Einfluss der Managementreputation auf die Investorenreaktionen bei der Veröffentlichung von Einschätzungen der Unternehmensleitung zur voraussichtlichen Entwicklung.[384] Sie kommen zu dem Ergebnis, dass die Kapitalmarktreaktion bei Bekanntgabe zukunftsgerichteter Informationen in Abhängigkeit davon, wie exakt das Unternehmen in der Vergangenheit die eigenen Prognosen erfüllen konnte, variiert. Konnte das Management durch treffgenaue Vorhersagen in vorherigen Geschäftsjahren bereits eine gewisse Prognosereputation aufbauen, so reagieren die Kapitalmarktteilnehmer vergleichsweise sensitiv auf Gewinnprognosen. *Ng/Tuna/Verdi* (2012) zeigen, dass der Markt im Falle eines vergleichsweise glaubwürdigen Managements schneller auf neue Nachrichten reagiert, während sich der Aktienkurs im Fall zweifelhafter Prognosen verzögert an die neue Informationslage anpasst.[385]

382 Vgl. *Baginski/Conrad/Hassell* (1993), S. 913ff.

383 Vgl. *Han/Tan* (2010), S. 81ff.

384 Vgl. im Folgenden *Hutton/Stocken* (2009), S. 1ff.

385 Vgl. *Ng/Tuna/Verdi* (2012), S. 1ff.

*Hirst/Koonce/Miller* (1999) zeigen in einer experimentellen Studie, dass der von ihnen identifizierte Einfluss der Prognosepräzision auf den Informationsgehalt einer Vorhersage nur dann zum Tragen kommt, wenn das Management in den Vorjahren bereits durch treffgenaue Prognosen Vertrauen am Kapitalmarkt aufbauen konnte.[386] Positiv auf die Glaubwürdigkeit von Aussagen des Managements könnte ein schärferes Haftungsumfeld des Unternehmens wirken, wie *Knauer/Ledwig/Wömpener* (2012) argumentieren. So stellen sie für ein deutsches Unternehmenssample fest, dass die Veröffentlichung zukunftsgerichteter Informationen bei Unternehmen, die über ein Zweitlisiting an der *New York Stock Exchange* verfügen, bedingt durch das in den USA bei der Veröffentlichung von Prognosen vorherrschende höhere Haftungsrisiko, vergleichsweise größere Kapitalmarktreaktionen hervorruft.[387]

Hinsichtlich signifikanter Unterschiede in der Kapitalmarktrelevanz von Managementprognosen in Abhängigkeit vom konkreten Prognoseinhalt, können die beiden deutschen Studien von *Barth* (2009) und *Knauer/Ledwig/Wömpener* (2012) aufzeigen, dass der Kapitalmarkt sowohl im Rahmen der verpflichtenden Prognoseberichterstattung als auch bei der Veröffentlichung freiwilliger Managementprognosen, negativen Prognoseinhalten offenbar eine höhere Bedeutung beimisst als positiven. So sind die Kursabschläge bei negativen Prognoseabänderungen betragsmäßig weitaus größer als die Kursgewinne bei positiven Ankündigungen.[388] *Hutton/Miller/Skinner* (2003) zeigen für freiwillige Prognosen, dass negative Prognosen erwartungstreu zu negativen Kapitalmarktreaktionen führen, während gute Nachrichten nur dann zu Kurssteigerungen führen, wenn diese durch weiterführende Informationen ergänzt werden. Da die Skepsis der Informationsadressaten gegenüber positiven Vorhersagen offenbar höher ist[389], entscheiden sich Unternehmen im Rahmen der Veröffentlichung positiver Ausblicke im Vergleich zur Publikation negativer Einschätzungen signifikant häufiger dafür, erstere mit weiterführenden nachprüfbaren Informationen zu unterlegen, um die Glaubwürdigkeit der Nachrichten zu stärken und somit positive Kapitalmarktreaktionen zu begünstigen.[390] *Baginski/Hassell/Kimbrough* (2004) zeigen demgegenüber, dass es überwiegend negative Prognoseankündigungen sind, die mit weiterführenden Erklärungen unterlegt werden. Dies mag verwundern, da sie gleichermaßen

---

386 Vgl. *Hirst/Koonce/Miller* (1999), S. 101ff.

387 Vgl. *Knauer/Ledwig/Wömpener* (2012), S. 193.

388 Vgl. *Barth* (2009), S. 212ff.; *Knauer/Ledwig/Wömpener* (2012), S. 191ff.

389 Vgl. *Hirst/Koonce/Venkataraman* (2008), S. 329.

390 Vgl. *Hutton/Miller/Skinner* (2003), S. 867ff.

feststellen, dass die Kursreaktionen am Aktienmarkt im Falle der Bereitstellung von Informationen über weiterführende externe Einflussfaktoren steigen.[391] Die Unterschiede in den Kursreaktionen von positiven und negativen Nachrichten können ebenso von *Kothari/Li/Short* (2009) beobachtet werden, wobei die Autoren explizit den Einfluss der Menge an neuen Informationen berücksichtigen, der sich aus der Differenz von Managementprognose und Konsensusschätzung der Finanzanalysten ergibt.[392] Die Autoren identifizieren eine größere Informationsmenge bei negativen Nachrichten im Vergleich zu positiven Nachrichten. Diese größere Informationsdichte führt anschließend zu deutlicheren Reaktionen am Kapitalmarkt. Als Begründung für die unterschiedliche Informationsdichte der Nachrichten führen die Autoren an, dass Manager Anreize haben, negative Nachrichten über eine gewisse Zeit zurückhalten und somit anzuhäufen, während positive Nachrichten umgehend an den Markt weitergegeben werden.[393] Zudem zeigen die identifizierten Überrenditen im Vorfeld der öffentlichen Bekanntgabe, dass im Falle positiver Nachrichten bereits vor deren Veröffentlichung positive Kursreaktionen beobachtet werden können, während negative Nachrichten bei deren Publikation zu einem sprunghaften Anstieg der entsprechenden kumulierten Überrenditen führen. Dieses Ergebnis, das *Barth* (2009) auch für den deutschen Markt beobachten kann, legt die Vermutung nahe, dass positive Nachrichten bereits vor der öffentlichen Bekanntgabe über andere Wege in den Markt gelangen, während die Unternehmensleitung bei schlechten Nachrichten bestrebt ist, ein „Durchsickern" am Markt zu verhindern.[394] Die freiwillige Veröffentlichung neutraler Prognosen, die die derzeitige Einschätzung des Marktes bestätigen, bringt differenzierte Befunde hervor. So können *Clement/Frankel/Miller* (2003) positive abnormale Renditen bei der Veröffentlichung neutraler Prognosen beobachten, was von den Autoren auf eine Reduktion der prognoseinhärenten Unsicherheit auf Investorenseite zurückgeführt wird, was sich positiv auf den Aktienkurs auswirkt. Ebenso üben Managementprognosen mit bestätigendem Charakter Einfluss auf die Gewinnschätzungen der Finanzanalysten aus. Auch wenn sie den Konsensus als Mittelwert der Einzelschätzungen nicht signifikant tangieren, so verringert sich die Spannbreite der Einzelschätzungen merklich.[395] Demgegenüber können *Hutton/Miller/Skinner* (2003) im Durchschnitt

391 Vgl. *Baginski/Hassell/Kimbrough* (2004), S. 1ff.

392 Vgl. im Folgenden *Kothari/Li/Short* (2009), S. 1639ff.

393 Vgl. hierzu auch *Kothari/Shu/Wysocki* (2009), S. 241ff.

394 Vgl. *Barth* (2009), S. 219f.

395 Vgl. *Clement/Frankel/Miller* (2003), S. 653ff.

keine signifikante Kursreaktion bei der Veröffentlichung neutraler Prognosen feststellen.[396]

Da ein wesentlicher Anreiz des Unternehmens zur freiwilligen Publizität in einer durch den Abbau von Informationsasymmetrien zwischen Unternehmensleitung und Kapitalgeber hervorgerufenen Reduktion von Kapitalkosten liegt[397], untersuchen *Coller/Yohn* (1997), ob der *Bid-/Ask-Spread* einer Aktie von der fakultativen Veröffentlichung von Managementprognosen tangiert wird. Es zeigt sich, dass es im Anschluss der Veröffentlichung einer Managementprognose (9-Tages-Fenster) zu einer signifikanten Reduktion des *Spreads* kommt, was die Wirksamkeit der Informationsbereitstellung zum Abbau von Informationsunsicherheiten auf Seiten der Adressaten indiziert.[398] Dass die Qualität der publizierten Informationen die Wirksamkeit der Berichterstattung zum Abbau von Informationsasymmetrien beeinflusst, zeigt *Lerchenmüller* (2012). So weisen Unternehmen, die über eine vergleichsweise hochwertige zukunftsorientierte Berichterstattung verfügen, geringere *Bid-/Ask-Spreads* aus. Folgerichtig kann die Autorin für Unternehmen, die im Zeitverlauf ein steigendes Qualitätsniveau zu verzeichnen haben, eine Reduktion der *Bid-/Ask-Spreads* beobachten. Allerdings kann für den gegenläufigen Fall keine signifikante Relation beobachtet werden.[399] *Baginski/Rakow* (2012) gehen der Frage nach, ob die Qualität freiwilliger Managementguidance einen Einfluss auf die Kapitalkosten eines Unternehmens hat.[400] Um die Qualität der Prognosen zu messen, berücksichtigen die Autoren die Frequenz und die Präzision der Einschätzungen. Sie gelangen zu dem Resultat, dass die auf diese Weise ermittelte Qualität, die bei vergleichsweise jungen, profitablen Unternehmen, die von verhältnismäßig vielen Analysten gecovert werden, am höchsten ist, in einem negativen Zusammenhang mit den Kapitalkosten steht. Dieser Zusammenhang ist dabei umso stärker ausgeprägt, je höher die Veröffentlichungskosten für das Unternehmen sind, die sich u.a. aus der branchenspezifischen Wettbewerbs- und Kapitalintensität ergeben.

Informationen über die Einschätzung der zukünftigen Entwicklung seitens der Unternehmensleitung sind für Finanzanalysten essenziell und wirken umgehend auf die Erwartungsbildung, was sich bspw. in kontinuierlichen Adjustierungen

---

396 Vgl. *Hutton/Miller/Skinner* (2003), S. 880.

397 Vgl. *Easley/O'Hara* (2004), S. 1553ff.

398 Vgl. *Coller/Yohn* (1997), S. 181ff.

399 Vgl. *Lerchenmüller* (2012), S. 12fff. Einschränkend ist zu erwähnen, dass der beschriebene Zusammenhang nicht mehr signifikant ist, wenn für die sonstige Geschäftsberichtsqualität kontrolliert wird. Vgl. *Lerchenmüller* (2012), S. 128.

400 Vgl. im Folgenden *Baginski/Rakow* (2012), S. 279ff.

der individuellen Kursschätzungen widerspiegelt. *Cotter/Tuna/Wysocki* (2006) stellen fest, dass ca. die Hälfte der Finanzanalysten, die ein Unternehmen covern, innerhalb von fünf Tagen nach Veröffentlichung einer Prognoseinformation eine Aktualisierung der individuellen Einschätzung vorgenommen hat, wobei ein Großteil der analystenseitigen Reaktion bereits am Tag bzw. am Folgetag der Prognoseveröffentlichung zu beobachten ist.[401] Dies verdeutlicht die Relevanz von originären Managementinformationen zur erwarteten Entwicklung für die Arbeit von Finanzanalysten. Die Ergebnisse zeigen des Weiteren, dass die Unternehmensleitung mit der Bereitstellung von Prognoseinformationen erfolgreich auf die Erwartungsbildung des Kapitalmarktes einwirken: Unternehmen, die sich zu freiwilliger Guidance entscheiden, verfehlen signifikant seltener die Konsensusschätzungen der Finanzanalysten und können somit negative Kapitalmarktreaktionen bei der Ergebnisbekanntgabe vermeiden. Daher verwundert es nicht, dass die Autoren den Optimismus unter den Analysten, der zu Beginn eines Quartals beobachtet werden kann, als wesentlichen Treiber für die Entscheidung eines Unternehmens zur Bekanntgabe unterjähriger Prognosen identifizieren können. *Ota* (2010), der die Effekte der im internationalen Kontext sehr umfassenden Prognosepublizität der Unternehmen in Japan analysiert, kann nachweisen, dass Managementprognosen die zentrale Determinante für beobachtbare Anpassungen der Analystenschätzungen sind.[402] Die Untersuchung zeigt, dass mehr als 90% der Anpassungen bei den Analystenschätzungen durch Managementprognosen erklärt werden können. Die Genauigkeit der Analystenschätzungen nimmt nach der Veröffentlichung einer Prognose der Unternehmensleitung signifikant zu. Zusammenfassend führt der Autor aus: „*Management earnings forecast information appears to have a great impact on analysts' expectations about firms' future prospects.*"[403] Der Autor führt den enormen Einfluss der Managementprognosen auf die Erwartungsbildung der Finanzanalysten auf die relativ hohe Prognosegenauigkeit der Unternehmensvorhersagen zurück. Dass die Schätzungen von Finanzanalysten dennoch von großer Bedeutung für die Kapitalmärkte sind, zeigt die im Durchschnitt höhere Prognosegenauigkeit von Analysten- im Vergleich zu Managementprognosen.

*Pechtl* (2000), der den Erklärungsbeitrag des Prognoseberichts für die zukünftige Aktienrendite eines Unternehmens untersucht, stellt fest, dass diesem durchaus Prognosekraft für die Kapitalmarktbewertung zugeschrieben werden darf.[404] Zwar

---

401 Vgl. *Cotter/Tuna/Wysocki* (2006), S. 593ff.

402 Vgl. im Folgenden *Ota* (2010), S. 28ff.

403 *Ota* (2010), S. 57.

404 Vgl. *Pechtl* (2000), S. 141ff.

muss er in Analogie zu den bereits dargestellten deskriptiven Studien feststellen, dass der Informationscharakter der untersuchten Berichte als eher oberflächlich zu bezeichnen ist. Jedoch kann ca. ein Fünftel der Variation der Aktienrendite im zugrundliegenden Datensatz deutscher Unternehmen über die Angaben im Prognosebericht erklärt werden. Hier haben insbesondere ausbleibende Aussagen zur erwarteten Ergebnislage eine Indikatorwirkung, da ein „Schweigen“ der Unternehmensleitung zu diesem Gegenstandsbereich ein Signal für eine negative zukünftige Aktienperformance darstellt. Darüber hinaus gelten Aussagen, die auf eine stagnierende Unternehmenstätigkeit, ein Halten der Wettbewerbsposition oder auf steigenden Kostendruck hinweisen, als Indikatoren für eine schwache Aktienkursentwicklung. Angaben zum Unternehmenswachstum gehen hingegen vergleichsweise oft mit zukünftig steigenden Aktienkursen einher.

Zusammenfassend ist der Informationsgehalt von Managementprognosen für die Adressaten der prospektiven Berichterstattung unbestritten, wie die beschriebenen Kapitalmarktreaktionen im Zuge der Veröffentlichung von Einschätzungen über die zukünftige Entwicklung der Unternehmensleitung aufzeigen. Die Kapitalmarktwirkung scheint hierbei von zahlreichen Determinanten beeinflusst zu werden. Die aufgeführten Studien liefern Befunde dafür, dass Präzision und Reichweite einer Prognose ebenso wie die Reputation des Prognoseerstellers oder die im Vorfeld bestehende Meinung des Informationsempfängers wesentlichen Erklärungsgehalt bieten. Dabei ist stets zu beachten, dass die beschriebenen Einflussfaktoren scheinbar interagieren. Zudem scheinen Managementprognosen einen bedeutenden Einfluss auf die Erwartungsbildung von Finanzanalysten auszuüben. Die Funktion und Arbeitsweise dieser Finanzintermediäre soll Gegenstand des nachfolgenden Kapitels sein.

*Tabelle 4: Ausgewählte empirische Befunde zu den Kapitalmarktreaktionen im Zuge der Veröffentlichung von Managementprognosen*

| Quelle | Datenbasis | Wesentliche Ergebnisse |
|---|---|---|
| *Foster* (1973) | 68 Unternehmen, 68 EPS-Prognosen, 1968–1970, USA | • Handelsvolumina steigen in der Woche der Bekanntgabe einer EPS-Prognose deutlich an.<br>• Aktienkursreaktionen bei Veröffentlichung positiver Ausblicke zeigen abnormale Rendite. |

| Quelle | Datenbasis | Wesentliche Ergebnisse |
|---|---|---|
| *Patell* (1976) | 258 Unternehmen, 336 EPS-Prognosen, 1963–1967, USA | • Signifikant positive Aktienkursreaktion auf positive EPS-Prognose in der Woche der Veröffentlichung.<br>• Informationsgehalt kann somit der Veröffentlichung an sich und/oder der Prognoseinformation zugeschrieben werden. |
| *Penman* (1980) | 508 Unternehmen, 2.217 Einzelprognosen, 1968–1973, USA | • Ergebnisprognosen beinhalten relevante Informationen für die Unternehmensbewertung und beeinflussen damit Investorenentscheidungen.<br>• Unternehmen, die positive Managementprognosen abgeben, weisen überdurchschnittlich hohe Renditen aus. |
| *Waymire* (1984) | 479 Punktprognosen, 1969–1973, USA | • Kapitalmarktreaktionen steigen mit zunehmender Abweichung zwischen Prognose und Markterwartung.<br>• Nicht der Entscheidung zur Veröffentlichung einer Prognose wird Informationsgehalt beigemessen, sondern dem Prognoseinhalt. |
| *Pownall/Waymire* (1989) | 134 Unternehmen, 313 Einzelprognosen, 1969–1973, USA | • Die Veröffentlichung freiwilliger Managementprognosen führt im Durchschnitt zu größeren Kapitalmarktreaktionen als die Veröffentlichung von Jahresergebnissen. |
| *Pownall/Wasley/Waymire* (1993) | 91 Unternehmen, 1.252 Einzelprognosen, 1979–1987, USA | • Keine signifikanten Unterschiede in der Kapitalmarktreaktion in Abhängigkeit von der ex ante Prognosepräzision.<br>• Unterjährige Quartalsprognosen haben höheren Informationsgehalt als Jahresprognosen. |

| Quelle | Datenbasis | Wesentliche Ergebnisse |
|---|---|---|
| *Baginski/Conrad/ Hassell* (1993) | 569 Unternehmen, 868 EPS-Prognosen, 1983–1986, USA | • Die Kapitalmarktreaktion steigt mit zunehmender Prognosepräzision.<br>• Die Streuung der Analystenschätzungen steigt mit nachlassender Präzision der Managementprognosen. |
| *Coller/Yohn* (1997) | 278 Unternehmen, 520 EPS-Quartalsprognosen, 1988–1992, USA | • Freiwillige Managementprognosen führen zu einer Reduktion von *Bid-/Ask-Spreads.*<br>• Informationsasymmetrien zwischen Unternehmen und Kapitalmarkt werden durch die Bereitstellung von Prognosen folglich geringer. |
| *Pechtl* (2000) | 202 Unternehmen, 1.545 qualitative und quantitative Prognosen, 1993/1994, 1994, 1994/1995, Deutschland | • Prognoseberichte besitzen Prognosekraft für die zu erwartende Aktienrendite.<br>• Insbesondere fehlende Aussagen zur künftigen Ergebnisentwicklung deuten auf schwache Aktienperformance in der Zukunft hin. |
| *Hutton/Miller/ Skinner* (2003) | 147 Unternehmen, 278 Freiwillige Managementprognosen, 1993–1997, USA | • Managementprognosen werden in zwei Drittel der Fälle um weiterführende qualitative Informationen ergänzt.<br>• Schlechte Nachrichten führen zu höheren Kursausschlägen als positive.<br>• Nur wenn positive Nachrichten mit weiterführenden Informationen untermauert werden, sind die Aktienkursreaktionen signifikant positiv. |
| *Clement/Frankel/ Miller* (2003) | 239 Unternehmen, 283 freiwillige Managementprognosen, 1993–1997, USA | • 20% der Vorhersagen haben neutralen Charakter<br>• Neutrale Prognosen führen zu positiven abnormalen Renditen.<br>• Neutrale Prognosen führen zu einer Reduktion in der Varianz der Analystenschätzungen. |

| Quelle | Datenbasis | Wesentliche Ergebnisse |
|---|---|---|
| *Baginski/Hassell/ Kimbrough* (2004) | 600 Unternehmen, 951 freiwillige Managementprognosen, 1993–1996, USA | • Insbesondere Manager großer Firmen aus wenig regulierten Industriezweigen geben weiterführende Erklärungen zu ihren Prognosen ab.<br>• Erklärungen finden sich vergleichsweise häufig bei kurzfristigen Maximumprognosen mit negativem Inhalt.<br>• Prognosen, die über externe Prämissen konkretisiert werden, führen zu vergleichsweise stärkeren Kapitalmarktreaktionen. |
| *Cotter/Tuna/ Wysocki* (2006) | 3.093 EPS-Quartalsprognosen, 1995–2001, USA | • Optimismus unter den Analysten als wesentliche Determinante für die Bereitstellung von Prognosen.<br>• Durchschnittlich passen 47% der Finanzanalysten ihre Schätzungen innerhalb von fünf Tagen an.<br>• Unternehmen mit öffentlicher Guidance verfehlen seltener die Konsensusschätzungen der Finanzanalysten. |
| *Barth* (2009) | 112 Unternehmen, 3.211 Einzelprognosen, 129 Prognoseänderungen, HDAX und SDAX, 2004–2006, Deutschland | • Prognosepublizität erlebt im Betrachtungszeitraum eine Aufwertung.<br>• Unternehmensgröße als wesentliche Determinante für die Prognosequalität.<br>• Sowohl positive als auch negative Prognoseankündigungen sorgen für abnormale Renditen, wobei die Kapitalmarktreaktion bei negativen Prognoseinhalten stärker sind. |
| *Hutton/Stocken* (2009) | 1.767 Unternehmen, 8.277 Gewinnprognosen, 1996–2003, USA | • Der Kapitalmarkt reagiert schneller auf Prognoseinformationen, wenn das Management über eine hohe Prognosereputation verfügt. |

| Quelle | Datenbasis | Wesentliche Ergebnisse |
|---|---|---|
| *Kothari/Shu/ Wysocki* (2009) | 4.016 Dividendenankündigungen, 1995–2002, USA | • Kursreaktionen bei negativen Prognoseinhalten größer als bei positiven.<br>• Informationsmenge bei negativen Prognosen höher, da das Management länger mit der Veröffentlichung derartiger Inhalte wartet und sich entsprechend mehr Informationen ansammeln. |
| *Ota* (2010) | 27.993 Beobachtungen, 1979–1999, Japan | • Mehr als 90% der Anpassungen von Finanzanalysten sind durch (Anpassungen von) Managementprognosen erklärbar.<br>• Die Reaktion nimmt dabei mit zunehmender Glaubwürdigkeit der Managementprognosen zu. |
| *Baginski/Rakow* (2012) | 1.355 Unternehmen, 2001-2004, USA | • Unternehmen, die regelmäßige und präzise Managementvorhersagen veröffentlichen, verfügen über geringere Kapitalkosten. |
| *Knauer/Ledwig/ Wömpener* (2012) | 73 Unternehmen, 106 freiwillige Managementprognosen, 2007-2010, Deutschland | • Kursreaktionen bei freiwilligen Prognosen mit negativem Inhalt betragsmäßig größer als bei positivem Inhalt.<br>• Präzisere Prognosen gehen tendenziell mit stärkeren Kursreaktionen einher.<br>• Ein schärferes Haftungsumfeld führt zu höherer Glaubwürdigkeit der Prognosen und somit zu stärkeren Kursreaktionen am Kapitalmarkt. |

| Quelle | Datenbasis | Wesentliche Ergebnisse |
|---|---|---|
| *Lerchenmüller* (2012) | 123 Unternehmen, 2005–2009, Deutschland | • Der Umfang der Prognoseberichte steigt kontinuierlich an, während die Qualität im Krisenjahr 2008 einmalig deutlich zurückgeht.<br>• Die Unternehmensgröße beeinflusst Umfang und Qualität positiv, die Volatilität der Performance übt einen negativen Einfluss aus.<br>• Ein höheres Qualitätsniveau im Rahmen zukunftsorientierter Berichterstattung verringert tendenziell den *Bid-/Ask-Spread.* |

# 5 Funktion von Finanzanalysten auf Aktienmärkten

## 5.1 Institutionelle Grundlagen

Potentielle und bestehende Kapitalgeber einer Unternehmung sind fortwährend auf die zeitnahe Bereitstellung von Unternehmensinformationen angewiesen, um Entscheidungen über die möglichst effiziente Allokation ihres Kapitals treffen zu können.[405] Aufgrund des Umfang und der Komplexität der bereitgestellten Informationen sowie einer teilweise mangelnden Expertise der Investoren hinsichtlich der Bewertung und Interpretation neuer Informationen kommt Finanzanalysten als Informationsintermediären eine besondere Bedeutung im Prozess der Informationsverarbeitung zu.[406] In diesem Prozess soll der Finanzanalyst „*diese Komplexität in eine für den Kapitalmarkt verwertbare Qualität*"[407] transformieren. Finanzanalysten beschaffen, überprüfen, verarbeiten und interpretieren die von Unternehmensseite veröffentlichten oder über diese existierenden öffentlich zugänglichen Informationen, decken somit Unter- bzw. Überbewertungen auf und sprechen auf dieser Grundlage Empfehlungen für die Kapitalanlage aus.[408] Ihre Existenz erklärt sich durch ihre hohe Expertise und der damit verbundenen komparativen Kostenvorteile bei diesen Informationsverarbeitungsprozessen.[409] Wie im weiteren Verlauf gezeigt wird, tragen sie durch diese Informationsintermediation zu einer Steigerung der Kapitalmarkteffizienz bei.

Eine einheitliche Definition des Begriffs „Finanzanalyst" existiert nicht. Die DVFA als größter und bekanntester Berufsverband von Finanzanalysten in Deutschland definiert Finanzanalysten als „*Personen, die aufgrund allgemein verfügbarer Informationen und spezieller Vorkenntnisse eine Beurteilung und Bewertung von Unternehmen und deren Derivaten – auch von Volkswirtschafen, Kapitalmärkten und Branchen – in der Form von zumeist schriftlichen Analysen*

405 Vgl. *von Rosen/Gerke* (2001), S. 9f.; *Oberdörster* (2009), S. 57.

406 Der Begriff „Finanzanalyst" wird im Folgenden synonym mit den Begriffen „Analyst", „Wertpapieranalyst" und „Aktienanalyst" verwendet.

407 *Oberdörster* (2009), S. 58.

408 Vgl. *Göres* (2008), S. 468.

409 Vgl. *Morich* (2007), S. 113.

*vornehmen. Die Ergebnisse der Arbeit der Analysten dienen privaten und institutionellen Anlegern und den Kundenberatern, Vermögensverwaltern sowie Portfoliomanagern in Kapitalanlagegesellschaften im In- und Ausland als Grundlage für Anlageentscheidungen.*"[410] Aus dieser Definition wird das breit gefächerte Tätigkeitsspektrum von Finanzanalysten deutlich. Je nach Untersuchungsobjekt des jeweiligen Analysten wird klassischerweise zwischen *equity research*, dem Tätigkeitsfeld des Aktienanalysten, dem *fixed income research*, welches sich mit der Analyse von Wertpapieren mit festen (Zins-)Zahlungen wie bspw. Staats- oder Unternehmensanleihen beschäftigt und dem *strategic research* sowie dem *economic research* differenziert. Der Strategiebereich des *research* setzt sich mit der Analyse des allgemeinen Kapitalmarktumfelds, den wesentlichen marktbeeinflussenden Faktoren und volkswirtschaftlichen Rahmenbedingungen ganzer Aktien- oder Rentenmärkte auseinander, um daraus Empfehlungen für die Über- und Untergewichtung gesamter Assetklassen ableiten zu können.[411] Hierbei ist das *strategic research* eng mit dem *economic research* verknüpft, da letzteres durch die Analyse makroökonomischer Sachverhalte die Datengrundlage für die strategische Analyse bereitstellt. Die analysierten Daten umfassen im Wesentlichen Konjunkturdaten, Inflationsraten, Arbeitslosenquoten, Wechselkurse sowie Zahlungsbilanzdaten.[412] Die Analyse dieser Daten beinhaltet neben der Erhebung in erster Linie deren Interpretation und Prognose.

In institutioneller Hinsicht unterscheidet man zunächst zwischen *Buy-* und *Sell-Side* Analysten. Der *Buy-Side* Analyst ist typischerweise ausschließlich für einen institutionellen Investor bzw. mehrere Portfoliomanager einer Institution tätig.[413] Seine Analysen dienen als Entscheidungshilfe für die Portfoliooptimierung des eigenen Arbeitgebers, bspw. eines Investment- oder Pensionsfonds. Sie haben meist einen breiteren Analysefokus als *Sell-Side* Analysten und orientieren sich bei ihren Untersuchungen häufig an deren *Research*-Berichten.[414] *Sell-Side* Analysten sind hingegen Angestellte von Investmentbanken, Universalbanken oder Brokerhäusern, die über die Erstellung und den Vertrieb von Researchstudien über den entsprechenden Sales-Bereich des Arbeitgebers mit ihren Empfehlungen direkt institutionelle Investoren oder vermögende Privatkunden ansprechen.[415] Sie weisen eine recht hohe Spezialisierung auf und

---

410 *DVFA* (2000), S. 48.

411 Vgl. *Wichels* (2001), S. 10f.; *Friedrich* (2007), S. 40.

412 Vgl. *Wichels* (2001), S. 12f.

413 Vgl. *Stubenrath* (2001), S. 22.

414 Vgl. *Müller* (2005), S. 18; *Achleitner/Bassen/Pietsch* (2001), S. 47.

415 Vgl. *Nölte* (2008), S. 99f.

befassen sich i.d.R. nur mit einer bestimmten Branche.[416] Weder *Buy-* noch *Sell-Side* Analysten generieren direkt Umsätze für ihren Arbeitgeber, sondern leisten durch ihre Querschnittfunktion zwischen einzelnen Geschäftsfeldern einen indirekten Beitrag zur Umsatz- und Gewinngenerierung. Demgegenüber bietet eine dritte Gruppe von Finanzanalysten, sog. unabhängige Finanzanalysten, deren Arbeitgeber eigenständige Agenturen ohne Eigenhandel oder Portfolio sind, ihre Studienergebnisse interessierten Investoren gegen Entgelt an.[417]

Neben dem Untersuchungsobjekt und der institutionellen Einordnung lassen sich Analysten des Weiteren hinsichtlich der verwendeten Analysemethodik unterscheiden. Klassischerweise wird hierbei zwischen der Fundamentalanalyse und der Technischen Analyse differenziert. Die Fundamentalanalyse hat das Ziel, den inneren Wert eines Wertpapiers zu ermitteln, wobei davon ausgegangen wird, dass der Börsenkurs des Wertpapiers um diesen inneren Wert oszilliert. Zur Ermittlung des inneren Werts bedienen sich Finanzanalysten verschiedener Unternehmensbewertungsverfahren, die den Wert eines Unternehmens, der sich aus dessen kombiniertem Einsatz der Vermögenswerte ergibt (Gesamtbewertungsverfahren), ermitteln.[418] Demgegenüber versucht die Technische Aktienanalyse allein auf Basis vergangener Kursverläufe und daraus abgeleiteter Indikatoren, künftige Aktienkursentwicklungen zu prognostizieren. Hierbei werden Aktienkursverlaufsmuster analysiert und projiziert, wobei unterstellt wird, dass sich auf Basis von Vergangenheitsdaten identifizierte Muster zukünftig wiederholen und Kurse sich innerhalb unterschiedlich langer Phasen in Trends bewegen.[419] Ihr Ziel ist somit nicht die Ermittlung eines fairen Werts einer Aktie, sondern die Ermittlung eines Kurspotentials durch die Identifikation von Trends und insb. ihrer Umkehrpunkte.[420] Diese Analyseart ist nicht als gleichwertige Alternative zur Fundamentalanalyse zu sehen, sondern dient vielmehr als Instrument zur Bestimmung von günstigen Kaufs- bzw. Verkaufszeitpunkten.[421]

416 Vgl. *Pietzsch* (2004), S. 42; *Stubenrath* (2001), S. 22.

417 Vgl. *Oberdörster* (2009), S. 59.

418 Demgegenüber bestimmt bei sog. Einzelbewertungsverfahren, wie dem Substanz- oder Liquidationswertverfahren, die Summe einzelner Vermögenswerte den Gesamtunternehmenswert. Vgl. hierzu *Sieben/Maltry* (2012), S. 653ff. Für einen umfassenden Überblick zu den Methoden der Unternehmensbewertung vgl. exemplarisch *Mandel/Rabel* (2012), S. 49ff. Vgl. zudem Kapitel 5.2.2.

419 Vgl. *Steiner/Bruns/Stöckl* (2012), S. 269ff.; *Dornbusch* (1999), S. 38f.

420 Vgl. *Dornbusch* (1999), S. 41.

421 Vgl. *Steiner/Bruns/Stöckl* (2012), S. 292.

Im weiteren Verlauf dieser Arbeit stehen ausschließlich die Fundamentalanalysen und Empfehlungen von *Sell-Side* Analysten des *equity research* im Fokus. Der idealtypische Arbeitsprozess eines derartigen Finanzanalysten soll im Folgenden eingehender vorgestellt werden.

## 5.2 Prozess der Finanzanalyse

### 5.2.1 Informationsbeschaffung

Insbesondere zu Beginn der erstmaligen Coverage eines Unternehmens, aber auch im fortwährenden Beobachtungsprozess, ist der Analyst auf die Beschaffung von bewertungsrelevanten Informationen über das beobachtete Unternehmen angewiesen.[422] Der Informationsbedarf hängt dabei ganz wesentlich davon ab, welche Methoden der Unternehmensbewertung herangezogen werden.[423] Zudem benötigt der Finanzanalyst in Abhängigkeit von der Branche, in der das Unternehmen tätig ist, Informationen über branchenspezifische Faktoren, die die Performance des Unternehmens und der Peer-Group zukünftig beeinflussen können.[424] Die Informationsgrundlage umfasst zunächst die Instrumente der regelmäßigen sowie anlassbezogenen Finanzberichterstattung, wie z.B. Jahresabschlüsse, Zwischenberichte oder Ad-hoc-Mitteilungen. Darüber hinaus stehen dem Analysten weitere nicht unmittelbar öffentlich zugängliche Informationsquellen, wie bspw. Analystenkonferenzen oder Unternehmens-Road-Shows zur Informationsgewinnung zur Verfügung.[425] Zudem pflegen Finanzanalysten regelmäßig einen engen Kontakt zum Top-Management des gecoverten Unternehmens und haben über sog. *One-on-One* Gespräche die Möglichkeit, ihren bisherigen Informationsstand zu validieren und auf ihre individuellen Bedürfnisse zugeschnittene Informationen abzufragen.[426] Finanzanalysten nutzen diese exklusive Plattform im Rahmen von Unternehmensbesuchen oder fernmündlichen Gesprächen zudem häufig, um eine persönliche Einschätzung über die Glaubwürdigkeit und Expertise des Managements vornehmen zu können.[427] Auch erhoffen sich die Analysten durch den direkten Kontakt einen Informationsvorsprung, auch wenn

---

422 Vgl. *Nölte* (2008), S. 95. Zum Begriff *Coverage* und welche Bestimmungsfaktoren seitens der Unternehmen förderlich oder hinderlich für die Aufnahme einer *Coverage* durch den Analysten sind vgl. *Pietzsch* (2004).

423 Vgl. *Achleitner/Bassen/Pietsch* (2001), S. 70.

424 Vgl. *Friedrich* (2007), S. 70.

425 Vgl. *Göres* (2008), S. 468.

426 Vgl. *Paarz* (2011), S. 30, *Nölte* (2008), S. 96.

427 Vgl. *Pietzsch* (2004), S. 63, *Michaelsen* (2001), S. 44f.

die Weitergabe von Insiderinformationen durch § 14 Abs. 1 Nr. 2 WpHG hierzulande verboten ist und Insiderinformationen demnach gar nicht erst in den Verarbeitungsprozess einfließen. Ob dies jedoch in praxi stets Beachtung findet, darf zumindest bezweifelt werden.[428] Allerdings lassen sich durch den direkten Kontakt zur Unternehmensleitung auch gezielt Informationen und Daten abfragen, die für sich genommen keine Insiderinformationen darstellen.[429]

Da der Entstehungsort all dieser Informationen das Unternehmen selbst ist und die Verbreitung ebenso über das Unternehmen selbst auf direkte (Analystenkonferenzen, Hauptversammlungen, Gespräche) oder indirekte (Geschäftsberichte, Ad-Hoc Mitteilungen) Art erfolgt, sind diese als Primärquellen anzusehen.[430] Als Sekundärquellen hingegen gelten journalistische Veröffentlichungen, Statistiken zur gesamtwirtschaftlichen oder branchenspezifischen Situation von öffentlichen Institutionen, Studien von Branchenverbänden sowie Studien anderer Finanzanalysten, die der Analyst bei seiner Fundamentalanalyse unterstützend verwenden kann.[431] Diese Quellen wird im Vergleich zu den direkt aus dem Unternehmen stammenden Primärquellen eine geringere Relevanz zugesprochen.[432] Welche Quellen letzten Endes den höchsten Informationsgehalt besitzen, ist analystenindividuell zu beantworten und hängt ganz entscheidend vom individuell wahrgenommenen Kosten-/Nutzenverhältnis bei der Informationssuche ab.[433]

Jahres- und Quartalsberichte stellen für die Gruppe der Finanzanalysten jedoch unzweifelhaft eine der wesentlichsten Informationsquellen dar. Zwar geben sie zu großen Teilen das finanzwirtschaftliche Abbild des Unternehmens in der abgelaufenen Berichtsperiode wieder, jedoch ist eine Beurteilung neuer Informationen nur auf Basis eines Gesamtbildes des gecoverten Unternehmens, das ganz entscheidend von vergangenheitsbezogenen Daten geprägt wird, möglich. Die hohe Bedeutung von Daten des externen Rechnungswesens lässt sich über die ihnen zugesprochenen Attribute der Vollständigkeit und

---

428 Vgl. *Nölte* (2008), S. 96.

429 Vgl. *Hax* (1998), S. 13; *Henze* (2004), S. 15. Zum unternehmensseitigen Informationshandling gegenüber Finanzanalysten s. *Achleitner/Bassen/Pietzsch* (2001), S. 68ff.

430 Vgl. *Michaelsen* (2001), S. 41.

431 Vgl. *Michaelsen* (2001), S. 46; *Friedrich* (2007), S. 70.

432 Vgl. *Friedrich* (2007), S. 72.

433 Vgl. *Achleitner/Bassen/Pietzsch* (2001), S. 65. Zur Theorie der Informationsneigung und möglichen Determinanten der Informationsneigung von Finanzanalysten s. *Bittner* (1996), S. 57ff.

Verlässlichkeit begründen. Sie bieten eine umfassende und weitestgehend objektive Datengrundlage und stellen somit den zwingenden Ausgangspunkt für die Fundamentalanalyse dar.[434] Sie stellen eine durch den Abschlussprüfer abgesicherte Basis dar, die dazu dient, Prognosen aus der Vergangenheit zu überprüfen, eigene Schätzungen eingehend zu validieren und Trends und Ereignisse, die nicht über andere Kanäle der IR kommuniziert werden, zu erkennen.[435] Quartalsberichte liefern zudem eine unterjährige Aktualisierung der Jahresabschlussinformationen.[436] Zudem konnte in verschiedenen empirischen Untersuchungen die Prognoserelevanz vergangenheitsorientierter Rechnungslegungsdaten für die zukünftige Entwicklung des Unternehmens bzw. einzelner Ergebnisgrößen nachgewiesen werden.[437] Der umfassende Bedarf von Finanzanalysten nach finanziellen und nicht finanziellen Leistungsindikatoren mit Gegenwarts- und Zukunftsbezug wird von diesen Berichtsinstrumenten in besonderem Maße gedeckt. In diesen Berichtsinstrumenten finden sich detaillierte disaggregierte Informationen über die Ausprägung und Entstehung der von Analystenseite geforderten zentralen Erfolgsindikatoren des Unternehmens, wie bspw. Umsatz, *Earnings before interest, tax, depreciation and amortisation* (EBITDA), *Earnings before interest and tax* (EBIT), *Earnings per Share* (EPS) oder *Free Cash-Flow* (FCF), die als wichtige Inputgrößen in den Prozess der Unternehmensbewertung eingehen.[438] Vollständige Planungsrechnungen werden dabei von Analystenseite nicht verlangt, vielmehr sollen die veröffentlichten Daten des Unternehmens eine verlässliche Grundlage für die Identifikation wesentlicher Werttreiber bei der Durchführung eigener Prognosen darstellen.[439] Darüber hinaus vervollständigen nicht finanzielle Indikatoren, die insb. aus der Berichterstattung im Rahmen des Lageberichts hervorgehen, die Einschätzung über die gegenwärtige sowie zukünftige Lage des Unternehmens und der zugrunde liegenden Chancen

---

434 Vgl. *Michaelsen* (2001), S. 42; Die Objektivität und Transparenz der beschriebenen Berichtsinstrumente wird hierbei mit der Einschränkung „weitestgehend" versehen, da das Management durch explizite Bilanzierungswahlrechte oder Ermessensspielräume die Möglichkeit besitzt, die Rechnungslegung zur Wahrung der eigenen Interessen in gewissem Maße zu gestalten. Allerdings besteht mit der obligatorischen Prüfung des (Konzern-)Jahresabschlusses und des (Konzern-)Lageberichts gem. § 316 HGB ein Instrument zur Eindämmung opportunistischer Verhaltensweisen. Vgl. *Paarz* (2011), S. 33.

435 Vgl. *Oberdörster* (2009), S. 69f.

436 Vgl. *Hax* (1998), S. 301; *Nölte* (2008), S. 95.

437 Vgl. insb. *Oberdörster* (2009).

438 Vgl. *Pietzsch* (2007), S. 64f.

439 Vgl. *Müller* (1998), S. 136f.; *Friedrich* (2007), S. 72.

und Risiken. Hier zu nennen sind insb. Angaben zu den Unternehmenszielen, zur Unternehmensstrategie, zur Markt- und Wettbewerbssituation sowie zur Dividendenpolitik und zu F+E-Aktivitäten.[440] Festzuhalten ist an dieser Stelle, dass der Bedarf an Informationen seitens verschiedener Analysten ggf. sehr heterogen ist und somit durch verschiedene Quellen gedeckt werden kann und muss.

Untersuchungen, die sich mit der Bedeutung von einzelnen Informationsquellen für Finanzanalysten beschäftigen, waren bis zuletzt überschaubar. Die Studie von *Lees* (1981) hält eine Reihe interessanter Beobachtungen bzgl. des Zusammenspiels von Unternehmen und den beobachtenden Finanzanalysten bei der Erstellung und Veröffentlichung von Ergebnisschätzungen in den USA bereit. So wurden die Analysten im Rahmen einer schriftlichen Befragung (teilweise ergänzt durch Interviews) unter anderem nach den verwendeten Informationsquellen bei der Schätzung zukünftiger Ergebnisse befragt. Hierbei äußerten die befragten Analysten eine klare Präferenz für den direkten Austausch mit Unternehmensvertretern durch persönliche Gespräche als wichtigsten Informationskanal. Die bei der Securities and Exchange Commission (SEC) einzureichenden Berichte (10-K- oder 10-Q-Reports) sowie Geschäfts- und Zwischenberichte folgen dahinter. Es erstaunt, dass Prognosen des Managements, so diese veröffentlicht werden, lediglich als viertwichtigste Informationsquelle genannt werden.[441]

*Chang/Most* (1981) sind der Frage nachgegangen, ob sich die Informationsgrundlage zwischen verschiedenen Investorengruppen (*Individual* vs. *Institutional Investors*) und denen von Finanzanalysten unterscheidet. Da die Studie sowohl in den USA und UK als auch in Neuseeland durchgeführt wurde, können *Chang/Most* darüber hinaus mögliche Unterschiede in den Informationsbedürfnissen dieser Gruppen, differenziert nach deren Herkunftsländern identifizieren. Es zeigt sich, dass die Geschäftsberichte für die Gruppe der Finanzanalysten, mit Ausnahme derer aus UK, die wichtigste Informationsquelle darstellen. Finanzanalysten aus UK präferieren Gespräche mit dem Unternehmensmanagement, um bewertungsrelevante Informationen gewinnen zu können. Diese Quelle rangiert bei den US-amerikanischen und neuseeländischen Analysten lediglich auf dem dritten Rang. Als wesentlichen Unterschied zwischen den Gruppen stellen die Autoren heraus, dass sowohl private als auch institutionelle Investoren Informationen aus Zeitungen und Magazinen eine wesentlich höhere Bedeutung bei ihrer Investitionsentscheidung beimessen als dies bei Analysten im Rahmen

440 Vgl. *Friedrich* (2007), S. 73; *Nölte* (2008), S. 97.

441 Vgl. *Lees* (1981), S. 2 und 32f.

der Bewertungserstellung der Fall ist. Diese Informationsquellen zählen für die Analysten unabhängig vom Herkunftsland zu den unbedeutendsten.[442]

Geringe Unterschiede hinsichtlich der Bedeutung einzelner Quellen stellen auch *Pike/Meerjanssen/Chadwick* (1993) für Analysten aus unterschiedlichen Ländern fest. So ergab die Befragung britischer und deutscher Finanzanalysten, dass erstere der Diskussion mit Unternehmensvertretern eine sehr hohe Bedeutung beimessen, während ihre deutschen Kollegen Analystentreffen sowie Geschäfts- und Zwischenberichte als relevanter erachten. Anderweitige primäre Informationsquellen, wie die Hauptversammlung, oder sekundäre Informationsquellen, wie Zeitungsberichte oder die Studien anderer Analysten, scheinen hingegen für beide Gruppen kaum Relevanz zu haben.[443]

Dass der Geschäftsbericht eine zentrale Quelle zur Informationsbeschaffung darstellt, kann *Vergoossen* (1993) auf Grundlage einer Umfrage unter Mitgliedern der Niederländischen Vereinigung für Finanzanalyse (Vereniging van Beleggingsanalisten, VBA) bestätigen. Die Analysten wurden gebeten, unterschiedliche Informationsquellen hinsichtlich ihrer Relevanz vom Punktwert 1 (sehr wichtig) bis zum Punktwert 5 (überhaupt nicht wichtig) einzuordnen. Es zeigte sich, dass nahezu ausnahmslos jeder Analyst Geschäftsberichte zur Unternehmensanalyse heranzieht und diesen mit einem Durchschnittswert von 1,41 die größte Bedeutung aller Quellen zugewiesen wird, gefolgt von Gesprächen mit dem Management (1,62) und Zwischenberichten (1,79).[444]

Zu einem ähnlichen Ergebnis kommt *Barker* (1998), der unter anderem 42 britische Analysten nach ihren bevorzugten Informationsquellen befragt. Auch hier berichteten die Analysten, vornehmlich primäre Informationsquellen zu verwenden. So gaben sie an, dass aus dem direkten Kontakt zu Unternehmensvertretern der größte Nutzen hervorgeht, gefolgt von Analystentreffen, Ergebnisveröffentlichungen und den Geschäftsberichten. Als wesentliche Gründe für die Präferenz vieler Analysten für diesen Informationskanal identifiziert *Barker* die große Zeitnähe der Informationen und die Möglichkeit, direkt maßgeschneiderte Informationen ohne hohe Suchkosten zu erlangen. Zudem können umfangreichere Informationen über die zukünftige strategische Ausrichtung des Unternehmens gewonnen werden, was auf Grundlage der stark standardisierten vergangenheitsorientierten Geschäftsberichte in dieser Form nicht möglich ist.[445]

---

442 Vgl. *Chang/Most* (1981), S. 49ff.

443 Vgl. *Pike/Meerjanssen/Chadwick* (1993), S. 489ff.

444 Vgl. *Vergoossen* (1993), S. 230.

445 Vgl. *Barker* (1998), S. 9ff.

Auch *Epstein/Palepu* (1999) kommen in einer Umfrage unter 140 *Sell-Side* Analysten aus den USA zu dem Ergebnis, dass der persönliche Kontakt zu Entscheidungsträgern im Unternehmen und Analystenkonferenzen die wichtigsten Informationskanäle darstellen, gefolgt von Geschäftsberichten. Während die direkte Kommunikation mit dem Management sowie Analystentreffen eher für die Identifikation und Bewertung qualitativer Erfolgsfaktoren wie der Unternehmensstrategie und der wesentlichen Risiken von Nutzen ist, stellen die Geschäftsberichte für die Analyse der Finanzlage die entscheidende Informationsquelle dar. Des Weiteren wird die Bedeutung von prospektiven Aussagen inkl. Ertragsprognosen im Rahmen der MD&A und von Segmentinformationen herausgestellt.[446]

Eine Umfrage unter 39 deutschen Analysten von *Schulz* (1999) zeigt, dass die Gespräche mit hochrangigen Unternehmensvertretern auch in Deutschland von besonderer Bedeutung zu sein scheinen. So gaben 77% der befragten Analysten an, dass Vorstandsgespräche eine sehr wichtige Informationsquelle seien. Hiernach folgen Zwischenergebnisse (62%) und Quartalsergebnisse (51%). Aber auch Geschäftsberichte werden von der überwiegenden Mehrheit (92%) als sehr wichtig oder wichtig erachtet. Des Weiteren ist interessant, dass 38% den direkten persönlichen Austausch mit IR-Managern als sehr wichtig erachten, während ein telefonischer Kontakt mit diesem Personenkreis lediglich von 5% gleichhohe Bedeutung erfährt. Zudem gibt es seitens der Analysten hinsichtlich der Verwertbarkeit sekundärer Quellen eine deutliche Diskrepanz zu der Auffassung der parallel befragten Investoren. Letztere erachten bspw. die Informationen von Finanzdienstleistern (z.B. Thomson Reuters) oder Analysen über branchengleiche Unternehmen als bedeutendste Quellen, während diese unter Analysten nur untergeordnete Bedeutung haben.[447]

*Wichels* (2002) geht in seiner Studie unter anderem der Frage nach, ob es zwischen den Informationsbedürfnissen von US-amerikanischen *Buy-* und *Sell-Side*-Analysten unterschiedliche Präferenzen hinsichtlich der verwendeten Informationsquellen gibt. Beide Gruppen wurden gebeten, ihre zehn wichtigsten Quellen zur Informationsgewinnung zu benennen. Hierbei zeigte sich, dass *Sell-Side*-Analysten Analystenkonferenzen zur Informationsgewinnung präferieren, während *Buy-Side*-Analysten in erster Linie auf *One-on-One*-Gespräche mit dem *Chief Executitive Officer* (CEO) oder *Chief Financial Officer* (CFO) zurückgreifen. Geschäfts- und Zwischenberichte stellen ebenso einen wichtigen

446 Vgl. *Epstein/Palepu* (1999), S. 49ff.
447 Vgl. *Schulz* (1999), S. 188ff.

Informationskanal für *Sell-Side*-Analysten dar, während selbige für *Buy-Side*-Analysten nur untergeordnete Bedeutung zu haben scheinen. Dafür gaben 63% der *Buy-Side*-Analysten an, dass die *Research*-Berichte ihrer *Sell-Side* Kollegen zu ihren zehn wichtigsten Informationsquellen gehören. Auf der Seite der *Sell-Side*-Analysten vertreten hingegen nur 9% diese Ansicht, womit diese Analysten den Vorwurf des Herdenverhaltens von sich weisen, so der Autor.[448] Des Weiteren fällt auf, dass nur jeweils die Hälfte der Analysten beider Gruppen freiwillige Managementprognosen zu den zehn wichtigsten Quellen zählen.

Die von *Glaum/Friedrich* (2006) befragten Analysten gaben an, dass das Gespräch mit den Unternehmensvertretern und der Jahres- bzw. Quartalsabschluss die mit Abstand wichtigsten Informationsquellen sind. Analystenkonferenzen und Unternehmensbesuche folgen mit etwas größerem Abstand. Interessant erscheint, dass den *Research*-Berichten anderer *Sell-Side* Analysten keine große Bedeutung beigemessen wird, so dass diese Quelle am unteren Ende der Rangfolge der von Analysten als wichtig eingestuften Informationskanäle wiederzufinden ist. Wie *Glaum/Friedrich* (2006) herausstellen und wie im weiteren Verlauf dieser Arbeit ebenso deutlich wird, spielt die Einschätzung anderer Analysten sehr wohl eine Rolle bei der Beurteilung eines Unternehmens und der Ermittlung nachhaltiger Erfolgsgrößen bzw. eines fairen Unternehmenswertes.[449]

Ebenso kommen *Ernst/Gassen/Pellens* (2009) in einer umfangreichen Befragungsstudie unter privaten und institutionellen Investoren zu dem Ergebnis, dass der Quartals- und Geschäftsbericht von letzteren intensiv bei der Informationssuche genutzt wird. So gaben 87% (Quartalsbericht) bzw. 86% (Geschäftsbericht) der institutionellen Investoren an, diesen Informationskanälen sehr hohe oder zumindest hohe Bedeutung beizumessen.[450]

Resümierend lässt sich aus diesen Untersuchungen ableiten, dass in erster Linie sowohl die jährliche Finanzberichterstattung als auch Gespräche mit Unternehmensvertretern die essenzielle Informationsgrundlage für Finanzanalysten darstellen. Die unterjährige Finanzberichterstattung in Form von Quartalsberichten bietet darüber hinaus die Möglichkeit, den Informationsstand zu validieren.[451]

Da die jährliche Finanzberichterstattung einen hohen Stellenwert zur Gewinnung bewertungsrelevanter Informationen zu haben scheint, stellt sich die Frage, welche Rechnungslegungsinformationen innerhalb dieser Dokumente besonders

---

448 Vgl. *Wichels* (2002), S. 162f.

449 Vgl. *Glaum/Friedrich* (2006), S. 163ff.

450 Vgl. *Ernst/Gassen/Pellens* (2009), S. 67f.

451 Vgl. *Paarz* (2011), S. 59.

hohe Bedeutung für Finanzanalysten besitzen. Zu vermuten wäre, dass hierzulande neben den Rechenwerken des Jahresabschlusses insb. der Lagebericht und innerhalb dieses Berichtsteils insb. der Prognosebericht intensiv genutzt wird, da diese Bestandteile unternehmerischer Berichterstattung Informationen über die Erwartungen des Managements hinsichtlich der zu erwartenden zukünftigen Vermögens-, Finanz- und Ertragslage enthalten. Prospektive Informationen über die voraussichtliche unternehmensspezifische und gesamtwirtschaftliche Entwicklung bilden einen integralen Bestandteil der Finanzkommunikation und verringern die Planungsunsicherheit der Berichtsadressaten, so dass diese ihre Entscheidungen nicht lediglich auf Basis von vergangenheitsbezogenen Daten treffen müssen.[452]

Die bislang gewonnen empirischen Erkenntnisse zu dieser Fragestellung sind allerdings heterogen.[453] *Ernst/Gassen/Pellens* (2009) kommen zu dem Ergebnis, dass die Nutzungsintensität der verschiedenen Bestandteile des Geschäftsberichts durch institutionelle Anleger sehr unterschiedlich ist. Während Bilanz und Gewinn- und Verlustrechnung nahezu von allen Befragten sehr intensiv oder zumindest intensiv genutzt werden, sind auch Segmentberichterstattung, Kapitalflussrechnung und Anhang elementare Informationsquellen für institutionelle Investoren. So gaben nahezu 9 von 10 der Befragten an, diese Berichtsbestandteile sehr intensiv bzw. intensiv zu nutzen. Erst danach folgt der Lagebericht, der als einziges Geschäftsberichtsdokument prospektive Daten enthält, mit einer Quote von 69%. Hierbei scheint der Lagebericht an Bedeutung eingebüßt zu haben, lag er bei der vier Jahre zuvor erstmalig durchgeführten Erhebung im Rahmen dieser Fragestellung noch annähernd gleichauf mit Bilanz und Gewinn- und Verlustrechnung als Bestandteile mit der höchsten Nutzungsintensität.[454]

---

452 Vgl. *Oberdörster* (2009), S. 109; *Baetge/Schulz* (1998), S. 939ff.

453 Hierbei soll lediglich auf die Befunde von Studien mit deutschem Fokus abgestellt werden, da sich die (Pflicht-)Berichtsinstrumente im internationalen Kontext unterscheiden können und sich bspw. ein zum Lagebericht ähnliches Berichtswerk international nicht überall wiederfinden lässt (vgl. Kapitel 3.1). Für einen Überblick über die Ergebnisse internationaler Studien siehe *Bonse* (2004), S. 95ff. Die hier aufgeführten Studien bestätigen im Wesentlichen die herausragende Stellung von GuV, Bilanz sowie weiterführender quantitativer Informationen, bspw. aus der US-amerikanischen MD&A. *Hank* (1999) zeigt zudem, dass GuV und Lagebericht auch für private Investoren hierzulande eine herausragende Stellung bei der Informationsbeschaffung einnehmen. Vgl. *Hank* (1999), S. 200f.

454 Vgl. *Ernst/Gassen/Pellens* (2009), S. 48f.; *Ernst/Gassen/Pellens* (2005), S. 34f.

*Friedrich* (2007) stellt heraus, dass GuV und Segmentberichterstattung als wichtigste Informationsquellen der Geschäfts- und Quartalsberichte von den Finanzanalysten genannt werden. Während jedoch auch Kapitalflussrechnung, Anhang und Bilanz mit Werten zwischen 2,40 und 2,64 auf einer Skala von 0 (völlig unwichtig) bis 3 (sehr wichtig) als hochgradig relevant erachtet werden, wird dem Lagebericht mit einem Wert von 1,76 eine wesentlich geringere Bedeutung beigemessen. Wie *Friedrich* herausstellt, überrascht dieses Ergebnis ob des prospektiven Charakters vieler Informationen innerhalb dieses Berichtsinstruments. Als mögliche Gründe führt der Autor an, dass viele der hier enthaltenen Informationen bereits aus Gesprächen mit dem Unternehmensmanagement bekannt und zudem oftmals positiv verzerrt seien.[455]

Dass der Lagebericht dennoch eine hohe Bedeutung für die Informationsbeschaffung von Finanzanalysten hat, zeigt eine Befragungsstudie von *Kajüter* (2009). Demnach werden innerhalb des Lageberichts insb. der Prognose- und der Risikobericht von den Analysten besonders intensiv verwendet. Im Rahmen der Prognoseberichterstattung haben vornehmlich kurz- bis mittelfristige Managementprognosen über zwei Jahre und die Erläuterung der den Prognosen zugrundeliegenden Prämissen hohes Nutzenpotenzial für die Analysten. Angaben zu Geschäft und Rahmenbedingungen, Forschungs- und Entwicklungsaktivitäten sowie der Nachtragsbericht sind hingegen nur von untergeordneter Bedeutung.[456]

*Schulz* (1999) gelangt bzgl. der Relevanz spezifischer Informationen im Rahmen der Lageberichterstattung zu einer ähnlichen Einschätzung. So erachten 77% der von ihm befragten Analysten Entwicklungsprognosen und Ausblicke der Unternehmensleitung als sehr wichtig. Immerhin 38% der Analysten gaben zudem an, dass die Informationen hierzu unzureichend seien, was im Vergleich zu den übrigen Größen ein weit überdurchschnittlicher Wert ist. Ein höherer Informationsnutzen für die Analysten geht offensichtlich nur noch von spartenbezogenen Segmentinformationen aus, die von 85% als sehr wichtig eingestuft werden. Ebenso wurden Informationen zu geplanten Investitionen von 64% der Analysten als sehr wichtig erachtet. Abweichend von *Kajüter* kann *Schulz* zudem ein großes Interesse an Detailinformationen zu F&E-Ausgaben feststellen.[457]

In Bezug auf einzelne Prognoseberichtsbestandteile liefert die Untersuchung von *Krumbholz* (1994) interessante Ergebnisse.[458] Wertpapieranalysten, die um

455 Vgl. *Friedrich* (2007), S. 222ff.

456 Vgl. *Kajüter* (2009), o.S.

457 Vgl. *Schulz* (1999), S. 212.

458 Vgl. Im Folgenden *Krumbholz* (1995), S. 129ff.

Einschätzungen zur Relevanz von unterschiedlichen Prognoseinhalten gebeten wurden, gaben an, dass sie Umsatz- und Absatzprognosen sowie Prognosen über die erwartete zukünftige Ergebnissituation als hochrelevant erachten. Ebenso schreiben Analysten Prognosen zu Investitionen und zur Branchensituation eine hohe Bedeutung zu. Als weniger relevant werden hingegen Aussagen zu den Bereichen Organisation, Verwaltung und rechtliche Unternehmensstruktur sowie zur künftigen Situation im Personal- und Sozialbereich erachtet. Prognosen über die Finanzierung inkl. der angestrebten Dividendenpolitik eines Unternehmens werden von Analystenseite als durchschnittlich relevant erachtet. Hinsichtlich der Reichweite von Prognosen hält der Großteil der befragten Analysten (86,2%) einen Prognosehorizont von ein bis zwei Jahren für angemessen.

Tabelle 5 liefert einen synoptischen Überblick über die wesentlichen Ergebnisse der einzelnen Studien. Insgesamt kann festgehalten werden, dass Geschäfts- bzw. Quartalsberichte, Analystenkonferenzen und Gespräche mit dem Management einen sehr hohen Informationsgehalt für die Arbeit der Analysten haben.[459]

*Tabelle 5: Untersuchungen zur Bedeutung verschiedener Informationsquellen für Finanzanalysten*

| Quelle | Datenbasis | Methodik | Bedeutung der Informationsquelle für Finanzanalysten |
|---|---|---|---|
| *Lees* (1981) | 123 Analysten, USA | Fragebogen, Interview | Gespräche mit der Unternehmensleitung als wichtigste Informationsquelle, gefolgt von SEC-Filing sowie Geschäfts- und Zwischenbericht. |
| *Chang/Most* (1981) | 123 Analysten, USA<br>76 Analysten, UK<br>62 Analysten, Neuseeland | Fragebogen | Geschäftsberichte stellen das bedeutendste Informationsmedium für Finanzanalysten in den drei untersuchten Ländern dar. Dabei zeigen sich keine Unterschiede in der Bedeutung der Geschäftsberichte in Abhängigkeit der derzeitigen Anlageempfehlung. |

459 Tabelle in Anlehung an *Oberdörster* (2009), S. 65f. mit eigenen Ergänzungen.

| Quelle | Datenbasis | Methodik | Bedeutung der Informationsquelle für Finanzanalysten |
|---|---|---|---|
| *Pike/ Meerjanssen/ Chadwick* (1993) | 92 Analysten, UK 47 Analysten, Deutschland | Fragebogen | Für deutsche (britische) Analysten stellen Geschäfts- und Zwischenberichte die zweitwichtigste (drittwichtigste) Informationsquelle nach Analystenmeetings (und Gesprächen mit Unternehmensvertretern) dar. |
| *Vergoossen* (1993) | 215 Analysten, NL | Fragebogen | Geschäftsberichte als elementare Quelle der Informationsgewinnung mit höchster Relevanz, gefolgt von Analystentreffen und Zwischenberichten. |
| *Krumbholz* (1994) | 29 Analysten, Deutschland | Fragebogen | Prognosen zu erwarteten Ergebnissen, zur Umsatz- und Absatzsituation und den Branchenaussichten mit hoher Bedeutung. Angaben zur erwarteten Entwicklung im Bereich Organisation, Verwaltung, Personal, Soziales und Umweltschutz von untergeordneter Bedeutung. |
| *Barker* (1998) | 42 Analysten (Fragebogen), 31 Analysten (Interview), beide UK | Fragebogen, Interviews | Persönlicher Kontakt zu Unternehmensvertretern und Analystenmeetings als wichtigste Informationsquelle, gefolgt von Ergebnisveröffentlichungen und Geschäftsberichten. |
| *Epstein/ Palepu* (1999) | 140 Analysten, USA | Fragebogen | Persönlicher Kontakt zum Management und Analystenmeetings sind die wichtigsten Informationsquellen, gefolgt von Geschäftsberichten. |
| *Schulz* (1999) | 39 Analysten, Deutschland | Fragebogen | Gespräche mit dem Vorstand als wichtigste Informationsquelle, gefolgt von Zwischen- und Quartalsergebnissen. Geschäftsbericht von 28% als sehr wichtig und von 64% der Befragten als wichtig erachtet. |

| Quelle | Datenbasis | Methodik | Bedeutung der Informationsquelle für Finanzanalysten |
|---|---|---|---|
| *Wichels* (2002) | 44 *Sell-Side* Analysten, 24 *Buy-Side* Analysten, international | Fragebogen | Freiwillige Kommunikationmaßnahmen (Analystenkonferenzen, One-on-Ones, Conference-Calls) als wichtigste Informationsquellen. Geschäftsberichte für *Sell-Side* Analysten signifikant bedeutenderes Informationsinstrument als für *Buy-Side* Analysten. |
| *Glaum/ Friedrich* (2006) | 25 Analysten, UK, Deutschland | Interview | Gespräche mit Unternehmensvertretern als wichtigste Informationsquelle gefolgt von Jahresabschluss/ Quartalsbericht und Analystenkonferenz. |
| *Ernst/Gassen/ Pellens* (2009) | 146 Analysten, international | Fragebogen | Quartals- und Geschäftsberichte als zweit- bzw. drittwichtigste Informationsquelle nach dem direkten persönlichen Kontakt zum Unternehmen. |

### 5.2.2 Informationsverarbeitung

Nachdem durch die Sammlung und Prüfung potenziell relevanter Daten eine umfassende Informationsbasis geschaffen wurde, folgt in einem nächsten Schritt die Auswertung, Interpretation und Verdichtung dieser Informationen durch den Analysten. Dennoch greift der Analyst auch im Laufe des Verarbeitungsprozesses fortlaufend auf neue Informationen zu, die zu Beginn der Verwertung noch nicht verfügbar waren bzw. irrelevant erschienen. Erst durch das Ergebnis dieses Informationsverdichtungsprozesses schafft der Finanzanalyst einen Mehrwert für die Kapitalmarktteilnehmer.[460] Ziel des Prozesses ist es, aus den gewonnenen Informationen eine Prognose des Unternehmenswerts zu erstellen, um hierdurch etwaige Fehlbewertungen am Kapitalmarkt identifizieren zu können.[461] Hierbei lassen sich in prozessualer Hinsicht zwei verschiedene Ansätze voneinander abgrenzen. Beim sog. *Top-Down*-Ansatz steht in erster Linie zunächst die Identifikation makroökonomischer Variablen, die einen potenziellen

460 Vgl. *Oberdörster* (2009), S. 70.

461 Vgl. *Paarz* (2011), S. 59; *Nölte* (2008), S. 97.

Einfluss auf die Unternehmensentwicklung haben könnten, und deren erwartete Ausprägung im Fokus der Analyse.[462] Hierunter fallen sowohl konjunkturelle Indikatoren, wie gesamtwirtschaftliche Wachstumsraten, Geldmengen oder Wechselkursentwicklungen, aber auch Einschätzungen über die politische Stabilität in einem Land.[463] Daran anschließend wird zunächst die Branche analysiert, in der das Unternehmen operiert, um dann in einem dritten Schritt unternehmensspezifische Gegebenheiten eingehender zu betrachten.[464] Diese sind beim sog. *Bottom-Up*-Ansatz Ausgangspunkt der Analyse. Nachdem hier unternehmensindividuelle Einzeldaten prognostiziert wurden, schließt sich erst im Anschluss eine Einbettung in den branchenspezifischen und gesamtwirtschaftlichen Kontext an.[465] In der Bewertungspraxis werden beide Verfahren häufig in Kombination verwendet.[466] *Löffler* (1998) differenziert den Prognoseprozess darüber hinaus nach der verwendeten Prognosetechnik. So können neben subjektive Einschätzungen, die auf den zuvor analysierten Informationen beruhen, ebenso statistisch-gestützte Vorhersagen, bspw. aus Zeitreihenmodellen, treten.[467]

Welche finanzwirtschaftlichen Unternehmenskennzahlen innerhalb einer Planungsrechnung erfasst werden müssen, um eine Einschätzung über die faire

---

462 Vgl. *Bruns/Meyer-Bullerdiek* (2008), S. 129ff.; *Steiner/Bruns/Stöckl* (2012), S. 231ff. Die Bezeichnungen „*Top-Down*" vs. „*Bottom-Up*" sind nicht alleine auf die prozessuale Ausgestaltung des Unternehmensbewertungsprozesses beschränkt. Vielmehr werden hierunter zwei entgegengesetzte Modellierungsprozesse verstanden, die im Rahmen verschiedenster Anwendungsfelder Verwendung finden. So bezeichnet der *Top-Down*-Ansatz im Allgemeinen eine Analyserichtung vom Abstrakten hin zum Konkreten. In Bezug auf die Verwendung im finanzanalytischen Bereich kommt der *Top-Down*-Ansatz überwiegend im Rahmen der Strategieanalyse zum Einsatz, während der *Bottom-Up*-Ansatz vornehmlich im Bereich der Analyse einzelner Unternehmen Anwendung findet. Vgl. *Kadan et al.* (2012), S. 96.

463 Zur Quantifizierung des spezifischen Länderrisikos kann bspw. auf den sog. BERI (Business Environmental Risk Intelligence)- Index zurückgegriffen werden, der von der gleichnamigen Business Environment Risk Intelligence S.A. erstellt wird. Dieser operationalisiert die Investmentfreundlichkeit auf Grundlage eines Punktebewertungssystem, welches verschiedene Kriterien über die politische und wirtschaftliche Stabilität eines Landes im Rahmen einzelner Subindizes (ORI-Index (Operation Risk Index), PRI-Index (Political Risk Index), R-Faktor (Rückzahlungsfaktor)) quantifiziert. Siehe hierzu http://www.beri.com/default.asp, abgerufen am 13.08.2012.

464 Vgl. *Wichels* (2002), S. 66f.

465 Vgl. *Henze* (2004), S. 17.

466 Vgl. *Glaum/Friedrich* (2006), S. 163.

467 Vgl. *Löffler* (1998), S. 20.

Bewertung eines Unternehmens zu ermöglichen, wird durch die Auswahl des jeweiligen Bewertungsverfahrens determiniert. Die in der Praxis bedeutsamsten Verfahren sind *Discounted-Cash-Flow* (DCF)-Verfahren und Multiplikatorverfahren, wobei ersteren hierzulande größere Relevanz zur Bestimmung des fundamentalen Wertes zugesprochen wird.[468] Zudem finden in seltenen Fällen Residualgewinn- und Realoptionsmodelle Anwendung.[469] Hinsichtlich der Verwendung von Jahresabschlussgrößen haben Prognosen zum Umsatz, zum nachhaltigen Gewinn je Aktie oder zu verschiedenen Zwischengewinngrößen, wie *EBITDA* oder *EBIT*, besondere Relevanz.[470] Im Mittelpunkt investitionstheoretischer Bewertungsmethoden, wie dem DCF-Verfahren, steht die Prognose von künftigen Zahlungen, die mit einem risikoadjustierten Zins auf den Bewertungszeitpunkt diskontiert werden.[471] Der resultierende Barwert wird anschließend mit dem beobachtbaren Börsenkurs verglichen, um daraufhin Unter- bzw. Überbewertungen des Wertpapiers zu identifizieren. Multiplikatorverfahren finden in erster Linie Verwendung, um die Ergebnisse aus der investitionstheoretischen Bewertung zu validieren oder falls eine lediglich rudimentäre Informationsbasis über die relevanten Geschäftszahlen vorliegt.[472] Letzteres ist zumeist bei Transaktionsprozessen der Fall, bei denen Multiplikatoren trotz geringer Datenbasis eine Indikation über den fairen Unternehmenswert ermöglichen.[473]

---

468 Vgl. für einen umfassenden Überblick zu den verschiedenen DCF-Verfahren *Ballwieser/Hachmeister* (2013), S. 140ff.

469 Vgl. *Glaum/Friedrich* (2006), S. 167f.

470 Vgl. *Nölte* (2008), S. 98; *Henze* (2004), S. 17; *Wichels* (2002), S. 89. Als nachhaltiges Ergebnis wurde in der Vergangenheit häufig das sog. *Ergebnis je Aktie nach DVFA/SG* ermittelt. Dieses stellt eine gemeinsam von der DVFA und der Schmalenbach-Gesellschaft für Betriebswirtschaft (SG) entwickelte Kennzahl dar, die die Vergleichbarkeit der Ertragskraft eines Unternehmens oder zwischen verschiedenen Unternehmen durch die standardisierte Bereinigung des (Konzern-)Jahresüberschusses um Sondereinflüsse und Rechnungslegungsunterschiede ermöglichen soll. Diese Vereinheitlichung dient insb. dazu, Börsenkursmultiplikatoren, in die diese Größe eingeht, wie z.B. das Kurs-Gewinn-Verhältnis (KGV), vergleichbar zu machen. Vgl. *Busse von Colbe et al.* (2000); *Diehl* (2001), S. 6ff. Allerdings hat die Bedeutung dieser Kennzahl in der Berichterstattungspraxis mit der Einführung der IFRS deutlich abgenommen.

471 Zum Ertragswertverfahren nach IDW S1 siehe *Peemöller/Kunowski* (2012), S. 275ff. Zu den verschiedenen Ausprägungen des *Discounted Cash-Flow*-Verfahrens siehe *Batege et al.* (2012), S. 349ff.

472 Vgl. *Bruns/Meyer-Bullerdiek* (2008), S. 242ff.

473 Vgl. *Seppelfricke* (2012), S. 143.

Bei diesen Verfahren wird der innere Wert eines Unternehmens durch Ableitung aus den Marktpreisen vergleichbarerer Unternehmen unter Zuhilfenahme von Vergleichsgrößen ermittelt, weshalb diese Verfahren auch als Vergleichswertverfahren bezeichnet werden. Als Vergleichsgrößen kommen Daten aus der Gewinn-und-Verlustrechnung oder Cash-Flow-Rechnung in Betracht.[474] In der Praxis finden dabei insb. das Kurs-Gewinn-Verhältnis (KGV), das Kurs-Cash-Flow-Verhältnis (KCV) sowie *Enterprise-Value*-Multiplikatoren Anwendung.[475]

Sowohl bei Multiplikatorverfahren als auch bei den investitionstheoretischen Verfahren werden Ansätze, die zunächst den Gesamtwert des Unternehmen ermitteln (*Enterprise-Value*- bzw. *Entity*-Ansätze) um dann im Anschluss durch Subtraktion des Marktwerts des Fremdkapitals zum fundamental gerechtfertigten Eigenkapitalmarktwert gelangen, von solchen Verfahren unterschieden, bei denen der faire Wert des Eigenkapitals direkt ermittelt wird (*Equity-Value*-Ansätze).[476] Hieraus ergeben sich zum einen Konsequenzen für die Prognose der Zahlungsmittelüberschüsse. Während für die Ermittlung des Unternehmensgesamtwerts die zukünftig frei verfügbaren Cashflows für die Eigen- und Fremdkapitalgeber zu prognostizieren sind (*Free-Cash-Flow*), wird beim *Equity-Value*-Ansatz auf die den Eigenkapitalgebern zufließenden Zahlungsströme (*Flow-to-Equity*) zurückgegriffen. Theoretisch muss der Analyst unabhängig vom gewählten Ansatz eine Prognose des jeweiligen Zahlungsstromes für jede einzelne Periode über die Gesamtlebensdauer des gecoverten Unternehmens erstellen. Da dies offensichtlich unmöglich ist, wird der Planungshorizont in praxi in verschiedene Phasen eingeteilt. Im Rahmen der sog. Phasenmethode werden zunächst Detailplanungen mit konkreten Cash-Flows für einen Zeitraum von i.d.R. drei bis fünf Jahren erstellt, um im Anschluss einen Restwert zu ermitteln, der oftmals als ewige Rente auf einem als nachhaltig angenommenen Cash-Flow basiert. In anderen Fällen wird eine Unternehmensveräußerung unterstellt.[477] Der Restwert (sog. *Terminal Value* oder *Continuing Value*) ist von herausragender Bedeutung, da er oftmals einen Anteil von 70% bis 80% des ermittelten Unternehmenswerts ausmacht.[478]

474 Vgl. *Mandel/Rabel* (2012), S. 81.

475 Vgl. *Steiner/Bruns/Stöckl* (2012), S. 264ff.; *Löffler* (1998), S. 26.

476 Zu den Vor- und Nachteilen einzelner Vergleichsgrößen zur Unternehmenswertbestimmung im Rahmen des Multiplikatorverfahrens vgl. *Löhnert/Böckmann* (2012), S. 689.

477 Vgl. *Seppelfricke* (2012), S. 88f.; *von Ahsen/de Witt* (2009), S. 148f.

478 Vgl. *von Ahsen/de Witt* (2009), S. 149.

Zum anderen wird der zur Diskontierung verwendete Kalkulationszinssatz durch den der Wertermittlung zugrundeliegenden Ansatz determiniert. Während bei einer Nettobetrachtung die Eigenkapitalkosten herangezogen werden, welche bspw. über das *Capital Asset Pricing Modell* (CAPM) bestimmt werden, sind bei einer Bruttoperspektive die gewichteten Gesamtkapitalkosten (*Weighted Average Costs of Capital*, WACC) zur Barwertbestimmung heranzuziehen.[479] Diese bringen sowohl die Verzinsungsansprüche der Eigen- als auch der Fremdkapitalgeber zum Ausdruck. Der jeweilige Diskontierungszins, der die Opportunitätskosten der Kapitalgeber im Rahmen des eingegangenen Investitionsrisikos quantifiziert, wird dabei nicht nur durch unternehmensindividuelle, sondern auch durch gesamtwirtschaftliche und branchenbezogene Faktoren determiniert.[480]

Der Prozess der Informationsverarbeitung setzt sich mit einem Vergleich des ermittelten fundamentalen Unternehmenswertes mit dem Marktwert des Unternehmens fort. Identifiziert der Analyst hierbei eine Wertlücke, so spricht er eine (Des-)Investitionsempfehlung aus.[481] Hierbei kommen allerdings nicht nur die rein finanzwirtschaftlichen Indikatoren zum Tragen, sondern auch strategische Aspekte, die im Rahmen sog. SWOT-Analysen diskutiert werden. Hierbei werden die wesentlichen Stärken (*strengths*), Schwächen (*weaknesses*), Chancen (*opportunities*) und Risiken (*threats*) des Unternehmens analysiert, die einen wesentlichen Einfluss auf die zukünftige Unternehmensentwicklung haben könnten.[482]

### 5.2.3 Informationsdistribution

Die Verbreitung der jeweiligen (Des-)Investitionsempfehlung innerhalb der *Financial Community* erfolgt über sog. *Research Reports*. Im Rahmen derartiger *Reports* werden Details zur konkreten Prognoseerstellung inklusive der zugrundliegenden Annahmen über die weitere Ertrags- oder Cash-Flow-Entwicklung dargestellt.[483] Darüber hinaus werden Informationen zur Branche und den wesentlichen Wettbewerbern (*Peer Group*) bereitgestellt. Finanzanalysten erstellen für jedes von Ihnen gecoverte Unternehmen i.d.R. ein bis

---

479 Vgl. *Seppelfricke* (2012), S. 66ff.

480 Vgl. *Bruns/Meyer-Bullerdiek* (2008), S. 163. *Dörschel/Franken/Schulte* (2010) geben einen ausführlichen Einblick in die Kapitalkostenbestimmung deutscher Unternehmen in der Praxis. Vgl. *Dörschel/Franken/Schulte* (2010), S. 58ff.

481 Vgl. *Nölte* (2008), S. 99.

482 Vgl. *Glaum/Friedrich* (2006), S. 163. Zur SWOT-Analyse vgl. beispielhaft *Busse von Colbe et al.* (2011), S. 15ff.; *Macharzina/Wolf* (2010), S. 342ff.

483 Vgl. *Oberdörster* (2009), S. 72.

zwei ausführliche Studien, welche unterjährig, bspw. nach der quartalsweisen Ergebnisveröffentlichung seitens des Unternehmens, fortlaufend aktualisiert werden.[484] Wie *Henze* herausstellt, interessiert sich die *Financial Community* insbesondere für Gewinnschätzungen und die daraus abgeleitete Anlageempfehlung, die das komprimierte Resultat jeder Studie darstellt.[485] Die Formulierung derartiger Anlageempfehlungen folgt klassischerweise einer dreistufigen Skala, die zwischen Empfehlungen zum Kaufen (*Buy*), Halten (*Hold*) und Verkaufen (*Sell*) eines Wertpapiers differenziert,[486] wobei dieser ordinalen Einteilung zumeist ein Marktindex als Referenzmaßstab zugrunde liegt.[487] Hinsichtlich des Distributionskanals und des Adressatenkreises muss zwischen den Studien von *Buy-* und *Sell-Side* Analysten unterschieden werden. Während die Studienergebnisse von *Buy-Side* Analysten in erster Linie beim Arbeitgeber verbleiben, um die Erkenntnisse für die interne Portfoliosteuerung zu nutzen, werden die Reports ihrer *Sell-Side* Kollegen in einer ersten Phase (*primary dissemination*) zunächst an ausgewählte institutionelle Investoren oder vermögende Privatkunden weitergegeben, bevor sie auch der interessierten Öffentlichkeit, i.d.R. jedoch kostenpflichtig, verfügbar gemacht werden (*secondary dissemination*).[488] Die zeitliche Priorisierung des exklusiven Kundenkreises im Vergleich zur Öffentlichkeit kann dabei bis zu drei Tage umfassen.[489] Die Schätzungen für einzelne Performancegrößen, daraus abgeleitete Zielkurse (*target prices*) und Anlageempfehlungen sind mit der entsprechenden zeitlichen Verzögerung von einigen Tagen zudem über kostenpflichtige Datenbanken, wie Bloomberg oder Thomson Financial, verfügbar. Der Arbeitgeber des *Sell-Side* Analysten erhofft sich von der Veröffentlichung einer (Des-)Investitionsempfehlung Provisionseinnahmen durch das Ausführen der vom Kunden in Auftrag gegebenen Kauf- bzw. Verkaufsaufträge.[490] Die sog. *Equity-Sales* Abteilungen von Bankhäusern nutzen die erstellten Studien zudem als Gesprächsaufhänger und Argumentationsbasis, um

484 Vgl. *Pietzsch* (2004), S. 68; *Friedrich* (2007), S. 77.

485 Vgl. *Henze* (2004), S. 18.

486 Ebenso finden sich in der Praxis feingliedrigere Differenzierungen, die zusätzlich Formulierungen wie akkumulieren (Einstufung zwischen Kaufen und Halten) oder untergewichten (Einstufung zwischen Halten und Verkaufen) enthalten. Inwiefern die Formulierungen zwischen einzelnen Banken für eine vergleichbare Einschätzung variieren, zeigt und kritisiert *Göres* (2004), S. 66.

487 Vgl. *Krotter* (2009), S. 127; *Göres* (2004), S. 29.

488 Vgl. *Pietzsch* (2004), S. 70; *Nölte* (2008), S. 100.

489 Vgl. *Pietzsch* (2004), S. 71.

490 Vgl. *Nölte* (2008), S. 100.

ausgewählte Kunden aktiv anzusprechen und von neuen Anlageideen zu überzeugen, um hierdurch Transaktionseinnahmen erzielen zu können.[491] Dass die Veröffentlichung von Einschätzungen zu signifikanten Kursreaktionen führt und (potentielle) Investoren durch das Befolgen der Empfehlungen auch langfristig Überrenditen erzielen können, verdeutlicht *Wichels* in einem synoptischen Überblick empirischer Erkenntnisse.[492] Die Studienergebnisse zeigen, dass Analystenempfehlungen ein durchaus bedeutender Informationsgehalt zugesprochen werden kann.

Abbildung 8 fasst den idealtypischen Arbeitsprozess der Finanzanalyse in verdichteter Form zusammen.

*Abbildung 8: Arbeitsprozess des Finanzanalysten*

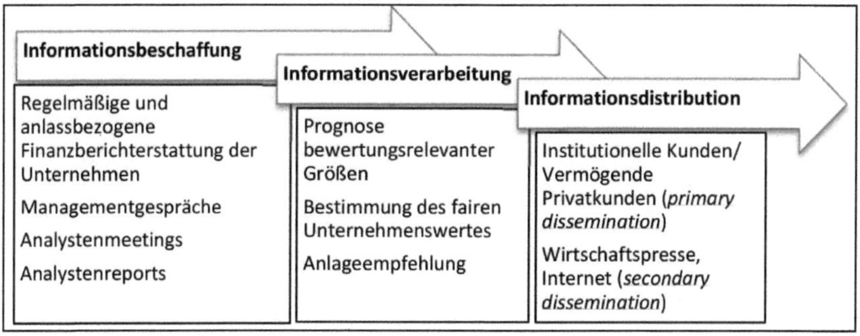


(Quelle: In Anlehnung an *Pietzsch* (2004), S. 72)

## 5.3 Theoretische Fundierung

### 5.3.1 Neoklassische und neoinstitutionelle Finanzierungstheorie

Sowohl die Pflicht zur Prognosepublizität als auch die Tätigkeit von Finanzanalysten können nur unter der Annahme einer asymmetrischen Informationsverteilung zwischen dem Unternehmen und seiner Umwelt begründet werden. Wäre die *Financial Community* jederzeit bestmöglich informiert, ginge kein zusätzlicher Nutzen aus der Veröffentlichung prospektiver Daten bzw. deren Interpretation durch Kapitalmarktexperten hervor.[493]

491 Vgl. *Richter* (2005), S. 42.

492 Vgl. *Wichels* (2002), S. 76.

493 Vgl. *Achleitner/Bassen/Pietsch* (2001), S. 6; *Scieranski* (2010), S. 38.

Die Annahme vollkommener Informationsgleichheit auf dem Kapitalmarkt ist eine der Grundprämissen der neoklassischen Finanzierungstheorie. Diese negiert die Existenz von Informationsasymmetrien zwischen dem Unternehmen und seinen *Stakeholdern* und unterstellt somit, dass alle Kapitalmarktteilnehmer zu jeder Zeit und friktionslos über alle relevanten Tatbestände informiert sind und somit den gleichen Wissensstand haben. Die Kapitalmarktteilnehmer handeln als Nutzenmaximierer zudem jederzeit streng rational. Der Zugang zu Informationen ist kostenlos und die Preise auf den Wertpapiermärkten reflektieren jederzeit und in vollem Umfang alle relevanten Informationen (Informationseffizienzhypothese, vgl. Kapitel 5.3.2).[494] Folglich existieren am Kapitalmarkt keine Fehlbewertungen, da die Wertpapierpreise jederzeit den jeweiligen inneren Werten der Anlagetitel entsprechen. Publizitätssysteme wären bei friktionslosen Kapitalmärkten daher obsolet, da die Kapitalmarktteilnehmer auch ohne aktive Unternehmensberichterstattung jederzeit perfekt über die Unternehmenslage informiert wären.[495] Die Einschätzungen aller Kapitalmarktteilnehmer hinsichtlich des unternehmensspezifischen Rendite-Risikoprofils würden sich entsprechen, da diese auf derselben Informationsgrundlage beruhten und alle Schätzungen rational vorgenommen würden. Unter den genannten Marktbedingungen wäre die Tätigkeit von Informationsintermediären somit nicht vonnöten.[496]

Die eng gefassten Annahmen der neoklassischen Kapitalmarkttheorie bilden einerseits die Grundlage für verschiedene Kapitalmarktgleichgewichtsmodelle. So basieren bspw. das CAPM und die Arbitragepreistheorie (APT) auf den Annahmen der klassischen Finanzierungstheorie. Ebenso fußt das Kapitalstruktur- bzw. Dividendenirrelevanztheorem von *Modigliani* und *Miller* auf neoklassischen Annahmen, die eine Analyse der Wirkungen einzelner Marktunvollkommenheiten erlauben.[497] Andererseits ist unbestritten, dass Kapitalmärkte weder operativ noch allokativ effizient sind. Während operative Effizienz die Abwesenheit von Transaktionskosten verlangt, erfordert Allokationseffizienz wiederum Informationseffizienz, deren Existenz in praxi zumindest in ihrer mittleren und strengen Form angezweifelt werden muss.[498] Die Annahmen leiden somit stark unter ihrer Praxisferne und lassen sich daher nicht

494 Vgl. *Franke/Hax* (2009), S. 434; *Copeland/Weston/Shastri* (2008), S. 442; *Steiner/Bruns/Stöckl* (2012), S. 3.

495 Vgl. *Morich* (2007), S. 52.

496 Vgl. *Nölte* (2008), S. 118; *Franke/Hax* (2009), S. 501; *Paarz* (2011), S. 7.

497 Vgl. *Strzyz* (2013), S. 11f.; *Jansen* (2005), S. 62.

498 Vgl. *Friedrich* (2007), S. 52f. Für eine Diskussion der Interdependenz der unterschiedlichen Kapitalmarkteffizienzdefinitionen siehe *Bienert* (1996), S. 14ff.

uneingeschränkt in die Realität überführen.[499] Insbesondere das Abstrahieren von Informationsasymmetrien erscheint realitätsfern, da sich ansonsten die Pflicht zur Unternehmensberichterstattung nur über eine eventuelle Dokumentations- und Zahlungsbemessungsfunktion, nicht aber über die Informationsfunktion, begründen ließe.

Gegenüber der neoklassischen Finanzierungstheorie hebt die neoinstitutionalistische Finanzierungstheorie die teils realitätsfernen Annahmen eines vollkommenen und vollständigen Kapitalmarkts auf und es werden *„real existierende Phänomene akzeptiert"*[500]. Hier kommt insb. der Berücksichtigung von asymmetrisch verteilten Informationen, die durch unvollkommene Publizität begünstigt werden, beschränkter Rationalität und Transaktionskosten bei der Informationssammlung und Informationsauswertung besondere Bedeutung zu.[501]

Direkte und indirekte Kosten sowohl auf Seite des Unternehmens als auch auf Seite der Publizitätsadressaten mindern zudem die Anreize für eine allumfassende Informationspreisgabe bzw. deren Verarbeitung. Bezüglich des Unternehmens sind dies zum einen die direkten Kosten der Informationsverarbeitung und Informationsvermittlung, die durch das Textieren und das Veröffentlichen sowie durch das Verifizieren bspw. durch einen Wirtschaftsprüfer entstehen.[502] Ein weiterer wesentlicher Hinderungsgrund für vollumfängliche Unternehmenspublizität sind zudem indirekte Wettbewerbskosten. Gibt das Unternehmen sensible Informationen preis, so entstehen dem Unternehmen möglicherweise in der Folge Gewinneinbußen, da Wettbewerber das Geschäftsmodell adaptieren oder neue Konkurrenten zum Markteintritt ermutigt werden.[503] Diese Faktoren führen in der Tendenz zu einem rational nachvollziehbaren Zurückhalten von Informationen, welches allerdings nur für nicht ad-hoc pflichtige Informationen unterstellt werden darf, da hierzulande ansonsten ein Verstoß gegen die Insiderregelungen des WpHG vorliegen würde.[504] Das Unternehmen wird nur dann freiwillige Informationen preisgeben, wenn der Nutzen der Veröffentlichung die hier aufgeführten Kosten kompensieren kann.[505]

499 Vgl. *Steiner/Bruns/Stöckl* (2012), S. 34.
500 *Morich* (2007), S. 50.
501 Vgl. *Scieranski* (2010), S. 42; *Paarz* (2011), S. 8.
502 Vgl. *Wagenhofer/Ewert* (2007), S. 334.
503 Vgl. *Sifi* (2010), S. 26.
504 Vgl. *Wagenhofer/Ewert* (2007), S. 334.
505 Vgl. *Barth* (2009), S. 35.

Dem Berichtsadressaten wiederum entstehen Kosten aus der Sammlung und der Verifizierung der publizierten Informationen. Der Verifikationsmechanismus soll die Glaubwürdigkeit von Informationen sicherstellen. Dennoch haftet Prognosen eine inhärente Unsicherheit an, da der Wahrheitsgehalt prospektiver Informationen ex ante regelmäßig nicht vollständig beurteilbar ist und prognostische Informationen somit nur auf Plausibilität überprüft werden können.[506] Aufgrund dieser Transaktionskosten kann die neoinstitutionalistische Finanzierungstheorie vor dem Hintergrund der aufgezeigten Spezialisierungsvorteile beim Sammeln, Verwerten und Verdichten der Informationen die Einschaltung eines Finanzintermediärs erklären.[507]

Da sich im Gegensatz zur neoklassischen Theorie der fundamentale Unternehmenswert zudem nicht automatisch mit dem am Markt beobachtbaren Preis deckt, trägt der Analyst mit der Identifizierung von eventuellen Fehlbewertungen zur effizienten Kapitalallokation bei. Inwiefern es überhaupt zu Bewertungsdifferenzen zwischen dem am Markt beobachtbaren und dem fundamentalen Unternehmenswert kommen kann, ist letztlich eine Frage der Informationseffizienz des Kapitalmarkts. Daher gilt es, diese Informationseffizienz des Kapitalmarkts sowohl aus theoretischer Sicht als auch aus Basis empirischer Befunde im nachfolgenden Kapitel zu hinterfragen und somit die Relevanz der Analystentätigkeit zu verdeutlichen.

### 5.3.2 Informationseffizienz des Kapitalmarkts

Aus den vorherigen Ausführungen geht hervor, dass Finanzanalysten bedingt durch ihre Funktion als Informationsintermediäre eine herausragende Rolle einnehmen. Durch ihre Expertise bei der Sammlung, Auswertung und Verdichtung von Unternehmensinformationen und ihre Urteilsbildung über die Vorteilhaftigkeit einer Beteiligung an einem Unternehmen, tragen sie zu einer effizienten Allokation auf den Kapitalmärkten bei.[508] Der durch sie übertragene Wissensfortschritt ermöglicht institutionellen und privaten Investoren die Eintrittswahrscheinlichkeiten entscheidungsrelevanter Umweltzustände neu zu bewerten, um daraus ggf. Anpassungen hinsichtlich Anlage- oder Investitionsentscheidungen vornehmen zu können. Die Informationsverarbeitung und Kommunikation des Verarbeitungsresultats determinieren über die daraus

506 Vgl. *Sifi* (2010), S. 41.

507 Vgl. *Franke/Hax* (2009), S. 501. Siehe zu den Spezialisierungsvorteilen von Intermediären bei der Finanzanalyse auch Kapitel 5.2.

508 Vgl. *Paarz* (2011), S. 21ff.

abgeleiteten (Des-)Investitionsentscheidungen der Investoren die Qualität des an einem Kapitalmarkt festgestellten Preises eines Wertpapiers.[509] Der Preis ist dabei von höchster Qualität, wenn er die gegebene Informationsmenge zu jedem Zeitpunkt in rationaler Weise vollständig widergibt. Nach *Krämer* (2001) ist ein Kapitalmarkt dann als effizient (korrekter: informationseffizient) zu bezeichnen, wenn *„die Preise der gehandelten Aktiva zu jedem Zeitpunkt den sachlich „rationalen" Preisen entsprechen"*, wobei ein Preis dann als rational gilt, *„wenn er den geeignet abdiskontierten künftigen Zahlungen entspricht, die dem Besitzer des Aktivums erwachsen, und „Informationseffizienz" bedeutet, dass sich alle Informationen über diese künftigen Zahlungen unverzüglich und auf „rationale" Weise in den Kursen niederschlagen."*[510] Auf einem als vollständig informationseffizient zu bezeichnenden Kapitalmarkt hängt der Preis somit nur von zukünftig auftretenden Informationen ab und ist daher nicht rational prognostizierbar, was die Existenz des Finanzanalysten grundlegend infrage stellen würde.[511]

Das hier angesprochene Konzept der Informationseffizienz auf Kapitalmärkten geht zurück auf *Fama* (1970).[512] Ein (informations-)effizienter Kapitalmarkt[513], auf dem (a) keine Transaktionskosten bestehen, (b) die Marktteilnehmer kostenlos Zugang zu den verfügbaren Informationen haben und (c) Homogenität in den Erwartungen der Kapitalmarktteilnehmer besteht, zeichnet sich dadurch aus, „[that] *its prices always fully reflect available information*"[514]. Diese Definition impliziert, dass Preisanpassungsprozesse unverzüglich mit dem Auftreten neuer

509 Vgl. *Stanzel* (2007), S. 13ff.

510 *Krämer* (2001), Sp. 1267. Zur Abgrenzung der Informationseffizienz von anderen Effizienzbegriffen siehe *Sapusek* (1998), S. 13ff.

511 Vgl. *Krotter* (2009), S. 124; *Stanzel* (2007), S. 24.

512 Vgl. *Fama* (1970), S. 383ff. Eine Diskussion alternativer Informationseffizienzdefinitionen liefert bspw. *Sapusek* (1998), S. 32ff.

513 Im weiteren Verlauf wird unter Kapitalmarkteffizienz stets der Prozess der effizienten Informationsverarbeitung verstanden. Andere Formen der Kapitalmarkteffizienz, wie die der Effizienz im technischen oder institutionellen Sinne, werden hier ausgeklammert. Vgl. hierzu *Bruns/Meyer-Bullerdiek* (2008), S. 73.

514 *Fama* (1970), S. 383 und 387. Weiterhin führt *Fama* hierzu aus: *„The primary role of the capital market is allocation of ownership of the economy's capital stock. In general terms, the ideal is a market in which prices provide accurate signals for resource allocation: that is, a market in which firms can make production-investment decisions and investors can choose among the securities that represent ownership of firms' activities under the assumption that security prices at any time "fully reflect" all available information."* *Fama* (1970), S. 383.

Informationen abgeschlossen sind. Auf informationseffizienten Kapitalmärkten kommt es somit umgehend zu einem optimalen Ausgleich zwischen Überschuss- und Defiziteinheiten von Kapital und damit zu einer gesamtwirtschaftlich effizienten Kapitalallokation.[515] In Abhängigkeit vom Umfang der zur Verfügung stehenden und damit eingepreisten Informationen definiert *Fama* drei unterschiedliche Stufen der Informationseffizienz, wobei eine Stufe von der nächsthöheren eingeschlossen ist.

Auf schwach („*weak*") informationseffizienten Märkten sind zu jedem Zeitpunkt sämtliche historischen Informationen in den Wertpapierkursen enthalten. Dies bedeutet, dass auf Grundlage der technischen Wertpapieranalyse, die vergangene Kursmuster in die Zukunft projiziert, keine systematische Überrendite erzielt werden kann, da vergangene Kursbilder stets im aktuellen Wertpapierkurs berücksichtigt sind.[516]

Liegt hingegen Informationseffizienz im halbstrengen Sinne („*semi-strong*") vor, so sind jederzeit alle öffentlich verfügbaren Informationen, wie sie bspw. im Rahmen der Finanzberichterstattung publiziert werden, im gegenwärtigen Kurs enthalten. Die Möglichkeit, durch Auswertung dieser Informationen mittels der Fundamentalanalyse eine Überrendite zu erzielen, besteht somit nicht. *Research Reports*, die lediglich auf Grundlage öffentlich verfügbarer Informationen erstellt wurden und der Öffentlichkeit bekannte Informationen aus Gesprächen mit Unternehmensvertretern, Analystenkonferenzen oder unternehmensinternen Plandaten enthalten, trügen demnach nicht zu einer Steigerung der Informationseffizienz bei.[517]

Als streng informationseffizient („*strong*") gilt ein Markt dann, wenn die Preise der dort gehandelten Wertpapiere zu jeder Zeit alle bewertungsrelevanten Informationen widerspiegeln, auch wenn es sich dabei um Insiderinformationen handelt. Aus der Auswertung letzterer würde sich bei Vorliegen strenger Informationseffizienz kein Informationsvorsprung und damit auch keinerlei Möglichkeit ergeben, Überrenditen zu erzielen.

---

515 Vgl. *Stanzel* (2007), S. 26.

516 Vgl. *Steiner/Bruns/Stöckl* (2012), S. 40.

517 Vgl. *Paarz* (2011), S. 21.

*Abbildung 9: Stufen der Informationseffizienz*

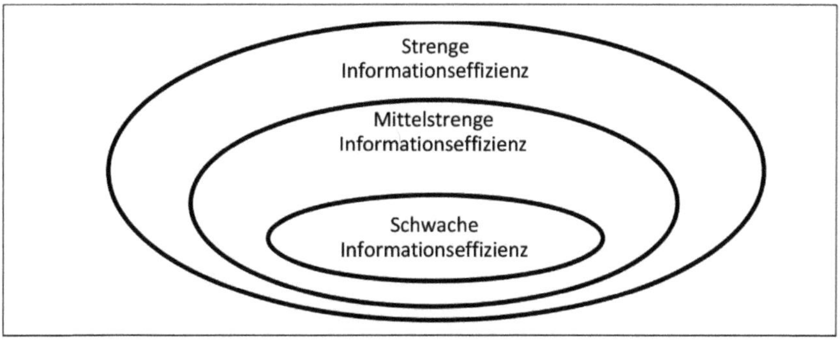


(Quelle: In Anlehnung an *Steiner/Bruns/Stöckl* (2012), S. 40.)

Welchen Grad der Informationseffizienz Wertpapiermärkte realiter aufweisen, ist sowohl aus theoretischer als auch aus praktischer Perspektive von erheblicher Relevanz. So beruhen bekannte Kapitalmarkt- und Bewertungsmodelle auf der Prämisse effizienter Kapitalmärkte.[518] Praktische Implikationen hat diese Annahme im Hinblick auf die Möglichkeit, mit verschiedenen Analyseverfahren Überrenditen erzielen zu können. Letztlich basieren aktive Anlagestrategien auf der Annahme, dass Wertpapiermärkte gerade nicht informationseffizient sind und das Beschaffen und Auswerten von Informationen zur Identifikation von Unter- bzw. Überbewertungen einzelner Wertpapiere beiträgt, welche beim Vorliegen strenger Informationseffizienz ohnehin nicht existieren dürften. Daher wäre eine passive Anlagemanagementtechnik die langfristig dominante Anlagestrategie.[519]

Aufgrund der weitreichenden Konsequenzen widmet sich eine Vielzahl empirischer Analysen der Frage nach der Informationseffizienz von Kapitalmärkten. Da die Informationseffizienz eines Marktes nicht direkt beobachtbar ist, wird hierbei auf Grundlage von erzielbaren Überrenditen bei gegebener Informationsmenge auf den Grad der Informationseffizienz geschlossen.[520] Lassen sich lineare und nicht lineare Abhängigkeiten der Aktienrenditen beobachten, so deutet dies auf Informationsineffizienzen hin, da der Preis eines Wertpapiers – einem Random-Walk folgend- nicht ausschließlich durch neue Informationen beeinflusst wird, sondern vielmehr auch von anderen Determinanten beeinflusst

518 Vgl. *Möller/Hüfner* (2001), Sp. 1281.

519 Vgl. *Bruns/Meyer-Bullerdiek* (2008), S. 73; *Hong/Kubik* (2003), S. 82.

520 Vgl. *Paarz* (2011), S. 24. Zur Problematik der empirischen Überprüfbarkeit der Informationseffizienz auf Kapitalmärkten siehe *Sapusek* (1998), S. 43.

wird.[521] Demnach wird die Existenz streng informationseffizienter Märkte regelmäßig negiert.[522] So lassen sich bspw. bereits im Vorfeld der Veröffentlichung von Plänen zu Unternehmensakquisitionen oder Kapitalmaßnahmen regelmäßig signifikante Aktienkursreaktionen und Umsatzanstiege beobachten, die vermuten lassen, dass Insider einen gewinnbringend verwertbaren monopolistischen Wissenszugang haben.[523] Zudem zeigen *Großmann/Stiglitz* (1980) theoretisch, dass ein Kapitalmarkt, auf dem Informationseffizienz im strengen Sinne herrscht, zwangsläufig zusammenbrechen muss, da unter Berücksichtigung von Transaktionskosten der Informationssuche und Informationsauswertung keinerlei Anreize für die Kapitalmarktteilnehmer bestehen, aktiv am Informationsbeschaffungs- und Informationsauswertungsprozess teilzunehmen. Der hiermit verbundene Aufwand könnte nicht durch potenziell erzielbare Überrenditen abgegolten werden, da annahmegemäß keine Unter- bzw. Überbewertungen vorliegen und somit auch keine Überrenditen erzielt werden können.[524] Begibt sich aber niemand auf Informationssuche, so können nicht sämtliche Unternehmensinformationen im Aktienkurs eskomptiert werden (Informationsparadoxon).[525] Daher kommt auch Fama zu der Erkenntnis, dass „*(...) the extreme version of the efficiency hypothesis is surely false.*“[526] Die Negierung der strengen Form der Informationseffizienz ist notwendige Voraussetzung für die ökonomische Legitimation des Informationsverarbeitungsprozesses durch Finanzanalysten, allerdings darf ebenso keine Informationseffizienz im mittelstrengen Sinne herrschen.[527] Nur wenn auch öffentlich verfügbare Informationen nicht vollumfänglich im Wertpapierkurs eingepreist sind, kann ein Investor eine über der Marktrendite liegende Nettorendite durch die Informationsverarbeitung durch den Analysten erzielen.[528] Daher gehen Studien, die sich mit der Existenz der mittelstrengen Informationseffizienz auf Kapitalmärkten auseinandersetzten, zum einen der Frage nach, ob die Renditen von Aktienportefeuilles oder Fonds, welche einem aktiven Auswahlprozess unterliegen, risikoadjustierte Benchmarkrenditen, die

521 Vgl. *Sapusek* (1998), S. 36f.

522 Für einen Überblick über empirische Studien, die sich mit der Fragestellung der strengen Informationseffizienz auseinandersetzen, vgl. *Copeland/Weston/Shastri* (2008), S. 485f.; *Fama* (1991), S. 1603ff.

523 Vgl. *Steiner/Bruns/Stöckl* (2012), S. 42; *Fama* (1970), S. 409f.

524 Vgl. *Grossmann/Stiglitz* (1980), S. 401ff.

525 Vgl. *Michaelsen* (2001), S. 13.

526 *Fama* (1991), S. 1575.

527 Vgl. *Wichels* (2002), S. 55.

528 Vgl. *Richter* (2005), S. 28.

bspw. über das CAPM abgeleitet werden können[529], systematisch übertreffen können. Dies wäre dann der Fall, wenn Fehlbewertungen identifiziert und durch Preisanpassungen, die durch entsprechende Kauf- und Verkaufsaufträge ausgelöst werden, über einen mehr oder minder langen Zeitraum arbitragiert würden. Diesbezügliche Analysen kommen dabei je nach Untersuchungssample und Methodik zu unterschiedlichen Ergebnissen.[530]

Wie auch beim Testen der strengen Informationseffizienz, kann der oben beschriebene Preisanpassungsprozess auch bei Untersuchungen zur mittelstrengen Informationseffizienz im Rahmen kurzfristiger Ereignisstudien analysiert werden, indem der Preisanpassungsprozess eines Wertpapiers bei Auftreten neuer Informationen im Rahmen weniger Tage bzw. Stunden um den Bekanntgabezeitpunkt betrachtet.[531] Entsprechende empirische Studien aus dem deutschen Raum, die die kurzfristigen Kursreaktionen auf die Veröffentlichung von Unternehmensinformationen unterschiedlicher Art, insb. jedoch Rechnungslegungsinformationen, analysieren, stellen mehrheitlich die Informationseffizienz in Frage.[532] Demnach stützen diese Befunde die These, dass die Informationssuche für die Anlageentscheidung relevant und lohnenswert ist.

Tests auf das Vorliegen schwacher Informationseffizienz kommen ebenso zu unterschiedlichen Befunden, bestätigen jedoch tendenziell deren Existenz. Das Gros der umfangreichen empirischen Literatur zu diesem Thema kann keine systematische Überlegenheit der technischen Analyse, die in erster Linie als Timing-Instrument für (Des-)Investitionsentscheidungen dienen soll, gegenüber einer reinen *Buy-and-Hold*-Strategie feststellen.[533] So konstatiert bereits *Sharpe* (1975), dass *"the potential gains from market timing are likely to be modest at best, and that only a manager with truly superior predictive ability should even attempt to time the market."*[534] Allerdings darf ebenso nicht unerwähnt bleiben, dass sich je nach

---

529 Vgl. zu den verschiedenen empirischen Modellen zur Analyse einer Benchmarkrendite *Copeland/Weston/Shastri* (2008), S. 472f.

530 Für einen Überblick über empirische Studien, die sich mit der Fragestellung der mittelstrengen Informationseffizienz im Hinblick auf die langfristige Preisanpassung von Wertpapieren befassen, vgl. *Copeland/Weston/Shastri* (2008), S. 497ff.; *Fama* (1991), S. 1603ff.

531 Vgl. *Paarz* (2011), S. 25.

532 Für einen Überblick über empirische Studien, die sich mit der Fragestellung der mittelstrengen Informationseffizienz im Hinblick auf die Kursreaktionen von Wertpapieren in der kurzen Frist befassen, vgl. *Möller/Hüfner* (2001), Sp. 1281f.

533 Für einen Literaturüberblick s. bspw. *Scholz/Walther* (2011), S. 3ff.; *Dorfleitner/Klein* (2002), S. 497ff.; *Dornbusch* (1999), S. 109f.

534 *Sharpe* (1975), S. 60f.

Beobachtungszeitraum empirische Marktanomalien in Form von wiederkehrenden Renditemustern zeigen. Diese Regelmäßigkeiten (*Turn-of-the-year*-Effekt, *Day-of-the-week*-Effekt, Feiertags-Effekt, *Firm-Size*-Effekt, *Long-Run IPO-Underperformance*, etc.) müssen jedoch nicht zwingend auf Informationsineffizienzen zurückzuführen sein, falls dynamische Asset-Pricing-Modelle als Benchmark für die Ermittlung einer Überrendite verwendet werden und widersprechen somit nicht zwingend der Random-Walk-Hypothese.[535]

Es bleibt festzuhalten, dass keine Form der Informationseffizienz hinsichtlich ihrer Existenz so kontrovers diskutiert wurde wie die der halbstrengen Informationseffizienz.[536] Während die Existenz der strengen Form negiert werden kann, wird sie für die schwache Form der Informationseffizienz tendenziell bestätigt.

Allerdings weisen *Copeland/Weston/Shastri* (2008) darauf hin, dass die Ergebnisse derartiger Studien aufgrund der ihnen zugrunde liegenden Annahmen zu relativeren sind.[537] So stellt sich zum einen das Problem, dass zur Bestimmung von Überrenditen zunächst „normale" Renditen ermittelt werden müssen, deren Berechnung Spielräume lässt. Zudem kann das Modell in Abhängigkeit von der gewählten Stichprobe und des Untersuchungszeitraums widersprüchliche Ergebnisse liefern. Nicht zuletzt muss statistische Signifikanz nicht immer mit ökonomischer Signifikanz einhergehen[538], da oftmals Geld/Brief-Spannen und Brokergebühren außer Acht gelassen werden, die die ermittelten Überrenditen, bspw. bei notwendigen Transaktionen im Rahmen von Portfolioumschichtungen, mindern, so dass etwaige Arbitragegewinne überschätzt werden.

Neben Informationsineffizienzen, die dazu führen, dass Marktpreise nicht alle bewertungsrelevanten Informationen eines Assets widerspiegeln, bestehen Marktunvollkommenheiten dahingehend, als dass die Akteure, die für den Preisbildungsprozess verantwortlich sind, nicht stets rational handeln. So behindern kognitive Grenzen der Informationswahrnehmung und -verarbeitung, individuelle Entscheidungsheuristiken und Verhaltensanomalien den effizienten Preisbildungsprozess.[539] Der sich mit der Analyse dieser Verhaltensweisen unter

---

535 Vgl. *Sapusek* (1998), S. 141, welche an dieser Stelle auch auf verschiedene Studien zu den aufgeführten Anomalien verweist.

536 Vgl. *Steiner/Bruns/Stöckl* (2012), S. 43.

537 Vgl. *Copeland/Weston/Shastri* (2008), S. 486f.

538 Vgl. *Bauer/Fertig/Schmidt* (2009), S. 204.

539 Vgl. *Stanzel* (2007), S. 27f. Einen detaillierten Überblick über entsprechende Heuristiken geben bspw. *Ackert/Deaves* (2010), S. 83ff.; *Holtfort/Issagholian Hadani* (2009), S. 570ff.; *Goldberg/von Nitzsch* (2004), S. 51ff. Für eine Diskussion der Verhaltensanomalien von Finanzanalysten siehe *Fazley* (2008), S. 117ff.

dem Begriff der *Behavioral Finance* zu subsumierende Strang der verhaltenstheoretischen Wirtschaftswissenschaft negiert das nutzenmaximierende Verhalten des rational handelnden Homo oeconomicus. Durch Analyse psychodynamischer Faktoren (z.B. Emotionen oder Motivationen), die bspw. überschießende Kursreaktionen oder Blasen hervorrufen können, wird versucht, irrationales Verhalten zu antizipieren und durch Berücksichtigung in klassischen finanzierungstheoretischen Modellen gewinnbringend einzusetzen.[540] Allerdings stellt sich oftmals das Problem der fehlenden ökonomischen Operationalisierung derartiger kognitiver, emotionaler oder motivationaler Limitierungen.[541]

### 5.3.3 Finanzanalysten und Agency Probleme

#### *5.3.3.1 Agency Theorie*

Wie zuvor dargestellt, herrschen auf dem Kapitalmarkt Informationsasymmetrien zwischen dem Unternehmen und seinen *Stakeholdern*. Zum einen kann aufgrund der verschiedenartigen Einschränkungen nicht davon ausgegangen werden, dass die Publizität des Unternehmens allumfassend ist, zum anderen kommt es aufgrund von Irrationalitäten bei der Informationswahrnehmung und -verarbeitung sowie daran anknüpfender Handlungen einzelner Adressaten zu Kapitalfehlallokationen. Finanzanalysten reduzieren als Informationsintermediäre derartige Ineffizienzen durch Unterstützung des Informationsflusses zwischen Unternehmen und Adressaten, insb. den Kapitalgebern.[542] Im Folgenden soll ihre Rolle als Intermediär vor dem Hintergrund der in der Literatur diskutierten Verhaltensanreize, denen Finanzanalysten ausgesetzt sind, detailliert beleuchtet werden.

Die Beziehung zwischen den Kapitalgebern und der Unternehmensleitung ist eine klassische Prinzipal-Agenten-Beziehung, bei der Eigentum und Kontrolle über das zur Verfügung gestellte Kapital auseinanderfallen. *Jensen/Meckling* (1976) definieren derartige Beziehungen wie folgt: „*We define an agency relationship as a contract under which one or more persons (the principal(s)) engage another person (the agent) to perform some service on their behalf which involves delegating some decision making authority to the agent.*“[543] Durch die Spezialisierung des Agenten (Unternehmensleitung) entstehen diesem regelmäßig

540 Einen historischen Überblick über Kapitalmarktblasen liefert *Eustermann* (2010), S. 8ff.

541 Vgl. *Bruns/Meyer-Bullerdiek* (2008), S. 81f.

542 Vgl. *Oberdörster* (2009), S. 62.

543 *Jensen/Meckling* (1976), S. 308.

Informationsvorsprünge gegenüber dem Prinzipal (Kapitalgeber), die in der Natur der Sache liegen und nicht per se schädlich sind.[544] Hinzu kommt, dass derartige Vereinbarungen Risiken reduzieren, da die Bereitstellung von Kapital durch eine Vielzahl von Anteilseignern geschieht und das unternehmerische Risiko breit gestreut werden kann. Jedoch besteht zwischen den beiden Gruppen in der Regel eine Interessendivergenz zwischen den verfolgten Zielen.[545] Aktionäre, die die Entscheidungsbefugnisse an die Unternehmensleitung übertragen haben, sehen sich regelmäßig der Gefahr ausgesetzt, dass das Management sich nicht nutzenmaximierend in ihrem Sinne verhält, also nicht primär eine möglichst hohe Verzinsung bei optimaler Diversifikation der übertragenen Mittel anstrebt, sondern möglicherweise mit diesem Ziel in Widerspruch stehenden Aktivitäten und Interessen nachgeht (*Moral Hazard*).[546] Problematisch ist in diesem Zusammenhang, dass die Aktivitäten des Agenten für den Prinzipal nicht beobachtbar sind. Stattdessen kann lediglich das Ergebnis seiner Handlungen antizipiert werden, welches jedoch vielfältigen exogenen Einflussfaktoren unterliegt und somit keinen zweifelsfreien Rückschluss auf die Leistung des Agenten ermöglicht. Daher besteht die Gefahr, dass letzterer seinen Nutzen zu Lasten des Prinzipals erhöht.[547] Der durch den Informationsvorsprung des Agenten entstehende diskretionäre Handlungsspielraum kann entweder zu Müßiggang oder zur Erzielung finanzieller Vorteile genutzt werden.[548] So könnte es im Anschluss an die Kapitalüberlassung („nach Vertragsabschluss") durch den Anteilseigner zu opportunistischen Verhaltensweisen seitens des Managements kommen, die nicht darauf abzielen, den Marktwerkt des Eigenkapitals zu steigern. Stattdessen könnten die Handlungen des Managements auf unverhältnismäßige Vergünstigungen und Annehmlichkeiten („*Consumption on the job*" oder „*Shirking*") für die Unternehmensleitung abzielen oder auf den Ausbau des eigenen Herrschaftsbereichs ausgerichtet sein.[549] Ebenso wäre zu erwarten, dass der Arbeitseinsatz

544 Vgl. *Paarz* (2011), S. 9.

545 Vgl. *Friedrich* (2007), S. 57.

546 Vgl. *Richter* (2005), S. 37.

547 Vgl. *Wichels* (2002), S. 50; *Spreemann* (1990), S. 566.

548 Vgl. *Spreemann* (1990), S. 571.

549 Vgl. *Perridon/Steiner/Rathgeber* (2009), S. 25; *Friedrich* (2007), S. 58. Auf die Gefahren opportunistischer Verhaltensweisen vor Vertragsabschluss (*Adverse Selection*) soll an dieser Stelle nicht vertieft eingegangen werden. Der Vollständigkeit wegen sei jedoch erwähnt, dass sich Investoren bereits im Vorfeld der Kapitalbereitstellung mit dem Problem konfrontiert sehen, dass sie die Qualität des Unternehmens bzw. die Fähigkeiten des Managements nicht abschließend beurteilen können (Problem

nicht über das zur Sicherung des Einkommensstroms erforderliche Mindestmaß hinausgeht, sollte die jeweilige Vergütung nicht an den Unternehmenserfolg gekoppelt sein.[550] Um die damit verbundenen Nutzeneinbußen seitens der Aktionäre zumindest einzuschränken, sollten diese bestrebt sein, derartig opportunistischem Verhalten entgegenzuwirken.[551] Hierzu können vertragliche Vereinbarungen zwischen den Anteilseignern und den angestellten Managern getroffen werden, die die maximale Entnahme unentgeltlicher Vorteile durch das Management klar festlegt. Allerdings verursacht die Implementierung von Kontrollmechanismen, die die Einhaltung der getroffenen Vereinbarungen gewährleisten sollen, wiederum *Monitoring Costs*, also Aufwendungen für das fortwährende Überwachen der Aktivitäten des Managements durch die Kapitalgeber.[552] Denkbar ist auch eine freiwillige Auferlegung von Verhaltenspflichten durch das Management (*Bonding*).[553] Dennoch können diese Aktivitäten nicht gewährleisten, dass sich die Agenten stets nutzenmaximierend im Sinne ihrer Prinzipale verhalten, da der Nutzengewinn der Prinzipale die Kosten einer vollständigen Durchsetzung der vertraglichen Vereinbarung nicht decken kann, so dass trotz der Bemühungen ein sog. *residual loss* verbleibt.[554]

#### *5.3.3.2 Minderung der Agency-Kosten durch Informationsintermediäre*

Finanzanalysten als unabhängige Informationsintermediäre können die mit der Informationsasymmetrie verbundenen Agency-Kosten senken, in dem sie das Unternehmen im Auftrag der Kapitalgeber fortlaufend beobachten (*Delegated Monitoring*).[555] Dabei stehen dem Analysten indirekte Disziplinierungs- und

---

der „*Hidden Characteristics*"). Dies kann durch „*Screening*"-Aktivitäten der Prizipale bzw. „*Signaling*"-Aktivitäten der Agenten abgemildert werden. Vgl. *Spreemann* (1990), S. 566; *Paarz* (2011), S. 11.

550 Vgl. *Franke/Hax* (2009), S. 58. *Wichels* (2002) differenziert nach Leistungsanreiz-, Nutzenpräferenz-, Risikopräferenz- sowie Zeitpräferenzproblematik. Vgl. *Wichels* (2002), S. 51.

551 Vgl. *Friedrich* (2007), S. 58.

552 Vgl. *Gerke* (2001), Sp. 29.

553 Vgl. *Richter* (2005), S. 38.

554 Vgl. *Michaelsen* (2001), S. 144; *Jensen/Meckling* (1976), S. 308.

555 Vgl. *Jensen/Meckling* (1976), S. 354f. Diese Funktion wird in abgeschwächter Form auch von anderen Informationsintermediären, wie Börseninformationsdiensten bzw. Börsenbriefen, Wirtschaftsjournalisten, etc. wahrgenommen. So beschreibt *Michaelsen* (2001) die Prinzipal-Agent-Problematik bei der Informationsintermediation durch Börsenbriefe. Vgl. *Michaelsen* (2001), S. 150ff.

Sanktionierungsmöglichkeiten zur Verfügung, da der Analyst im Rahmen von Veröffentlichungen und Empfehlungen die Aktivitäten der Unternehmensleitung kommentieren und bewerten kann. Zudem dienen Analystenkonferenzen als Plattform, im Rahmen derer das Management zu operativen oder strategischen Entscheidungen befragt werden kann, so dass dieses Rechtfertigungsdruck fürchten muss.[556] Analysten können diese direkten Kanäle nutzen, um das Management zum Handeln im Sinne der Kapitalgeber zu bewegen, was ihren Beitrag zu einer wirkungsvollen externen Unternehmenskontrolle (*Corporate Governance*[557]) verdeutlicht.[558]

Durch ihre Expertise verfügen Finanzanalysten im Vergleich zu den Kapitalgebern über Spezialisierungsvorteile bei der Überwachung des Managements.[559] Diese resultieren in Kostenvorteilen, da der Informationsbeschaffungs- und Informationsverarbeitungsprozess im Interesse vieler Investoren gleichzeitig wahrgenommen werden kann und die dem Prozess zugrunde liegenden Informationen über mehrere Perioden hinweg vom Finanzanalysten (wieder-)verwertet werden können (*economies of scale*).[560] Zudem sind Finanzanalysten i.d.R. für die branchenspezifische Unternehmenscoverage verantwortlich, so dass sich einmal erworbene Spezialkenntnisse auf diverse Unternehmen derselben Branche übertragen lassen (*economies of specialisation*).[561] Zudem können relevante Informationsquellen schneller identifiziert und deren Verlässlichkeit besser eingeschätzt werden, was eine präzisere und zeitnähere Informationsverwertung unterstützt.[562] Der Kapitalgeber profitiert von diesen Spezialisierungsvorteilen, da ihm die Branchenexpertise den Aufbau eines diversifizierten Portfolios erlaubt und das unsystematische Risiko bei der Kapitalanlage bedeutend gesenkt werden kann.[563] Darüber hinaus stehen Analysten den Kapitalgebern bei der Beantwortung unternehmensspezifischer Fragestellungen als Ansprechpartner

---

556 Vgl. *Achleitner/Bassen/Pietzsch* (2001), S. 49.

557 Zum Begriff der *Corporate Governance* siehe *von Werder* (2011), S. 186.

558 Vgl. *Friedrich* (2007), S. 59; *Bessler/Stanzel* (2006), S. 230.

559 Vgl. *Franke/Hax* (2009), S. 501.

560 Vgl. *Müller* (2005), S. 23; *Michaelsen* (2001), S. 70ff.; *Diamond* (1984) verweist in seinem Modell auf die Vorteilhaftigkeit des Einbezugs von Finanzintermediären bei Kreditbeziehungen. Jedoch stellt er heraus, dass sich das verwendete Modell sowie die daraus abgeleitete Aussage auch auf andere Informationsintermediäre übertragen lassen. Vgl. *Diamond* (1984), S. 393ff. Entsprechend argumentiert auch *Henze* (2004), S. 13.

561 Vgl. *Paarz* (2011), S. 13; *Michaelsen* (2001), S. 75f.

562 Vgl. *Michaelsen* (2001), S. 75.

563 Vgl. *Päßler* (2007), S. 24f.

zur Verfügung. Durch den Prozess der spezialisierten Informationssammlung und -verwertung erhöhen sie die Glaubwürdigkeit der vom Management des Unternehmens bereitgestellten Informationen und unterstützen somit die Kapitalgeber bei deren Interpretation.[564] Empfehlungen und Prognosen seitens des Analysten stellen somit reputationssteigernde und damit vertrauensbildende Instrumente in der Beziehung zwischen dem Unternehmen und den Kapitalgebern dar. Unternehmen nutzen demnach die Reputation des Analysten zur Informationsverifizierung.[565] Die *Research Reports* des jeweiligen Analysten stellen *bonding*-Instrumente dar, die die Gefahren opportunistischer Verhaltensweisen nach Vertragsabschluss lindern. Wesentliche Grundlage dieser Reports sind die vom Management bereitgestellten Informationen, welche sich ex post hinsichtlich ihrer Güte zumindest teilweise überprüfen lassen. Kommt es zu Abweichungen zwischen der vom Management prognostizierten und der realisierten Größe, so führt dies unweigerlich zu einem Reputationsverlust des Managements (sowie des Analysten) und damit auch zum Abzug von Kapital, was auch das Zustandekommen zukünftiger Vertragsverhältnisse erschweren kann.[566] Da das Aussprechen eines negativen Urteils die einzige Sanktionierungsmöglichkeit der Analysten darstellt, ist ihr Einfluss im Rahmen der Prinzipal-Agenten-Beziehung zwischen Unternehmen und Kapitalgebern jedoch zu relativieren.[567]

Das Unternehmen kann sich die Funktion des Analysten allerdings auch zu Nutze machen, indem es über den Finanzanalysten eine Vielzahl größtenteils anonymer (potenzieller) Kapitalgeber kostengünstig adressiert. Zudem kann sich das Unternehmen über den Finanzanalysten ein Feedback des Kapitalmarkts zu kapitalmarktbezogenen oder strategischen Entscheidungen einholen.[568] In Bezug auf die Prinzipal-Agenten-Beziehung zwischen Management und Finanzanalyst kann daher geschlussfolgert werden, dass eine vorsätzliche Täuschung des Prinzipals infolge der zu erwartenden Konsequenzen nicht ohne weiteres unterstellt werden kann.[569]

Verschiedene empirische Untersuchungen können zudem einen unternehmenswertsteigernden Effekt der Analystentätigkeit ausmachen, der in erster Line auf die oben beschriebene Monitoring-Aktivität des Finanzanalysten

564 Vgl. *Paarz* (2011), S. 12; *Friedrich* (2007), S. 59.

565 Vgl. *Paarz* (2011), S. 16.

566 Vgl. *Paarz* (2011), S. 16f.; *Morich* (2007), S. 47.

567 Vgl. *Richter* (2004), S. 39; *Achleitner/Bassen/Pietzsch* (2001), S. 50.

568 Vgl. *Friedrich* (2007), S. 60.

569 Vgl. zur Funktionsweise des Reputationsmechanismus *Päßler* (2007), S. 174ff.; *Paarz* (2011), S. 16f.

zurückgeführt wird. Insbesondere in Rechtskreisen mit relativ schwach ausgeprägten *Corporate Governance*-Systemen führt der Monitoring-Prozess zu einer erhöhten Transparenz und damit zu einer Reduktion der Kapitalkosten. Denn mit einer Ausweitung der Monitoring-Aktivitäten verringert sich die Gefahr, dass das Management das bereitgestellte Kapital nicht effizient einsetzt.[570] Entsprechend können bspw. *Chung/Jo* (1996) eine positive Korrelation zwischen der Anzahl der beobachtenden Analysten und der relativen Bewertung des Unternehmens, gemessen an der Kennzahl *Tobin's q*, feststellen.[571] Zum anderen zeigt *Irvine* (2003), dass mit der erstmaligen Aufnahme der Analysten coverage ein positiver Effekt auf den Unternehmenswert verbunden ist, der mit einer Steigerung der Liquidität in Bezug auf die handelbaren Unternehmensanteile einhergeht.[572] *Cheng/Subramanyam* (2008) konnten eine negative Korrelation zwischen der Anzahl der covernden Analysten und der Ausfallwahrscheinlichkeit von Krediten, welche über das unternehmensspezifische Rating approximiert wurde, feststellen.[573] Die Forscher führen diesen Effekt sowohl auf die Monitoring-Aktivitäten der Analysten als auch auf die reduzierte Informationsasymmetrie zurück, die das Resultat der Analystencoverage ist. *Dyck/Morse/Zingales* (2010) zeigen auf, dass Finanzanalysten bei dem Aufdecken von Firmenbetrugssachverhalten bei großen US-amerikanischen Unternehmen in der jüngeren Vergangenheit eine wesentliche Rolle spielten, was die Wirksamkeit ihrer Monitoring-Aktivität unterstreicht.[574]

### *5.3.3.3 Eingeschränkte Wirksamkeit der Agentenfunktion des Analysten*

#### **5.3.3.3.1 Mangelnde Objektivität aufgrund von Interessenkonflikten**

Vorherige Ausführungen haben deutlich gemacht, dass mit der Einschaltung eines Informationsintermediärs aus Sicht der Anteilseigner ein nutzensteigernder Effekt einhergeht, da mit der Einbindung die Gefahren opportunistischen Verhaltens des Managements sinken. Allerdings ist zu beachten, dass durch den Einbezug der Finanzanalysten eine neue Prinzipal-Agenten-Beziehung entsteht, da die Finanzanalysten nun als Agenten der Kapitalgeber

570 Vgl. bspw. *Jung/Sun/Yang* (2012), S. 61ff.; *Lang/Lins/Miller* (2004), S. 589ff.; *Chung/Jo* (1996), S. 493ff.

571 Vgl. *Chung/Jo* (1996), S. 500f. Die Kennzahl *Tobin's q* stellt den Marktwert eines Unternehmens in das Verhältnis zu dem Reproduktionswert des Unternehmens.

572 Vgl. *Irvine* (2003), S. 431ff.

573 Vgl. *Cheng/Subramanyam* (2008), S. 1007.

574 Vgl. *Dyck/Morse/Zingales* (2010), S. 2213ff.

auftreten, deren Interessen sie wahrnehmen sollen. Zugleich nehmen sie gegenüber dem Unternehmen die Rolle des Prinzipals ein, da sie vom Unternehmen vollständige und korrekte Informationen erbeten, um ihrer Funktion als Informationsversorger ihres Prinzipals (Kapitalgeber) nachkommen zu können.[575]

*Abbildung 10: Prinzipal-Agenten Beziehung zwischen Kapitalgeber, Unternehmensleitung und Finanzanalyst*

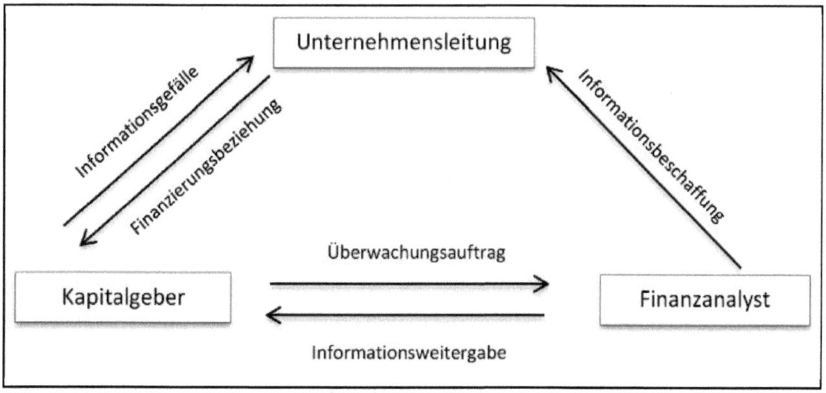


(Quelle: In Anlehnung an *Richter* (2005), S. 40.)

Aus der Doppelrolle des Finanzanalysten können allerdings Interessenkonflikte entstehen, die die Wirksamkeit der beschriebenen Screening-Aktivitäten in Frage stellen, da die Erwartungen der unterschiedlichen Anspruchsgruppen nicht homogen sind und sich zudem nicht mit den persönlichen Zielen des Analysten decken müssen.[576] Der Einbezug eines Informationsindermediärs ist ökonomisch jedoch nur dann zu rechtfertigen, wenn die Prozesse der Informationsauswertung und Informationsverarbeitung zu geringeren Kosten bei zumindest gleicher Qualität durchlaufen werden können. Kosten für die Kapitalgeber als Prinzipale der Finanzanalysten entstehen bspw. durch die Verifizierung der Kompetenz und Integrität des Analysten, die fortlaufende Verhaltensüberwachung, den Verzicht des Arbeitgebers des Analysten auf Handelsaktivitäten sowie verbleibende Vermögenseinbußen durch eingeschränkte Möglichkeiten zur Überwachung des Analysten.[577]

575 Vgl. *Paarz* (2011), S. 17; *Oberdörster* (2009), S. 62; *Steiner/Heinke* (1996), S. 618.

576 Vgl. *Richter* (2004), S. 29 und 67.

577 Vgl. *Päßler* (2007), S. 83.

Der Analyst sieht sich im Rahmen seiner Funktion als Intermediär verschiedenen potenziellen Zielkonflikten ausgesetzt. Führen diese Zielkonflikte dazu, dass seine Einschätzungen nicht mehr objektiv sind und orientieren sich die übrigen Kapitalmarktteilnehmer an diesen Einschätzungen, so geben die Aktienkurse die zur Verfügung stehenden Informationen nicht mehr unverzerrt wieder[578]. Infolge dessen ist neben der Informationseffizienz auch die Kapitalallokationseffizienz gestört. Welche Zielkonflikte die Funktion des Analysten im Detail tangieren können, soll im Folgenden diskutiert werden.

Zunächst könnten sich aus den funktionalen Verflechtungen des Analysten innerhalb des Bankhauses Anreizstrukturen ergeben, die eine unabhängige und damit verzerrungsfreie Analyse gefährden. Da sich aus der Researchtätigkeit des Finanzanalysten keine direkten Umsätze erzielen lassen, Banken jedoch nach Gewinnmaximierung streben, muss der Analyst seinen Umsatz- und Ertragsbeitrag auf indirektem Wege leisten. Dies kann daher nur durch den Tenor der von ihm veröffentlichten Analysen und der auf dieser Grundlage durch andere Abteilungen generierbaren Einnahmen geschehen.[579] Oftmals geht die Beziehung zwischen dem Bankhaus, für das der Analyst tätig ist, und dem Unternehmen, welches von ihm gecovert wird, über die bloße Analysetätigkeit des Analysten hinaus. Beispielsweise können zwischen der Bank und dem Unternehmen Beratungs- und/oder Finanzierungsbeziehungen bestehen, die eine objektive Analyse beeinträchtigen, da die Bank fürchten muss, das Unternehmen als Geschäftspartner zu verlieren, sollte der Analyst im Rahmen seiner Betrachtung zu einem für das Unternehmen schädlichen Urteil kommen.[580] Zudem stehen Banken im Rahmen von Börsengängen, Kapitalerhöhungen oder anderweitigen Kapitalmaßnahmen, bei denen hohe Provisionserträge erzielbar sind, mit anderen Kredit- und Investmentbanken im Wettbewerb um die Gewinnung von Aufträgen. Daraus ergeben sich für die Bankhäuser ggf. Anreize die angestellten Analysten dazu zu bewegen, sich bei der Vergabe eines negativen Urteils zurückzuhalten oder dieses abgemildert zu formulieren, um die Beziehungen zu dem potenziellen Auftraggeber nicht zu belasten.[581] Da der Analyst jedoch in erster Linie an der Maximierung des eigenen Nutzens und nicht der Nutzenfunktion des Arbeitgebers interessiert ist,[582] ist das Bankhaus darüber hinaus geneigt, die beiden Nutzenfunktionen durch das Setzen monetärer Anreize auf Seiten des

578 Vgl. *Bessler/Stanzel* (2009), S. 758.
579 Vgl. *Friedrich* (2007), S. 103.
580 Vgl. *Franke/Hax* (2009), S. 501.
581 Vgl. *Cao/Kohlbeck* (2011), S. 505.
582 Vgl. *Bessler/Stanzel* (2009), S. 759.

Analysten in Übereinstimmung zu bringen. Wie *Göres* (2004) zeigt, bemisst sich die persönliche Vergütung des Analysten oftmals in erster Linie nicht an seiner Reputation, die von der Qualität seiner Einschätzungen determiniert wird, sondern zu wesentlichen Teilen an seinem Beitrag zum M&A-Geschäft des Bankhauses.[583] *Fiflis* (1992) stellt folgerichtig heraus, dass „*Bankers are unlikely to bite the (managers') hand, that feeds them*"[584]. Es ist wahrscheinlich, dass Unternehmen vergangene Studien der covernden Analysten in den Auswahlprozess bei der Vergabe von Beratungs- und Finanzierungsaufträgen miteinbeziehen.[585] So kommen *Kolasinski/Kothari* (2008) zu dem Ergebnis, dass Analysten, deren Arbeitgeber über M&A-Aktivitäten mit dem Unternehmen verbunden ist, im Vorfeld von M&A-Transaktionen überdurchschnittlich häufig Hochstufungen des Käuferunternehmens im Vergleich zu unabhängigen Analysten vornehmen.[586] *O'Brien/McNichols/Lin* (2005) zeigen anhand eines US-amerikanischen Samples, dass abhängige Analysten, deren Arbeitgeber in der Vergangenheit einen *Initial Public Offering* (IPO) oder einen *Seasoned Equity Offering* (SEO) des Unternehmens begleitet hat, Herabstufungen ihrer Klienten im Vergleich zu unabhängigen Analysten überdurchschnittlich lange hinauszögern. Im Unterschied hierzu agieren sie bei der Veröffentlichung von positiven Beurteilungen in Form von Hochstufungen schneller als ihre unabhängigen Kollegen.[587] *Carapeto/Gietzmann* (2011) bestätigen diese Befunde anhand eines britischen Unternehmenssamples und zeigen zudem auf, dass abhängige Analysten signifikant seltener Verkaufsempfehlungen für ihre Klienten aussprechen.[588]

In Bezug auf die Qualität der Schätzungen können *Bessler/Stanzel* (2009) für ein deutsches Unternehmenssample im Zeitraum 1997–2004 bei Analysten, deren Arbeitgeber in der Vergangenheit als führende Konsortialbank im Rahmen eines IPO tätig war, einen im Vergleich zu unabhängigen Analysten signifikant stärkeren Optimismus ausmachen. So weichen die EPS-Prognosen bei der Gruppe der Konsortialbankanalysten um 22,8% nach oben vom realisierten Ergebnis ab, während die Schätzungen der unabhängigen Analysten mit einer ex post beobachteten relativen Abweichung von 13,9% weniger optimistisch sind. Hierbei sind die Unterschiede zwischen den Gruppen innerhalb der ersten 12 Monate nach dem IPO sehr deutlich und verschwinden zum Ende der

583 Vgl. *Göres* (2004), S. 49f.
584 *Fiflis* (1992), S. 518.
585 Vgl. *Richter* (2004), S. 43 und 68.
586 Vgl. *Kolansinski/Kothari* (2008), S. 817ff.
587 Vgl. *O'Brien/McNichols/Lin* (2005), S. 623ff.
588 Vgl. *Carapeto/Gietzmann* (2011), S. 758ff.

Beobachtungszeit (3 Jahre) nahezu.[589] Gleiches gilt für die Differenzen zwischen den ausgesprochenen Anlageempfehlungen beider Gruppen. Der zunächst bestehende signifikante Unterschied in den Verzerrungen löst sich über die Zeit auf. Tendenziell ist eine Relativierung der Einschätzungen der bei der Emissionsbank beschäftigten Analysten nach dem Ende der Sperrfrist (*Lock-Up*-Periode) zu beobachten, was ein Indiz dafür sein könnte, dass die Aktienkurse der entsprechenden Unternehmen bis zum Auslaufen der Sperrfrist über entsprechende Einschätzungen der Analysten gestützt werden sollen.[590] Werden die aufgezeigten Interessenkonflikte ausgeblendet, wäre zu erwarten, dass die Schätzungen der Analysten des Konsortialführers aufgrund ihres Informationsvorsprungs exakter ausfallen sollten als die Schätzungen ihrer unabhängigen Kollegen.[591] Dieser Argumentation folgend, kann *Cliff* (2007) aufzeigen, dass das Befolgen einer Verkaufsempfehlung, die von einem abhängigen Analysten ausgesprochen wurde, zu signifikanten Überrenditen führt. Entsprechend ist das Aussprechen derartiger Verkaufsempfehlungen als ernstzunehmendes Signal zu verstehen. Dennoch sollte Kaufempfehlungen, wie bereits aus vorhergehender Diskussion hervorgeht, mit Vorsicht begegnet werden.[592] Hingegen kommen *Jordan/Liu/Qun* (2012) im Rahmen ihrer Studie zu dem Ergebnis, dass die Asset-Management-Abteilungen von Investmentbanken bei ihrer Portfolioausrichtung den Empfehlungen ihrer eigenen Analysten tatsächlich folgen, was die Glaubwürdigkeit entsprechender Einschätzungen stärkt und gegen einen vorsätzlichen vermeintlichen Optimismus spricht.[593]

Neben der Begleitung und Beratung von Unternehmen im Rahmen von Kapitaltransaktionen auf dem Primärmarkt sind Banken ebenso bestrebt, Provisionseinnahmen zu erzielen, die beim An- und Verkauf von Wertpapieren nach der Erstemission anfallen.[594] Aktionäre reagieren in diesem Kontext häufiger auf

589 Vgl. *Bessler/Stanzel* (2009), S. 770.

590 Vgl. *Bessler/Stanzel* (2009), S. 774. Allerdings zeigen die Autoren im weiteren Verlauf, dass dies nicht gelingt, da die Performance ihrer Empfehlungen, gemessen an den kumulativen abnormalen Renditen, im Vergleich zu denen ihrer unabhängigen Kollegen signifikant schlechter ist. Vgl. *Bessler/Stanzel* (2009), S. 779. In eine ähnliche Richtung gehen die Befunde von *Mola* (2005), der nachweisen kann, dass Analysten versucht sind, die Attraktivität der von ihnen beim IPO betreuten Unternehmen durch Herabstufungen der jeweiligen Konkurrenzunternehmen vor der Coverage-Aufnahme des IPO-Unternehmens zu steigern. Vgl. *Mola* (2005), S. 12ff.

591 Vgl. *Bessler/Stanzel* (2009), S. 767.

592 Vgl. *Cliff* (2007), S. 5ff.

593 Vgl. *Jordan/Liu/Qun* (2012), S. 1452ff.

594 Vgl. *Feng/McVay* (2010), S. 1617; *Göres* (2004), S. 47.

Kaufempfehlungen als auf Verkaufsempfehlungen von Analysten. Zudem ist der Kreis potenzieller Käufer stets größer als der Kreis potenzieller Verkäufer, so dass die Kommissionsumsätze des Bankhauses bei Kaufempfehlungen größer sind als bei Verkaufsempfehlungen.[595] Betreibt das entsprechende Bankhaus mit den Aktien des gecoverten Unternehmen zudem Eigenhandel auf dem Sekundärmarkt, so bestehen möglicherweise Anreize für das Bankhaus, Informationen und daraus abgeleitete Anlageempfehlungen zunächst zurückzuhalten, um die aus der Analyse gewonnenen Erkenntnisse zum Auf- bzw. Abbau eigener Positionen in dem jeweiligen Wertpapier zu nutzen, bevor die Informationen an die Öffentlichkeit weitergegeben werden.[596]

Zudem ist der Finanzanalyst bei der Erstellung möglichst verzerrungsfreier und treffgenauer Prognosen auf einen stetigen Informationsaustausch mit dem Unternehmen angewiesen, der über die Bereitstellung standardisierter Rechnungslegungsinformationen im Rahmen der regelmäßigen Berichterstattung hinausgeht. Entsprechend wird ein enges Vertrauensverhältnis zwischen Analyst und Unternehmen vorausgesetzt.[597] Der Zugang zu hochwertigen und exklusiven Managementinformationen erlaubt es dem Analysten gegebenenfalls vergleichsweise treffgenauere Prognosen abgeben zu können, was für die Reputation und die Karriere des Analysten förderlich ist.[598] Die Unternehmensleitung ist hingegen an positiven und daher marktwertsteigernden Beurteilungen der covernden Analysten interessiert, da dies ebenso förderlich für das Ansehen und möglicherweise auch die Vergütung des Managements ist.[599] Darüber hinaus erleichtern hohe Aktienkurse den Zugang zum Kapitalmarkt und erschweren feindliche bzw. erleichtern eigene Unternehmensübernahmen.[600] Äußert sich der Analyst im Rahmen seiner *Research*-Berichte negativ, bspw. durch das Aussprechen einer Verkaufsempfehlung, so könnte das Management von diesem Zeitpunkt an geneigt sein, bewertungsrelevante Informationen zurückzuhalten.[601] So kommt *Mayew* (2008) zu dem Ergebnis, dass Finanzanalysten je nach aktueller Anlageempfehlung für die Aktie des entsprechenden Unternehmens im Rahmen von *Conference-Calls* bevorzugt (im Falle von Kaufempfehlungen) oder benachteiligt (im Falle vor Verkaufsempfehlungen)

595 Vgl. *Müller* (2005), S. 36.
596 Vgl. *Richter* (2004), S. 43f.; *Göres* (2004), S. 46f.
597 Vgl. *Darrough/Russel* (2002), S. 128.
598 Vgl. *Tan/Libby/Hunton* (2010), S. 190 m.w.N.
599 Vgl. *Nölte* (2008), S. 112.
600 Vgl. *Müller* (2005), S. 39.
601 Vgl. *Nölte* (2008), S. 111f.

werden.[602] Eine Befragung des Informationsdienstleisters *Reuters* aus dem Jahr 2001 unter Firmen, Fondsmanagern und *Sell-Side* Analysten ergab, dass 88% der befragten Analysten glauben, von künftigen Beratungsdienstleistungen im Rahmen von Kapitaltransaktionen des Unternehmens ausgeschlossen zu werden, sollte der Analyst zuvor eine Verkaufsempfehlung ausgesprochen haben. Demgegenüber glaubt mehr als die Hälfte (54%), von künftigen Informationsgesprächen ausgeschlossen zu werden, wobei 25% der befragten Unternehmen diese selektive Informationspolitik ihrerseits bestätigen.[603] Analysten sehen sich daher dem Dilemma inkompatibler Anreize gegenübergestellt, so dass ihre Urteile möglicherweise Kompromisse darstellen, die sich in leicht optimistisch verzerrten Prognosen äußern könnten. Entsprechend zeigen die Ergebnisse von *Darrough/Russell* (2002), dass Analysten, die einen vergleichsweise engen Kontakt zum Unternehmen pflegen, durchschnittlich optimistischere Prognosen abgeben, als dies bspw. für Gesamtmarktstrategen der Fall ist.[604]

Zudem konnten verschiedene Studien in der Vergangenheit ein deutliches Ungleichgewicht zwischen den von Analysten ausgesprochenen Kauf- und Verkaufsempfehlungen beobachten. So stellen bspw. *Barber et al.* (2006) heraus, dass kurz vor dem Platzen der DotCom-Blase Mitte des Jahres 2000 74% aller in der Datenbank *First Call* hinterlegten Empfehlungen auf „Kaufen" lauteten, während leidglich 2% Verkaufsempfehlungen waren.[605] Grundsätzlich ist allerdings festzuhalten, dass die Gefahr nicht wirksamer Monitoringaktivitäten durch Absprachen zwischen Management und Finanzanalyst (*Kollusion*) und damit ggf. einhergehender verzerrter Einschätzungen, mit der zunehmenden Anzahl der beobachtenden Analysten sinkt, da die Gefahr einer Aufdeckung dieses Fehlverhaltens größer wird.[606] Analysten dürften bestrebt sein, nicht dauerhaft von den Einschätzungen des Konsensus abzuweichen, da hiermit ihre Glaubwürdigkeit und Reputation schwindet, sollten sich ihre Einschätzungen über einen längeren Zeitraum als nicht zutreffend erweisen.[607] Diesbezüglich konnten verschiedene Untersuchungen ein entsprechendes Herdenverhalten unter den Analysten feststellen, bei denen sich eine Abhängigkeit der Schätzungen einzelner

---

602 Vgl. *Mayew* (2008), S. 627ff.

603 Vgl. *Reuters Survery* (2001), o.S.; *Findlay/Mathew* (2006), S. 10.

604 Vgl. *Darrough/Russel* (2002), S. 128.

605 Vgl. *Barber et al.* (2006), S. 88.

606 Vgl. *Kräkel* (2012), S. 170.

607 Für eine Übersicht der analysten- und firmenspezifischen Determinanten, die ein entsprechendes Herdenverhalten fördern, vgl. exemplarisch *Lin/Chen/Chen* (2011), S. 317ff. sowie *Beckers/Steliaros/Thomson* (2004), S. 75.

Analysten von der Einschätzung des Konsensus belegen ließ.[608] Demnach versuchen Analysten zu vermeiden, Extrempositionen einzunehmen, um der Gefahr einer signifikanten individuellen Fehleinschätzung zu entgehen, auch wenn der eigene Informationsstand dieses rechtfertigen würde.[609] Dass dies kapitalgeberschädigend wirkt, zeigen *Clement/Tse* (2005), welche festgestellt haben, dass relativ gewagte Prognosen, die signifikant von der Konsensuseinschätzung abweichen, letzteren im Durchschnitt überlegen sind.[610] Allerdings ist nicht davon auszugehen, dass einzelne Analysten aufgrund der kollektiven Sanktionierung in Form von Reputationsverlusten über längere Sicht bewusst verzerrte Prognosen abgeben und sich hierdurch vorsätzlich kapitalgeberschädigend verhalten.[611]

Die vorhergehenden Ausführungen machen deutlich, dass sich Finanzanalysten in einem Spannungsfeld unterschiedlicher Interessen bewegen. Während ihre eigentliche Aufgabe die Erstellung möglichst objektiver und unverzerrter Prognosen ist, ist ihr Arbeitgeber in der Tendenz an optimistischen Einschätzungen interessiert, um die hieraus erwachsenden Umsatzpotenziale nicht zu gefährden. Diese Interessenkonflikte sind im deutschen Universalbankensystem ggf. ausgeprägter als in angloamerikanischen Bankensystemen, die eine Trennung von klassischem Kredit- bzw. Einlagengeschäft und *Investmentbanking* vorsehen.[612] Insgesamt dürfte der Anreiz der Unternehmensleitung, den Analysten zu optimistischen Schätzungen zu bewegen, damit meist ausgeprägter sein als der Anreiz des Analysten zur Reputationssteigerung über treffgenauere Schätzungen.[613] Die eigentliche Rollenverteilung im eingangs aufgezeigten

608 Vgl. *Jegadesh/Kim* (2007), S. 1ff.; *Guedjy/Bouchaud* (2005), S. 933ff.; *Hong/Kubik/Solomon* (2000), S. 121ff.; *De Bondt/Forbes* (1999), S. 143ff. So konnten beispielsweise *Hong/Kubik/Solomon* (2000) belegen, dass sich gerade junge, unerfahrene Finanzanalysten aufgrund von Reputationsüberlegungen überdurchschnittlich häufig an der Konsensusschätzung orientieren. Demgegenüber können *Naujoks et al.* (2009) für ein deutsches Analystensample feststellen, dass Analysten bei einem kompetitiven Arbeitsumfeld, welches sich durch starke Konkurrenz auszeichnet, durch eine Übergewichtung ihres persönlichen Informationsvorsprunges durchschnittlich zu weit vom Konsensus abweichen. Ebenso können *Bernhardt/Campello/Kutsoati* (2006) eine überschießende Reaktion auf die EPS-Schätzungen ausmachen. Dieses Verhalten wird von den Autoren als *„anti-herding"* bezeichnet. Vgl. *Naujoks et al.* (2009), S. 3ff. und *Bernhardt/Campello/Kutsoati* (2006), S. 657ff.

609 Vgl. *Trueman* (1994), S. 97ff.

610 Vgl. *Clement/Tse* (2005), S. 307.

611 Vgl. *Paarz* (2011), S. 19f.

612 Vgl. *Bessler/Stanzel* (2006), S. 244.

613 Vgl. *Nölte* (2008), S. 112.

Prinzipal-Agenten-Verhältnis zwischen Unternehmen und Finanzanalyst ist insofern infrage zu stellen.

#### 5.3.3.3.2 Mangelnde Transparenz der Researchleistung der Analysten

Die für Kapitalgeber nutzenstiftende Wirkung der Tätigkeit von Finanzanalysten kann sich nur dann vollends entfalten, wenn die Qualität und die Glaubwürdigkeit ihrer Tätigkeit unbestritten sind.[614] Die Beziehung zwischen Finanzanalyst und Kapitalgeber ist ebenso wie die Beziehung zwischen Unternehmensleitung und Kapitalgeber von Informationsasymmetrien geprägt.[615] Die Leistung des Analysten kann weder ex ante noch ex post von den Kapitalgebern beurteilt werden, da sie nicht exakt messbar ist. Eine durch ihre Analyse ausgesprochene erfolgreiche Anlageempfehlung muss nicht zwingend auf ihre Analysefähigkeit zurückzuführen sein, sondern kann ebenso auf externe Faktoren, wie z.B. die Orientierung an anderen Analysten oder auch schlichtweg auf „ein glückliches Händchen" zurückzuführen sein.[616] Der Kapitalgeber kann nicht beobachten, wie viel Aufwand der Analyst zur Informationssuche betreibt und welcher Quellen er sich im Rahmen seiner Analyse bedient hat. Zudem hängt die Qualität des Informationsverdichtungsprozesses ganz entscheidend von der Qualität der vom Unternehmen bereitgestellten Informationsbasis ab.[617] Einerseits basieren die Schätzungen und Anlageempfehlungen zwar auf standardisierten und verifizierten Rechnungslegungsdaten, zum anderen hat das Unternehmen jedoch Spielraum bei der Art und Weise, wie darüber hinausgehende, ggf. bewertungsrelevante Sachverhalte kommuniziert werden, so dass Informationsasymmetrien zwischen dem Unternehmen und dem Finanzanalysten verbleiben können.[618]

Ebenso wäre es im Sinne des Kapitalgebers, dass der Analyst identifizierte Fehlbewertungen schnellstmöglich an ihn kommuniziert, da die Geschwindigkeit der Bekanntgabe maßgeblich für die Möglichkeit ist, Überrenditen zu erzielen.[619] Eine von einem fachlich kompetenten Analysten produzierte Information

---

614 Vgl. *Päßler* (1992), S. 83.

615 Vgl. *Paarz* (2011), S. 18.

616 Vgl. *Michaelsen* (2001), S. 146.

617 Vgl. *Steiner/Heinke* (1996), S. 620f.

618 *Steiner/Heinke* verdeutlichen entsprechende Risiken im Rahmen der Erstellung von Ratingurteilen. Vgl. *Steiner/Heinke* (1996), S. 622.

619 Vgl. *Michaelsen* (2001), S. 153f.; *Steiner/Heinke* (1996) argumentieren, dass das Urteil von Rating-Analysten die Misstrauenszuschläge in den Renditeforderungen der Kapitalgeber nicht mindern können, falls die Urteile der Agenten zu spät an den Kapitalmarkt kommuniziert werden. Vgl. *Steiner/Heinke* (1996), S. 620f.

liefert, wenn überhaupt, nur verminderten Mehrwert für den Adressaten, falls diese mit zeitlicher Verzögerung kommuniziert wird.[620] Allerdings kann davon ausgegangen werden, dass der Analyst seiner Arbeit nach bestem Wissen und Gewissen nachkommt und damit im Sinne der Kapitalgeber handelt, da seine Reputation und ggf. auch seine Vergütung entscheidend von der Qualität seiner ausgesprochenen Anlageempfehlungen abhängen. Einschränkend ist jedoch zu erwähnen, dass Finanzanalysten aufgrund des erheblichen Zeitaufwandes bei der Informationssammlung und -verarbeitung Anreize zum kollektiven Austausch bestimmter Informationen – wenn nicht gar zum *Free Riding* – haben, so dass die Unabhängigkeit ihrer Schätzungen und Empfehlungen ggf. beeinträchtigt ist. Die Beobachtung, dass die Einschätzung von *Fiflis* (1992), dass „(...) *no two analysts*" im Rahmen der Fundamentalwertbestimmung eines Unternehmens „(...) *would ever arrive at the same figures*"[621] realiter nur allzu oft verletzt scheint, deutet auf eine Orientierung des einzelnen Analysten an der Einschätzung des Konsensus hin. Allerdings verweist *Päßler* (2007) auf die umfangreichen Dokumentationspflichten, die seitens des Analysten bei der Fundamentalwertbestimmung einzuhalten sind, um die Transparenz bei der Bewertung sicherzustellen.[622]

Zusammenfassend ruft die Einbindung des Informationsintermediärs Finanzanalyst infolge der beschriebenen Fehlanreize zwar neue Agency-Kosten hervor, allerdings könnten diese von den generierbaren (Transaktions-)Kostensenkungspotenzialen überkompensiert werden, so dass vor dem Hintergrund der in Summe wohlfahrtssteigernden Wirkung, die Existenz von Finanzanalysten zu begründen ist.

#### 5.3.3.3.3 Earnings Game

Vorherige Ausführungen haben deutlich gemacht, dass das Unternehmensmanagement ein Interesse an positiven Analysteneinschätzungen und den daraus abgeleiteten Kaufempfehlungen hat, da dies eine vergleichbar hohe Aktienmarktbewertung begünstigt und damit oftmals auch die Vergütung der

620 Vgl. *Päßler* (2007), S. 87.

621 *Fiflis* (1992), S. 518. *Fiflis* fügt als Begründung an, dass es sehr unwahrscheinlich sei, dass unterschiedliche Analysten exakt identische Erwartungen hinsichtlich der Höhe und des zeitlichen Anfalls der periodenspezifischen Cash-Flows hätten, die wiederum Annahmen über die zukünftig zu erwartenden Steuersätze, Inflationsraten, technologische Entwicklungen und die spezifischen Unternehmensrisiken erfordern.

622 Vgl. *Päßler* (2007), S. 81.

Unternehmensleitung sowie deren Reputation positiv beeinflusst. Gleichzeitig muss die Unternehmensleitung jedoch sicherstellen, dass die Einschätzungen des Kapitalmarkts nicht überzogen sind, um nicht Gefahr zu laufen, die hohen Erwartungen nicht erfüllen zu können. Bei einem Verfehlen der Kapitalmarkterwartungen folgen teils heftige Aktienkursreaktionen.[623] *Johnson/Zhao* (2012) zeigen, dass die Richtung der Kursbewegung in ca. 60% der Fälle mit der Ausprägung der Ergebnisüberraschung übereinstimmt, während in etwa vier von zehn Fällen eine kontraintuitive Kursbewegung auf die Ergebnisveröffentlichung folgt. Die Wahrscheinlichkeit, dass auf eine positive (negative) Ergebnisüberraschung ein Kursanstieg (Kursverlust) folgt, steigt dabei mit der Höhe der relativen Abweichung zwischen erwartetem und realisiertem Ergebnis.[624] *Kinney/Burgstahler/Martin* (2002) verdeutlichen in ihrer Studie, dass jedoch auch geringfügige Abweichungen des realisierten Ergebnisses von der Einschätzung der Analysten bereits signifikante Kursbewegungen nach sich ziehen.[625] *Kasznik/McNichols* (2002) und *Bartov/Givoly/Hayn* (2002) finden Hinweise darauf, dass Unternehmen, die die Konsensuserwartung fortlaufend erfüllen, mit einem Bewertungszuschlag am Aktienmarkt gehandelt werden.[626] *Skinner/Sloan* (2002) zeigen, dass ein Verfehlen der Prognosen weitaus stärkere Kursabschläge nach sich zieht, als ein betragsmäßig äquivalentes Übertreffen der Vorhersagen durch Kursgewinne honoriert wird. Dabei ist der Effekt bei sog. „*Growth-Stocks*“ oder auch „*Glamour-Stocks*“, also Aktien von Unternehmen mit vergleichsweise hohen Wachstumsraten, deutlich stärker ausgeprägt als bei sog. „*Value-Stocks*“, die über ein vergleichsweise moderates Wachstum (gemessen am Marktwert/Buchwert-Verhältnis) verfügen.[627] *Conrad/Cornell/Landsmann* (2002) kommen zu ähnlichen Befunden und zeigen, dass sich das Ausmaß der asymmetrischen Kapitalmarktreaktionen nicht nur auf Unternehmensebene unterscheidet, sondern auch in Abhängigkeit vom Marktsentiment variiert. So steigen in Zeiten hoher Kurs-Gewinn-Verhältnisse und damit hoher Gewinnerwartungen am Aktienmarkt auch die Kursreaktionen bei entsprechenden

623 In der Regel wird für die Operationalisierung der Kapitalmarkterwartungen die Konsesusschätzung der Finanzanalysten für die entsprechende Größe herangezogen, die kurz vor Bekanntgabe des tatsächlich erzielten Ergebnisses abgegeben werden. Vgl. *Nölte* (2008), S. 113.

624 Vgl. *Johnson/Zhao* (2012), S. 236ff.

625 Vgl. *Kinney/Burgstahler/Martin* (2002), S. 1297ff.

626 Vgl. *Kasznik/McNichols* (2002), S. 727ff.; *Bartov/Givoly/Hayn* (2002), S. 173ff.

627 Vgl. *Skinner/Sloan* (2002), S. 289ff.

Ergebnisüberraschungen.[628] Demgegenüber weist die Studie von *Ho/Sequiera* (2009) gegenläufige Ergebnisse aus. Die Autoren weisen einen stärkeren Effekt positiver Ergebnisüberraschungen auf die Aktienrenditen nach, der sich über alle betrachteten Industriezweige zeigt.[629]

Unstrittig ist jedoch, dass die empirischen Befunde deutlich machen, dass für das Management Anreize bestehen, die Erwartungshaltung der Finanzanalysten bezüglich der zukünftigen Unternehmensentwicklung zu beeinflussen.[630] Das gezielte Einwirken auf die Erwartungen des Kapitalmarkts wird als *Earnings Guidance* oder auch Erwartungsmanagement (*Expectations Management)* bezeichnet. Hierbei wird versucht, die Einschätzungen der Finanzanalysten durch die gezielte Bereitstellung von Nachrichten und Daten mit der entsprechenden Färbung in die gewünschte Richtung zu lenken.[631] Die Einflussnahme muss

---

628 Vgl. *Conrad/Cornell/Landsmann* (2002), S. 2507ff.

629 Vgl. *Ho/Sequeria* (2007), S. 29ff. Die unterschiedlichen empirischen Befunde der Studien sind zum einen auf die unterschiedliche Datenbasis (Unternehmenssample, Betrachtungszeitraum,...), zum anderen aber wohl auch auf die verschiedenartige Berechnung der kumulierten abnormalen Renditen zurückzuführen.

630 Vgl. *Nölte* (2008), S. 113; *Friedrich* (2007), S. 109. Darüber hinaus könnte die Unternehmensleitung bestrebt sein, die prognostizierten Größen im Rahmen von bilanzpolitischen Maßnahmen gezielt zu steuern. So weist *Matsumoto* (2002) nach, dass Unternehmen, neben der Beeinflussung der Analystenerwartungen, entsprechende Spielräume ausnutzen, um negative Überraschungen bei der Ergebnisbekanntgabe zu vermeiden (sog. *Earnings Management*). Vgl. *Matsumoto* (2002), S. 483ff. Vgl. zum Begriff des *Earnings Managements* und den wesentlichen bilanzpolitischen Maßnahmen sowie Möglichkeiten zur Aufdeckung von *Earnings Managements Pfaff/Ising* (2010), S. 291ff. Diese diskretionären Bilanzierungsspielräume können durch Unternehmensexterne aufgrund der eingeschränkten Verfügbarkeit von Informationen nur schwer nachvollzogen werden. Vgl. *Stanzel* (2007), S. 150. Allerdings ist zu beachten, dass sich die angestrebten Ergebniseffekte im Zeitverlauf umkehren und die Wirksamkeit entsprechender bilanzpolitischer Maßnahmen daher im Gegensatz zum *Expectations Management* tendenziell kurzfristiger Natur ist. Vgl. *Athanasakou/Strong/Walker* (2011), S. 67. *Koh/Matsumoto/Rajgopal* (2008) können seit den Bilanzskandalen um die Unternehmen Enron und WorldCom Anfang der 2000er-Jahre eine nachlassende Relevanz der *Earnings Management*-Maßnahmen und eine wachsende Bedeutung des *Expectations Management* feststellen. Vgl. *Koh/Matsumoto/Rajgopal* (2008), S. 1067ff. Demgegenüber stellen *Bartov/Cohen* (2009) auch bzgl. des *Expectations Management* eine nachlassende Relevanz fest. Vgl. *Bartov/Cohen* (2009), S. 505ff. *Das/Kim/Patro* (2011) belegen, dass das Instrument des *Expectations Management* umso relevanter ist, je mehr Hemmnissen die Unternehmensleitung hinsichtlich bilanzpolitischer Maßnahmen unterliegt.

631 Vgl. *Nölte* (2008); *Richardson/Teoh/Wysocki* (2004), S. 889.

dabei nicht zwingend öffentlich durch die Bekanntgabe veränderter Prognosen oder gar konkreter Gewinnwarnungen erfolgen, sondern kann ebenso indirekt durch das unbeobachtbare Senden von Signalen, bspw. durch das zum Ausdruck bringen eines gewissen Unbehagens der Unternehmensleitung mit den aktuellen Analystenschätzungen, stattfinden.[632] Die Anpassung der Schätzungen der Finanzanalysten an die neue Informationslage vollzieht sich dabei in der Regel innerhalb weniger Tage.[633] Die Einschätzungen der Finanzanalysten werden von der Unternehmensleitung fortlaufend mit dem von ihr erwarteten Ergebnis verglichen, so dass es zu einer fortwährenden Interaktion mit den Analysten kommt, die als *„Earnings Game"* oder *„Numbers Game"* bezeichnet wird.[634] Diese Interaktion führt zu einem charakteristischen Verlauf der Gewinnprognosen von Finanzanalysten.[635] Dieser zeichnet sich durch anfänglichen Optimismus aus, der sich im Laufe des Prognosezeitraums durch die beschriebene Informationspolitik des Unternehmens kontinuierlich abbaut und sich kurz vor der Bekanntgabe des tatsächlich realisierten Ergebnisses gar in Pessimismus umkehrt.[636] Dies ist vom Management so intendiert, da dies gleichzeitig bedeutet, dass die Erwartungen des Kapitalmarktes übertroffen werden können, was oftmals oben beschriebene Kurseffekte hervorruft. Dieser charakteristische Verlauf der Analystenschätzungen konnte beispielsweise von *Richardson/Teoh/Wysocki* (2004) und *Cowen/Groysberg/Healy* (2006) nachgewiesen werden.[637] So können *Richardson/Teoh/Wysocki* (2004) in jedem der untersuchen Teilzeiträume im gesamten Untersuchungszeitraum von 1984–2001 einen kontinuierlichen Abbau des anfänglichen Optimismus im Laufe der Geschäftsjahre ausmachen, der kurz vor Bekanntgabe des tatsächlichen Ergebnisses teilweise sogar in Pessimismus umschlägt.[638] *Bartov/Cohen* (2009) stellen fest, dass Analysten ihre zu Beginn des Geschäftsjahres publizierten Schätzungen bis zur Bekanntgabe des vom Unternehmen erzielten Ergebnisses im Durchschnitt um ca. 12% absenken, wobei die analysierten Unternehmen die Erwartungen in etwa zwei Drittel der Fälle einhalten oder übertreffen konnten. Die Tatsache, dass ein beträchtlicher Teil

---

632 Vgl. *Athanasakou/Strong/Walker* (2011), S. 62; *Hutton* (2005), S. 871.

633 Vgl. *Cotter/Tuna/Wysocki* (2006), S. 597.

634 So verwenden bspw. *Stanzel* (2007) und *Collingwood* (2001) den Begriff *Earnings Game*, während das gleiche Phänomen bei *Bartov/Cohen* (2009) als *Numbers Game* bezeichnet wird.

635 Vgl. *Stanzel* (2007), S. 153.

636 Vgl. *Nölte* (2008), S. 114; *Stanzel* (2007), S. 153; *Bessler/Stanzel* (2006), S. 241.

637 Vgl. *Richardson/Teoh/Wysocki* (2004), S. 885ff.; *Cowen/Groysberg/Healy* (2006), S. 119ff.

638 Vgl. *Richardson/Teoh/Wysocki* (2004), S. 896ff.

(21,8%) nur mit weniger als 0,01$ bezogen auf das Ergebnis je Aktie übertroffen wurde, deutet auf eine aktive *Earnings Guidance* hin.[639] Ebenso können *Abardanell/Lehavy* (2003), *Burgstahler/Eames* (2006) sowie *Athanasakou/Strong/Walker* (2009) überdurchschnittlich viele Unternehmensergebnisse beobachten, die die Erwartungen im Vergleich zu einer deutlichen Unterrepräsentanz geringfügiger negativer Ergebnisüberraschungen minimal überschreiten.[640] Dabei liegt das arithmetische Mittel der Differenz zwischen den erzielten Unternehmensergebnissen und den zugehörigen Konsesusschätzungen bei *Abarbanell/Lehavy* (2003) im deutlich negativen Bereich, was auf negative Ausreißer zurückzuführen ist. Diese Befunde deuten zum einen darauf hin, dass die Unternehmen bestrebt sind, die Erwartung mittels der beschriebenen Instrumente mindestens zu erfüllen. Zum anderen könnten die Befunde auf eine sog. *Big-Bath*-Bilanzpolitik hindeuten, falls die Erwartungen ohnehin nicht erfüllt werden können.[641] *Cotter/Tuna/Wysocki* (2006) zeigen auf, dass die Wahrscheinlichkeit, dass das Unternehmen die Kapitalmarkterwartungen erfüllen kann, mit der Intensivierung des *Expectations Management* steigt. Eine derartige Ausweitung des *Expectations Management* konnte dabei von *Brown/Pinello* (2007) insbesondere im letzten Quartal des Geschäftsjahres nachgewiesen werden.[642]

Der zu Beginn des Geschäftsjahres festzustellende Optimismus unter den Analystenwird auf die zuvor diskutierten Interessenkonflikte und die daraus hervorgehenden Anreize zurückgeführt. Für die Analysten scheint es reizvoll, die Unternehmensleitung mit optimistischen Schätzungen zufrieden zu stellen, um sich hierdurch den Zugang zu (bewertungs-)relevanten Informationen zu sichern. Da die Reputation des Analysten jedoch maßgeblich von der Qualität seiner Schätzungen abhängig ist und ein permanentes Überschätzen langfristig nicht zielführend wäre, wird der anfängliche Optimismus im Laufe des

---

639 Vgl. *Bartov/Cohen* (2009), S. 514.

640 Vgl. *Abarbanell/Lehavy* (2003), S.110ff.; *Burgstahler/Eames* (2006), S. 633; *Athanasakou/Strong/Walker* (2009), S. 3ff.; *Abarbanell/Lehavy* (2003) bezeichnen diese Befunde als *middle* und *tail asymmetry*. Vgl. *Abarbanell/Lehavy* (2003), S. 110.

641 Der Begriff „*Big Bath Accounting*“ beschreibt im Allgemeinen eine Strategie, bei der durch das Ausnutzen von bilanziellen Spielräumen bei der Erfassung von ergebnismindernden Ereignissen, ein ohnehin schon unter dem Zieljahresergebnis liegendes Ergebnis zusätzlich belastet wird, um in den Folgejahren einen Ergebnispuffer zur Abmilderung negativer Entwicklungen auflösen zu können. Passiert diese Art von Verlustvorwegnahme im Rahmen eines Wechsels des Managements, so spricht man auch von „*Cleaning the decks*“. Vgl. hierzu exemplarisch *Tettenborn/Rohleder/Rogler* (2013), S. 33ff. sowie *Zülch/Siggelkow* (2012), S. 386.

642 Vgl. *Brown/Pinello* (2007), S. 947.

Geschäftsjahres zugunsten treffgenauerer Schätzungen abgebaut.[643] *Libby et al.* (2008), die in ihrem Experiment zu ähnlichen Befunden wie *Richardson/Teoh/Wysocki* (2004) kommen, sowie *Tan/Libby/Hunton* (2010) stellen fest, dass das Ausmaß des Optimismus und der anschließenden Schätzungsanpassung vom Verhältnis zwischen Finanzanalyst und Unternehmen abhängig ist. Analysten, die vornehmlich an einer engen Beziehung zum Management interessiert sind, schätzen im Durchschnitt zunächst optimistischer als die übrigen Analysten, wobei sich diese Relation kurz vor Veröffentlichung des tatsächlich erzielten Ergebnisses umkehrt. Hierdurch wird es dem Management erleichtert, die Schätzungen dieser Analystengruppe zu übertreffen und entsprechende Kapitalmarktreaktionen hervorzurufen.[644] Ebenso können *Ke/Yu* (2006) belegen, dass Analysten mit einem entsprechenden Anpassungsverlauf geringere betragsmäßige Schätzfehler aufweisen. Dies wird von den Autoren darauf zurückgeführt, dass durch das Anpassungsverhalten besserer Zugang zu nicht öffentlichen Managementinformationen erlangt werden kann. Zudem haben diese Analysten ein signifikant geringeres Risiko, von ihrem Arbeitgeber entlassen zu werden. Dies führen die Autoren wiederum auf die mit den präziseren Schätzungen einhergehenden Reputationseffekte für das Bankhaus zurück und nicht auf den Anreiz, mit den verzerrten Prognosen zusätzliche Umsätze aus dem *Investmentbanking* generieren zu können, da entsprechende Kausalitäten auch für Analysten von Banken ohne *Investmentbanking*-Geschäft festgestellt werden können.[645] Allerdings weisen *Hong/Kubik* (2003) nach, dass es weniger die Treffgenauigkeit als vielmehr der Optimismus in den Einschätzungen der Analysten ist, der diesen zu Karrieresprüngen verhilft.[646] So erfährt ein Analyst, wenn seine Einschätzung über der des Konsensus liegt, im Durchschnitt eine größere Wahrscheinlichkeit aufzusteigen, nachdem für die ex post Präzision seiner Schätzung kontrolliert wurde. Da dieser Effekt insbesondere bei kleineren Brokerhäusern ohne entsprechendes *Investmentbanking*-Geschäft festzustellen ist, vermuten die Autoren „(...) *that analysts are rewarded for promoting stocks in general, and not necessarily just those with underwriting relationships.*“[647]

Dass das Einhalten der Analystenschätzungen vom Aktienmarkt in der jüngeren Vergangenheit stärker honoriert wurde als das Vermeiden von

643 Vgl. *Tan/Libby/Hunton* (2010), S. 190; *Friedrich* (2007), S. 109.

644 Vgl. *Libby et al.* (2008), S. 173ff.; *Tan/Libby/Hunton* (2010), S. 187ff.

645 Vgl. *Ke/Yu* (2006), S. 965ff.

646 Vgl. *Hong/Kubik* (2003), S. 313ff.

647 *Hong/Kubik* (2003), S. 339.

Verlusten oder rückläufigen Gewinnen, zeigen *Brown/Caylor* (2005).[648] Sie führen die zunehmende Bedeutung dieses Kriteriums auf die gestiegene Qualität des *Researchs* sowie die stetig wachsende Aufmerksamkeit, die der Analystentätigkeit in der Öffentlichkeit entgegengebracht wird, zurück.[649] Sie bestätigen damit die Ergebnisse von *Dechow/Richardson/Tuna* (2003), die feststellen, dass, *"(...) in more recent years, meeting analysts' consensus forecasts is becoming the more important hurdle."*[650] Ebenso konstatierte bereits *Collingwood* (2001), *"(..)[that] meeting analysts' expectations of a smooth, steady rise in earnings has become, at many corporations, an imperative that overrides even the imperative to deliver the highest possible return to shareholders."*[651] Diese Einschätzung verdeutlicht die Relevanz des beschrieben *Earnings Games* aus Sicht der Investoren, das falsche Anreizstrukturen hinsichtlich einer effizienten Kapitalallokation induzieren kann. Entsprechend gelangt *Collingwood* (2001) zu dem Urteil, dass dieses Wechselspiel "*(...) undermindes the capital markets.*"[652]

Durch die bewusste Beeinflussung der Erwartungsbildung der Kapitalmarktteilnehmer ergibt sich allerdings das Problem, dass die Glaubwürdigkeit des Managements langfristig sinkt, wenn sich der kommunizierte Pessimismus durch ein wiederholtes Übertreffen der Konsensusprognose ex post als nicht gerechtfertigt erweist. Die Kontiguität auf Seiten der Analysten nimmt im Zeitverlauf ab, d.h. sie werden die entsprechende Informationspolitik des Unternehmens bei der Erstellung ihrer Prognosen berücksichtigen. Der Pessimismus des Managements wird antizipiert, so dass die Prognosen der Analysten durchschnittlich optimistischer ausfallen als die Vorhersagen des Managements. Konsistent mit dieser Verhaltensannahme zeigen *Kross/To/Suk* (2011), dass die Anpassungen der Analystenschätzungen bei Unternehmen, die die Konsensusprognosen in der Vergangenheit über einen längeren

648 Vgl. *Brown/Caylor* (2005), S. 423ff. Diese Forschungsfrage wurde mit leicht verändertem Fokus von *Herrmann et al.* (2011) weitergeführt, die aufzeigen, dass der Kapitalmarkt Unternehmen, die einen unerwarteten Gewinn bzw. ein unerwartetes Gewinnwachstum veröffentlichen, nicht mit abnormalen Renditen honoriert werden. Vgl. *Herrmann et al.* (2011), S. 34ff. Dies spricht für die herausragende Bedeutung der Einhaltung von Analystenschätzungen für die Erklärung von Überrenditen.

649 Vgl. *Brown/Caylor* (2005), S. 438.

650 *Dechow/Richardson/Tuna* (2003), S. 357.

651 *Collingwood* (2001), S. 67.

652 *Collingwood* (2001), ebd.

Zeitraum (über-)erfüllen konnten, im Vergleich zu denjenigen Unternehmen, denen dies nicht gelang, bei der Bekanntgabe vergleichbarer Informationen geringer ausfällt. Zudem zeigt sich eine positive Korrelation zwischen der Länge der Phase des (Über-)Treffens der Konsensusprognose und der Häufigkeit der Veröffentlichung negativer Nachrichten, welche zudem pessimistischer formuliert sind als bei den übrigen Unternehmen.[653] Darüber hinaus führt die Orientierung an den Erwartungen des Kapitalmarkts zu einer Fokussierung auf kurzfristige Gewinne, was einen Vertrauensverlust der Adressaten in die veröffentlichen Rechenwerke des Unternehmens sowie die Bewertung am Aktienmarkt nach sich ziehen kann.[654]

Ebenso ist zu beachten, dass eine Prognoserevision durch das Management direkte Kursreaktionen hervorruft, bevor die Finanzanalysten entsprechende Informationen in ihren Schätzungen berücksichtigen konnten, da die übrigen Akteure auf dem Aktienmarkt die neue Informationslage in ihrem Anlageentscheidungsprozess berücksichtigen. Auch hier konnten in der Vergangenheit, ähnlich wie bei der Bekanntgabe des letztendlich realisierten Ergebnisses, asymmetrische Kursreaktionen auf die Veröffentlichung festgestellt werden. *Barth* (2009) kommt im Rahmen einer Ereignisstudie für den deutschen Aktienmarkt zu dem Ergebnis, dass negative Prognoseänderungen betragsmäßig in etwa 3–4 Mal so starke Kurseffekte hervorrufen wie positive Abänderungen ursprünglicher Aussagen.[655] Interessant ist hierbei, dass der Preisanpassungsprozess bereits einige Tage vor der Veröffentlichung der entsprechenden Abänderung beginnt und bereits in diesem Zeitraum signifikante Überrenditen zu beobachten sind, was auf ein „Durchsickern" entsprechender Informationen schließen lässt.[656] *Rees/Twedt* (2011) stellen fest, dass der negative Kurseffekt, der sich durch das fortlaufende Dämpfen der Kapitalmarkterwartungen ergibt, den zuvor beschriebenen Kursgewinn bei einem Erfüllen der Konsensuserwartungen überkompensiert. Die Autoren folgern daraus konträr zu den zuvor beschriebenen Studien, dass aktive *Earnings Guidance* langfristig tendenziell negativ auf den Börsenkurs wirkt.[657] *Feng/Koch* (2010) zeigen, dass Unternehmen den Erfolg ihrer *Guidance*-Strategie bei der Entscheidung, entsprechende Maßnahmen weiterhin einzusetzen, berücksichtigen. Hierbei nimmt die Wahrscheinlichkeit, dass Unternehmen auch zukünftig aktives *Expectations*

653 *Vgl. Kross/To/Suk* (2011), S. 37ff.

654 *Vgl. Ciccone* (2005), S. 3; *Collingwood* (2001), S. 67.

655 Vgl. *Barth* (2009), S. 212ff.

656 Vgl. *Barth* (2009), S. 217.

657 Vgl. *Rees/Twedt* (2011), S. 95ff.

*Management* betreiben, bei einem Verfehlen der intendierten Wirkung in abgelaufenen Perioden, ab.[658]

Angesichts der negativen Effekte, die sich aus einem fortwährenden Dämpfen der Erwartungen ergeben können, erscheint es aus Sicht des Managements ggf. sinnvoll, von Geschäftsjahresbeginn an zurückhaltende Prognosen vorzunehmen, um auf ein späteres Absenken der Prognosen verzichten zu können. Zudem können nicht nur bei einem Übertreffen der Konsensusschätzungen, sondern auch durch eine unterjährige Anhebung des Ausblicks teilweise beträchtliche Kursgewinne realisiert werden.[659] Bewusst pessimistische Prognosen könnten auch durch eventuelle Haftungsfragen motiviert sein: Oftmals sieht sich die Unternehmensleitung dem Risiko ausgesetzt, für eventuelle Anlegerverluste, die durch das Verfehlen von zuvor festgelegten und an den Kapitalmarkt kommunizierten Zielen ausgelöst wurden, haftbar gemacht zu werden.[660] So kam es nach dem Zusammenbruch des Neuen Marktes in Deutschland zu Klagen von Anlegern, die dem Management vorwarfen, die Veröffentlichung über das voraussichtliche Verfehlen der Prognosen verzögert zu haben.[661] Entsprechend überraschen die Befunde von *Pellens/Nölte/Berger* (2007) nicht, die einen Überhang pessimistischer Managementprognosen feststellen.[662] In diesem Kontext ist auch die Empfehlung der DVFA im Rahmen ihrer Grundsätze zur Effektiven Finanzkommunikation einzuordnen: „*Das Unternehmen folgt in seiner Prognose einer realistisch-konservativen Grundhaltung und vermeidet offensichtlich überkonservative wie auch über-optimistische Aussagen (...). Realistisch-konservativ beschreibt dabei die Grundhaltung, im Zweifel lieber die vorsichtige Prognose zu wählen und dann im Jahresverlauf die Prognose anzuheben (...) Unsere Empfehlung entspricht der Beobachtung, dass Investment Professionals lieber leicht positiv als leicht negativ überrascht werden. Die Fähigkeit des Managements seine Prognosen einzuhalten oder leicht zu übertreffen, schafft Glaubwürdigkeit und damit Vertrauen in die Prognosen.*“[663]

---

658 Vgl. *Feng/Koch* (2010), S. 1951ff.

659 Vgl. *Athanasakou/Strong/Walker* (2011), S. 74.

660 Allerdings weisen *Knauer/Ledwig/Wömpener* (2012) darauf hin, dass das Haftungsrisiko in Deutschland vergleichsweise schwach ausgeprägt ist. So sind Unternehmen im US-amerikanischen Raum höheren Haftungsrisiken un d damit auch höheren Opportunitätskosten bei der Veröffentlichung einer Managementprognose ausgesetzt. Vgl. *Knauer/Ledwig/Wömpener* (2012), S. 177.

661 Vgl. *Pellens/Nölte/Berger* (2007), S. 27.

662 Vgl. *Pellens/Nölte/Berger* (2007), S. 27f. Vgl. hierzu auch Kapitel 4.2.

663 *DVFA* (2009), S. 19.

Abbildung 11 illustriert das aus den vorangegangenen Überlegungen und empirischen Befunden abgeleitete Wechselspiel zwischen Managementprognosen und Analystenschätzungen:

*Abbildung 11: Idealtypischer* Earnings Game-*Prozess*

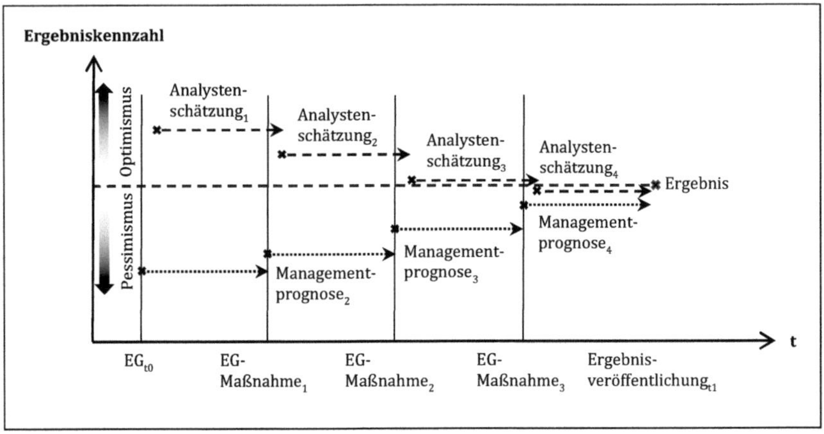


In diesem Beispiel prognostiziert die Unternehmensleitung zum Zeitpunkt $t_0$ die voraussichtliche Ausprägung einer Ergebniskennzahl am Ende der Berichtsperiode. Die Einschätzungen des Managements sind dabei bewusst zurückhaltend. Auf Basis dieser Managementprognose geben die beobachtenden Finanzanalysten kurze Zeit später ihrerseits eine Einschätzung über das zu erwartende Kennzahlniveau ab. Hierbei liegt die Einschätzung der Unternehmensleitung unter der später zu beobachtenden Ausprägung der Kennzahl, die zu Simplifizierungszwecken mit der tatsächlichen Einschätzung des Managements, die allerdings nicht an die *Financial Community* kommuniziert wird, übereinstimmt. Ebenso liegt die veröffentlichte Einschätzung unter den Prognosen der Finanzanalysten, die zu diesem Zeitpunkt ihrerseits zu optimistisch schätzen. Ein gewisser Grad an Zurückhaltung seitens des Unternehmens wird dabei von der *Financial Community* antizipiert, da dieser die zuvor beschriebenen Anreizstrukturen bekannt sind. Im Laufe des Jahres kommt es im Rahmen der regelmäßigen sowie anlassbezogenen Berichterstattung fortlaufend zu Korrekturen der Einschätzungen des Managements, die an den Kapitalmarkt kommuniziert werden (hier EG-Maßnahmen). Diese rufen wiederum entsprechende Reaktionen auf Seiten der Finanzanalysten hervor. Tendenziell kommt es dabei zu einer kontinuierlichen Anpassung an das letztendlich realisierte Ergebnis, wobei das Management seine Zurückhaltung über das Jahr hinweg mehr und mehr aufgibt, während die Analysten ihren Optimismus zurückfahren. Kurz vor der finalen Ergebnisveröffentlichung sind die Analystenschätzungen, stellvertretend für die Kapitalmarkterwartungen, pessimistisch verzerrt, was bei der Bekanntgabe des Ergebnisses zu den erhofften Kursreaktionen führt.

Zusammenfassend sollen also die Kapitalmarkterwartungen durch die aufgezeigten Maßnahmen des *Expectations* sowie des *Earnings Management* kurzfristig erfüllt werden. Auf lange Sicht leidet durch eine stetige Beeinflussung der Informationsadressaten jedoch die Glaubwürdigkeit des Unternehmens. Nur durch die Bereitstellung unverzerrter Informationen kann die Effizienz des Kapitalmarkts sichergestellt und somit über eine faire Preisbildung Kapitalallokationseffizienz erreicht werden.[664]

#### *5.3.3.4 Möglichkeiten zur Bewältigung von Interessenkonflikten*

Vorhergehende Ausführungen haben aufgezeigt, dass Finanzanalysten verschiedenartigen Interessenkonflikten ausgesetzt sind, die ein unabhängiges Aktienresearch beeinträchtigen können. Hierzu zählen neben den zuvor diskutierten Anreizen, die sich aus der Anbindung der *Research*-Abteilung an das *Investmentbanking*, aus dem Eigenhandel des Arbeitgebers oder des Analysten mit Aktien des gecoverten Unternehmens sowie finanziellen und personellen Verflechtungen ergeben, auch Einflüsse, die vom zu analysierenden Unternehmen selbst oder der allgemeinen Öffentlichkeit ausgehen.[665] Die Gesamtheit dieser Konflikte führt zu einer Situation, in der die eigentliche Aufgabe des Analysten, die darin liegt, im Auftrag der Eigenkapitalgeber eine „faire" Bewertung des Unternehmens vorzunehmen, nicht mehr wertfrei ausgeübt wird. Sofern die Grundlage für ein unverzerrtes Werturteil jedoch anzuzweifeln ist, ergeben sich weitreichende Konsequenzen, die sowohl die Funktion des Analysten als informationseffizienzerhöhendem Kapitalmarktakteur, der zu einer effektiven externen *Corporate Governance* beiträgt, als auch daraus folgend seine Existenzberechtigung infrage stellen.[666] Gerade die Bilanzskandale Ende der 1990er Jahre um die Unternehmen Enron und Worldcom, die in den USA im Sarbanes-Oxley Act mündeten[667],

664 Vgl. *Stanzel* (2007), S. 155.

665 Für eine umfangreiche Übersicht der möglichen Interessenkonflikte siehe *Göres* (2004), S. 32ff.

666 Vgl. *Friedrich* (2007), S. 119.

667 Vgl. *Friedrich* (2007), S. 119. Zur Rolle der Investmentbanken beim Zusammenbruch der Unternehmen *Enron* und *Global Crossing* siehe *United States General Accounting Office* (2003).

sowie das nachhaltige Festhalten an positiven Kurseinschätzungen von Finanzanalysten während der sog. *DotCom*-Blase und der 2008 aufgekommenen Finanzmarktkrise haben die Relevanz dieser Interessenkonflikte deutlich gemacht. Daher gilt es Mechanismen zu finden, deren Implementierung einem derartigen kapitalgeberschädigenden Verhalten entgegenwirken. Hierbei sind sowohl freiwillige als auch gesetzliche Regelungsmaßnahmen denkbar.

#### 5.3.3.4.1 Gesetzliche Regulierung der Analystentätigkeit

Analog zur Unternehmensberichterstattung sind auch die Aktivitäten von Finanzanalysten im Rahmen der Gewinnung, Verarbeitung und Distribution von Informationen gesetzlichen Vorgaben unterworfen. Regulatorische Grundlage ist das bereits in Kapitel 3 im Rahmen der Darstellung der Ad-Hoc Regelungen erläuterte WpHG. Der durch die Umsetzung des vierten Finanzmarktförderungsgesetzes vom 21. Juni 2002 neu ins WpHG aufgenommene, im Jahr 2004 durch das Anlegerschutzverbesserungsgesetz (AnSVG) modifizierte und im Rahmen der Implementierung des Finanzmarktrichtlinie-Umsetzungsgesetzes (FRUG) vom 16. Juli 2007 letztmalig geänderte §34b WpHG, verpflichtet Finanzanalysten bei der Erstellung von Finanzanalysen über Finanzinstrumente oder deren Emittenten zu der erforderlichen Sachkenntnis, Sorgfalt und Gewissenhaftigkeit.[668] Diese Neuregulierung sollte das angesichts diverser Missstände zwischenzeitlich verloren gegangene Vertrauen der Anleger in die Sorgfalt, Neutralität und Integrität der Analystentätigkeit wiederherstellen.[669] Durch die Neufassung des Gesetzes wurden die europarechtlichen Vorgaben zur Marktmissbrauchsrichtlinie und die dazu ergangene Richtlinie in Bezug auf die sachgerechte Darbietung von Anlageempfehlungen und die Offenlegung von Interessenkonflikten in nationales Recht umgesetzt.[670] Als Finanzanalyse bezeichnet der Gesetzgeber eine Information, *„die direkt oder indirekt eine Empfehlung für eine bestimmte Anlageentscheidung enthält*

668 § 34b konkretisiert somit die Wohlverhaltensregeln der §§ 31ff., die gesetzliche Verhaltenspflichten bei der allgemeinen Erbringung von Wertpapierdienstleistungen vorsehen, um konkrete Vorschriften im Bereich der Finanzanalyse.

669 Vgl. *Koller* (2012), § 34 Rd. 1.

670 So heißt es in § 22 der Richtlinie 2003/6/EG des Europäischen Parlaments und des Rates: *„Die Mitgliedstaaten sollten selbst entscheiden können, welche Regelungen, einschließlich Mechanismen der Selbstregulierung, am zweckmäßigsten sind für Personen, die Analysen von Finanzinstrumenten oder von Emittenten von Finanzinstrumenten oder sonstige Informationen mit Empfehlungen oder Anregungen zu Anlagestrategien erstellen oder verbreiten (...).“*

*und einem unbestimmten Personenkreis zugänglich gemacht werden soll (...).*"[671] Eine Weitergabe und öffentliche Verbreitung dieser Finanzanalyse darf nur erfolgen, wenn diese sachgerecht erstellt und dargeboten wird. Ebenso sind die Identität des Analysten und die Umstände oder Beziehungen, die Interessenkonflikte begründen könnten, offenzulegen, wobei §34b Abs. 5 WpHG fordert, dass durch eine entsprechende Organisationsform des Unternehmens, welches die Finanzanalyse erstellt, derartige Interessenkonflikte möglichst gering zu halten sind.

Das Bundesministerium der Finanzen hat auf Basis der Ermächtigung durch § 34b Abs. 8 Satz 1 WpHG im Jahr 2004 zudem die Finanzanalyseverordnung (FinAnV) erlassen, die die gesetzlichen Vorschriften des WpHG zur sachgerechten Erstellung und Offenlegung von Interessenkonflikten konkretisiert. Nach § 5 Abs. 1 Satz 1 FinAnV sind Finanzanalysen unvoreingenommen zu erstellen und Umstände und Beziehungen, die die Unvoreingenommenheit der Ersteller gefährden könnten, anzugeben. Hierzu zählen insbesondere nennenswerte finanzielle Interessen oder erhebliche Interessenkonflikte in Bezug auf die zu analysierenden Finanzinstrumente oder Emittenten. Die Überwachung der Einhaltung der in § 34b WpHG aufgeführten Pflichten ist der BaFin vorbehalten. Die Missachtung der Vorschriften des § 34b Abs. 1 Satz 2 und Abs. 2 WpHG wird als Ordnungswidrigkeit behandelt, die je nach konkretem Verstoß Bußgelder von fünfzigtausend bis zweihunderttausend Euro nach sich ziehen kann.

Ein weiteres zentrales Element des WpHG in Bezug auf die Tätigkeit der Finanzanalysten stellen die umfangreichen Regelungen der §§ 12–16 WpHG zur Insiderüberwachung dar. Diese Regelungen sehen im Kern vor, dass die Verwendung von Insiderinformationen beim Kauf und Verkauf von Wertpapieren auf eigene und fremde Rechnung verboten ist und derartige Informationen nicht an Dritte weitergegeben werden dürfen.[672] Als Insiderinformationen definiert § 13 Abs. 1 WpHG „*eine konkrete Information über nicht öffentlich bekannte Umstände, die sich auf einen oder mehrere Emittenten von Insiderpapieren oder auf die Insiderpapiere selbst beziehen und die geeignet sind, im Falle ihres öffentlichen Bekanntwerdens den Börsen- oder Marktpreis der Insiderpapiere erheblich zu beeinflussen.*"[673] Der Erlangung derartiger Insiderinformationen wirkt § 15 WpHG entgegen, demzufolge ein Inlandsemittent von Finanzinstrumenten

671 §34b Abs. 1 Satz 1 WpHG. Vgl. hierzu auch *Päßler* (2007), S. 417f.

672 Vgl. § 14 Abs. 1 S. 1 und 2 WpHG.

673 § 13 Abs. 1 WpHG. Zur Auslegung des Begriffs der „Insiderinformation" in der Kommentarliteratur siehe *Assmann* (2012), § 13 Rn. 4ff.

Insiderinformationen, die ihn unmittelbar betreffen, unverzüglich zu veröffentlichen hat. Diese Regelung sorgt dafür, dass kursbeeinflussende Sachverhalte allen Kapitalmarktakteuren zeitgleich zur Verfügung stehen und somit eine Bevorzugung Einzelner, die vor der Einführung des WpHG üblich war, verhindert wird.[674] Der Normzweck der Ad-hoc-Publizität liegt somit in der Sicherung der Funktionsfähigkeit des Kapitalmarkts.[675] Bei einem Verstoß gegen die Insiderregelungen des §14 WpHG sieht § 38 Abs. 1 WpHG Freiheitsstrafen von bis zu fünf Jahren oder empfindliche Geldstrafen vor.

Darüber hinaus sind die Regelungen des § 20a WpHG als hochgradig relevant für die Analystentätigkeit zu erachten. Diese untersagen es, unrichtige oder irreführende Angaben über Umstände zu machen, die potenziell geeignet sind, auf den Börsen- oder Marktpreis eines Finanzinstruments einzuwirken. Ebenso ist es gem. § 20a Abs. 1 S. 1 Nr. 2 WpHG verboten, den Preis von Finanzinstrumenten durch Kauf- oder Verkaufsaufträge, die falsche oder irreführende Signale in Bezug auf das Angebot oder die Nachfrage oder den Preis des Finanzinstruments geben, künstlich zu beeinflussen.

Durch die fortlaufende Verschärfung der Insiderregelungen durch den Erlass immer rigiderer gesetzlicher Vorschriften wäre zu vermuten, dass der analystenseitige Aufwand zur Erlangung bewertungsrelevanter Sachverhalte gestiegen ist. Entsprechend wäre zu erwarten, dass Analysten aufgrund dieses gestiegenen Aufwands im Durschnitt weniger Unternehmen covern und durch das Verbot der Berücksichtigung von Insiderinformationen, die Qualität von Analystenschätzungen im Durchschnitt gesunken ist.[676] Da hierzulande keine empirischen Erkenntnisse zu dieser Fragestellung existieren, muss auf entsprechende Ergebnisse der US-amerikanischen Literatur abgestellt werden.

Die Entwicklung der regulatorischen Vorgaben in den USA ist mit der in Deutschland vergleichbar. So wurde die selektive Weitergabe von bewertungsrelevanten Insiderinformationen, die bis zu diesem Zeitpunkt in den USA gängige Praxis war, [677] durch die sog. *Regulation Fair Disclosure* (*RegFD*) im Jahr 2000 durch die *Securities and Exchange Commission* (SEC) untersagt. Von diesem Zeitpunkt an mussten materielle Unternehmensinformationen somit allen Analysten und Investoren zur gleichen Zeit zugänglich gemacht werden. Wie die SEC in einer Analyse der eingegangenen nahezu 6.000 *Comment Letter* herausstellt, befürworteten vor allem Privatinvestoren und die breite Öffentlichkeit die

674 Vgl. *Nölte* (2008), S. 115; *Stanzel* (2007), S. 196ff.; *Henze* (2004), S. 26.
675 Vgl. *Assmann* (2012), § 15 Rn. 27.
676 Vgl. *Nölte* (2008), S. 115.
677 Vgl. *Hutton* (2005), S. 871; *Nölte* (2008), S. 116.

neuen Regelungen, „*believing that it would level the playing field for the retail investor*"[678]. Kritiker der Regelung, insb. große Brokerhäuser, befürchteten hingegen, dass Unternehmen geneigt sein könnten, den Umfang und die Qualität öffentlich verfügbarer Informationen insgesamt zu reduzieren. In Konsequenz dessen könnte sich durch die hiermit verbundene Zunahme der Informationsasymmetrie zwischen Unternehmen und den Investoren, die Kapitalmarktvolatilität erhöhen.[679] So unterschiedlich die Meinungen vor der Umsetzung waren, so differenziert sind die empirischen Befunde nach der Umsetzung der neuen Vorschriften:

Als eine der ersten Untersuchungen zu dieser Fragestellung, bestätigen *Irani/Karamanou* (2003) die Befürchtungen der Kritiker. So können die Autoren eine nachlassende Analystencoverage und eine erhöhte Streuung der Einzelschätzungen nachweisen.[680] In die gleiche Richtung deuten die Ergebnisse von *Kwag/Small* (2007), die eine Verstärkung des bereits zuvor feststellbaren Optimismus unter den Finanzanalysten ausmachen können.[681] Ebenso weisen *Agrawal/Chadha/Chen* (2006) und *Findlay/Mathew* (2006) eine im Durchschnitt nachlassende Präzision der Analystenschätzungen in der Zeit nach der Einführung der *RegFD* nach. *Findlay/Mathew* (2006) führen aus, dass dieser Effekt insbesondere auf die unpräziseren Vorhersagen derjenigen Finanzanalysten zurückzuführen ist, die zuvor relativ treffgenaue Einschätzungen abgaben. Hingegen konnten Analysten, die vor der Einführung der neuen Regelungen relativ ungenaue Vorhersagen veröffentlichten, nun mit vergleichsweise genaueren Einschätzungen aufwarten. Dieses Ergebnis sehen die Autoren als Beleg dafür an, dass vor der Umsetzung der *RegFD* eine Weitergabe von Insiderinformationen an einen auserwählten Kreis von Analysten stattfand.[682] *Gomes/Gorton/Madureira* (2007) zeigen zudem auf, dass kleinere Unternehmen in Folge der neuen Regelungen höhere Kapitalkosten verzeichnen, die aus einer nachlassenden Analystencoverage resultieren.[683]

*Heflin/Subramanyam/Zhang* (2003) kommen hingegen zu dem Ergebnis, dass die Einführung der neuen Gesetzesvorschriften keine signifikanten Auswirkungen auf die Qualität der Analystenschätzungen hat. Vielmehr können sie eine Ausweitung der freiwilligen Unternehmensberichterstattung feststellen. Aus

---

678 *SEC* (2001), http://www.sec.gov/news/studies/regfdstudy.htm, abgerufen am 28.01.2013.
679 Vgl. *Lin/Yang* (2012), S. 496; *Palmon/Yezegel* (2011), S. 476f.; *SEC* (2001), ebd.
680 Vgl. *Irani/Karamanou* (2003), S. 15ff.
681 Vgl. *Kwag/Small* (2007), S. 87ff.
682 Vgl. *Agrawal/Chadha/Chen* (2006), S. 2811; *Findlay/Mathew* (2006), S. 9ff.
683 Vgl. *Gomes/Gorton/Madureira* (2007), S. 300ff.

einer erhöhten Anpassungsgeschwindigkeit und einer verminderten Volatilität der Aktienkurse rund um Ergebnisveröffentlichungen nach der Implementierung der neuen Vorschriften leiten sie zudem eine erhöhte Kapitalmarkteffizienz ab.[684] Jedoch weisen die Autoren ausdrücklich darauf hin, dass die kurze Zeitspanne der Untersuchung eine vorsichtige Interpretation ihrer Ergebnisse bedingt und langfristige Effekte zu einem späteren Zeitpunkt quantifiziert werden müssten.[685] Jüngere Studien, die einen weitaus größeren Zeitraum abbilden können, bestätigen tendenziell die von *Heflin/Subramanyam/Zhang* (2003) festgestellten Befunde allerdings. So können *Palmon/Yezegel* (2011) ebenfalls die Effektivität der Regulierungsmaßnahmen nachweisen: Die abnormalen Renditen, die Investoren durch das Befolgen von Analystenempfehlungen vor einer Ergebnisbekanntgabe erzielen können, verringern sich nach der Umsetzung der *RegFD* signifikant, was verdeutlicht, dass ein wesentlicher Teil der Prognoseperformance der Finanzanalysten auf die Verwendung von Insiderinformationen zurückgeht.[686] *Hahn/Song* (2013) argumentieren, dass die relative Bedeutung der regelmäßigen Quartals- und jährlichen Finanzberichterstattung nach Wegfall der nicht öffentlichen Informationskanäle zugenommen hat. Sie belegen dies anhand der gestiegenen Anzahl von Schätzanpassungen der Analysten, die innerhalb weniger Tage nach einer Ergebnisveröffentlichung vorgenommen werden.[687] Entsprechend hat sich der Anteil der Aktualisierungen, die am Tage der Ergebnisbekanntgabe des Unternehmens oder am jeweiligen Folgetag erfolgt sind, von etwa 20% auf circa 30% erhöht.[688]

Weitere Studien analysieren die Effekte des sog. *Global Research Analyst Settlement* (GRAS) aus dem Jahre 2002. Bei dem *GRAS* handelt es sich um ein Abkommen zwischen der *SEC*, der *National Association of Securities Dealers* (NASD)[689], der *New York Stock Exchange* (NYSE) und zehn großen US-amerikanischen Investmentbanken. Dieses zielte darauf ab, die Interessenkonflikte zwischen dem *Research* und dem *Investmentbanking* innerhalb eines Bankhauses durch interne Restrukturierungsmaßnahmen zu vermeiden.[690] Zuvor waren die Institute von

684 Vgl. *Heflin/Subramanyam/Zhang* (2003), S. 1ff.

685 Vgl. *Heflin/Subramanyam/Zhang* (2003), S. 34.

686 Vgl. *Palmon/Yezegel* (2011), S. 475ff.

687 Vgl. *Hahn/Song*, S. 26ff.

688 Vgl. *Hahn/Song*, S. 35.

689 Die NASD ist die Vorgängerorganisation der heutigen *Financial Industry Regulatory Authority* (FINRA).

690 Vgl. *SEC* (2003), http://www.sec.gov/news/press/2003-54.htm, abgerufen am 01.02.2013. Das GRAS sah unter anderem die organisatorische und finanzielle Trennung

der SEC beschuldigt worden, die beschäftigten Analysten aufgefordert zu haben, bewusst optimistische *Research Reports* und Empfehlungen zu veröffentlichen, um den Interessen des jeweiligen Bankhauses und des gecoverten Unternehmens nachzukommen, ohne hierbei allerdings in den entsprechenden Berichten auf die bestehenden Interessenkonflikte hinzuweisen.[691] Die angeklagten Banken willigten im Rahmen des Verfahrens zur Zahlung von Bußgeldern in Höhe von circa 1,4 Mrd. $ ein.

Hiervon ausgehend können *Hovakimian/Saenyasiri* (2010) im Untersuchungszeitraum 1996–2006 eine Reduktion des optimistischen Bias der Analystenschätzungen feststellen. So verschwindet der optimistische Bias nach dem sog. *Global Research Analyst Settlement (GRAS)* im Jahr 2002 nahezu vollständig.[692] Die Studien von *Guan/Lu/Wong* (2012) und *Kadan et al.* (2009) können ebenso eine deutliche Reduktion ausgesprochener Kaufempfehlungen nach der Verkündung des *GRAS* ausmachen, was auf die Wirksamkeit des Abkommens hindeutet.[693]

Auch wenn die aufgeführten Studien unterschiedlichen Fragestellungen nachgehen und – je nach Untersuchungszeitraum – teils differierende Ergebnisse hervorbringen, so wird die Wirksamkeit der Regulierungsmaßnahmen, die auf eine Abschwächung privater Informations- und Kommunikationskanäle abzielte, deutlich. Dies impliziert, dass vor der Einführung offenbar eine selektive Weitergabe von internen Informationen erfolgte.

#### 5.3.3.4.2 Selbstregulierung durch Analystenverbände

Die überwiegende Mehrheit der Finanzanalysten ist über Verbände auf nationaler sowie internationaler Ebene berufsständisch organisiert. Diese Verbände stellen als selbstregulierende Institutionen Anforderungen an die fachliche Kompetenz und Verhaltensweise ihrer Mitglieder.[694] Ziel dieser Organisationen ist es, die Interessen ihrer Mitglieder zu fördern und über Aus- sowie stetige

---

von *Research* und *Investmentbanking*, die vollkomme Entkopplung der Entlohnung der Analysten vom *Investmentbanking*, die Entlohnung der Analysten einzig und allein auf Basis der Qualität ihrer Einschätzungen sowie die Verpflichtung zur Finanzierung unabhängigen *Researchs* vor. Siehe für einen umfassenden Überblick über die Vereinbarungen *Müller* (2005), S. 194ff.

691 Vgl. *Müller* (2005), S. 194f.

692 Vgl. *Hovakimian/Saenyasiri* (2010), S. 1ff.

693 Vgl. *Guan/Lu/Wong* (2012), S. 443ff. Allerdings kam es in dem besagten Zeitraum nicht zu einem Rückgang des Optimismus in den Ergebnisschätzungen.

694 Vgl. *Stanzel* (2007), S. 216; *Nölte* (2008), S. 92f.

Weiterbildung ein hohes Qualitätsniveau bei der Ausübung der beruflichen Tätigkeit zu gewährleisten. Da die Berufsbezeichnung des Finanzanalysten nicht gesetzlich geschützt ist, fungieren strenge Mitgliedschaftsvoraussetzungen, anspruchsvolle berufsbegleitende Fortbildungsprogramme sowie die Bindung an strenge Berufsnormen als Qualitätssiegel.[695] Jene Berufsnormen gelten somit als komplementäre Verpflichtungen neben den Verlautbarungen des Gesetzgebers.

Als der bedeutendste global organisierte Dachverband der nationalen Berufsverbände gilt das *Chartered Financial Analysts Institute* (CFAI) mit Hauptsitz in Charlottesville, Virginia, USA. Dem Verband gehören mittlerweile 138 nationale Analystenvereinigungen aus 60 Ländern mit insgesamt ca. 112.000 Mitgliedern an.[696] In Deutschland werden die Mitglieder des CFAI durch die im Jahr 2000 gegründete und circa 1.900 Mitglieder umfassende *German Chartered Financial Analysts Society* (GCFAS) vertreten. Ziel des CFAI ist es, durch ein umfangreiches Ausbildungsprogramm sowie die Etablierung und Förderung höchster ethischer Berufsstandards die weltweit führende Analysteninstitution zu sein, deren Handeln ein Umfeld schafft, das wirtschaftliche Prosperität incentiviert, jederzeit die Investoreninteressen berücksichtigt und die Funktionsfähigkeit der Kapitalmärkte gewährleistet.[697] Die vom CFAI akkreditierte berufliche Zusatzqualifikation des *Chartered Financial Analyst®* (CFA®), welche eine erfolgreiche Teilnehme an einem mehrstufigen Prüfungsprozess und mehrjährige Berufserfahrung voraussetzt, und daher eine von Arbeitgebern und Investmentexperten vielbeachtetes Qualifikationszertifikat darstellt, ist gleichermaßen auch die angesehenste Qualifikation innerhalb des Berufsstandes. Die Inhaber eines CFA-Titels sowie die übrigen CFAI-Mitglieder müssen sich zu jeder Zeit an die erstmalig in den 1960er Jahren erlassenen und zuletzt 2010 überarbeiteten und erweiterten ethischen Grundsätze und Standesrichtlinien des CFAI halten.[698] Die ethischen Grundsätze verlangen von den Analysten, dass diese ihren Beruf mit dem notwenigen Maß an Sorgfalt, Kompetenz, Integrität und Respekt ausüben und die Kundeninteressen

---

695 Vgl. *Hax* (1998), S. 38; *Henze* (2004), S. 29.

696 http://www.cfainstitute.org/about/Documents/cfa_institute_factsheet.pdf, abgerufen am 01.02.2013.

697 Siehe *CFAI* (2012), http://www.cfainstitute.org/about/Pages/index.aspx, abgerufen am 01.02.2013.

698 Siehe *CFAI* (2010), http://www.cfapubs.org/doi/pdf/10.2469/ccb.v2010.n14.1. Eine deutsche Übersetzung findet sich unter http://www.cfainstitute.org/Translations%20of%20Code%20of%20Ethics%20and%20Standards%20of%20Pr/german_code.pdf., abgerufen am 01.02.2013.

jederzeit über die eigenen stellen. Zudem enthalten die Grundsätze die Verpflichtung, sich gegenüber Kunden, Arbeitgebern, Kollegen und den übrigen Kapitalmarktteilnehmern ethisch einwandfrei und professionell zu verhalten. Die Standesrichtlinien umfassen insbesondere verschiedene, detailliert beschriebene Verhaltenspflichten im Umgang mit Interessenkonflikten und Insiderinformationen. Sie verpflichten den Analysten zu einem Höchstmaß an Objektivität und Unabhängigkeit. Eine Missachtung der Richtlinien kann die Aberkennung der Mitgliedschaft und des Rechts, den CFA-Titel zu führen, beinhalten.[699]

Die ethischen Grundsätze und Standesrichtlinien werden von weiteren Standards ergänzt, wobei je nach Tätigkeitsschwerpunkt des Analysten unterschiedliche Richtlinien greifen.[700] Für das *Sell-Side Research* sind insbesondere die umfangreichen „*Research Objectivity Standards*" relevant.[701] Diese Standards beinhalten in erster Linie Vorgaben hinsichtlich der organisatorischen Ausrichtung des Arbeitgebers des Analysten, der die Researchtätigkeit anbietet. So hat der Arbeitgeber dafür Sorge zu tragen, dass durch

- die vollständige Offenlegung etwaiger Interessenkonflikte zwischen dem gecoverten Unternehmen und dem Analysten bzw. seinem Arbeitgeber,
- die strikte Trennung zwischen *Investmentbanking* und Researchaktivitäten,
- eine vom *Investmentbanking* und *Corporate Finance* unabhängige Entlohnung des Analysten,
- klare Compliance Richtlinien in Bezug auf die Beziehung zwischen dem Analysten und dem zu covernden Unternehmen sowie
- Regeln hinsichtlich des Umgangs mit Insiderinformationen bzgl. Wertpapiertransaktionen,

unabhängige und objektive Anlageempfehlungen sichergestellt werden. Hierbei soll ein striktes Enforcementsystem sowie Sanktionierungsmaßnahmen bei einer Verletzung der Richtlinien unterstützend wirken. Mit dem in Kooperation mit dem *National Investor Relations Insitute* (NIRI) erarbeiteten Leitliniendokument

699 Für eine umfassendere Wiedergabe der Inhalte der ethischen Grundsätze und Standesrichtlinien siehe *Stanzel* (2007), S. 223f.

700 So unterscheidet das CFAI bspw. die Verhaltenskodizes für Asset Manager, Treuhänder von Pensionsvermögen und Treuhänder von Geldern öffentlicher Stiftungen. Für eine Übersicht über die Tätigkeitsschwerpunkte der Mitglieder der GCFAS siehe http://www.cfa-germany.de/about/member-spectrum/, abgerufen am 02.02.2013.

701 Siehe *CFAI* (o.J.), http://www.cfapubs.org/doi/pdf/10.2469/ccb.v2004.n2.4006, abgerufen am 02.02.2013.

*„Best Practice Guidelines Governing Analyst/Corporate Issuer Relations"* ist zudem ein Vorgabenkatalog erlassen worden, der den konfliktfreien Informationsfluss zwischen dem covernden Analysten und dem Unternehmensmanagement ermöglichen und die umfangreichen Vorgaben des CFAI in Bezug auf die Analystentätigkeit abrunden soll.[702]

Die 1962 gegründete *European Federation of Financial Analysts Societies* (EFFAS) ist ein Zusammenschluss von 27 nationalen europäischen Analystenverbänden mit mehr als 14.000 Mitgliedern mit Sitz in Frankfurt a.M.[703] Die Aktivitäten dieses europäischen Branchenverbandes umfassen neben Aus- und Weiterbildungsprogrammen für die Mitglieder, die Organisation von Konferenzen sowie das Verfassen von Stellungnahmen zu aktuellen kapitalmarktrelevanten Themen über verschiedene Ausschüsse. Zu diesen zählt die *Financial Acccounting Commission* (FAC), die sich regelmäßig in den Due Process bei der Entwicklung und Überarbeitung von Rechnungslegungsstandards des *International Accounting Standard Board* (IASB) einbringt. Die EFFAS bietet in Kooperation mit der *Association of Certified International Investment Analysts* (ACIIA®) die zertifizierten Zusatzqualifikation des *Certified International Investment Analyst* (CIIA®) sowie über die lokalen Verbände das *Certified European Financial Analyst* (CEFA)-Diplom an. In Deutschland wird diese Aufgabe der DVFA zuteil.

Neben der Funktion als Ausbildungsinstitut und Ausrichter von Analysten- und Investorenkonferenzen, Foren und Symposien beteiligt sich die DVFA aktiv an verschiedenen Konsultationsverfahren zu Themen der europäischen Kapitalmarktregulierung.[704] Darüber hinaus wurden auf Eigeninitiative *„Best-Practice"* -Regeln zu verschiedenen Themen entwickelt, die einer *„Überregulierung von außen"*[705] vorgreifen sollen und die der DVFA-Satzung zu entnehmenden Ziele (die Pflege des Berufsbildes, die Weiterentwicklung und Verbesserung der Rahmenbedingungen für die Ausübung der Berufes sowie die Förderung des

---

702 Siehe *CFAI/NIRI* (2004), http://www.cfapubs.org/doi/pdf/10.2469/ccb.v2005.n7.4004, abgerufen am 04.02.2013.

703 Für weitergehende Informationen zur Organisationsstruktur der EFFAS siehe http://effas.net/index.php?option=com_content&view=article&id=50:effas-organisation&catid=34:effas&Itemid=64, abgerufen am 08.02.2013.

704 Für eine Übersicht, über die Konsultationsverfahren, an denen sich die DVFA in den letzten Jahren beteiligt hat siehe http://dvfa.de/die_dvfa/regulierung/dok/35368.php, abgerufen am 08.02.2013.

705 *DVFA* (o.J.), http://www.dvfa.de/publikationen/standards/, abgerufen am 08.02.2013.

Verständnisses der Öffentlichkeit für den Beruf) unterstützen.[706] Zwingende Voraussetzung für die ordentliche Mitgliedschaft in der DVFA ist neben einer mehrjährigen einschlägigen Berufserfahrung und einer berufsspezifischen Qualifikation (z.B. CEFA) die Anerkennung und Befolgung des DVFA-Verhaltenskodexes. Der Kodex verlangt von den Mitgliedern der DVFA, dass diese ihre Tätigkeit unabhängig und frei im Interesse der Anleger und Kunden, objektiv und integer sowie nach bestem Wissen und Gewissen ausüben.[707] Ebenso beinhalten die Vorschriften die Pflicht, potenzielle Interessenkonflikte zu vermeiden bzw. bestehende Interessenkonflikte offenzulegen. Interessenkonflikte können insbesondere durch spezielle Vergütungsmechanismen, Eigengeschäfte in Finanzinstrumenten des analysierten Unternehmens und andere wirtschaftliche Verbindungen zu dem betreuten Unternehmen sowie durch Vorteilsnahme oder Vorteilsgewährung entstehen. Der Analyst unterliegt zudem der Pflicht, seinen Arbeitgeber dazu aufzufordern, ihm bspw. durch die Einrichtung und Bereitstellung einer entsprechenden Compliancestruktur die Beachtung des Verhaltenskodexes zu ermöglichen. Gemäß §13 Satz 3 der DVFA-Satzung reichen die Sanktionsmaßnahmen bei Verstößen gegen die Verhaltenspflichten je nach Schwere des Verstoßes von Verwarnungen über Geldbußen bis zu einer Höhe von maximal 5.000€ bis hin zum dauerhaften Ausschluss des Mitgliedes von der Vereinigung. Beim Vergleich des DVFA-Kodex mit der FinAnV sind zahlreiche Überschneidungen und Querverbindungen festzustellen, auch wenn der Kodex weiterführende Detailregelungen enthält.[708]

Neben dem Verhaltenskodex sind von der DVFA die „Deutschen Grundsätze für Finanzresearch“ (DGFR) in Zusammenarbeit mit der GCFAS entwickelt worden, die weitere Anforderungen an die Berufsausübung beinhalten. Diese Standards sind im Jahr 2006 von der BaFin als „*Best Practice*“-Regelungen anerkannt worden. Die DGFR setzen sich aus den allgemeinen „Grundsätzen des ordnungsmäßigen Finanz-Researchs“ (GoFR) und den fachspezifischen „Mindeststandards für Finanz-Research“ (MSFR) zusammen, die den formalen Aufbau und den inhaltliche (Mindest-)Umfang von *Research Reports* detailliert regeln. Hiermit sollen die Transparenz und das Vertrauen in den Prozess und die Qualität von Researchprodukten gestärkt werden.[709] So sehen die MSFR vor, dass

706 Zur Zielsetzung der DVFA siehe § 2 DVFA-Satzung – Zweck der Vereinigung. Die DVFA-Satzung ist abrufbar unter http://dvfa.de/mitgliedschaft/dvfa-satzung/dok/35378.php, abgerufen am 10.02.2013.

707 *DVFA* (2007), S. 2ff.

708 Vgl. *Rau* (2005), S. 40.

709 Vgl. *DVFA* (2006), S. 1f.; *Stanzel* (2007), S. 221.

sog. Basis-*Research Reports* stets eine Executive Summary, eine SWOT-Analyse, eine nachvollziehbare Bewertung nach anerkannten Methoden der Unternehmensbewertung, ein detailliertes Unternehmensprofil und eine Analyse von Management, *Corporate Governance*, Anteilseignerstruktur sowie Markt- bzw. Wettbewerbsumfeld enthalten.[710] Darüber hinaus hat sich der Analyst als Voraussetzung einer verlässlichen Bewertung kritisch mit den Planungs- und Prognosezahlen auseinanderzusetzen. Dem in sich geschlossenen Prognosemodell von Bilanz, GuV und Cash-Flow Rechnung soll ein Mindestprognosehorizont von zwei Jahren zugrunde liegen. Seine Empfehlungen sind bei dem Eintreffen neuer bewertungsrelevanter Unternehmensinformationen stets auf ihre Aktualität hin zu prüfen und unterliegen somit einem fortlaufenden Bewertungsprozess. Neben den Inhalten des Basis-*Research* regeln die MSFR die Inhalte sog. *IPO-Research*, das grundsätzlich mit dem Basis-*Research* deckungsgleiche Inhalte vorsieht, ergänzt um Angaben zur jeweiligen Erlösverwendung aus Kapitalmaßnahmen. Vor dem Hintergrund möglicher Interessenkonflikte sollten *IPO-Research Reports* keine Anlageempfehlung enthalten. Darüber hinaus regeln die MSFR die Inhalte von weniger umfangreichen *Research-Updates*, Kurzanalysen und Kommentaren, die als anlassbezogene Veröffentlichungen bspw. im Nachgang zu Analystenkonferenzen oder Ergebnisveröffentlichungen erstellt werden.

### 5.3.4 Zwischenfazit

Da Analysten verschiedenartigen Anreizen unterliegen, die eine objektive Researchtätigkeit beeinflussen können, ist der Berufsstand in Deutschland gesetzlichen Regulierungsmaßnahmen unterworfen worden. Zudem haben Analystenverbände hierzulande in der jüngeren Vergangenheit berufsständische Qualitätsstandards erarbeitet. Diese Maßnahmen sollen Interessenkonflikten entgegenwirken und eine unverzerrte Einschätzung hinsichtlich der künftigen Unternehmensperformance sowie daraus abgeleiteter Anlageempfehlungen gewährleisten. Analysten sollen auf dieser Basis die ihnen im Rahmen der Prinzpal-Agenten-Theorie zuteil werdende Rolle effizient ausüben können. Diese besteht darin, die Unternehmensleitung im Auftrag der Kapitalgeber fortlaufend zu kontrollieren und die Unternehmensentwicklung durch das Sammeln und Auswerten von relevanten Informationen zu überwachen. Dennoch verbleiben Effekte, die sich derartiger Regulierungsbestrebungen entziehen und

710 Über methodische Detailanforderungen bei der Verwendung der anerkannten Bewertungsverfahren informiert der DVFA-Leitfaden für die Unternehmensbewertung im Aktienresearch. Siehe *DVFA* (2005), S. 1ff.

die Analystenfunktion beeinträchtigen. Hier zu nennen sind insbesondere die unternehmensseitigen Maßnahmen des Erwartungsmanagements im Rahmen des diskutierten *Earnings Game*. Das Management hat Anreize die Kapitalmarkterwartungen über die gezielte Veröffentlichung von entsprechenden prospektiven Informationen aktiv zu steuern. Im Mittelpunkt der sich anschließenden empirischen Untersuchung soll daher stehen, wie das derartige (Prognose-) Berichterstattungsverhalten der Unternehmen im deutschen Kapitalmarktumfeld ausgestaltet ist, wie realistisch i.S.v. treffgenau die Unternehmensprognosen sind, welche Faktoren diese Treffgenauigkeit evtl. beeinflussen und inwiefern die Unternehmensprognosen mit den Einschätzungen der Finanzanalysten korrespondieren.

# 6 Empirische Untersuchung zum Prognoseverhalten des Managements und der Finanzanalysten

## 6.1 Ableitung von Hypothesen

Aufbauend auf den dargestellten theoretischen und empirischen Erkenntnissen sowie Plausibilitätsüberlegungen sollen zu Beginn dieses Kapitels verschiedene Hypothesen abgeleitet werden. Diese Hypothesen beinhalten zum einen Vermutungen über das ex ante zu beobachtende Berichterstattungsverhalten der Unternehmen. Zum anderen gehen die Hypothesen Überlegungen nach, die sich auf die ex post beobachtbare Treffgenauigkeit der abgegebenen Prognosen von Unternehmen und Finanzanalysten beziehen. Hierbei stehen insbesondere die ermittelten betragsmäßigen sowie relativen Prognosefehler sowie deren Bestimmungsfaktoren im Fokus.[711] Darüber hinaus wird der Zusammenhang von Managementprognosen und den Schätzungen der Finanzanalysten eingehend untersucht.

Wie in Kapitel 2.2.2 aufgezeigt, bestehen für das Management verschiedene Möglichkeiten bzgl. der Formulierung einer Prognose. Diese reichen von rein qualitativen Aussagen über offene und geschlossene Intervallprognosen bis hin zu Punktschätzungen. Der Gesetzgeber schreibt die Art der Formulierung einer Prognose nicht explizit vor, so dass die Unternehmen hier über einen gewissen Spielraum verfügen. Dabei ist es der Unternehmensleitung ebenso freigestellt, die Präzision der Vorhersagen unterjährig zu verändern. Da sich die erwartete Ausprägung prognostizierter Umsatz- und Ergebnisgrößen eines Unternehmens naturgemäß konkretisiert, je näher das Ende des Geschäftsjahres rückt, ist davon auszugehen, dass die Geschäftsleitung die Präzision der Formulierung ihrer Prognosen kontinuierlich anhebt.

***Hypothese 1:*** *Der Anteil von Unternehmensprognosen, die als Minimum- und Maximumprognosen formuliert sind, geht im Laufe des Geschäftsjahres zugunsten von exakter formulierten Intervall- und Punktprognosen kontinuierlich zurück.*

Anknüpfend an **Hypothese 1** ist zu vermuten, dass sich eine Konkretisierung der Formulierung entsprechender Prognosen konsequenterweise auch in einem

711 Zur Definition der Größen siehe Kapitel 6.2.3.1.

Rückgang des betragsmäßigen Prognosefehlers äußern sollte. Der sich im Verlauf der Periode verringernde Prognosehorizont erlaubt eine bessere Einschätzung der zu erwartenden Umsatzerlöse bzw. des zu erwartenden Ergebnisses. Diese Überlegung kann gleichermaßen auf die Schätzungen der Finanzanalysten übertragen werden. Auch hier führt ein sich verkürzender Prognosehorizont zu einer nachlassenden Prognoseunsicherheit.

***Hypothese 2:*** *Der betragsmäßige Prognosefehler der Schätzungen des Managements und der Finanzanalysten verringert sich unterjährig kontinuierlich von Quartal zu Quartal.*

Das *Earnings Game* beschreibt die aus der Einbettung von Unternehmensleitung und Finanzanalysten in ein Geflecht verschiedenartiger Anreize resultierende Systematik im Prognoseverhalten beider Gruppen. So hat das Management vor dem Hintergrund der zu erwartenden Kapitalmarktreaktionen Anreize, die Erwartungen bzgl. der weiteren Unternehmensperformance bewusst niedrig zu halten, um negative Kursreaktionen bei einem Verfehlen der kommunizierten Ziele zu vermeiden bzw. Kursanstiege bei einem nicht antizipierten Übertreffen der Kapitalmarkterwartungen realisieren zu können. Diese Anreize sind angesichts der in der empirischen Literatur identifizierten asymmetrischen Kursreaktion in Abhängigkeit eines Übertreffens bzw. Verfehlens der Erwartungen umso bedeutender. In Bezug auf die Schätzungen der Analysten beschreibt die Theorie Anreize, die zu vergleichsweise optimistischen Schätzungen führen, da der Analyst ansonsten den persönlichen Zugang zu exklusiven Informationen riskiert und möglicherweise das Kapitalmarktgeschäft des eigenen Arbeitgebers mit dem betreffenden Unternehmen sowie daraus abgeleitet die eigene Vergütung unter einer negativen Einschätzung leiden könnte. Negative Reputationseffekte bei anhaltend optimistisch verzerrten Prognosen und die Intention des Unternehmens, die Analystenerwartungen zumindest kurz vor Bekanntgabe des realisierten Wertes soweit zu dämpfen, dass sich ein gewisser Pessimismus unter den Finanzanalysten einstellt, sollten den im Jahresdurchschnitt festzustellenden Optimismus nicht kompensieren können. Jedoch lässt die Anreizstruktur in der Gesamtbetrachtung hinsichtlich des unterjährigen Verlaufs einen Rückgang des anfänglichen Prognoseoptimismus erwarten.

**Hypothese 3a:** *Managementprognosen weisen im Durchschnitt eine pessimistische Verzerrung auf. Demgegenüber sind Analystenschätzungen im Durchschnitt zu optimistisch.*

**Hypothese 3b:** *Für Managementprognosen kann im Laufe des Jahres im Durchschnitt ein Rückgang der negativen Verzerrung beobachtet werden. Demgegenüber lässt sich analystenseitig eine Verringerung eines anfänglichen Prognoseoptimismus beobachten.*

Da die Unternehmensleitung starke Anreize hat, die Kapitalmarkterwartungen nicht zu verfehlen, kann hinsichtlich des betragsmäßigen Prognosefehlers vermutet werden, dass dieser bei einem Übertreffen der eigenen Prognosen geringer ausfällt als bei einem Verfehlen. Kann die Unternehmensleitung hingegen antizipieren, dass die eigene Prognose nicht mehr eingehalten werden kann, so ist das Ausmaß dieses Verfehlens möglichweise von untergeordneter Bedeutung. So konstatiert *Collingwood* (2001): „*Good earnings news can light a fire under a company's stock, but if the company misses its number by even a penny, its stock is likely to get hammered.*"[712] Da sich derartige Anreize für die Gruppe der Finanzanalysten nicht stellen, dienen diese als geeignete Kontrollgruppe. Aus diesen Überlegungen lassen sich folgende Hypothesen ableiten:

**Hypothese 3c (1):** *Die betragsmäßige Differenz zwischen prognostiziertem und realisiertem Wert fällt bei optimistisch verzerrten Prognosen des Managements (Prognose wird verfehlt) durchschnittlich größer aus als bei pessimistisch verzerrten Prognosen (Prognose wird übertroffen).*

**Hypothese 3c (2):** *Die betragsmäßige Differenz zwischen prognostiziertem und realisiertem Wert fällt bei optimistisch verzerrten Prognosen der Finanzanalysten (Prognose wird verfehlt) durchschnittlich nicht signifikant unterschiedlich zur Betragsdifferenz von pessimistisch verzerrten Prognosen (Prognose wird übertroffen) aus.*

Nachdem Erkenntnisse über das Prognoseverhalten von Management und Analysten gewonnen werden konnten, soll untersucht werden, inwiefern sich bestimmte fundamentale und kapitalmarktbezogene Unternehmenseigenschaften identifizieren lassen, die die Einschätzungen beider Gruppen systematisch treiben. Ergäben sich hierbei deutliche Unterschiede in den Korrelationen zwischen den jeweiligen Unternehmenscharakteristika und dem jeweiligen Prognosefehler von Management bzw. Analysten, könnte dies auf die zuvor diskutierten Anreize zurückzuführen sein, die nur für eine der beiden Gruppen bestehen.

Aussagen über die erwartete künftige Unternehmensentwicklung sind für Eigen- und Fremdkapitalgeber im Hinblick auf ein (potenzielles) Kapitalengagement in höchstem Maße entscheidungsrelevant. Insbesondere Anteilseigner richten ihre Entscheidung hinsichtlich der Kapitalallokation primär an der erwarteten Ertragslage des Unternehmens aus. Unternehmen, die eine vergleichsweise schlechte Ertragslage aufweisen bzw. diese erwarten, könnten geneigt sein, diese Erwartungen nur unzureichend an die Adressaten zu kommunizieren, um (potenzielle) Investoren nicht abzuschrecken. Unternehmen, die

712 *Collingwood* (2001), S. 67.

sich in einer relativ soliden Ertragssituation befinden, verfügen hingegen über einen gewissen Spielraum, vergleichsweise verhaltene Einschätzungen abzugeben, um ungerechtfertigt hohe Erwartungen zu dämpfen.[713]

**Hypothese 4a:** *Der relative Prognosefehler variiert in Abhängigkeit der Rentabilität eines Unternehmens. Prognosen von unterdurchschnittlich erfolgreichen Unternehmen, sind im Durchschnitt vergleichsweise optimistisch.*

Hohe Wachstumserwartungen, die an das Unternehmen gestellt werden, lassen sich am Kapitalmarkt an vergleichsweise hohen Verhältnissen von Aktienkursen zum Gewinn je Aktie bzw. von Marktkapitalisierung zum (Konzern-)Jahresüberschuss ablesen. Mit steigenden Erwartungen erhöht sich für das Unternehmen die Gefahr, diese nicht durch entsprechende Gewinne erfüllen zu können. Unternehmen, deren Bewertung am Aktienmarkt vergleichsweise hoch ist, sollten daher Anreize haben, diese Erwartungen durch konservative Einschätzungen auf ein realistisches Niveau zurückzuführen. Dieses Argument ist umso mehr zu unterstreichen, als die empirische Forschung bei Firmen mit hohen Wachstumserwartungen bei einem Verfehlen der Prognosen vergleichsweise starke negative Kursreaktionen feststellen konnte.[714]

**Hypothese 4b:** *Der relative Prognosefehler variiert in Abhängigkeit der Kapitalmarktbewertung eines Unternehmens. Unternehmen, die am Kapitalmarkt vergleichsweise hoch bewertet sind, weisen einen vergleichsweise starken Prognosepessimismus auf.*

Neben Kapitalgebern zählen auch Konkurrenten zu den Interessenten von Aussagen der Unternehmensleitung hinsichtlich der erwarteten künftigen Unternehmensperformance. Dem Unternehmen entstehen hierdurch Wettbewerbskosten, da optimistische Vorhersagen neue Konkurrenten auf den Markt locken und somit Margen und Marktanteile gefährden. Ebenso könnten sehr positive Aussagen hinsichtlich der Wachstumsaussichten Begehrlichkeiten seitens der Arbeitnehmerschaft oder der Lieferanten wecken. Wie *Knauer/Wömpener* (2012) herausstellen, bestehen für Unternehmen, die über einen vergleichsweise hohen Anteil sog. Insider verfügen, Anreize, die Kommunikation optimistischer Zukunftsaussichten auf private Kanäle zu verlagern bzw. die Kommunikation pessimistischer Erwartungen über den Kapitalmarkt zu forcieren, um die Konkurrenzgefahren abzumildern.[715]

---

713 Vgl. *Knauer/Wömpener* (2012), S. 120.

714 Vgl. *Skinner/Sloan* (2002), S. 289ff.; *Matsumoto* (2002), S. 494.

715 Vgl. *Knauer/Wömpener* (2012), S. 121f.

**Hypothese 4c:** *Der relative Prognosefehler variiert in Abhängigkeit der Anteilseignerstruktur. Unternehmen, die über einen geringen Streubesitz verfügen, weisen vergleichsweise stark pessimistisch verzerrte Prognosen auf.*

Besteht seitens der *Financial Community* erhöhte Unsicherheit in Bezug auf die künftige Umsatz- und Ergebnissituation, so drückt sich diese oftmals in hohen Aktienkursvolatiliäten der betrachteten Unternehmen aus. Ein weiterer Indikator, der auf eine hohe Unsicherheit am Kapitalmarkt hinweist, ist die Standardabweichung der Konsensuseinzelschätzungen der Finanzanalysten. Falls die Akteure uneins über die zu erwartende Entwicklung sind, variieren die Einzelschätzungen der Analysten recht stark. Deutlich voneinander abweichende Einzelmeinungen sollten im Durchschnitt zu hohen betragsmäßigen Prognosefehlern führen. Da eine Begründung für die erhöhte Unsicherheit in der Antizipation großer Differenzen zwischen den vom Management kommunizierten Umsatz- und Ergebniszielen und deren erwarteter Realisation liegen könnte, sollte eine erhöhte Varianz der Analystenschätzungen auch mit einem hohen betragsmäßigen Managementprognosefehler einhergehen.

**Hypothese 4d:** *Der betragsmäßige Prognosefehler variiert in Abhängigkeit der Kapitalmarktunsicherheit. Unternehmen, für die am Kapitalmarkt eine hohe Standardabweichung der Analysteneinzelschätzungen hinsichtlich der vom Management prognostizierten Umsatz- und Ergebnisgrößen beobachtet werden kann, weisen einen höheren betragsmäßigen Prognosefehler aus.*

Neben potenziellen Anreizfaktoren, die das Prognoseverhalten beeinflussen können, steigen mit der Komplexität des Geschäftsmodells die Anforderungen, die an den Ersteller einer möglichst treffgenauen Prognose gestellt werden. So ist die Einschätzung zu erwartender Umsatzerlöse bei hochdiversifizierten, global agierenden Konzernen um ein Vielfaches anspruchsvoller als bei ausschließlich national operierenden Einproduktunternehmen. Ebenso erweist sich die Einschätzung hinsichtlich der zu erwartenden Umsatzerlöse und Gewinne für Finanzanalysten bei diversifizierten Unternehmen als schwieriger. Neben der Anzahl der Segmente stellt der Anteil der immateriellen Vermögenswerte an der Bilanzsumme einen Indikator für die Komplexität des Geschäftsmodells dar.[716]

716 Vgl. *Hutton* (2005), S. 879; *Nölte* (2008), S. 49; *Nölte* (2009), S. 1234. Später dargestellte Ergebnisse zeigen auf, dass die an dieser Stelle ggf. aufkommende Vermutung einer hohen Korrelation zwischen den beiden Variablen unbegründet ist und somit nichts gegen eine gemeinsame Integration in ein Regressionsmodell spricht.

**Hypothese 4e:** *Der betragsmäßige Prognosefehler variiert in Abhängigkeit der Unternehmenskomplexität und steigt mit zunehmender Anzahl der Segmente eines Unternehmens.*

**Hypothese 4f:** *Der betragsmäßige Prognosefehler variiert in Abhängigkeit der Unternehmenskomplexität und steigt mit dem Anteil immaterieller Vermögenswerte an der Bilanzsumme.*

Angelehnt an die **Hypothesen 4e** und **4f** lässt sich vermuten, dass die Prognosequalität in Abhängigkeit von der Branchenzugehörigkeit variiert. Neben der Forschungs- und Entwicklungsintensität, stellt die Konjunktursensitivität des Unternehmens oftmals eine Herausforderung für den Prognoseersteller dar. So reagieren manche Branchen sensibler auf Veränderungen der konjunkturellen Dynamik als andere Branchen, was sich in volatileren Umsatzerlösen und Ergebnissen ausdrückt. Da eine starke Abhängigkeit von der gesamtwirtschaftlichen Entwicklung somit die Planungssicherheit erschwert, ist zu vermuten, dass die Prognosequalität hierunter leidet. Eine hohe Konjunkturreagibilität sollte sich darüber hinaus in vergleichsweise volatilen Jahresergebnissen niederschlagen, was die Prognosegüte in gleicher Weise negativ beeinflussen sollte.

**Hypothese 4g:** *Der betragsmäßige Prognosefehler variiert in Abhängigkeit der Branche. Unternehmen aus weniger konjunktursensitiven Branchen (bspw. „Pharma & Healthcare" und „Telecommunication") weisen im Durchschnitt geringere betragsmäßige Prognosefehler auf als Unternehmen aus konjunktursensitiven Branchen.*

**Hypothese 4h:** *Der betragsmäßige Prognosefehler variiert in Abhängigkeit der Ergebnisvolatilität. Der betragsmäßige Prognosefehler steigt mit hohen Veränderungsraten der Jahresergebnisse.*

Wie in Kapitel 5.2.1 diskutiert wurde, stellen Managementprognosen für Finanzanalysten ein unverzichtbares Informationsinstrument bei der Erstellung und Validierung eigener Einschätzungen dar. Wie aus vorherigen Studien hervorging, hat die *Financial Community* hinsichtlich der Formulierung von Prognosen eine intuitiv zu erwartende Präferenz für möglichst präzise Aussagen. In Bezug auf Analystenschätzungen kann daher vermutet werden, dass die Unsicherheit der *Financial Community* mit steigender Präzision der Managementeinschätzung abnimmt.

**Hypothese 5:** *Die Unsicherheit unter den Finanzanalysten bzgl. der weiteren Unternehmensentwicklung geht mit einer zunehmenden Präzision der Formulierung der Managementprognose zurück.*

## 6.2 Empirische Untersuchung

### 6.2.1 Datenbasis

Zur Analyse der verschiedenartigen Fragestellungen bedarf es einer breiten Unternehmensstichprobe, die ausreichend Variation in den Eigenschaften der Prognosen sowie in den angesprochenen Unternehmenscharakteristika bietet und somit auf Grundlage verschiedener Testverfahren Aussagen über die Stichprobe hinaus zulässt. Dies bedingt zum einen, dass bei der Analyse der Managementprognosen Umfang und Qualität der zugrundliegenden Berichtswerke ausreichend sind. Zum anderen müssen die Unternehmen über die nötige Kapitalmarktrelevanz verfügen, um eine hinreichende Analystencoverage aufzuweisen. Als Stichprobe dienen daher die zum Stichtag 31.12.2011 im HDAX Aktienindex gelisteten Unternehmen. Dieser Index umfasst die 110 Unternehmen der Indizes DAX, MDAX und TecDAX der *Deutschen Börse AG.*[717] Unternehmen, die in diesem Index gelistet sind, müssen die Berichtsanforderungen des Prime Standard erfüllen, was eine regelmäßige unterjährige Berichterstattung, die Anwendung internationaler Rechnungslegungsstandards, das Abhalten von mindestens einer Analystenkonferenz pro Jahr sowie die Veröffentlichung von Ad-hoc Meldungen auch in englischer Sprache erfordert. Dies garantiert, dass für die betrachteten Unternehmen sowohl die Prognoseberichte aus den Geschäftsberichten als auch aus den unterjährigen Berichtswerken in die Untersuchung miteinbezogen werden können. Die Datenbasis auf die Unternehmen des HDAX zu beschränken erscheint sinnvoll, da bei einer Ausweitung bspw. auf den gesamten Prime Standard aufgrund der untergeordneten Kapitalmarktbedeutung oftmals keine durchgängigen Beobachtungen der Analysten für diese Unternehmen vorliegen.[718] Der Zeitraum der Untersuchung erstreckt sich vom 31.12.2005 bis zum 31.12.2011 und umfasst somit jene Geschäftsjahre, in denen durchweg der DRS 15 als Regelungsgrundlage für die Prognoseberichterstattung

---

717 Vgl. http://dax-indices.com/de/index.aspx?pageID=25&ISIN=DE0008469016, abgerufen am 24.11.2013. Für eine Übersicht über die einbezogenen Unternehmen sowie deren jeweilige Index- und Branchenzugehörigkeit siehe Tabelle A-1 im Anhang.

718 So muss *Paarz* (2011) im Rahmen seiner Untersuchung des EPS-Konsensusschätzfehlers von Finanzanalysten aufgrund eines Fehlens entsprechender Daten sämtliche Unternehmen ausschließen, die im SDAX gelistet sind. Vgl. *Paarz* (2011), S. 107. *Paarz* weist darauf hin, dass *Ernstberger/Kotter/Stadler* (2008) auf Grundlage derselben Datenbank „unerklärlicherweise" entsprechende Unternehmen in ihre Untersuchung miteinbeziehen konnten. Vgl. *Paarz* (2011), Fn. 644.

relevant war, so dass eine Verzerrung aufgrund der jüngst veränderten Berichtsanforderungen ausgeschlossen werden kann. Insgesamt liegen der Untersuchung somit 2.640 Geschäfts- und Quartalsberichte zugrunde.[719] Eliminiert werden solche Unternehmen, die nicht gemäß § 315 HGB verpflichtet sind, einen Konzernlagebericht aufzustellen und somit auch DRS 15 nicht anwenden. Dies betrifft für die zugrundeliegende Stichprobe die Unternehmen BB Biotech AG, EADS N.V., Gagfah S.A. sowie Qiagen N.V., da der Sitz des jeweiligen Konzernmutterunternehmens im Ausland ist, so dass sich die Stichprobe auf 2.544 Berichte reduziert.[720]

Da die Unternehmensprognosen der hier betrachteten Unternehmen nicht in standardisierter Form in Datenbanken vorliegen, bedarf es der manuellen Erhebung.[721] In Anlehnung an die Untersuchung von *Ruhwedel/Sellhorn/Lerchenmüller* (2009) beruht die Erhebung prognoserelevanter Sachverhalte allein auf Basis des als „Prognosebericht" oder ähnlich bezeichneten Lageberichtsbestandteils, was zweckmäßig erscheint, da Informationsadressaten den Konzernabschluss unter Zeitrestriktionen auswerten müssen, was insb. für Finanzanalysten gilt. Zudem fordert DRS 15, dass prospektive Informationen im Prognosebericht erscheinen und nicht in anderen Geschäftsberichtsteilen „versteckt" werden sollen.[722]

Die Berichte wurden auf quantifizierte Umsatz- und Ergebnisprognosen mit maximal einjährigem Prognosehorizont hin untersucht, d.h. es wurden diejenigen Kennzahlenprognosen erfasst, die das aktuelle Geschäftsjahr betreffen und zudem metrischen Ursprungs sind.[723] In der Vergangenheit durchgeführte

---

719 110 Unternehmen x 6 Jahre x 4 Quartale=2.640 Berichte. Weichen Geschäftsjahr und Kalenderjahr voneinander ab, so werden die Geschäftsjahre demjenigen Kalenderjahr zugeordnet, dessen Beginn den zeitlich kürzesten Abstand zum Beginn des jeweiligen Geschäftsjahres aufweist. So werden bspw. Geschäftsjahre, die am 01.10.2009 beginnen ebenso dem Geschäftsjahr 2010 zugeordnet wie Geschäftsjahre, die am 01.04.2010 beginnen.

720 Die Gagfah S.A. hat ihren Hauptsitz in Luxemburg, die BB Bitotech AG in der Schweiz und die Unternehmen EADS N.V. und Qiagen N.V. in den Niederlanden.

721 Vgl. *Nölte* (2009), S. 1238; *Knauer/Wömpener* (2012), S. 122.

722 Vgl. *Ruhwedel/Sellhorn/Lerchenmüller* (2009), S. 1307. In vielen Geschäftsberichten wird der entsprechende Lageberichtsbestandteil mit „Chancen- und Prognosebericht", „Ausblick" oder „Voraussichtliche Entwicklung" überschrieben. Vgl. hierzu auch *Barth* (2009), S. 138f. Stichprobenartig durchgeführte Tests legen die Vermutung nahe, dass die betrachteten Unternehmen den Vorgaben des DRS 15 in diesem Punkt entsprechen.

723 Der Zeithorizont wird beschränkt, da sich die überwiegende Mehrzahl der Managementprognosen ohnehin auf das laufende Geschäftsjahr bezieht (vgl. Kapitel

Studien zu den Informationsbedürfnissen von Geschäftsberichtsadressaten kommen zu dem Ergebnis, dass gerade Ergebnisprognosen eine sehr hohe Relevanz für die Beurteilung der zukünftigen Unternehmensentwicklung haben.[724] Qualitative Prognosen ohne metrischen Charakter sind nicht Bestandteil der Untersuchung, da sie keine quantitative ex post Überprüfung der Prognoseinhalte zulassen. Die neben den Prognosen zur Entwicklung der Umsatzerlöse erhobenen Ertragsindikatoren umfassen die Größen EBITDA, EBIT, (Konzern-) Jahresüberschuss vor und nach Steuern sowie das Ergebnis je Aktie. Zudem werden prognostizierte Renditen und Margen, die sich in Vorhersagen über die erwartete Ausprägung der zuvor genannten Größen umwandeln lassen, berücksichtigt.[725] Die auf diese Weise ermittelten Größen wurden im späteren Verlauf den tatsächlich erzielten Werten gegenübergestellt. Letztere wurden aus den jeweiligen Geschäftsberichten entnommen. Bei den betrachteten Kennzahlen handelt es sich um die populärsten (Zwischen-)Erfolgsgrößen, die auch bei den Schätzungen von Finanzanalysten regelmäßig Verwendung finden.

In Anlehnung an vorherige Untersuchungen wird der Untersuchungszeitraum bedingt durch die gesamtwirtschaftliche Entwicklung in verschiedene Phasen eingeteilt. Wie Abbildung 12 verdeutlicht, ist der Beobachtungszeitraum durch einen signifikanten Rückgang der Unternehmensgewinne der betrachteten Unternehmen in den Jahren 2008 und 2009 geprägt, welcher sich auch am Aktienmarkt in stark rückläufigen Kursnotierungen widerspiegelt. Die Dynamik der zu Beginn des Jahres 2008 aufkommenden Finanzmarktkrise hat die Planungssicherheit vieler Unternehmen hinsichtlich der künftigen Umsatz- und Ergebnisentwicklung stark beeinträchtigt. Konnten die Unternehmensgewinne im Jahr 2007 gegenüber dem aus fundamentaler Sicht bereits vergleichsweise soliden Jahr 2006 weiter zulegen, so brachen Sie im Jahr 2008 um etwa zwei Drittel ein und gingen im Folgejahr gar noch weiter zurück. Im Jahr 2010 kommt es hingegen zu einer rasanten wirtschaftlichen Erholung, die sich neben deutlich steigenden Unternehmensgewinnen ebenso in den bereits zur Jahresmitte 2009 stark ansteigenden Aktienkursen zeigt. Auch im Geschäftsjahr 2011 liegen die

3.4.2), mittel- bis langfristige Prognosen meist nicht mit konkreten Bezugszeitpunkten versehen werden – was die Ermittlung von Prognoseabweichungen jedoch erfordert – und sich zudem eine Erwartungsänderung auf Analystenseite in Bezug auf nachfolgende Geschäftsjahre zeitlich verzögert einstellt. Zudem sinkt hier die Zahl der verfügbaren Analystenschätzungen deutlich.

724 Vgl. *Barth* (2009), S. 162 m.w.N.

725 Sofern sowohl ein Absolutwert als auch eine Marge bzw. Rendite prognostiziert wurde, wurden beide Werte in die Untersuchung miteinbezogen.

Unternehmensgewinne auf relativ hohem Niveau, auch wenn es am Aktienmarkt bedingt durch die Staatsschuldenkrise zu signifikanten Kursrückgängen kommt. Dieser Entwicklung entsprechend wird der Betrachtungszeitraum in eine Vorkrisenphase (Geschäftsjahre 06/07, hellgrau hinterlegt), eine Krisenphase (Geschäftsjahre 08/09, grau hinterlegt) und in eine Nachkrisenphase (Geschäftsjahre 10/11, hellgrau hinterlegt) unterteilt.[726]

*Abbildung 12: Kursentwicklung des HDAX und kumulierte Unternehmensgewinne im Beobachtungszeitraum*[727]

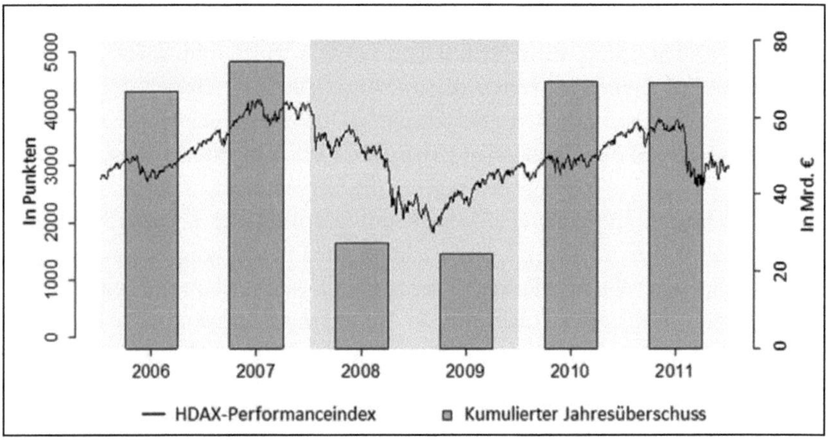


## 6.2.2 Deskriptive Analyse des Datensatzes

Die identifizierten Prognosen sollen in einem ersten Schritt einer deskriptiven Analyse unterzogen werden, in deren Mittelpunkt die Darstellung der erhobenen Prognosegegenstände sowie der zugehörigen Prognosepräzisionsgrade im Zeitablauf stehen soll. Anschließend werden die Lageparameter der ex post ermittelbaren Prognosegenauigkeit deskriptiv analysiert, bevor sich im nächsten Kapitel die empirische Überprüfung der zuvor abgeleiteten Hypothesen anschließt.

726 Vgl. *Pellens/Lehmann* (2012) sowie *Lerchenmüller* (2012) für eine ähnliche Vorgehensweise.

727 Da der Index die Kursentwicklung aller Unternehmen der Grundgesamtheit erfasst, handelt es sich bei den kumulierten Unternehmensgewinnen ebenso um eine Aggregation der Jahresüberschüsse aller in diesem Index vertretenen Unternehmen.

Im Untersuchungszeitraum konnten insgesamt 3.870 Umsatz- und Ergebnisprognosen erfasst werden, was einem Durchschnitt von ca. 36,5 Prognosen pro Unternehmen im Gesamtbetrachtungszeitraum bzw. 1,52 Prognosen pro Unternehmen und Quartal entspricht. Während für zwei Unternehmen über den gesamten Untersuchungszeitraum keine einzige Prognose der relevanten Größen verzeichnet werden konnte, kommt das Unternehmen mit der höchsten Prognoseaktivität auf 96 Einzelvorhersagen. Abbildung 13 zeigt die durchschnittliche Anzahl der identifizierten Umsatz- und Ergebnisprognosen im quartalsweisen Verlauf. Während das Niveau der Berichtsaktivität bis zum dritten Quartal des Jahres 2008 nahezu konstant ist, kommt es im Zuge der Geschäftsberichterstattung 2008 (GB 08) zu einem signifikanten Rückgang der Prognoseanzahl. Finden sich im dritten Quartal des Jahres 2008 (Q3 08) im Durchschnitt noch 1,63 Prognosen in den Berichten, so sinkt diese Zahl zum nächsten Quartal auf einen Wert von unter 1. Diese Zurückhaltung hält über das Jahr 2009 hinweg an, auch wenn innerhalb des Jahres ein kontinuierlicher Aufwärtstrend zu beobachten ist. Offensichtlich sahen sich viele Unternehmen durch die Unwägbarkeiten der Finanzkrise nicht in der Lage, die Auswirkungen der gesamtwirtschaftlichen Unsicherheiten auf die Umsatz- und Ergebnissituation verlässlich einschätzen zu können. So verzichten im Rahmen der Geschäftsberichterstattung 2008 47 Unternehmen gänzlich auf die Publikation quantifizierter Prognosen, was einer Steigerung von ca. 142% im Vergleich zum Vorquartal entspricht. Mit der Geschäftsberichterstattung des Jahres 2009 (GB 09) erreichen die Unternehmen wieder eine Prognoseaktivität, die auf dem Niveau des Vorkrisenzeitraums liegt, wobei sich dieses Niveau bis zum Ende des Betrachtungszeitraums stabilisiert.

Insgesamt enthalten 598 Berichte (23,5%) keinerlei quantifizierte Prognosen zu den betrachteten GuV-Größen, wobei hiervon mit 161 Berichten ein überproportionaler Anteil (26,9%) auf das Geschäftsjahr 2009 (GB 08-Q3 09) entfällt. Überdurchschnittlich umfangreich berichten die Vossloh AG und die K+S AG über die erwartete Entwicklung, bei denen sich durchschnittlich 4,0 bzw. 3,46 Einzelprognosen pro Berichtswerk finden lassen.

*Abbildung 13: Anzahl der Prognosen im Untersuchungszeitraum*

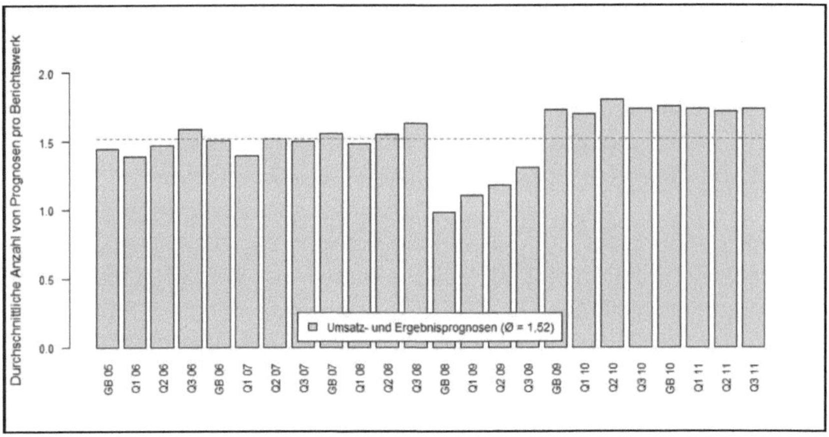


Unter Berücksichtigung der Indexzugehörigkeit geben Unternehmen aus dem DAX überproportional viele Prognosen ab, während Unternehmen aus dem TecDAX unterproportional häufig prognostizieren und der Anteil der Prognosen von MDAX Unternehmen in etwa äquivalent zu ihrem Anteil an der Gesamtstichprobe ausfällt (s. Tabelle 6). So entstammt knapp ein Drittel der Prognosen DAX-Unternehmen, etwa 45% MDAX Unternehmen und ca. 23 % TecDAX Unternehmen. Es fällt allerdings auf, dass Unternehmen aus dem TecDAX ihren Anteil im Zeitverlauf ausbauen konnten.[728] Dies betrifft in erster Linie die Krisenphase im Jahr 2009, in deren Zuge die Prognoseaktivität von TecDAX-Unternehmen diejenige der DAX-Unternehmen zeitweilig übertrifft, was darauf schließen lässt, dass Unternehmen dieses Indexes, ggf. aufgrund ihrer überwiegenden Branchenzugehörigkeit zum Technologiesektor, möglicherweise weniger vom weltweiten konjunkturellen Abschwung betroffen waren als konjunktursensitivere DAX-Unternehmen.

*Tabelle 6: Absolute Prognoseanzahl und relative Anteile einzelner Indizes*

| **Index** | **DAX** | | **MDAX** | | **TecDAX** | | **Σ** |
|---|---|---|---|---|---|---|---|
| | abs. | rel. | abs. | rel. | abs. | rel. | |
| **Unternehmen** | 30 | 28,3% | 48 | 45,3% | 28 | 26,4% | 106 |
| **Prognosen** | 1.249 | 32,3% | 1.746 | 45,1% | 875 | 22,6% | 3.870 |

728 Eine detaillierte tabellarische Übersicht über die Verteilung der Prognosen auf die Indizes in einzelnen Quartalen bietet Tabelle A-2 im Anhang.

Hinsichtlich der Branchenzugehörigkeit ergeben sich in Bezug auf die Anzahl der abgegebenen Prognosen keine besonderen Auffälligkeiten (s. Tabelle A-3 im Anhang). In jeder der zehn betrachteten Branchen findet sich relativ gesehen zum jeweiligen Anteil der Branche an der Grundgesamtheit in etwa die gleiche Anzahl an abgegebenen Prognosen. So entstammt mit 34 Unternehmen in etwa ein Drittel der Unternehmen der Branche „Industrials", ebenso wird von Unternehmen dieser Branche mit 33,3% ein Drittel der insgesamt identifizierten Managementprognosen abgegeben. Lediglich die Unternehmen der Branche „Finance, Insurance, Real Estate" scheinen in Relation zu ihrem Anteil an der Gesamtstichprobe hinsichtlich der Anzahl ihrer abgegebenen Prognosen unterrepräsentiert zu sein, was darauf zurückzuführen ist, dass diese Unternehmen häufig branchenspezifische Kennzahlen zur internen Steuerung verwenden und diese, wie z.B. im Falle der Kapitalrendite *Return on Risk adjusted Capital* (RoRaC), ebenso als zentrale Ertragskennzahl an den Kapitalmarkt kommunizieren.[729] Im Branchenvergleich leicht überrepräsentiert sind hingegen die Branchen „Consumer Goods", „Basic Materials" und „Utilities", wobei diese Beobachtung vom teilweise kleinen Branchenumfang getrieben wird und eine abschließende Aussage hinsichtlich der Unterschiede in der Prognoseaktivität einzelner Industrien nicht möglich ist. Vermutungen, nach denen weniger konjunktursensitive Branchen („Pharma & Healthcare", „Telecommunication") vergleichsweise umfangreichere Vorhersagen treffen, lassen sich für die ausgewählten Kennzahlen, zumindest auf Basis der deskriptiven Daten, tendenziell nicht bestätigen.

Die Verteilung der Managementprognosen hinsichtlich konkreter Prognoseinhalte zeigt, dass die Größe „Umsatzerlöse" die mit weitem Abstand am häufigsten prognostizierte Größe ist (s. Abbildung 14 sowie Tabelle A-4). So findet sich im Untersuchungszeitraum durchschnittlich in ca. zwei von drei Prognoseberichten eine quantifizierte Umsatzprognose für das laufende Geschäftsjahr. Insgesamt beträgt der Anteil der Umsatzprognosen an den identifizierten Prognosen 41,5%. Nach den Umsatzerlösen ist die Größe *EBIT* der zweithäufigste Prognosegegenstand. Im Untersuchungszeitraum konnten 1.080 quantifizierte Vorhersagen dieser Größe identifiziert werden. Der „(Konzern-)Jahresüberschuss" stellt die im Durchschnitt dritthäufigste Prognosegröße dar. Wie bereits

---

729 So findet sich bspw. im Zwischenlagebericht zum dritten Quartal 2011 bei der Münchener Rückversicherungs AG die folgende Aussage: *„An unserem langfristigen Ziel einer Rendite von 15 % auf unser Risikokapital (RoRaC) nach Steuern über den Zyklus der Versicherungs- und Zinsmärkte hinweg halten wir fest."*, MÜNCHENER RÜCKVERSICHERUNGS AG (2011), S. 27. Diese Aussage erfüllt allerdings weder hinsichtlich des Prognoseinhalts noch bzgl. des Zeithorizonts die notwendigen Voraussetzungen für eine Erfassung im Rahmen dieser Untersuchung.

in früheren Untersuchungen festgestellt werden konnte, spielt die für den Kapitalmarkt nach wie vor zentrale Größe Ergebnis je Aktie (*EPS*) nur eine untergeordnete Rolle in den Prognoseberichten.[730] Insgesamt zeigt sich ein klarer Trend, dass Unternehmen im Zeitablauf immer mehr dazu übergehen, operative Zwischenerfolgsgrößen (*EBTIDA* und *EBIT*) zur Finanzkommunikation zu verwenden. Während diese Größen zu Beginn des Untersuchungszeitraums einen Anteil von aggregiert 30,7% ausmachen, erhöhte sich dieser Wert zum Ende des Betrachtungszeitraums auf 41,8%. In erster Linie vollzieht sich diese relative Ausweitung zulasten der Größe „Jahresüberschuss", deren Bedeutung im Untersuchungszeitraum demzufolge deutlich abnahm. Eine mögliche Begründung für diesen Trend besteht darin, dass die Unternehmen vermehrt dazu übergehen, Kennzahlen zur Kapitalmarktkommunikation zu verwenden, welche ebenso zur internen Steuerung herangezogen werden und die es somit erlauben, über unternehmensspezifische Adjustierungen ein informativeres Abbild der Unternehmensperformance für den Investor zu ermöglichen.[731] Für die Unternehmen ergeben sich bei der Verwendung und der Berechnung dieser Ergebnisgrößen enorme Spielräume. So stellen *Bassen et al.* (2012) heraus, dass *„die Pro-Forma Ergebnisgrößen individuell zum aktiven Ergebnismanagement durch die Unternehmen genutzt werden können"*.[732] Wie die vorliegende Auswertung zeigt, ist dies offenbar nicht auf ihre Verwendung im Rahmen der retrospektiven Erfolgsbeurteilung beschränkt, sondern scheint ebenso hinsichtlich ihres Einsatzes für Prognosezwecke zu gelten.

Die relative Verteilung von Umsatz- und Ergebnisprognosen in den betrachteten Quartalen zeigt einen relativ konstanten Verlauf (s. Abbildung 14). So beträgt der Anteil von Umsatzprognosen im Gesamtzeitraum – wie oben bereits beschrieben – gut 40%, so dass sich dementsprechend knapp 60% der Managementprognosen auf die verschiedenen Ergebnisgrößen beziehen. Den höchsten relativen Anteil verzeichnen die Umsatzprognosen im Rahmen der Geschäftsberichterstattung 2008. Hier sind die jeweiligen Anteile von Umsatz- und Ergebnisprognosen nahezu äquivalent. Die Ausweitung des relativen Anteils von Umsatzprognosen kann mit der aufkommenden Krisendynamik zu diesem Zeitpunkt erklärt werden, aufgrund derer sich viele Unternehmen zunehmend auf die Vorhersage der im Vergleich zu den Ergebnisgrößen weniger volatilen Umsatzerlöse fokussierten, da diese vergleichsweise weniger prämissenbehaftet

730 Vgl. *Pellens/Lehmann* (2012), S. 881.

731 Vgl. *Pellens/Lehmann* (2012), S. 882. Vgl. kritisch zur zunehmenden Verwendung von nicht gesetzlich normierten Ergebnisgrößen *Bieker/Moser* (2011), S. 163ff.

732 *Bassen et al.* (2012), S. 360 mit Verweis auf *Kolev/Marquardt/McVay* (2008), S. 157ff.

ist. Erstaunlich ist, dass sich diese Ausweitung innerhalb der nächsten Quartale trotz der zu diesen Zeitpunkten nach wie vor hohen gesamtwirtschaftlichen Unsicherheit relativ schnell revidiert und die jeweiligen Anteile bald wieder auf dem jeweiligen Vorkrisenniveau liegen.

*Abbildung 14: Prognosegegenstände der erhobenen Managementprognosen*

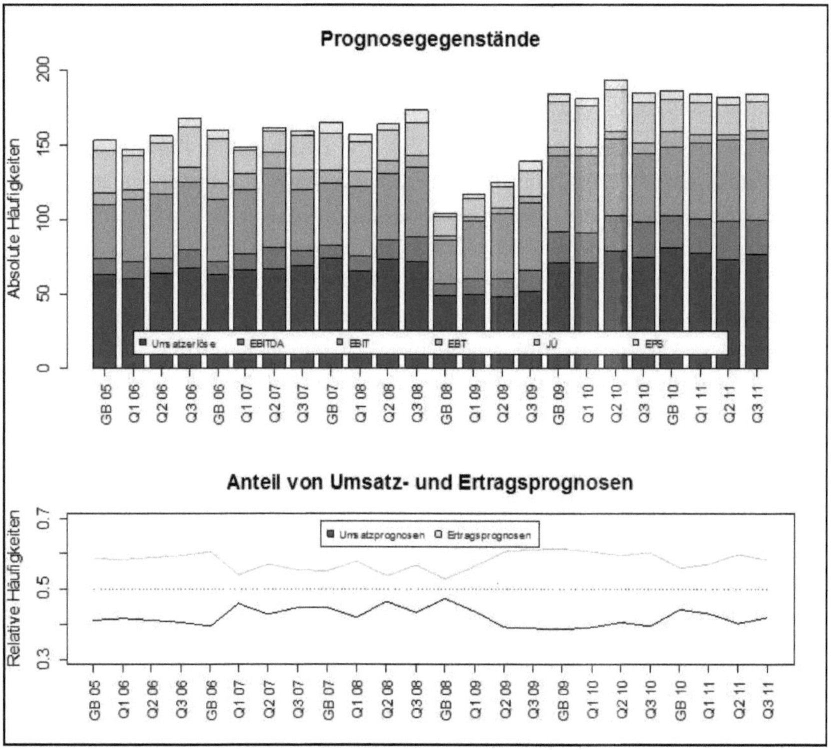


Die deskriptive Analyse der Prognosepräzision hält einige interessante Ergebnisse bereit. Wie in Kapitel 2.2.2 bereits dargestellt, können quantifizierte Prognosen auf erster Ebene zunächst als Punkt-, Intervall- und Komparativprognosen formuliert sein. Im Falle von komparativen Prognosen muss die jeweilige Aussage in einem nächsten Schritt zunächst auf Basis des jeweiligen Referenzwertes in den entsprechenden Punktwert (klassische komparative Prognose) bzw. Wertebereich (komparative Intervallprognose) transformiert werden, um eine Gegenüberstellung mit der letztendlich realisierten Größe zu ermöglichen. Somit werden Aussagen wie die des Bayer-Konzerns „*Wir erwarten auf währungs- und portfoliobereinigter*

*Basis einen Umsatzanstieg von 4–5 %"*[733] verwertbar gemacht. Im Falle eines Werteintervalls ist des Weiteren zwischen geschlossenen Intervallen und links- bzw. rechtsseitig offenen Intervallen zu unterscheiden. Linksseitig offene Intervalle werden üblicherweise auch als Maximumprognosen bezeichnet, während rechtsseitig offene Intervalle Minimumprognosen darstellen.

Tabelle A-5 im Anhang zeigt, dass ca. 41% der erfassten Prognosen als komparative Prognosen und weitere 11,4% als komparatives Intervall formuliert sind. Bei weiteren 16,9% der Werte gibt die Unternehmensleitung eine konkrete Spanne absoluter Werte an. Das verbleibende Drittel bezieht sich auf Aussagen, bei denen konkrete Zahlenwerte von der Unternehmensleitung benannt werden, wobei darauf verwiesen werden muss, dass die Bezeichnung Punktprognose an dieser Stelle ebenso Wertunter- bzw. Wertobergrenzen beinhaltet. So ist die Aussage der SIEMENS AG aus dem Quartalsbericht für das dritte Quartal 2011, *„dass sich der Gewinn aus fortgeführte Aktivitäten auf mindestens 7,5 Mrd. € belaufen wird"*[734], zunächst ebenso als Punktprognose erfasst worden wie die Prognose der DOULGAS HOLDING AG, die für das Geschäftsjahr 2010/2011 von einem Vorsteuerergebnis von rund 140 Mio. € ausgeht.[735] Im Hinblick auf den Informationsgehalt ist allerdings weniger die Art der Formulierung als vielmehr die sich bei Verwertung der jeweiligen Aussage ergebende Präzision aussagekräftig. So zeigt Tabelle A-6 im Anhang, dass sich lediglich knapp jede vierte Prognose (23,2%) als tatsächliche Punktschätzung im Sinne einer einwertigen Prognose einordnen lässt, während die übrigen Aussagen als einseitig offene und geschlossene Intervalle zu interpretieren sind. Bezüglich der einseitig offenen Intervalle herrscht ein klarer Überhang von Minimumprognosen gegenüber Maximumprognosen. So sind lediglich 252 der 3.870 identifizierten Prognosen Maximumschätzungen, während 1.534 Minimumprognosen erfasst werden konnten. Des Weiteren ist mit einem Anteil von 30,7% nahezu jede dritte Prognose ein geschlossenes Intervall mit festen Wertuntergrenzen bzw. Wertobergrenzen. Bei Betrachtung der absoluten und relativen Häufigkeiten im unterjährigen Verlauf ergeben sich einige Auffälligkeiten. Wie Abbildung 15, die die quartalsweise aufsummierten relativen Häufigkeiten der Prognosepräzision aufführt, zeigt, verwendet das Management insb. zu Beginn des jeweiligen Geschäftsjahres (also im Rahmen der Geschäftsberichterstattung) Minimumprognosen. Im Laufe der einzelnen Geschäftsjahre nimmt der Anteil dieser Prognoseform dann zugunsten präziserer

733 BAYER (2012), S. 161.

734 SIEMENS (2011), S. 41.

735 Vgl. DOULGAS HOLDING AG (2011), S. 12.

Vorhersagen kontinuierlich ab. Sind zu Beginn des Geschäftsjahres ca. 46% der Prognosen als Minimumprognosen ausgestaltet, beträgt der entsprechende Anteil im dritten Quartal durchschnittlich nur noch etwa 34%. Dies zeigt, dass die Unternehmensleitung zunächst häufig das gerade abgelaufene Geschäftsjahr als Referenzgröße für die erwartete künftige Ausprägung der betrachteten Kennzahl am Geschäftsjahresende verwendet. Da sich die Erwartungen mit einem Fortschreiten des Geschäftsjahres in der Regel konkretisieren, schlägt sich ebenjene Konkretisierung offenbar auch in einer zunehmenden Präzisierung der Prognosen nieder.

Auch der Ausbruch der Finanz- und Wirtschaftskrise lässt sich anhand der Daten deutlich erkennen. Diese hat beginnend mit dem dritten Quartal des Jahres 2008 (Q3 08) zu einer vermehrten Verwendung von Maximumprognosen geführt. Anders als in der Vor- bzw. Nachkrisenphase übersteigen die erfassten Maximumprognosen die Minimumprognosen während des Geschäftsjahres 2009 deutlich. Zu Beginn der Finanzkrise (GB 08/Q1 09) stellen Maximumprognosen die dominierende Prognoseart dar. So konnten alleine dem Jahr 2009 (GB 08-Q3 09), welches lediglich ein Sechstel des gesamten Untersuchungszeitraums ausmacht, mit 148 Einzelprognosen ca. 59% der insgesamt erfassten Maximumprognosen zugeschrieben werden. Mit der Geschäftsberichterstattung des Jahres 2009 (GB 09) steigt der relative Anteil von Minimumprognosen wieder sprunghaft an, da die Unternehmen häufig das Ergebnis des im Durchschnitt sehr durchwachsenen Geschäftsjahres 2009 als Mindestziel für das künftige Geschäftsjahr formulieren.

*Abbildung 15: Relativer Anteil unterschiedlicher Prognosepräzisionen im (unterjährigen) Zeitverlauf*

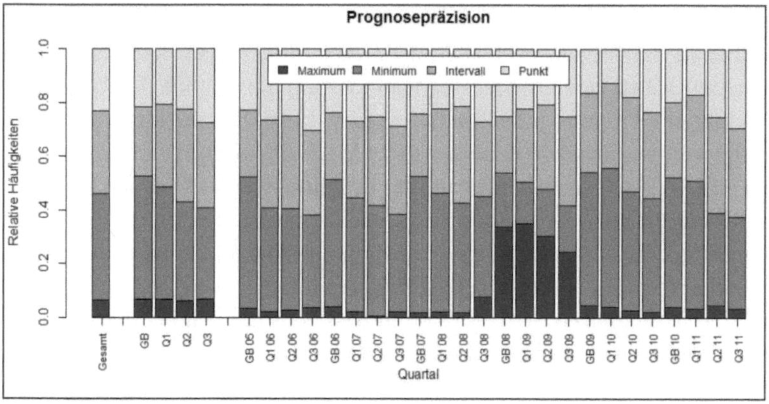

*Tabelle 7: Ergebnisse des Hypothesentests zu Hypothese 1*

| | Anteil von Minimum- und Maximumprognosen | Anteil von Punkt- und Intervallprognosen | Verringerung bzw. Erhöhung in % | p-Wert |
|---|---|---|---|---|
| Gesamt | 0,4615 | 0,5385 | | |
| GB | 0,5263 | 0,4737 | | |
| Q1 | 0,4850 | 0,5150 | 0,0413 | 0,0435** |
| Q2 | 0,4292 | 0,5708 | 0,0558 | 0,0433** |
| Q3 | 0,4087 | 0,5913 | 0,0204 | 0,1478 |

Wie Tabelle 7, die die Veränderung der im Rahmen von **Hypothese 1** angeführten gruppierten Präzisionsgrade aufzeigt, verdeutlicht, sind die Anpassungen der relativen Anteile der zwei betrachteten Klassen in zwei der drei zu differenzierenden Fälle signifikant. So ist die Verringerung (Erhöhung) des Anteils von Minimum- und Maximumprognosen (Punkt- und Intervallprognosen) sowohl beim Übergang von GB zu Q1 (p-Wert 0,0435) als auch beim Übergang von Q1 zu Q2 (p-Wert 0,0433) bei einem Signifikanzniveau von 5% signifikant. Lediglich die Hypothese einer signifikanten Änderung der Managementprognosepräzision beim Übergang von Q2 zu Q3 muss verworfen werden (p-Wert 0,1478).

Die zur Überprüfung von **Hypothese 1** verwendeten Daten stellen quartalsweise Durchschnittswerte dar, die die unterjährige Entwicklung einzelner Prognosen ausblenden. Neben den relativen Anteilen der verschiedenen Genauigkeitsgrade im (Geschäfts-)Jahresverlauf erlaubt jedoch auch die Analyse der unterjährigen Veränderung der Präzisionsgrade konkreter Einzelprognosen einen interessanten Einblick in das Prognoseverhalten der Unternehmen. Tabelle 8 verdeutlicht, in wie vielen Fällen eine unterjährige Veränderung hinsichtlich des Präzisionsgrades einzelner Prognosen beobachtet werden kann. Hierbei muss auch berücksichtigt werden, inwiefern es neben einem Wechsel zwischen den hier unterschiedenen Klassen zu einer Abänderung des Prognoseinhaltes kommen kann, der die Zuordnung zu einer der Klassen jedoch nicht tangiert. Da dies für linksseitig und rechtsseitig offene Intervalle jedoch nicht möglich ist und Punktprognosen demgegenüber ohnehin maximal präzise sind, beschränkt sich eine derartige Analyse auf Intervallprognosen. So ist es möglich, dass ein Unternehmen zwar unterjährig keinen Wechsel zwischen den Gruppierungen bspw. hin zu einer präziseren Form der Prognose zu verzeichnen hat, jedoch sich verringernde Schätzintervalle im unterjährigen Verlauf aufweist, was ebenso einer Erhöhung des Präzisionsgrades gleichkommt. Die Auswertung zeigt, dass nur bei knapp jeder zehnten Prognose der Präzisionsgrad unterjährig erhöht wird. Für 5,7% der Prognosen konnte gar eine Verringerung der Präzision beobachtet werden, während nahezu die Hälfte der Prognosen keine Veränderung hinsichtlich ihrer Formulierung erfährt. Bei den übrigen Prognosen handelt es sich um solche, die im unterjährigen Verlauf erstmalig abgegeben wurden. Werden diese Beobachtungen ausgeschlossen, so zeigen die resultierenden Relationen, dass drei von vier Prognosen keine unterjährige Anpassung erfahren (vgl. zweite Zeile von Tabelle 8). Eine Erhöhung der Präzision kann für knapp 16% und eine Verringerung für ca. 9% der Prognosen festgestellt werden.[736]

*Tabelle 8: Veränderung der Prognosepräzision bei einzelnen Prognosen*

| **Veränderung der Prognosepräzision** | | | | | | | | | |
|---|---|---|---|---|---|---|---|---|---|
| **Erhöhung** | | **Verringerung** | | **Keine Veränderung** | | **Keine Prognose zuvor** | | **Σ** | |
| abs. | rel. | abs. | rel. | abs. | rel. | abs. | rel. | abs. | rel. |
| 395 | 10,2% | 222 | 5,7% | 1.902 | 49,1% | 1.351 | 34,9% | 3.870 | 100,0% |
| 395 | 15,7% | 222 | 8,8% | 1.902 | 75,5% | – | – | 2.519 | 100,0% |

### 6.2.3 Empirische Analyse des Prognosefehlers von Management und Finanzanalysten

#### *6.2.3.1 Deskriptive Analyse des betragsmäßigen und relativen Prognosefehlers*

Nachdem die vorliegende Grundgesamtheit hinsichtlich Prognoseinhalt und Präzisionsgrad untersucht wurde, soll im Folgenden die Qualität konkreter Prognosen deskriptiv ausgewertet werden. Hierzu werden die Umsatz- und Ergebnisprognosen mit den realisierten Werten der entsprechenden Prognoseinhalte gegenübergestellt.

Der unternehmensindividuelle relative Managementprognosefehler ist dabei wie folgt definiert:

736 Beachtet werden muss, dass die Bezeichnung „keine Veränderung" Veränderungen des Prognoseinhalts nicht ausschließt. So ist es möglich, dass Unternehmen für den gleichen Prognosegegenstand von einem Quartal auf das nächste von einer Maximum- zu einer Minimumprognose wechseln. Dies stellt jedoch keine Veränderung des Präzisionsgrades dar.

$$FE_{i,j,t,q} = \frac{FV_{i,j,t,q} - V_{i,j,t}}{V_{i,j,t}}$$

bzw. für den betragsmäßigen Prognosefehler:

$$|FE_{i,j,t,q}| = \left| \frac{FV_{i,j,t,q} - V_{i,j,t}}{V_{i,j,t}} \right|$$ [737]

| | | |
|---|---|---|
| mit: | $FE_{i,j,t,q}$ | Prognosefehler des Unternehmens i für die Prognosegröße j für das Berichtsjahr t zum Zeitpunkt q |
| | $\lvert FE_{i,j,t,q}\rvert$ | Betrag des Prognosefehler des Unternehmens i für die Prognosegröße j für das Berichtsjahr t zum Zeitpunkt q |
| | $FV_{i,j,t,q}$ | Prognose des Unternehmens i für die Prognosegröße j für das Berichtsjahr t zum Zeitpunkt q |
| | $V_{i,j,t}$ | Realisierter Wert des Unternehmens i für die Prognosegröße j für das Berichtsjahr t. |

Im Falle von Intervallprognosen dient der Mittelpunkt des Intervalls als Approximation für eine einwertige Schätzung.[738] Die Skalierung auf Basis der realisierten Größe erlaubt eine direkte Beobachtung der prozentualen Abweichung des geschätzten vom realisierten Wert[739] und findet in leicht veränderter Form ebenso bei *Knauer/Wömpener* (2012) Anwendung.[740]

---

737 Da sich die Ermittlung des Prognosefehlers auf Seiten des Managements deckungsgleich auf die Ermittlung des Prognosefehlers von Analysten übertragen lässt, soll an dieser Stelle auf eine separate Darstellung der Berechnung letzterer verzichtet werden. Die entsprechenden Terme bzw. Werte der Analysten werden anstelle des Laufindex „i" mit dem Laufindex „l" gekennzeichnet. Die Bezeichnungen betragsmäßiger Prognosefehler und absoluter Prognosefehler werden im Folgenden synonym verwandt.

738 Diese Methodik ist eine verbreitete Approximationstechnik im Rahmen der zugrundeliegenden Fragestellung und findet bspw. bei *Waymire* (1984), *Atiase et al.* (2005), *Han/Tan* (2010), *Knauer/Wömpener* (2012) sowie *Pellens/Lehmann* (2012) Anwendung.

739 Vgl. *Glaum et al.* (2013), S. 90. Die Autoren weisen allerdings darauf hin, dass mit dieser Skalisierungsmethodik auch Probleme einhergehen können, sollte die realisierte Größe vergleichsweise klein sein. Wie in derartigen Fällen methodisch vorgegangen wurde, wird im weiteren Verlauf dieses Kapitels beschrieben.

740 *Knauer/Wömpener* (2012) beziehen die Differenz zwischen vorhergesagtem und realisiertem Wert auf die ursprüngliche Prognose. Vgl. *Knauer/Wömpener* (2012),

Tabelle 9 zeigt die zentralen Lageparameter des Managementprognosefehlers für den gesamten Untersuchungszeitraum auf.[741]

*Tabelle 9: Deskriptive Daten zum relativen Prognosefehler vor Datenbereinigung*

| N | Min | 25%-Q. | MW | Median | 75%-Q. | Maximum | s |
|---|---|---|---|---|---|---|---|
| 3.870 | -24,498 | -0,133 | -0,044 | -0,032 | 0,022 | 23,175 | 1,387 |
| **Unterschätzung** | | | | **Überschätzung** | | | |
| 66,3% | | | | 33,7% | | | |

Es zeigt sich, dass die Vorhersagen des Managements bezüglich der erwarteten Umsatz- und Ergebnisentwicklung im Durchschnitt pessimistisch sind. Sowohl Mittelwert (MW) als auch Median sind negativ. In knapp zwei Drittel der Fälle (66,3%) unterschätzt das Management die am Ende des Geschäftsjahres zu beobachtenden Ausprägungen von Umsatz und Ergebnis. Allerdings deuten die sehr hohe Standardabweichung sowie die sehr hohen Extremwerte auf eine große Streuung der Managementprognosefehler hin.

Diese Werte lassen vermuten, dass die uneingeschränkte Verwendung aller Einzelprognosen für eine weitergehende Analyse kritisch wäre. Es erscheint nötig, den Datensatz um bestimmte Beobachtungen zu bereinigen. Zum einen ist es nicht sinnvoll, Minimum- und Maximumprognosen in die Analyse miteinzubeziehen, da diese von enormer Unschärfe geprägt sind und zu entsprechend hohen Prognosefehlern führen. Da bei derartigen Aussagen stets nur eine Intervallgrenze quantifiziert wird, ist es nicht möglich, entsprechende Abweichungen zwischen Prognose und beobachteter Realisation sachgerecht zu bestimmen, da die Transformation von Minimum- bzw. Maximumprognosen in einwertige Punktprognosen über die links- bzw. rechtsseitigen Intervallgrenzen die eigentliche Aussage der offenen Prognosen verfälschen würde. Die Eliminierung entsprechender Prognosen führt zu einer Reduktion des Samples um 1.786 Beobachtungen, was ca. 46% der Gesamtstichprobe entspricht. Zudem sind nicht interpretierbare Beobachtungen aus der Stichprobe auszuschließen. Diese

S. 117. *Oberdörster* (2009) hingegen verwendet im Rahmen der Analyse des Prognosefehlers von Finanzanalysten die hier verwendete Relation. Vgl. *Oberdörster* (2009), S. 154.

741 Für die Berechnung des Prognosefehlers bei Minimum- und Maximumprognosen wurde der jeweils angegebene Mindest- bzw. Höchstwert als Punktschätzung unterstellt. Für einen detaillierten Überblick über den Prognosefehler im Untersuchungszeitraum s. Tabelle A-7.

treten auf, wenn die Prognose oder die realisierte Ausprägung den Wert Null annehmen, da sich in diesen Fällen keine relative Abweichung ermitteln lässt.[742] Ebenso verhält es sich, wenn Prognose und realisierte Ausprägung unterschiedliche Vorzeichen haben. Des Weiteren verzerren verbleibende Ausreißerwerte das Gesamtbild, so dass diese ebenso einer Bereinigungen bedürfen.[743] Im Zuge dessen sollen in Anlehnung an die Untersuchung von *Pellens/Lehmann* (2012) diejenigen Beobachtungen ausgeschlossen werden, bei denen der betragsmäßige Prognosefehler größer oder gleich 1 ist.[744] Dies ist umso wahrscheinlicher, je geringer der jeweilige absolute Wert der Prognose bzw. der zugrundeliegenden realisierten Größe ist. Aus Konsistenzgründen müssen derartige Anpassungen auch für die Schätzungen der Finanzanalysten vorgenommen werden. Weitere Einschränkungen in der Verfügbarkeit relevanter Kapitalmarktdaten, die im weiteren Verlauf der Analyse Eingang in die Untersuchung finden, reduzieren das Sample um weitere 23 Beobachtungen. Die aufgezeigten Bereinigungen reduzieren die Stichprobe auf 1.973 Beobachtungen, welche knapp 49,0% des ursprünglichen Stichprobenumfangs entsprechen. Dies stellt zwar eine signifikante Reduktion der Beobachtungen dar, diese ist jedoch für eine aussagekräftige Untersuchung unabdingbar. Tabelle 10 liefert eine Übersicht über die Auswirkungen der einzelnen Bereinigungsschritte im Hinblick auf den Stichprobenumfang.

*Tabelle 10: Datenbereinigung und Auswirkungen auf den Stichprobenumfang*

| | n |
|---|---|
| **Identifizierte Umsatz- und Ergebnisprognosen** | **3.870** |
| – Minimum- und Maximumprognosen | 1.786 |
| – nicht interpretierbare Prognosefehler | 31 |
| *– Prognose oder realisierter Wert 0* | 8 |
| *– Prognose und realisierter Wert unterschiedliche Vorzeichen* | 23 |

742 Erwartungsgemäß konnte für keine der realisierten Umsatz- und Ergebnisgrößen ein Wert von exakt 0 beobachtet werden.

743 Tabelle A-7 im Anhang zeigt die wichtigsten Lageparameter für den unbereinigten Datensatz. Hier zeigt sich, dass die relativen Abweichungen im Maximum mehr als das 20-fache des realisierten Wertes betragen. Dies liegt in erster Linie an sehr geringen Absolutwerten der realisierten Prognosegröße.

744 Siehe *Henze* (2004), Fn. 344, für ein äquivalentes Bereinigungsverfahren im Rahmen der Analyse von Abweichungen von Analystenprognosen. *Knauer/Wömpener* (2012) hingegen trimmen die Beobachtungen auf einem 1%-Niveau. Nach diesem Vorgehen würden jedoch zu viele Extremwerte in der Untersuchung verbleiben.

| | n |
|---|---|
| – Trimmung (Managementprognosen+Analysten) | 57 (34+23) |
| – Eingeschränkte Datenverfügbarkeit bzgl. erklärender Variablen | 23 |
| **Verwendete Umsatz- und Ergebnisprognosen** | **1.973** |
| – hiervon Umsatzprognosen | 890 |
| – hiervon Ergebnisprognosen | 1.083 |

Von den verbleibenden Beobachtungen verteilen sich 45,1% auf Umsatzprognosen und 54,9% auf Ergebnisprognosen. Eine gemeinsame Betrachtung dieser Prognoseinhalte im Rahmen einer Abweichungsanalyse ist indes kritisch. Die Prognose von Umsätzen ist mit weniger Prämissen behaftet als die Einschätzung künftiger Gewinne, da keine separate Einschätzung der zu erwartenden Aufwendungen notwendig ist. Dies führt dazu, dass die relativen Abweichungen zwischen Prognose und Realisation bei Ergebnisprognosen im Durchschnitt volatiler sein dürften als bei Umsatzprognosen. Zudem führen Skalierungseffekte zu heterogenen Abweichungen. Je geringer der Betrag der betrachteten Größe ist, desto höher ist die prozentuale Abweichung, bei unterstellter gleicher betragsmäßiger Abweichung. Umsatzprognosen verfügen dementsprechend über eine höhere Fehlertoleranz.

Tabelle 11 zeigt die zentralen Lageparameter des Prognosefehlers einzeln für Umsatz- und Ergebnisprognosen auf Basis der bereinigten Grundgesamtheit. Abbildung 16 illustriert zudem die in Form von gruppierten Häufigkeiten abgetragene Verteilung des Prognosefehlers für die zwei separaten Prognoseinhalte im Untersuchungszeitraum. Auch nach der Datenbereinigung kann für das Untersuchungssample sowohl für Umsatzprognosen als auch für Ergebnisprognosen ein im Durchschnitt negativer relativer Prognosefehler des Managements identifiziert werden. Dieser fällt für Ergebnisprognosen größer aus als für Umsatzprognosen. Für letztere beträgt der durchschnittliche Prognosefehler -0,7% (MW) bzw. -0,9% (Median). Für Ergebnisprognosen betragen die entsprechenden Werte -3,0% (MW) bzw. -2,5% (Median). Für beide Prognosegegenstände unterschätzt das Management den realisierten Wert in etwa sechs von zehn Fällen, wobei sich auch hier bei den Ergebnisprognosen ein etwas größerer Pessimismus ausmachen lässt als bei Umsatzprognosen. Wie vermutet, ist der Standardfehler bei Ergebnisprognosen weitaus höher als bei Umsatzprognosen. Insgesamt folgt die Verteilung des Managementprognosefehlers annähernd einer Normalverteilung. Bei Betrachtung der Histogramme lässt sich für beide Prognoseinhalte konstatieren, dass die Klasse der Prognosefehler, die zwischen -5% und 0% liegen, die mit Abstand meisten Beobachtungen enthält.

*Tabelle 11: Deskriptive Statistiken zum Managementprognosefehler*

| Prognosefehler Management ($FE_{i,j,t,q}$) | | | | | | | | | | |
|---|---|---|---|---|---|---|---|---|---|---|
| Umsatz- und Ergebnisprognosen | | | | | | | | | | |
| 2006–2011 | | | | | | | | | | |
| **Prognose-inhalt** | **n** | **Min** | **25%-Q.** | **MW** | **Median** | **75%-Q.** | **Max.** | **s** | **Unter-schät-zung** | **Über-schät-zung** |
| **Umsatz** | 890 | - 0,4776 | - 0,0414 | - 0,0066 | - 0,0087 | 0,0167 | 0,8089 | 0,0958 | 0,5978 | 0,4022 |
| **Ergebnis** | 1083 | - 0,8813 | - 0,1147 | - 0,0299 | - 0,0249 | 0,0243 | 0,9974 | 0,2248 | 0,6436 | 0,3564 |

*Abbildung 16: Verteilung des Managementprognosefehlers und Kerndichteschätzung für Umsatz- und Ergebnisprognosen*

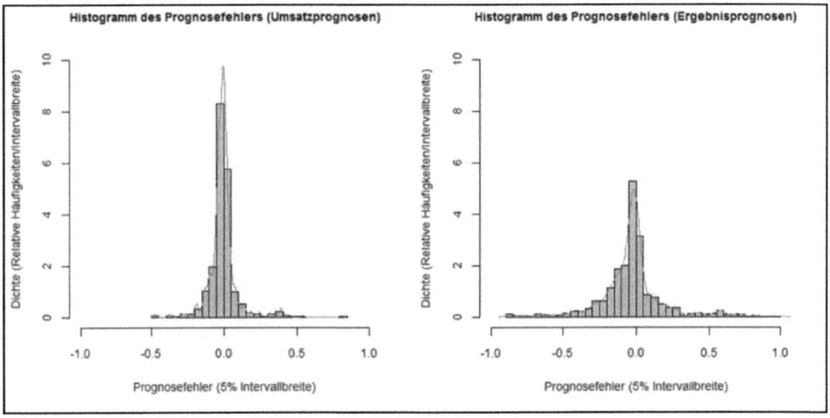


Die ersten Ergebnisse zum Prognosefehler zeigen, dass das Management bei der Prognose der künftigen Umsatz- und Ergebnissituation im Durchschnitt verhältnismäßig zurückhaltend ist. Der relative Prognosefehler ist im Gesamtbetrachtungszeitraum sowohl für Umsatz- als auch für Ergebnisprognosen negativ. Eine detailliertere Betrachtung für die Einzelzeiträume zeigt, dass zwischen Krisenphase und Nichtkrisenphase einige nennenswerte Unterschiede bestehen (s. Tabellen A-8 und A-10 im Anhang). So ist der im Durchschnitt ausgemachte Pessimismus bei Umsatzprognosen auf ein vorsichtiges Prognoseverhalten während der Vor- und Nachkrisenphase zurückzuführen, während in der Krisenphase der Jahre 2008/2009 relativ treffgenaue Prognosen festgestellt werden können. So beträgt der Mittelwert der Umsatzprognosen für den Krisenzeitraum 1,5% (MW) bzw. 0,7% (Median). Wurde der wahre Umsatz vor der Krise in 64,0% der Beobachtungen und nach der

Krisenphase in 69,2% der Fälle unterschätzt, beträgt der entsprechende Wert für die Jahre 2008/2009 42,5%, d.h. die Umsätze wurden mehrheitlich überschätzt, was auf die nicht vorhersehbare Krisendynamik zurückzuführen sein dürfte, die sich auch in einer leicht überdurchschnittlichen Standardabweichung der Prognosefehler niederschlägt.

Für Ergebnisprognosen zeigt sich bei Betrachtung der entsprechenden Lageparameter eine ähnliche Verteilung, wobei hier für die Krisenphase zwar kein Optimismus, aber dennoch eine Abschwächung der vorherigen pessimistischen Verzerrung feststellbar ist. Betrug der Managementprognosefehler für Ergebnisschätzungen in den Jahren 2006/2007 durchschnittlich -5,2% (MW) bzw. -3,1% (Median), so prognostizieren die Unternehmen ihre Ergebnissituation während der Krise mit -1,2% (MW) bzw. -1,8% (Median) erstaunlich exakt. In den Jahren 2010/2011 ist der Pessimismus mit durchschnittlichen Prognosefehlern von -2,3% (MW) bzw. -2,1% (Median) wieder leicht erhöht. Unterschätzt das Management in den Jahren 2006/2007 und 2010/2011 die realisierten Ergebnisse in jeweils zwei von drei Fällen, ist der entsprechende Wert für die Krisenphase etwa 10%-Punkte niedriger, auch wenn somit im Gegensatz zu den Umsatzprognosen immer noch ein gewisser Überhang pessimistischer Prognosen feststellbar ist. Auch bei Ergebnisprognosen zeigt sich in der Krisenphase analog zu Umsatzprognosen eine höhere Standardabweichung der Prognosefehler.

Wie im Rahmen der theoretischen Ausführungen aufgezeigt, orientieren sich Kapitalgeber bei ihren Kapitalanlageentscheidungen oftmals an den Einschätzungen der Finanzanalysten. Auf Grundlage ihrer Einschätzungen werden in der empirischen Kapitalmarktforschung häufig die Erwartungen der gesamten *Financial Community* approximiert.[745] Inwiefern die Einschätzungen der Finanzanalysten mit den Prognosen der Unternehmensleitung korrespondieren, soll im späteren Verlauf analysiert werden. Hierzu wurden den Managementprognosen die entsprechenden Einschätzungen der Finanzanalysten für die jeweiligen Prognosegegenstände gegenübergestellt. Diese wurden aus der Kapitalmarktdatenbank I/B/E/S über die Datenbank Thomson Reuters Datastream entnommen. Betrachtet wurde die jeweilige Konsensusprognose zum Ende des Monats, in dem das gecoverte Unternehmen das Berichtswerk, das die jeweilige Prognose enthielt, veröffentlichte. Bevor im späteren Verlauf eine gemeinsame Betrachtung der Prognosen von Management und Finanzanalysten vorgenommen wird, soll an dieser Stelle zunächst eine zu der vorhergehenden Analyse analoge Untersuchung des Analystenschätzfehlers erfolgen. Hinsichtlich der Daten sei an dieser Stelle erneut

745 Vgl. *Paarz* (2011), S. 3.

darauf hingewiesen, dass analog zu der Vorgehensweise bei Managementprognosen solche Beobachtungen aus der Stichprobe entfernt wurden, bei denen der ermittelte betragsmäßige Prognosefehler größer als 1 war.[746]

*Tabelle 12: Deskriptive Statistiken zum Analystenprognosefehler*

| **Prognosefehler Analysten** ($FE_{1,j,t,q}$) | | | | | | | | | | |
|---|---|---|---|---|---|---|---|---|---|---|
| **Umsatz- und Ergebnisprognosen** | | | | | | | | | | |
| **2006–2011** | | | | | | | | | | |
| **Prognose-inhalt** | **n** | **Min** | **25%-Q.** | **MW** | **Median** | **75%-Q.** | **Max.** | **s** | **Unter-schätzung** | **Über-schätzung** |
| **Umsatz** | 890 | - 0,6284 | - 0,0394 | - 0,0089 | - 0,0060 | 0,0170 | 0,9258 | 0,1093 | 0,5663 | 0,4337 |
| **Ergebnis** | 1083 | -0,9485 | -0,1060 | -0,0319 | - 0,0217 | 0,0332 | 0,9722 | 0,2165 | 0,6057 | 0,3943 |

*Abbildung 17: Verteilung des Analystenprognosefehlers und Kerndichteschätzung für Umsatz- und Ergebnisprognosen*

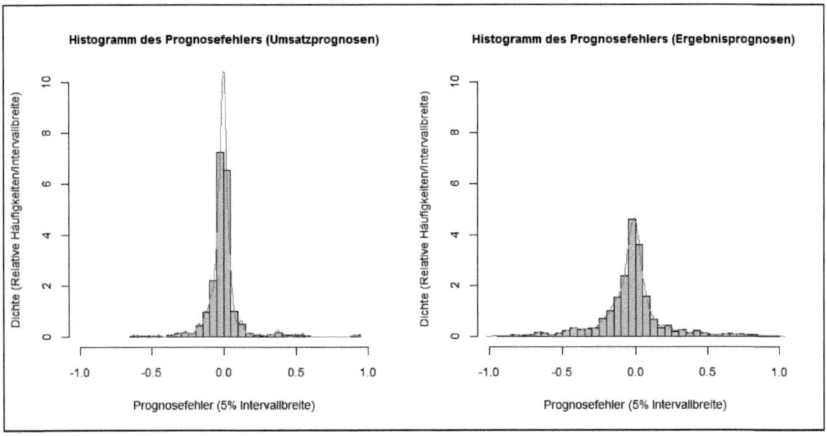


746 Insgesamt wurden 4 Prognosen entfernt, bei denen Prognose und realisierte Größe unterschiedliche Vorzeichen haben. Zudem wurden 7 Prognosen auf Grundlage der Ausreißerdefinition getrimmt. Des Weiteren lagen für weitere 12 Managementprognosen keine korrespondierenden Analystenschätzungen vor. Insgesamt flossen 33.937 Einzelschätzungen in die betrachteten Konsensusschätzungen ein, was einem Durchschnitt von 16,8 Einzelschätzungen pro Managementprognose entspricht. Hiervon entfallen 15.286 Einzelschätzungen auf Umsatzprognosen (MW: 16,9) und 18.651 Einzelschätzungen auf Ergebnisprognosen (MW: 16,7).

Wie die Werte zeigen, bewegen sich die Prognosefehler im Durchschnitt im Vergleich zu denen des Managements auf vergleichbarem Niveau. So lässt sich auch für die Prognosen der Finanzanalysten eine leicht pessimistische Verzerrung ausmachen. Auch hier sind die Prognosefehler bei Umsatzprognosen im Vergleich zu Ergebnisprognosen deutlich geringer. So sind die Vorhersagen mit einem durchschnittlichen Schätzfehler von -0,9% (MW) bzw. -0,6% (Median) relativ exakt. Für die Ergebnisprognosen belaufen sich die entsprechenden Werte auf -3,2% (MW) bzw. -2,2% (Median). Hinsichtlich der zu beobachtenden Unter- bzw. Überschätzungen sind die Anteile auf Seiten der Finanzanalysten im Vergleich zu denen des Managements etwas ausgeglichener. So erfolgt hinsichtlich Umsatzprognosen in 56,6% der Beobachtungen eine Unterschätzung. Der entsprechende Wert liegt bei Ergebnisprognosen mit 60,6% analog zu den Managementprognosen leicht darüber.

Hinsichtlich bedeutsamer Auffälligkeiten bei Betrachtung der entsprechenden Lageparameter in den zugrunde gelegten Teilzeiträumen lassen sich ebenso Parallelen zu den Prognosefehlern des Managements ziehen (s. Tabellen A-9 und A-11 im Anhang). So beschränkt sich der zu beobachtende Pessimismus auch hier auf die Vor- und die Nachkrisenphase, während in Krisenzeiten offenbar sehr treffgenaue Prognosen abgegeben werden. So sind die Einschätzungen in diesen Jahren für die Umsatzerlöse mit einem Schätzfehler von 1,4% (MW) bzw. 0,7% (Median) und für die Ergebnisgrößen mit -0,5% (MW) bzw. -1,4% (Median) sehr exakt. Starke pessimistische Verzerrungen zeigen sich im Vorkrisenzeitraum bei der Prognose von Ergebnisgrößen, deren Ist-Werte mit durchschnittlich -7,2% (MW) bzw. -3,2% (Median) deutlich unterschätzt werden. Diese Ergebnisse bestätigen die Befunde früherer Untersuchungen, in denen in Phasen wirtschaftlichen Abschwungs ein größerer Optimismus unter den Finanzanalysten ausgemacht werden konnte als in Boomphasen.[747] Auch im Rahmen von Analystenschätzungen zeigt sich in der Krisenphase die größte Streuung der Schätzfehler. Generell liegt die Streuung auf einem zu den Managementprognosefehlern vergleichbaren Niveau.

In der Gesamtbetrachtung ist bislang nicht danach differenziert worden, zu welchem Zeitpunkt innerhalb des Geschäftsjahres die jeweiligen Prognosen abgegeben wurden. Eine Analyse der unterjährigen Veränderung der Lageparameter kann Aufschluss darüber geben, inwiefern die Qualität der Prognosen mit dem Betrachtungszeitpunkt variiert. Dieses könnte zum einen dadurch begründet werden, dass der im Zeitverlauf abnehmende Prognosehorizont eine

747 Vgl. *Henze* (2004), S. 139f.

Konkretisierung hinsichtlich des zu erwartenden Ergebnisses erlaubt. Gegebenenfalls könnte eine systematische unterjährige Entwicklung innerhalb der drei betrachteten Phasen jedoch auch darauf hindeuten, dass sich die Unternehmensleitung mit ihren Einschätzungen bzgl. des erwarteten Geschäftsverlaufs strategisch verhält. Wie in Kapitel 5.3.3 diskutiert wurde, bestehen für das Management Anreize, die Erwartungen der Kapitalmarktteilnehmer im Rahmen des *Earnings Game* durch Bekanntgabe bewusst verzerrter Prognoseinformationen zu beeinflussen. Durch die Beeinflussung der Erwartungshaltung sollen negative Kapitalmarkteffekte bei der finalen Ergebnisveröffentlichung vermieden und positive Kurseffekte realisiert werden. Der aus der Theorie abgeleitete idealtypische Verlauf entsprechender Managementprognosen ist daher durch anfänglichen Pessimismus geprägt, der sich im (Geschäfts-)Jahresverlauf kontinuierlich abbaut. Eine Überprüfung dieser Vermutung erfordert daher eine quartalsweise Gegenüberstellung der kommunizierten Einschätzungen mit den letztendlich realisierten Werten. Hierzu wurden sowohl die Verteilungen der Schätzfehler des Managements als auch der Analysten auf Grundlage von Boxplots gegenübergestellt. Boxplots (oder auch Box-Whisker-Plots) liefern in kompakter Darstellungsform Informationen über die Streuungs- und Lageparamter einer Verteilung.[748] Zu sehen sind die jeweiligen Boxplots der Prognosefehler in quartalsweiser Abfolge für Management und Finanzanalysten, getrennt aufgeführt nach Umsatz- und Ergebnisprognosen (Abbildung 18 und 19). Zusätzlich wurden die Mittelwerte der entsprechenden Verteilungen abgetragen.

Zunächst soll eine aggregierte Betrachtung der einzelnen Quartale vorgenommen werden, d.h. unter Ausblendung der separaten Teilzeiträume. Wie die Grafiken illustrieren, sind sowohl auf Seiten des Managements als auch auf Seiten der Finanzanalysten Veränderungen der durchschnittlichen Prognosefehler sowohl für die Umsatz- als auch für die Ergebnisprognosen zu beobachten. So zeigt sich für beide betrachteten Gruppen hinsichtlich beider Prognosegegenstände, dass

748 Vgl. *Behr/Pötter* (2011), S. 68f. Nach der Definition von *Tuckey* (1977) weist der Boxplot neben dem Median (waagerechte Linie), das 25%-Quartil (untere Linie), das 75%-Quartil (obere Linie) sowie die sog. Whisker-Grenzen aus, die maximal das 1,5-fache des Interquartilsabstandes betragen. Beobachtungen außerhalb dieser Whisker-Grenzen werden als einzelne Punkte eingezeichnet. Vgl. *Tukey* (1977), S. 39ff. Aus Gründen der Anschaulichkeit wurden in den Grafiken einige Ausreißerwerte ausgeblendet, da diese für die zentralen Aussagen nicht relevant sind. Zudem sei darauf hingewiesen, dass ebenso aufgrund von Veranschaulichungszwecken unterschiedliche Skalierungen für Umsatz- und Ergebnisprognosen im Rahmen der Boxplots verwendet wurden.

sich sowohl Mittelwert als auch Median der Verteilungen aus dem pessimistischen Bereich kommend kontinuierlich an die realisierte Ausprägung der jeweiligen Größe annähern. Ebenso verringert sich der Interquartilsabstand, der aufzeigt, in welchem Intervall die mittleren 50% der Werte liegen, von Quartal zu Quartal. So liegt im Falle von Umsatzprognosen das die 50% Beobachtungen mit dem kleinesten Prognosefehler umfassende Intervall auf Seiten der Analysten im letzten Quartal vor Veröffentlichung des Geschäftsberichts (Q3) in der Spanne von -1,7% bis 1,1%. Der Interquartilsabstand beträgt hier demnach lediglich 2,8%, was gegenüber dem entsprechende Wert zu Beginn des jeweiligen Geschäftsjahres (12,1%) eine deutlich Reduktion darstellt.[749] Insgesamt sind die Umsatzprognosen deutlich exakter als Ergebnisprognosen, die zudem eine weitaus höhere Standardabweichung aufweisen. Insgesamt ähneln sich die Verteilungen von Management und Analysten stark und es kann keine eindeutige Überlegenheit (gemessen an durchschnittlich treffgenaueren Prognosen) identifiziert werden.[750]

*Abbildung 18: Boxplots für die relativen Prognosefehler des Managements sowie der Finanzanalysten im Untersuchungszeitraum für Umsatzprognosen*

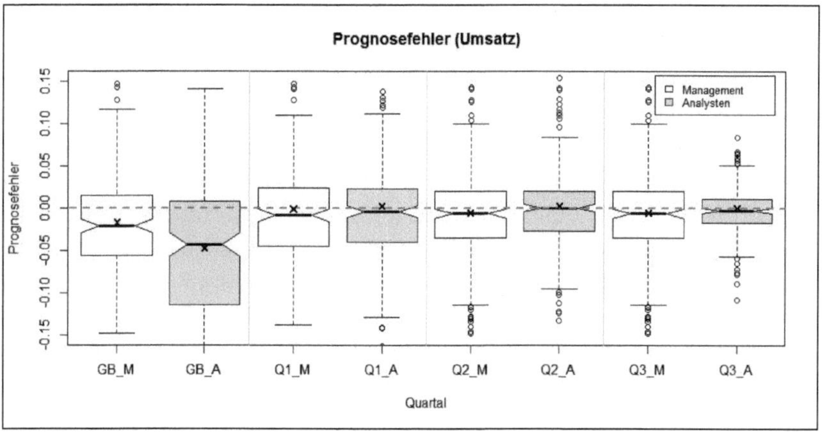


749 Die wesentlichen Verteilungsparameter dieser quartalsweisen Betrachtung finden sich in den Tabellen A-8 bis A-11 im Anhang.

750 Bei der Interpretation der vergleichsweise hohen Interquartilsabstände im Rahmen der Geschäftsberichtserstattung auf Seiten der Finanzanalysten (GB_A) gilt es zu berücksichtigen, das diese ggf. auf teils noch nicht aktualisierte Datenbasen der I/B/E/S-Datenbank zurückgeführt werden müssen und nicht zwingend Ausdruck systematischen Schätzverhaltens sein müssen.

*Abbildung 19: Boxplots für die relativen Prognosefehler des Managements sowie der Finanzanalysten im Untersuchungszeitraum für Ergebnisprognosen*

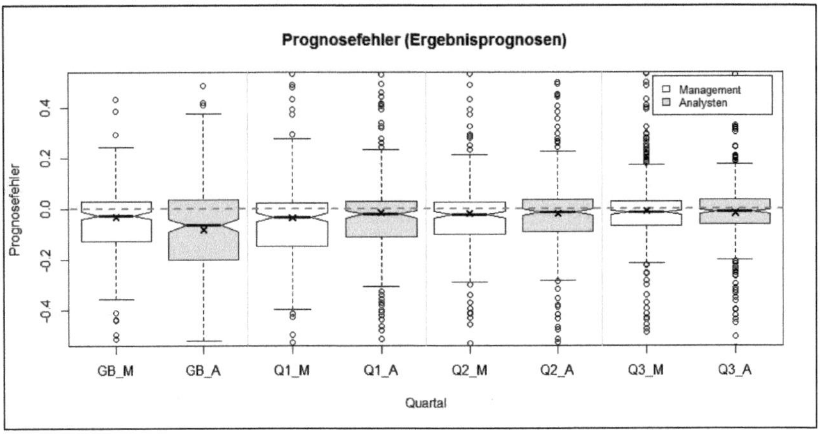


Die Betrachtung des quartalsweisen Verlaufs des Prognosefehlers ohne Berücksichtigung der differenzierten Zeitintervalle führt ggf. zu einer Neutralisierung einer sich bei Betrachtung der unterschiedlichen Teilzeiträume ergebenen systematischen pessimistischen bzw. optimistischen Verzerrung. So ist zuvor argumentiert worden, dass sich in Zeiten unternehmerischer Prosperität ein zurückhaltendes Prognoseverhalten auf Unternehmensseite zeigen könnte, welches in Zeiten hoher wirtschaftlicher Ungewissheit als Sicherheitspuffer dienen könnte, der der Verfehlung zu optimistischer Kapitalmarkterwartungen entgegenwirken soll. Aus diesem Grund ist es sinnvoll, die einzelnen Teilzeiträume zu analysieren.

Für die Teilzeiträume 2006/2007 und 2010/2011 kann sowohl für das Management als auch für die Analysten für die beiden betrachteten Prognoseinhalte ein Verlauf festgestellt werden, der dem Verlauf des auf Basis der aggregierten Daten beobachteten Verlaufs entspricht. So sind die Prognosen zu Beginn des Geschäftsjahres zunächst recht deutlich negativ verzerrt, wobei unterjährig eine kontinuierliche Annäherung an die Nulllinie beobachtet werden kann. Die deutlichsten Veränderungen können dabei auf beiden Seiten nach dem ersten Quartal ausgemacht werden. Hingegen sind die Anpassungen zum dritten Quartal weniger deutlich, auch wenn die Streuung der Prognosefehler hier nochmals abnimmt. Insgesamt kann eine sehr hohe Korrelation der jeweiligen Einschätzungen beobachtet werden.

Dies gilt ebenso für den Krisenzeitraum 2008/2009, in dem die Prognosen im Durchschnitt vergleichsweise exakt sind. Auffällig ist hierbei, dass insb. Ergebnisprognosen bereits zu Beginn des Jahres in etwa auf dem Niveau der letztendlichen

Realisierung liegen, was vermuten lässt, das die Unternehmen bewusst konservative Prognosen an den Kapitalmarkt kommunizieren und dieser Spielraum bei einer sich eintrübenden Geschäftsentwicklung genutzt werden kann, um Enttäuschungen zu vermeiden. Allerdings zeigt sich, dass auch die Finanzanalysten, die einer abweichenden Anreizstruktur unterliegen, recht ähnliche Prognosefehler aufweisen, was Ausdruck der enormen Relevanz von Einschätzungen des Managements für die Analystenprognosen sein könnte.

*Abbildung 20: Boxplots für die relativen Prognosefehler des Managements sowie der Finanzanalysten für Umsatzprognosen (2006/2007)*

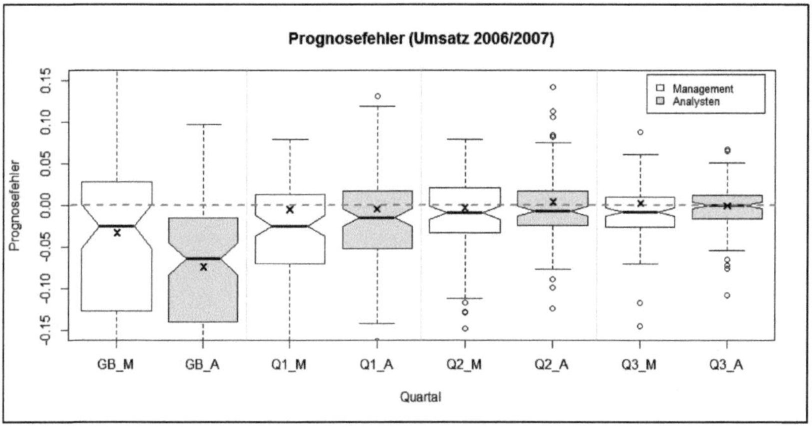


*Abbildung 21: Boxplots für die relativen Prognosefehler des Managements sowie der Finanzanalysten für Umsatzprognosen (2008/2009)*

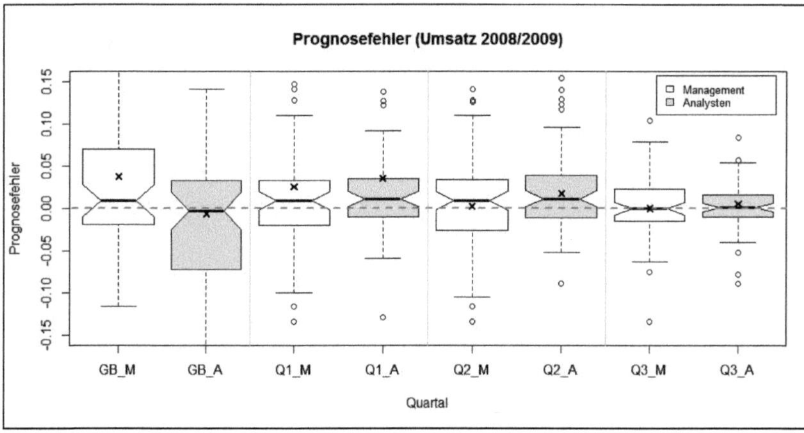

*Abbildung 22: Boxplots für die relativen Prognosefehler des Managements sowie der Finanzanalysten für Umsatzprognosen (2010/2011)*

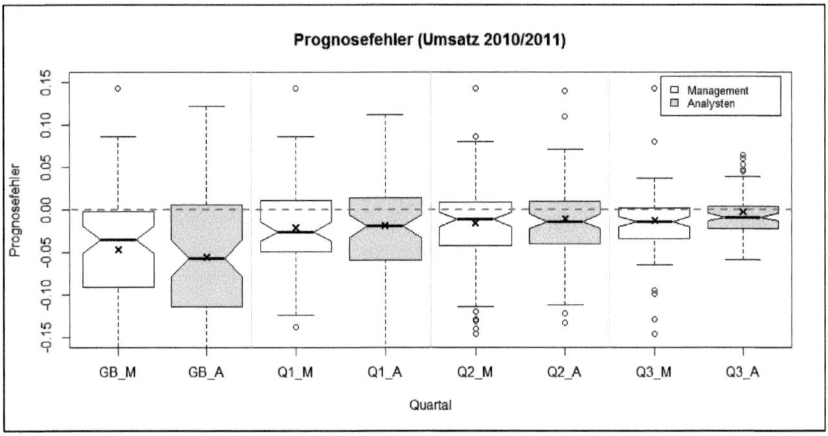


*Abbildung 23: Boxplots für die relativen Prognosefehler des Managements sowie der Finanzanalysten für Ergebnisprognosen (2006/2007)*

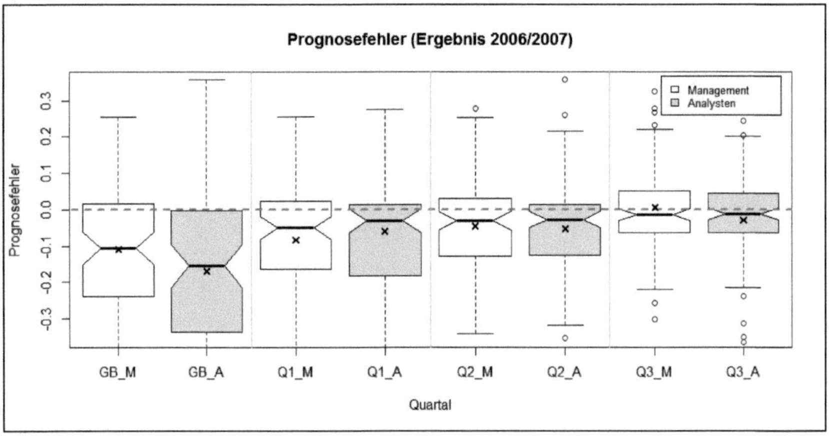

*Abbildung 24: Boxplots für die relativen Prognosefehler des Managements sowie der Finanzanalysten für Ergebnisprognosen (2008/2009)*

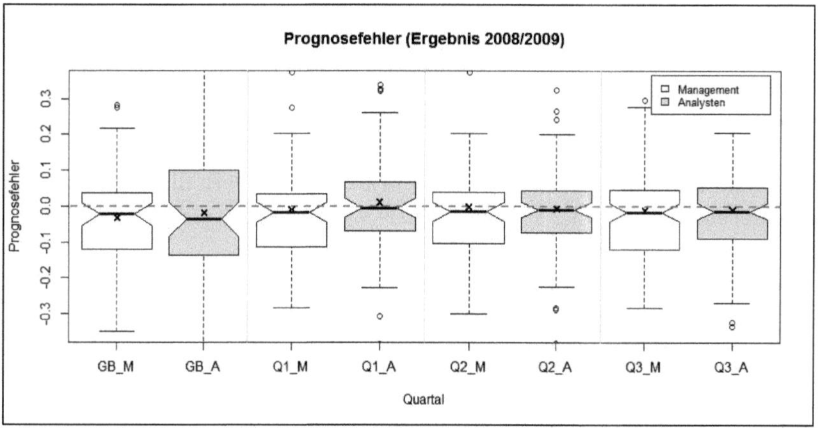


*Abbildung 25: Boxplots für die relativen Prognosefehler des Managements sowie der Finanzanalysten für Ergebnisprognosen (2010/2011)*

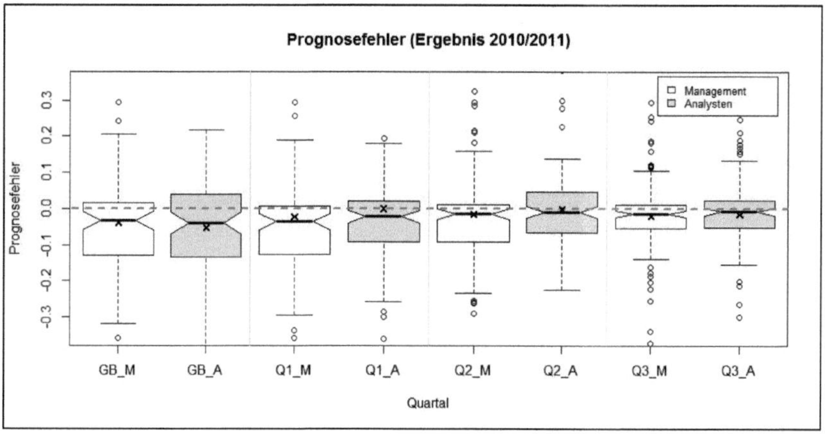


Neben der unterjährigen Entwicklung der Lageparameter unter Berücksichtigung des Vorzeichens des Prognosefehlers soll nun ebenso im Rahmen einer quartalsweisen Betrachtung illustriert werden, wie sich der Prognosefehler im Laufe des Geschäftsjahres ohne Berücksichtigung sich ausgleichender positiver Prognosefehler (Prognose liegt über dem realisierten Wert) und negativer Prognosefehler (Prognose liegt unter dem realisierten Wert) entwickelt. So geben vorangegangene Boxplots lediglich eine Indikation über die Veränderung des betragsmäßigen Prognosefehlers, so bspw. über die sich im Laufe des Jahres verringernden Interquartilsabstände.

Abbildung 26 verdeutlicht, dass sich die betragsmäßigen Prognosefehler bei Umsatzprognosen in der Tat von Quartal zu Quartal verringern. Beträgt der betragsmäßige Prognosefehler des Managements zu Beginn des Jahres noch durchschnittlich 6,7% (Median 4,2%), so sinkt er bis zum Ende des dritten Quartals auf 3,7% ab (Median 2,0%).[751] Auf Seite der Analysten ist diese Entwicklung mit einer Reduzierung des Prognosefehlers von 11,1% (Median 6,9%) auf 2,5% (Median 1,5%) sogar noch deutlicher.

Hinsichtlich Ergebnisprognosen lässt sich ein ähnlicher Verlauf beobachten, wenn auch auf einem deutlich höheren Fehlerniveau (s. Abbildung 27). So kommt es auch hier bei beiden Gruppen zu einer kontinuierlichen Verringerung des betragsmäßigen Prognosefehlers. Während die Unternehmen den realisierten Wert mit den Prognosen innerhalb des Geschäftsberichts um durchschnittlich 17,8% (11,0% Median) verfehlen und sich dieser Wert auf 12,1% (5,3% Median) zum Ende des dritten Quartals verringert, präzisieren sich die Prognosen analystenseitig von 20,1% (12,7% Median) auf 11,3% (5,1% Median). Insgesamt weisen beide Gruppen in den einzelnen Quartalen recht ähnliche betragsmäßige Prognosefehler auf, was eine ebenso analoge Veränderung der Prognosefehler impliziert. Insgesamt zeigen die Boxplots eine rechtsschiefe Verteilung, bei der viele Beobachtungen mit geringen Prognosefehlern einigen wenigen Beobachtungen mit recht hohen Prognosefehlern gegenüberstehen. Dies verdeutlicht auch ein Vergleich der beiden Lageparameter arithmetisches Mittel und Median. Während die Hälfte der Unternehmen bzw. der Analysten die wahre Ergebnissituation zum Ende des Geschäftsjahres (Q3) mit ihren Einschätzungen um weniger als 5,3% bzw. 5,1% verfehlen, liegen die Mittelwerte mit 14,7% bzw. 12,3% deutlich darüber.

751 Für eine detaillierte Übersicht der entsprechenden Werte in den einzelnen Quartalen und betrachteten Phasen für Management und Analysten siehe Tabellen A-12 bis A-15 im Anhang. Auf eine Boxplot-Darstellung inkl. einer Unterteilung in Vorkrisen, Krisen, sowie Nachkrisenphase wurde aus Gründen der Übersichtlichkeit verzichtet.

*Abbildung 26: Boxplots für die betragsmäßigen Prognosefehler des Managements sowie der Finanzanalysten für Umsatzprognosen*

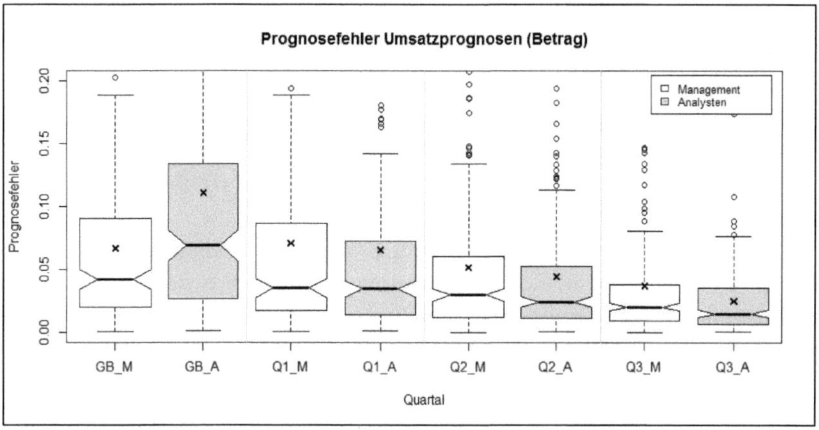


*Abbildung 27: Boxplots für die betragsmäßigen Prognosefehler des Managements sowie der Finanzanalysten für Ergebnisprognosen*

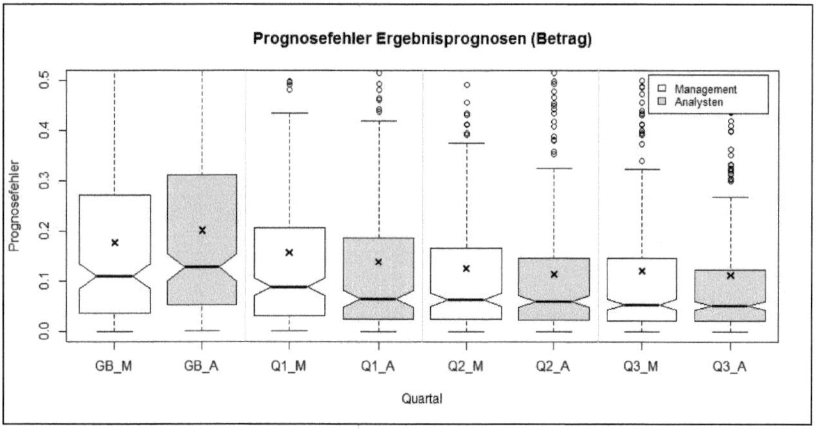


Hinsichtlich der zusätzlichen Unterteilung in die Betrachtungszeiträume 2006/2007, 2008/2009 und 2010/2011 ergeben sich zudem einige nennenswerte Auffälligkeiten (s. Tabellen A-12 bis A-15 im Anhang). So ist es zunächst erstaunlich, dass sich bzgl. Umsatzprognosen keine besonderen Unterschiede in der Höhe der Prognosefehler zwischen den einzelnen Teilzeiträumen beobachten lassen. Vielmehr wäre zu vermuten gewesen, dass sich im Krisenzeitraum ein merklich höheres Fehlerniveau einstellt. Derartige Unterschiede lassen sich lediglich im Rahmen von Ergebnisprognosen beim Vergleich der Krisenphase mit der Nachkrisenphase ausmachen, wobei dies gleichermaßen für das Management und die Analysten gilt. Ohnehin bestätigt sich die zuvor in der Gesamtschau festgestellte Analogie des Prognosefehlerniveaus auch bei dieser differenzierteren Betrachtung auf Grundlage der verschiedenen Teilzeiträume. Gleichermaßen für beide Prognoseinhalte und beide Gruppen zeigt sich während der Krisenjahre eine erhöhte Streuung zwischen den einzelnen Prognosefehlern.

Die Analyse der quartalsweisen betragsmäßigen und relativen Prognosefehler hat deutlich gemacht, dass sich Richtung und Intensität der Abweichungen zwischen den beiden Gruppen im Durchschnitt ähneln, so dass nicht von einer systematischen Überlegenheit einer der beiden Gruppen ausgegangen werden kann.[752] Es muss jedoch angemerkt werden, dass bislang auf Durchschnittswerte abgestellt wurde. Ob und in welchem Ausmaß sich bei der Gegenüberstellung einzelner Prognosen zum Umsatz- und Ergebnisverlauf eine Tendenz zu einer höheren Qualität bei einer der beiden Gruppen feststellen lässt, verdeutlicht Tabelle 13. Diese zeigt auf, in wie vielen Fällen der jeweils geringere betragsmäßige Prognosefehler entweder dem Management (Laufindex i) oder den Analysten (Laufindex l) zuzuordnen ist.

*Tabelle 13: Relativer Anteil von betragsmäßig geringeren Prognosefehlern im Vergleich*

| **Umsatzprognosen** | **GB** | **Q1** | **Q2** | **Q3** | **Gesamt** |
|---|---|---|---|---|---|
| **n** | 193 | 207 | 247 | 243 | 890 |
| $\lvert FE_{i,Umsatz,t,q}\rvert < \lvert FE_{l,Umsatz,t,q}\rvert$ | 60,10% | 43,00% | 44,94% | 38,27% | 45,96% |
| $\lvert FE_{i,Umsatz,t,q}\rvert \geq \lvert FE_{l,Umsatz,t,q}\rvert$ | 39,90% | 57,00% | 55,06% | 61,73% | 54,04% |
| **Ergebnisprognosen** | **GB** | **Q1** | **Q2** | **Q3** | **Gesamt** |
| **n** | 222 | 245 | 287 | 329 | 1.083 |
| $\lvert FE_{i,Ergebnis,t,q}\rvert < \lvert FE_{l,Ergebnis,t,q}\rvert$ | 57,66% | 45,71% | 34,49% | 48,02% | 48,85% |
| $\lvert FE_{i,Ergebnis,t,q}\rvert \geq \lvert FE_{l,Ergebnis,t,q}\rvert$ | 42,34% | 54,29% | 65,51% | 51,98% | 51,15% |

Insgesamt kann eine etwas bessere Schätzqualität auf Seiten der Finanzanalysten beobachtet werden. Diese Feststellung fällt bei Umsatzprognosen etwas

752 Überlegene Prognosen einer Gruppe zeichnen sich durch einen geringeren betragsmäßigen Schätzfehler aus.

deutlicher aus als bei Ergebnisprognosen. Dies könnte Konsequenz des Umstandes sein, dass Ergebnisprognosen Annahmen über die Aufwandsentwicklung erfordern und vermutet werden kann, dass das Management hier über einen Wissensvorsprung verfügt. Die Einzelquartale zeigen, dass die Qualität der erstmaligen Prognose (GB) auf Seiten der Analysten weit unterdurchschnittlich ist. Dies könnte darauf zurückzuführen sein, dass zum Zeitpunkt der Datenerfassung nicht für alle Analysten aktualisierte Schätzungen vorlagen und somit veraltete Werte in die Konsensusschätzung eingeflossen sind. Ansonsten lassen die Werte aber keine auffällige unterjährige Entwicklung erkennen.

### *6.2.3.2 Hypothesentests zur betragsmäßigen und relativen Höhe sowie zur unterjährigen Entwicklung des Prognosefehlers*

#### 6.2.3.2.1 Betragsmäßiger Prognosefehler

Nachdem die deskriptiven Befunde einige interessante Beobachtungen hervorgebracht haben, die die zuvor abgeleiteten Hypothesen teilweise zu stützen scheinen, soll in diesem Abschnitt geprüft werden, inwiefern die festgestellten Auffälligkeiten Signifikanz im statistischen Sinne aufweisen und die vermuteten Zusammenhänge somit auch über die Stichprobe hinaus Gültigkeit besitzen. Dies soll zunächst durch Mittelwertvergleiche der in den vorherigen Abbildungen illustrierten Verteilungen geschehen. Die Anwendung klassischer Differenzentests wie des Ein- bzw. Zweistichproben-Gaußtests oder des *t*-Tests erfordern normalverteilte Stichproben.[753] Zwar ermöglichen oben aufgeführte Boxplots eine erste grafische Analyse der Werteverteilung, die zumindest im Falle des relativen Prognosefehlers auf Normalverteilung schließen lassen, da die Daten keine auffällige Links- oder Rechtsschiefe erkennen lassen. Demnach soll den sich anschließenden Differenzentests auch ein objektiver formaler Test auf Normalverteilung der Stichproben vorausgehen. Hierfür wird der *Shapiro-Wilk*-Test herangezogen, dem in der empirischen Literatur gegenüber alternativen Testverfahren größere Aussagekraft zugesprochen wird.[754] Die Testergebnisse lassen vermuten, dass für die allermeisten der betrachteten Teilstichproben die Annahme einer Normalverteilung verworfen werden muss (s. Tabelle A-16 im

753 Vgl. *Bamberg/Baur/Krapp* (2012), S. 179.

754 Vgl. *Yap/Razali* (2010), S. 126ff.; *Schmidt* (2009), S. 7. Allerdings wurde die Normalverteilungsannahme zusätzlich auf Basis des *Jarque-Bera*-Tests geprüft. Die (nicht tabellierten) Ergebnisse für diesen Test sind nahezu deckungsgleich mit denen des *Shapiro-Wilk*-Tests.

Anhang).[755] Dies hat zunächst Implikationen für die heranzuziehenden Hypothesentests im Rahmen der Überprüfung der zuvor aufgestellten Hypothesen, da bei der Verwendung des klassischen *t*-Tests die Normalverteilungsannahme erfüllt sein muss. Allerdings greift im vorliegenden Fall aufgrund umfangreicher Stichprobengrößen der zentrale Grenzwertsatz der Statistik, der besagt, dass bei hinreichend vielen Beobachtungen (n>30) von einer asymptotischen Normalverteilung ausgegangen werden kann, was die Anwendbarkeit parametrischer Testverfahren, in diesem Fall des approximativen Gaußtests, ermöglicht.[756]

Ausgehend von **Hypothese 2** soll die im Rahmen der deskriptiven Daten ermittelte unterjährige Veränderung des betragsmäßigen Prognosefehlers auf deren statistische Signifikanz überprüft werden. Konkret wird getestet, ob für den betragsmäßigen Prognosefehler eine signifikante quartalsweise Verringerung festgestellt werden kann. Dies erfordert eine paarweise Gegenüberstellung der Mittelwerte der Prognosefehler in den einzelnen Quartalen und Tests auf entsprechende Mittelwertdifferenzen. Die Tabellen 14 und 15 beinhalten die resultierenden Teststatistiken für Management und Analysten separiert nach Umsatz- und Ergebnisprognosen.

*Tabelle 14: Ergebnisse des Hypothesentests zu Hypothese 2 (Umsatzprognosen)*

| **Prognoseinhalt** | **Umsatzprognosen** | | | | | |
|---|---|---|---|---|---|---|
| **Gruppe** | **Management** | | | **Analysten** | | |
| **Hypothese** | $H_0: \lvert FE_{i,Umsatz,t,q} \rvert \geq \lvert FE_{i,Umsatz,t,q-1} \rvert$ vs. $H_1: \lvert FE_{i,Umsatz,t,q} \rvert < \lvert FE_{i,Umsatz,t,q-1} \rvert$ | | | $H_0: \lvert FE_{l,Umsatz,t,q} \rvert \geq \lvert FE_{l,Umsatz,t,q-1} \rvert$ vs. $H_1: \lvert FE_{l,Umsatz,t,q} \rvert < \lvert FE_{l,Umsatz,t,q-1} \rvert$ | | |
| **Quartal** | **Teststatistik** | **Df** | **p-Wert** | **Teststatistik** | **Df** | **p-Wert** |
| **GB - Q1** | t = -0,4085 | 380,560 | 0,6584 | t = 3,8156 | 356,366 | 0,000 |
| **Q1 - Q2** | t = 2,3389 | 351,898 | 0,0100 | t = 2,6148 | 323,458 | 0,005 |
| **Q2 - Q3** | t = 2,4567 | 484,743 | 0,0072 | t = 4,3091 | 403,625 | 0,000 |
| **GB - Q1 0607** | t = -1,0820 | 124,593 | 0,8593 | t = 3,0534 | 101,768 | 0,001 |
| **Q1 - Q2 0607** | t = 1,5963 | 128,927 | 0,0564 | t = 1,8063 | 133,336 | 0,037 |
| **Q2 - Q3 0607** | t = 1,1841 | 168,847 | 0,1190 | t = 3,0279 | 100,489 | 0,002 |

755 Es sei darauf hingewiesen, dass die Aussagekraft der Testergebnisse an dieser Stelle ggf. von deutlich vom Mittelwert abweichenden Werten, die jedoch nicht unter die Ausreißerdefinition fallen, eingeschränkt wird.

756 Anstelle der *t*-Verteilung wird dann auf die Normalverteilung zurückgegriffen, welche die *t*-Verteilung bei mehr als 30 verbleibenden Freiheitsgraden approximiert. Vgl. *Bamberg/Baur/Krapp* (2012), S. 133; *Auer/Rottmann* (2010), S. 362f.

| Prognoseinhalt | Umsatzprognosen | | | | | |
|---|---|---|---|---|---|---|
| Gruppe | Management | | | Analysten | | |
| Hypothese | $H_0$: $\lvert FE_{i,Umsatz,t,q} \rvert \geq \lvert FE_{i,Umsatz,t,q-1} \rvert$ vs. $H_1$: $\lvert FE_{i,Umsatz,t,q} \rvert < \lvert FE_{i,Umsatz,t,q-1} \rvert$ | | | $H_0$: $\lvert FE_{l,Umsatz,t,q} \rvert \geq \lvert FE_{l,Umsatz,t,q-1} \rvert$ vs. $H_1$: $\lvert FE_{l,Umsatz,t,q} \rvert < \lvert FE_{l,Umsatz,t,q-1} \rvert$ | | |
| Quartal | Teststatistik | Df | p-Wert | Teststatistik | Df | p-Wert |
| GB - Q1 0809 | t = -0,2120 | 108,349 | 0,5837 | t = 1,5632 | 103,309 | 0,061 |
| Q1 - Q2 0809 | t = 0,6267 | 103,124 | 0,2661 | t = 0,7447 | 88,075 | 0,229 |
| Q2 - Q3 0809 | t = 1,5210 | 136,000 | 0,0653 | t = 2,4631 | 118,585 | 0,008 |
| GB - Q1 1011 | t = 0,5568 | 142,177 | 0,2893 | t = 2,2564 | 140,592 | 0,013 |
| Q1 - Q2 1011 | t = 1,9867 | 116,256 | 0,0247 | t = 2,3745 | 106,735 | 0,010 |
| Q2 - Q3 1011 | t = 1,6332 | 171,830 | 0,0521 | t = 1,9151 | 175,883 | 0,029 |

*Tabelle 15: Ergebnisse des Hypothesentests zu Hypothese 2 (Ergebnisprognosen)*

| Prognoseinhalt | Ergebnisprognosen | | | | | |
|---|---|---|---|---|---|---|
| Gruppe | Management | | | Analysten | | |
| Hypothese | $H_0$: $\lvert FE_{i,Ergebnis,t,q} \rvert \geq \lvert FE_{i,Ergebnis,t,q-1} \rvert$ vs. $H_1$: $\lvert FE_{i,Ergebnis,t,q} \rvert < \lvert FE_{i,Ergebnis,t,q-1} \rvert$ | | | $H_0$: $\lvert FE_{l,Ergebnis,t,q} \rvert \geq \lvert FE_{l,Ergebnis,t,q-1} \rvert$ vs. $H_1$: $\lvert FE_{l,Ergebnis,t,q} \rvert < \lvert FE_{l,Ergebnis,t,q-1} \rvert$ | | |
| Quartal | Teststatistik | Df | p-Wert | Teststatistik | Df | p-Wert |
| GB - Q1 | t = 1,1978 | 451,184 | 0,1158 | t = 3,5519 | 433,213 | 0,000 |
| Q1 - Q2 | t = 2,0373 | 497,908 | 0,0211 | t = 1,8482 | 472,006 | 0,033 |
| Q2 - Q3 | t = 0,4133 | 604,762 | 0,3398 | t = 0,0912 | 613,891 | 0,464 |
| GB - Q1 0607 | t = 1,4006 | 155,787 | 0,0817 | t = 3,7214 | 140,164 | 0,000 |
| Q1 - Q2 0607 | t = 1,8763 | 153,199 | 0,0313 | t = 1,2409 | 172,434 | 0,108 |
| Q2 - Q3 0607 | t = -0,4187 | 201,952 | 0,6621 | t = -0,5026 | 201,273 | 0,692 |
| GB - Q1 0809 | t = 0,2668 | 124,245 | 0,3950 | t = 1,4995 | 120,376 | 0,068 |
| Q1 - Q2 0809 | t = -0,4901 | 138,206 | 0,6876 | t = -0,0267 | 138,352 | 0,511 |
| Q2 - Q3 0809 | t = 0,4480 | 149,424 | 0,3274 | t = 0,0694 | 161,657 | 0,472 |
| GB - Q1 1011 | t = 0,3945 | 167,608 | 0,3468 | t = 1,0734 | 167,429 | 0,142 |
| Q1 - Q2 1011 | t = 2,3041 | 162,814 | 0,0112 | t = 1,7516 | 148,029 | 0,041 |
| Q2 - Q3 1011 | t = 1,2760 | 216,616 | 0,1017 | t = 1,0572 | 229,574 | 0,146 |

In Bezug auf Umsatzprognosen zeigen die Ergebnisse, dass es auf Seiten des Managements ohne Berücksichtigung der Teilzeiträume bis auf den Übergang von GB auf Q1 zu einer hochsignifikanten Reduktion des Schätzfehlers kommt (p-Wert 0,01 bzw. 0,0072). Für die Schätzungen der Finanzanalysten kann die Verringerung des betragsmäßigen Prognosefehlers für alle Quartalsvergleiche auf hochsignifikantem Niveau beobachtet werden (p-Werte jeweils <0,01).

Unter Zugrundelegung der Ergebnisprognosen kann unternehmensseitig nur beim Übergang vom ersten auf das zweite Quartal eine signifikante Verringerung des Schätzfehlers beobachtet werden (p-Wert 0,0211). Bei den Finanzanalysten ist die Reduktion mit Ausnahme des Übergangs vom zweiten auf das dritte Quartal signifikant (p-Wert 0,000 bzw. 0,033). Insbesondere kommt es im Rahmen der Anpassung der Prognosen nach Veröffentlichung des ersten Quartalsberichts zu einer hochsignifikanten Verringerung des Prognosefehlers. Offenbar können die Finanzanalysten ihre Einschätzungen zum Ende des ersten Quartals deutlich optimieren, während zuvor noch erhöhte Unsicherheit hinsichtlich der Unternehmensentwicklung zu Beginn des jeweiligen Geschäftsjahres herrscht. Interessant erscheint auch, dass beide Gruppen ihre Prognosequalität im zweiten (Geschäfts-)Halbjahr nicht mehr signifikant steigern können.

Bei Betrachtung der Teilzeiträume fällt auf, dass auf Seiten des Managements hinsichtlich Umsatzprognosen für keinen der betrachteten Zeiträume eine signifikante Verringerung des Prognosefehlers im Rahmen der Berichterstattung zum Ende des ersten Quartals ausgemacht werden kann. Hingegen ist die Differenz zwischen Q1 und der Halbjahresberichterstattung in jedem der drei Teilzeiträume (schwach) signifikant von Null verschieden (p-Werte zwischen 0,0247 und 0,0653). Auf Seiten der Analysten, bei denen die aggregierten Daten bereits auf eine hochsignifikante Verringerung des absoluten Prognosefehlers in sämtlichen Quartalen hindeuteten, kann in der Tat auch bei Zugrundlegung der verschiedenen Teilzeiträume nahezu ausnahmslos von einer quartalsunabhängigen Verringerung der Schätzfehler ausgegangen werden. So ist bei Zugrundlegung einer Irrtumswahrscheinlichkeit von 10% lediglich beim Übergang vom ersten zum zweiten Quartal im Krisenzeitraum keine signifikante Reduzierung des Schätzfehlers festzustellen.

Bei Ergebnisprognosen werden die Befunde zu den Unternehmensprognosen tendenziell gestützt, auch wenn das Bild hier deutlich differenzierter ist als bei den Umsatzprognosen. So zeigt sich auf Unternehmensseite in Krisenzeiten keine signifikante Reduzierung des Schätzfehlers. In der Vor- und Nachkrisenphase zeigen sich signifikante Mittelwertunterschiede zur Mitte des Geschäftsjahres (p-Wert 0,0313 bzw. 0,0112), während zum Ende des ersten und des dritten Quartals im Durchschnitt keine Erhöhung der Prognosepräzision im statistischen Sinne festgestellt werden kann. Bei den Analysten kann kein klarer Trend in Abhängigkeit vom Betrachtungszeitraum ausgemacht werden. Lediglich die auf Basis der aggregierten

Daten getroffen Aussage, dass sich keine signifikante Reduzierung beim Übergang vom zweiten auf das dritte Quartal zeigt, bestätigt sich für alle drei Teilzeiträume.

Zusammenfassend ist für beide Prognoseinhalte eine unterjährige Verringerung des Prognosefehlers nachzuweisen, wobei diese lediglich auf Seite der Analysten im Rahmen von Umsatzprognosen als kontinuierlich bezeichnet werden kann. Auf Unternehmensseite erhöht sich die Qualität der Prognosen insbesondere im Rahmen der Halbjahresberichterstattung. Bei Ergebnisprognosen zeigt sich hingegen speziell beim Vergleich des Prognosefehlers zum Ende des zweiten und dritten Quartals keine signifikante Reduzierung des Schätzfehlers.

#### 6.2.3.2.2 Relativer Prognosefehler

**Hypothese 3a** beinhaltet die Vermutung, dass Managementprognosen im Durchschnitt eine pessimistische Tendenz haben. Für Analystenprognosen wurde hingegen vermutet, dass diese im Durchschnitt optimistisch sind. Da die vorherigen deskriptiven Analysen jedoch die Vermutung nahelegen, dass die Prognosen analystenseitig ebenso pessimistisch verzerrt sind, erscheint es sinnvoll, die eingangs geäußerten Überlegungen fallenzulassen. Die Hypothesentests für den relativen Prognosefehler der Finanzanalysten sollen vielmehr dahingehend angepasst werden, dass diese nun auch für eine Signifikanz des im Rahmen der deskriptiven Analyse festgestellten Pessimismus prüfen.

Wie die Tabellen 16 und 17 zeigen, sind sowohl die Schätzungen des Managements als auch die der Finanzanalysten hinsichtlich Umsatzprognosen über den Gesamtbetrachtungszeitraum signifikant pessimistisch verzerrt, d.h. der relative Prognosefehler ist signifikant negativ (p-Wert 0,0195 bzw. 0,0077). Wie vermutet, beschränken sich diese Befunde auf den Vorkrisenzeitraum (p-Wert 0,097 bzw. 0,0065) bzw. den Nachkrisenzeitraum (p-Wert 0,000 für beide Gruppen), während sich für die Geschäftsjahre 2008 und 2009 keine signifikante Verzerrung der Prognosen feststellen lässt. Die Differenzierung nach Einzelquartalen verdeutlicht, dass der Prognosepessimismus im Rahmen von Umsatzprognosen auf den Beginn des Geschäftsjahres beschränkt bleibt (p-Wert 0,0088 bzw. 0,0001).

In Bezug auf Ergebnisprognosen bestätigt sich der Befund signifikant pessimistischer Prognosen beider Gruppen (p-Wert 0,0000 bzw. 0,0007). Während diese Beobachtung auf Unternehmensseite sowohl für den Vor- als auch den Nachkrisenzeitraum gilt (p-Wert 0,0028 bzw. 0,0083), beschränkt sich diese analystenseitig auf die Vorkrisenphase (p-Wert 0,000). Auch hier zeigt die unterjährige Analyse, dass die Prognosen des Managements insb. zu Periodenbeginn negativ verzerrt sind. Unter den Finanzanalysten ist das Bild etwas differenzierter: Hier lässt sich (bei Zugrundelegung vernünftiger Irrtumswahrscheinlichkeiten) mit Ausnahme des ersten Quartals durchgängig eine Unterschätzung der Ergebnislage nachweisen.

*Tabelle 16: Ergebnisse des Hypothesentests zu Hypothese 3a (Umsatzprognosen – Auszug)*

| **Prognoseinhalt** | **Umsatzprognosen** | | | | | |
|---|---|---|---|---|---|---|
| **Gruppe** | **Management** | | | **Analysten** | | |
| **Hypothese** | $H_0: FE_{i,Umsatz,t,q} \geq 0$ vs. $H_1: FE_{i,Umsatz,t,q} < 0$ | | | $H_0: FE_{l,Umsatz,t,q} \geq 0$ vs. $H_1: FE_{l,Umsatz,t,q} < 0$ | | |
| **Quartal** | **Teststatistik** | **Df** | **p-Wert** | **Teststatistik** | **Df** | **p-Wert** |
| **Gesamt** | t = -2,0683 | 889 | 0,0195 | t = -2,4275 | 889 | 0,0077 |
| **GB** | t = -2,3936 | 192 | 0,0088 | t = -3,9441 | 192 | 0,0001 |
| **Q1** | t = -0,1204 | 206 | 0,4521 | t = 0,3066 | 206 | 0,6203 |
| **Q2** | t = -1,0960 | 246 | 0,1371 | t = 0,5487 | 246 | 0,7081 |
| **Q3** | t = -0,8002 | 242 | 0,2122 | t = 0,1395 | 242 | 0,5554 |
| **0607** | t = -1,3020 | 303 | 0,0970 | t = -2,4979 | 303 | 0,0065 |
| **0809** | t = 2,1954 | 256 | 0,9855 | t = 1,5639 | 256 | 0,9405 |
| **1011** | t = -5,0326 | 328 | 0,0000 | t = -4,0731 | 328 | 0,0000 |

*Tabelle 17: Ergebnisse des Hypothesentests zu Hypothese 3a (Ergebnisprognosen – Auszug)*[757]

| **Prognoseinhalt** | **Ergebnisprognosen** | | | | | |
|---|---|---|---|---|---|---|
| **Gruppe** | **Management** | | | **Analysten** | | |
| **Hypothese** | $H_0: FE_{i,Ergebnis,t,q} \geq 0$ vs. $H_1: FE_{i,Ergebnis,t,q} < 0$ | | | $H_0: FE_{l,Ergebnis,t,q} \geq 0$ vs. $H_1: FE_{l,Ergebnis,t,q} < 0$ | | |
| **Quartal** | **Teststatistik** | **Df** | **p-Wert** | **Teststatistik** | **Df** | **p-Wert** |
| **Gesamt** | t = -4,3763 | 1082 | 0,0000 | t = -4,8515 | 1082 | 0,0007 |
| **GB** | t = -3,5605 | 221 | 0,0002 | t = -4,5623 | 221 | 0,0042 |
| **Q1** | t = -2,5897 | 244 | 0,0051 | t = -1,2139 | 244 | 0,1130 |
| **Q2** | t = -1,8535 | 286 | 0,0324 | t = -1,9581 | 286 | 0,0256 |
| **Q3** | t = -0,7177 | 328 | 0,2367 | t = -1,6484 | 328 | 0,0501 |
| **0607** | t = -4,6059 | 369 | 0,0028 | t = -6,1833 | 369 | 0,0000 |
| **0809** | t = -0,7887 | 297 | 0,2155 | t = -0,9584 | 297 | 0,1693 |
| **1011** | t = -2,4060 | 414 | 0,0083 | t = -1,0551 | 414 | 0,1460 |

757 Aus Gründen der Übersichtlichkeit wurden an dieser Stelle lediglich Auszüge aus den Tabellen A-17 bzw. A-18 aufgeführt.

Im Rahmen von **Hypothese 3b** soll geprüft werden, inwiefern Managementprognosen und die korrespondierenden Analystenschätzungen statistisch signifikanten quartalsweisen Anpassungen an den letztlich realisierten Umsatz oder das Ergebnis unter Beachtung des Vorzeichens des Prognosefehlers unterliegen. Während die Prognosen des Managements durch nachlassenden Pessimismus geprägt sein sollten, wurde für Analystenprognosen basierend auf der Theorie des *Earnings Game* zunächst ein kontinuierlicher Rückgang des Optimismus im Laufe des Geschäftsjahres erwartet. Da diese Vermutung allerdings bereits durch die deskriptiven Daten sowie die zuvor durchgeführten Tests widerlegt werden konnte, wird im Folgenden überprüft, inwiefern analystenseitig ein Prognoseverhalten beobachtet werden kann, welches dem des Managements ähnelt, was durch die hohe Relevanz von Managementprognosen als Informationsgrundlage für die Analystenschätzungen begründet werden kann.

Zur Überprüfung der Hypothese eines im Geschäftsverlauf nachlassenden Pessimismus bedarf es paarweiser Vergleiche der relativen Prognosefehler auf Quartalsbasis. Auch wenn die deskriptiven Daten zumindest für den Nichtkrisenzeitraum die Vermutung nahe legen, dass sich eine statistisch signifikante Annäherung an die tatsächlich realisierte Größe ergibt, so können die durchgeführten einseitigen Zweistichproben Gaußtests dies nur für einzelne Quartale bestätigen.

*Tabelle 18: Ergebnisse des Hypothesentests zu Hypothese 3b (Umsatzprognosen)*

| **Prognoseinhalt** | **Umsatzprognosen** | | | | | |
|---|---|---|---|---|---|---|
| **Gruppe** | **Management** | | | **Analysten** | | |
| **Hypothese** | $H_0: FE_{i,\,Umsatz,t,q-1} \geq FE_{i,\,Umsatz,t,q}$ vs. $H_1: FE_{i,\,Umsatz,t,q-1} < FE_{i,\,Umsatz,t,q}$ | | | $H_0: FE_{l,\,Umsatz,t,q-1} \geq FE_{l,\,Umsatz,t,q}$ vs. $H_1: FE_{l,\,Umsatz,t,q-1} < FE_{l,\,Umsatz,t,q}$ | | |
| **Quartal** | **Teststatistik** | **Df** | **p-Wert** | **Teststatistik** | **Df** | **p-Wert** |
| **GB - Q1** | t = -1,4437 | 390,213 | 0,0748 | t = -3,4146 | 346,666 | 0,0004 |
| **Q1 - Q2** | t = 0,4854 | 356,787 | 0,6862 | t = -0,0050 | 331,98 | 0,4980 |
| **Q2 - Q3** | t = -0,3162 | 476,988 | 0,3760 | t = 0,4013 | 398,58 | 0,6558 |
| **GB - Q1 0607** | t = -1,4811 | 127,377 | 0,0705 | t = -2,8171 | 102,417 | 0,0029 |
| **Q1 - Q2 0607** | t = -0,0490 | 129,555 | 0,4805 | t = -0,5556 | 130,863 | 0,2897 |
| **Q2 - Q3 0607** | t = -0,4102 | 166,023 | 0,3411 | t = 0,5614 | 107,439 | 0,7121 |
| **GB - Q1 0809** | t = 0,5213 | 109,988 | 0,6984 | t = -1,2419 | 97,443 | 0,1086 |
| **Q1 - Q2 0809** | t = 1,0945 | 108,492 | 0,8619 | t = 0,8344 | 94,329 | 0,7969 |
| **Q2 - Q3 0809** | t = 0,1722 | 134,896 | 0,5682 | t = 0,9472 | 116,428 | 0,8272 |
| **GB - Q1 1011** | t = -1,5099 | 141,689 | 0,0666 | t = -1,9716 | 139,258 | 0,0253 |
| **Q1 - Q2 1011** | t = -0,3908 | 115,808 | 0,3483 | t = -0,5978 | 107,542 | 0,2756 |
| **Q2 - Q3 1011** | t = -0,3551 | 169,336 | 0,3615 | t = -0,9716 | 172,102 | 0,1663 |

*Tabelle 19: Ergebnisse des Hypothesentests zu Hypothese 3b (Ergebnisprognosen)*

| Prognoseinhalt | Ergebnisprognosen | | | | | |
|---|---|---|---|---|---|---|
| Gruppe | Management | | | Analysten | | |
| Hypothese | $H_0$: $FE_{i,Ergebnis,t,q-1} \geq FE_{i,Ergebnis,t,q}$ vs. $H_1$: $FE_{i,Ergebnis,t,q-1} < FE_{i,Ergebnis,t,q}$ | | | $H_0$: $FE_{l,Ergebnis,t,q-1} \geq FE_{l,Ergebnis,t,q}$ vs. $H_1$: $FE_{l,Ergebnis,t,q-1} < FE_{l,Ergebnis,t,q}$ | | |
| Quartal | Teststatistik | Df | p-Wert | Teststatistik | Df | p-Wert |
| GB - Q1 | t = -0,9737 | 450,065 | 0,1654 | t = -2,8892 | 423,47 | 0,0020 |
| Q1 - Q2 | t = -0,8550 | 487,903 | 0,1965 | t = 0,2097 | 470,581 | 0,5830 |
| Q2 - Q3 | t = -0,8668 | 602,322 | 0,1932 | t = -0,2075 | 611,831 | 0,4178 |
| GB - Q1 0607 | t = -0,7182 | 153,393 | 0,2369 | t = -2,8998 | 139,341 | 0,0022 |
| Q1 - Q2 0607 | t = -1,2155 | 154,696 | 0,1130 | t = -0,2088 | 166,984 | 0,4174 |
| Q2 - Q3 0607 | t = -1,9599 | 203,782 | 0,0257 | t = -0,8785 | 202,51 | 0,1904 |
| GB - Q1 0809 | t = -0,4781 | 124,636 | 0,3167 | t = -0,6880 | 117,099 | 0,2464 |
| Q1 - Q2 0809 | t = -0,1642 | 138,674 | 0,4349 | t = 0,4915 | 138,139 | 0,6881 |
| Q2 - Q3 0809 | t = 0,2032 | 149,152 | 0,5804 | t = 0,0579 | 159,495 | 0,5230 |
| GB - Q1 1011 | t = -0,4627 | 167,712 | 0,3221 | t = -1,3866 | 164,959 | 0,0837 |
| Q1 - Q2 1011 | t = -0,2134 | 159,466 | 0,4157 | t = 0,0777 | 152,642 | 0,5309 |
| Q2 - Q3 1011 | t = 0,1890 | 215,791 | 0,5748 | t = 0,6865 | 226,445 | 0,7534 |

Wird zunächst der Untersuchungszeitraum ohne Differenzierung nach Teilzeitraum betrachtet, so ergibt sich bzgl. Umsatzprognosen auf Seiten des Managements eine (schwach) signifikante Annäherung der Prognosen im Rahmen der Geschäftsberichtserstattung zu denen des ersten Quartals (p-Wert 0,0748). Jener Zusammenhang besteht ebenso auf Analystenseite hochsignifikant (p-Wert 0,0004). Ansonsten sind die Mittelwertunterschiede als nicht signifikant einzustufen. Bei Betrachtung der unterjährigen Veränderungen des relativen Prognosefehlers von Umsatzprognosen in Abhängigkeit von den drei unterschiedlichen Teilzeiträumen ergibt sich der festgestellte Zusammenhang einer signifikanten Änderung beim Übergang von den ursprünglichen Prognosen im Rahmen der Geschäftsberichterstattung auf die Prognosen zum Ende des ersten Quartals ebenso für beide Gruppen, wobei der Zusammenhang auf Unternehmensseite lediglich schwach signifikant ist (p-Wert 0,0705 bzw. 0,0029). Der identifizierte Zusammenhang für diesen Zeitpunkt ergibt sich für beide Gruppen ebenso in der Nachkrisenphase (p-Wert 0,0666 bzw. 0,0253).

Im Hinblick auf Ergebnisprognosen ergibt sich ebenso ein recht uneinheitliches Bild. Auf aggregierter Basis können im Rahmen von Managementprognosen keine signifikanten Mittelwertunterschiede festgestellt werden. Auf Analystenseite ist eine signifikante Annäherung hingegen lediglich zum Ende des ersten Quartals feststellbar (p-Wert 0,0020). Eine Differenzierung nach Teilzeitraum verdeutlicht, dass lediglich die Veränderung des relativen Prognosefehlers beim Übergang von der Halbjahresprognose zur Prognose zum Ende des dritten Quartals im Zeitraum 2006/2007 statistisch signifikant von Null verschieden ist (p-Wert 0,0257). Für die Prognosen der Finanzanalysten gilt dies wiederum sowohl für den Vor- als auch den Nachkrisenzeitraum beim Übergang zum ersten Quartalsbericht (p-Wert 0,0022 und 0,0837).

**Hypothese 3c (1)** beinhaltet die Vermutung, dass pessimistische Prognosen des Managements mit einem vergleichsweise geringen betragsmäßigen Prognosefehler behaftet sind. Tabelle 20 weist die zentralen Lageparameter der Verteilungen in Abhängigkeit vom Vorzeichen des Prognosefehlers aus. Zur Überprüfung der Hypothese wird auch hier ein Test auf Mittelwertgleichheit durchgeführt. Wie die Werte verdeutlichen, werden die Nullhypothesen für beide Verteilungen abgelehnt, d.h. sowohl im Rahmen von Umsatz- als auch Ergebnisprognosen liegt der betragsmäßige Prognosefehler bei einem Verfehlen der Prognose statistisch signifikant über dem entsprechenden Wert bei einem Übertreffen der Prognose.

*Tabelle 20: Ergebnisse des Hypothesentests zu Hypothese 3c (1)*

| **Betragsmäßiger Prognosefehler** | **n** | **Min.** | **25%-Q.** | **Median** | **MW** | **75%-Q.** | **Max.** |
|---|---|---|---|---|---|---|---|
| $\vert FE_{i,Umsatz,t,q}\vert$ wenn $FE_{i,Umsatz,t,q}<0$ | 532 | 0,000 | 0,014 | 0,033 | 0,052 | 0,064 | 0,478 |
| $\vert FE_{i,Umsatz,t,q}\vert$ wenn $FE_{i,Umsatz,t,q}\geq 0$ | 358 | 0,000 | 0,01 | 0,027 | 0,061 | 0,059 | 0,809 |
| $\vert FE_{i,Ergebnis,t,q}\vert$ wenn $FE_{i, Ergebnis,t,q}<0$ | 698 | 0,000 | 0,03 | 0,072 | 0,133 | 0,175 | 0,881 |
| $\vert FE_{i,Ergebnis,t,q}\vert$ wenn $FE_{i, Ergebnis,t,q}\geq 0$ | 385 | 0,000 | 0,019 | 0,072 | 0,158 | 0,208 | 0,997 |
| **Hypothese** | | | | | | **p-Wert** | |
| $H_0$: $\vert FE_{i,Umsatz,t,q}\vert$, wenn $FE_{i,Umsatz,t,q}<0 \geq \vert FE_{i,Umsatz,t,q}\vert$, wenn $FE_{i,Umsatz,t,q}\geq 0$ vs. $H_1$: $\vert FE_{i,Umsatz,t,q}\vert$, wenn $FE_{i,Umsatz,t,q}<0 < \vert FE_{i,Umsatz,t,q}\vert$, wenn $FE_{i,Umsatz,t,q}\geq 0$ | | | | | | 0,0696 | |
| $H_0$: $\vert FE_{i,Ergebnis,t,q}\vert$, wenn $FE_{i, Ergebnis,t,q}<0 \geq \vert FE_{i, Ergebnis,t,q}\vert$, wenn $FE_{i, Ergebnis,t,q}\geq 0$ vs. $H_1$: $\vert FE_{i,Ergebnis,t,q}\vert$, wenn $FE_{i, Ergebnis,t,q}<0 < \vert FE_{i, Ergebnis,t,q}\vert$, wenn $FE_{i, Ergebnis,t,q}\geq 0$ | | | | | | 0,0214 | |

Da sich für Analysten keine vergleichbare Anreizstruktur bietet, die ein entsprechendes Prognoseverhalten begründen könnte, sollten sich die obigen Befunde hinsichtlich statisch signifikanter Unterschiede zwischen den betragsmäßigen Fehlern pessimistischer und optimistischer Prognosen nicht zeigen (**Hypothese 3c (2)**). Die Nullhypothesen sind dementsprechend anzupassen, da nun ein zweiseitiger Test durchzuführen ist, der auf Gleichheit der Mittelwerte testet. Die in Tabelle 21 abgetragenen Testergebnisse stützen die Vermutung, dass zwischen den Verteilungen keine statistisch signifikanten Unterschiede herrschen. Dies zeigt, dass die Signifikanz der betragsmäßigen Unterschiede des Prognosefehlers in Abhängigkeit des Vorzeichens des relativen Prognosefehlers auf Managementprognosen beschränkt bleibt.

*Tabelle 21: Ergebnisse des Hypothesentests zu Hypothese 3c (2)*

| Prognosefehler (Betrag) | n | Min. | 25%-Q. | Median | MW | 75%-Q. | Max. |
|---|---|---|---|---|---|---|---|
| $\|FE_{l,Umsatz,t,q}\|$ wenn $FE_{l,Umsatz,t,q}<0$ | 532 | 0,000 | 0,014 | 0,033 | 0,059 | 0,072 | 0,628 |
| $\|FE_{l,Umsatz,t,q}\|$ wenn $FE_{l,Umsatz,t,q}\geq 0$ | 358 | 0,000 | 0,009 | 0,022 | 0,057 | 0,049 | 0,926 |
| $\|FE_{l,Ergebnis,t,q}\|$ wenn $FE_{l,Ergebnis,t,q}<0$ | 698 | 0,000 | 0,029 | 0,074 | 0,178 | 0,175 | 0,949 |
| $\|FE_{l,Ergebnis,t,q}\|$ wenn $FE_{l,Ergebnis,t,q}\geq 0$ | 385 | 0,000 | 0,019 | 0,058 | 0,175 | 0,208 | 0,972 |
| **Hypothese** | | | | | | **p-Wert** | |
| $H_0$: $\|FE_{l,Umsatz,t,q}\|$, wenn $FE_{l,Umsatz,t,q}<0 \geq \|FE_{l,Umsatz,t,q}\|$, wenn $FE_{l,Umsatz,t,q}\geq 0$ vs. $H_1$: $\|FE_{l,Umsatz,t,q}\|$, wenn $FE_{l,Umsatz,t,q}<0 < \|FE_{l,Umsatz,t,q}\|$, wenn $FE_{l,Umsatz,t,q}\geq 0$ | | | | | | 0,7169 | |
| $H_0$: $\|FE_{l,Ergebnis,t,q}\|$, wenn $FE_{l,Ergebnis,t,q}<0 \geq \|FE_{l,Ergebnis,t,q}\|$, wenn $FE_{l,Ergebnis,t,q}\geq 0$ vs. $H_1$: $\|FE_{l,Ergebnis,t,q}\|$, wenn $FE_{l,Ergebnis,t,q}<0 < \|FE_{l,Ergebnis,t,q}\|$, wenn $FE_{l,Ergebnis,t,q}\geq 0$ | | | | | | 0,6339 | |

### *6.2.3.3 Hypothesentests zu den Bestimmungsfaktoren des Prognosefehlers*

Die deskriptive Analyse hat aufgezeigt, dass Managementprognosen tendenziell verzerrt sind. Zudem zeigen die durchgeführten Hypothesentests, dass der identifizierte Bias teilweise systematisch ist und nicht durch rein zufällige Schwankungen determiniert wird. Daher soll im Folgenden analysiert werden, inwiefern bestimmte Unternehmenscharakteristika das beobachtete Prognoseverhalten erklären können. Diese Determinanten werden auf Grundlage der Erkenntnisse der empirischen Forschung sowie der theoretischen Ausführungen dieser Arbeit abgeleitet.

#### **6.2.3.3.1 Univariate Analyse**

Zur Identifizierung potenzieller Determinanten des Prognosefehlers werden im Folgenden zunächst Korrelationstests durchgeführt, die erste Indikationen hinsichtlich isoliert betrachteter Zusammenhänge zwischen dem Prognosefehler und der im weiteren Verlauf verwendeten Variablen geben sollen. Anschließend wird der gemeinsame Einfluss der entsprechenden Charakteristika im Rahmen einer multivariaten Regressionsanalyse untersucht.

Die zuvor vorgenommene Unterteilung der Beobachtungen in Umsatz- und Ergebnisprognosen soll im Rahmen der folgenden Analysen konsequenterweise fortgeführt werden, da die Ergebnisse sonst verzerrt sein könnten. So wäre es denkbar, dass sich der Erklärungsgehalt ausgewählter Determinanten zu beiden Prognoseinhalten systematisch voneinander unterscheidet und es somit ggf. zu einer Vermischung von Effekten kommt, die bei isolierter Betrachtung möglicherweise abweichende Aussagen hervorbringen würden. Aus Gründen der Übersichtlichkeit und der besonderen Aufmerksamkeit, die am Kapitalmarkt insbesondere Ergebnisprognosen entgegengebracht wird, soll die Darstellung in diesem Kapitel jedoch zu überwiegenden Teilen auf Ergebnisprognosen beschränkt bleiben. Die entsprechenden Ergebnisse der analog durchgeführten Analysen für Umsatzprognosen finden sich jedoch im Anhang und werden nachfolgend an geeigneter Stelle ebenso diskutiert.

Neben den im Rahmen der abgeleiteten Hypothesen thematisierten potenziellen Einflussfaktoren, die durch die nachfolgenden Variablen operationalisiert werden, sollen zudem die Variablen *MC* und *LEV* aufgenommen werden. Diese kontrollieren für den potenziellen Einfluss der Größe und des Verschuldungsgrades des Unternehmens, die beide systematischen Einfluss auf den Prognosefehler ausüben könnten.[758]

Tabelle 22 gibt einen Überblick über die verwendeten Erklärungsvariablen, ihre Definition sowie die zu ihrer Ermittlung herangezogenen Datenquellen.

*Tabelle 22: Verwendete Variablen im Rahmen der Korrelations- und Regressionsanalyse*

| Variable | Variablendefinition | Datenquelle |
|---|---|---|
| **Log(MC)** | Logarithmierte Marktkapitalisierung am Periodenende (Log (Aktienkurs zum Periodenende * Anzahl ausstehender Aktien)) | Worldscope |
| **ROE** | Jahresüberschuss / Buchwert des Eigenkapitals zu Periodenbeginn * 100 | Worldscope |
| **ΔNI** | Betragswert der relativen Veränderung des Jahresüberschusses im Vergleich zur Vorperiode | Worldscope/ Eigene Erhebung |
| **SEG** | Anzahl des Produktsegmente | Worldscope |

758 Vgl. *Knauer/Wömpener* (2012), S. 121 und S. 129 m.w.N., bei denen der Einfluss der Größe des Unternehmens allerdings erst im Rahmen der Robustheitstests verwendet wird und nicht unter die Gruppe der Kontrollvariablen, sondern der explizit erklärenden Variablen fällt.

| Variable | Variablendefinition | Datenquelle |
| --- | --- | --- |
| **INTTA** | Immaterielle Vermögenswerte/ Bilanzsumme | Worldscope / Eigene Erhebung |
| **LEV** | (Verbindlichkeiten + Rückstellungen)/ Eigenkapital | Worldscope / Eigene Erhebung |
| **FREEF** | (Anzahl ausstehender Aktien Free Float * Aktienkurs am Jahresende)/ (Anzahl ausstehender Aktien * Aktienkurs am Jahresende) | Datastream / Eigene Erhebung |
| **NE** | Anzahl der Einzelschätzungen, die in der Konsensusschätzung enthalten sind | I/B/E/S |
| **ASTD** | Normierte Standardabweichung aller Einzelschätzungen für die jeweilige Prognosegröße, die im Konsensus enthalten sind | I/B/E/S / Eigene Erhebung |
| **PE** | Kurs-Gewinn-Verhältnis am Periodenende | Worldscope |
| **VOLA** | Maß für die durchschnittliche Abweichung des Aktienkurses vom Durchschnittsaktienkurs innerhalb eines Jahres | Worldscope |
| **PP_INC** | Dummyvariable, die den Wert 1 annimmt, wenn die zugrundeliegende Prognose im Vergleich zum Vorquartal präzisiert wurde, Referenzwert: PP_UNC | Geschäfts- bzw. Quartalsbericht/ Eigene Erhebung |
| **PP_DEC** | Dummyvariable, die den Wert 1 annimmt, wenn die zugrundeliegende Prognose im Vergleich zum Vorquartal weiter gefasst formuliert wurde, Referenzwert: PP_UNC | Geschäfts- bzw. Quartalsbericht/ Eigene Erhebung |
| **Crisis** | Konjunktur-Dummyvariable, die den Wert 1 annimmt, wenn sich die zugrundeliegende Prognose auf die Geschäftsjahre 2008 oder 2009 bezieht, Referenzwert: Pre_Crisis | Geschäfts- bzw. Quartalsbericht/ Eigene Erhebung |
| **Post_ Crisis** | Konjunktur-Dummyvariable, die den Wert 1 annimmt, wenn sich die zugrundeliegende Prognose auf die Geschäftsjahre 2010 oder 2011 bezieht, Referenzwert: Pre_Crisis | Geschäfts- bzw. Quartalsbericht/ Eigene Erhebung |
| **Q** | Saison-Dummyvariable, die den Wert 1 annimmt, wenn die zugrundeliegende Prognose aus dem Quartalsbericht des jeweiligen Quartals stammt (unterschieden werden Q1 (Quartal 1), Q2 (Quartal 2), Q3 (Quartal 3), Referenzwert: GB (Geschäftsbericht) | Eigene Erhebung |

| Variable | Variablendefinition | Datenquelle |
|---|---|---|
| **Br** | Branchen-Dummyvariable, die den Wert 1 annimmt, wenn die Prognose von einem Unternehmen aus der jeweiligen Branche stammt (unterschieden werden IT (Information Technologie), In (Industrials), BM (Basic Materials), TE (Technology), PH (Pharma & Healthcare), UT (Utilities), CS (Costumer Services), FI (FIRE), TC (Telecommunication), Referenzwert: CG (Consumer Goods)) | Industry-Classification Benchmark (Industry-Level) |

Bevor im Folgenden geprüft wird, inwiefern zwischen der zu erklärenden Variable und den zuvor aufgeführten erklärenden Variablen ein bivariater Zusammenhang besteht, soll ein Überblick über die deskriptiven Daten der entsprechenden Größen gegeben werden. Um die Robustheit der Ergebnisse zu erhöhen, ist nach Sichtung der jeweiligen Extremwerte für alle Variablen, mit Ausnahme der Variablen *NE, VOLA, INTTA, FREEF* sowie der Dummyvariablen, ein Winsorizing auf 99%- bzw. 1%-Niveau durchgeführt worden. Da die Residualdiagnostik im Rahmen eines pre-Tests auf eventuelle Probleme bzgl. des Einflusses von Ausreißern der abhängigen Variablen *FE* auf die Koeffizienten der erklärenden Variablen hindeuteten, wurden diese Extremwerte ebenso auf das 99%- bzw. 1%-Niveau zurückgesetzt.

*Tabelle 23: Deskriptive Statistik der im Rahmen der Korrelations- und Regressionsanalyse verwendeten Variablen für Ergebnisprognosen*[759]

| Variable | Min. | 25%-Q. | Median | MW | 75%-Q. | Max. |
|---|---|---|---|---|---|---|
| **$FE_i$_E_99** | -0,71 | -0,11 | -0,02 | -0,03 | 0,02 | 0,69 |
| **$\|FE\|_i$_E_99** | 0,00 | 0,02 | 0,07 | 0,14 | 0,18 | 0,82 |
| **$FE_1$_E_99** | -0,67 | -0,11 | -0,02 | -0,03 | 0,03 | 0,67 |
| **$\|FE\|_1$_E_99** | 0,00 | 0,03 | 0,07 | 0,14 | 0,18 | 0,76 |
| **MC_E_99** | 0,12 | 0,94 | 2,22 | 9,31 | 10,19 | 66,51 |
| **ROE_E_99** | -0,40 | 0,10 | 0,16 | 0,18 | 0,24 | 0,75 |
| **ΔNI_E_99** | 0,00 | 0,13 | 0,30 | 0,86 | 0,69 | 8,57 |

759 Die Zuweisung zu Ergebnisprognosen lässt sich an dem Zusatz „_E“ hinter der jeweiligen Variable erkennen. Die im Anhang befindlichen Tabellen, die die entsprechenden Werte der Variablen für Umsatzprognosen ausweisen, tragen den Zusatz „_U“. Das Zurücksetzten der Daten auf die entsprechenden Quantile ist an dem Zusatz „_99“ zu erkennen.

| Variable | Min. | 25%-Q. | Median | MW | 75%-Q. | Max. |
|---|---|---|---|---|---|---|
| SEG_E | 1,00 | 3,00 | 4,00 | 3,83 | 5,00 | 9,00 |
| INTTA_E | 0,00 | 0,07 | 0,17 | 0,22 | 0,33 | 0,64 |
| LEV_E_99 | 0,18 | 1,02 | 1,47 | 2,08 | 2,18 | 13,63 |
| FREEF_E | 0,14 | 0,60 | 0,76 | 0,73 | 0,90 | 1,00 |
| NE_E | 2,00 | 11,00 | 17,00 | 17,01 | 22,00 | 38,00 |
| ASTD_E_99 | 0,01 | 0,03 | 0,06 | 0,08 | 0,10 | 0,42 |
| PE_E_99 | 0,162 | 10,78 | 13,44 | 14,51 | 16,43 | 40,72 |

Die folgende Korrelationsanalyse soll einen ersten Eindruck über den isolierten Einfluss einzelner unabhängiger Variablen auf den absoluten und relativen Prognosefehler sowie über die Korrelation der erklärenden Variablen untereinander geben.[760] Die in Tabelle 24 abgetragenen Werte decken einige interessante Zusammenhänge auf. So besteht hinsichtlich des betragsmäßigen Prognosefehlers und der Unternehmensgröße ein negativer Zusammenhang (r = -0,093), was bedeutet, dass größere Unternehmen durchschnittlich genauere Prognosen ausweisen. Ebenso korreliert eine hohe Eigenkapitalrendite hochsignifikant mit einem geringeren betragsmäßigen Prognosefehler (r = -0,118). Überdurchschnittliche Gewinnveränderungen begünstigen hingegen einen höheren Prognosefehler (r = 0,159). Kein Einfluss auf den Prognosefehler scheint von der Anzahl der Segmente auszugehen, was aufgrund der zunehmenden Komplexität des Geschäftsmodells bei einer höheren Anzahl von Unternehmenssegmenten zunächst erstaunlich erscheint, jedoch darauf hindeuten könnte, dass ein potenzieller Diversifikationseffekt bei einer verhältnismäßig hohen Anzahl von Segmenten hier neutralisierend wirkt. Als ein weiteres Maß für die Komplexität des Geschäftsmodells fungiert der Anteil von immateriellen Vermögenswerten an der Bilanzsumme. Dieser übt einen negativen Einfluss auf den Prognosefehler

760 Aufgrund des um Ausreißerwerte bereinigten Datensatzes, der ausschließlich intervallskalierte Daten enthält, wird dem Korrelationskoeffizienten nach Pearson der Vorzug gegenüber alternativen Verfahren gegeben (z.B. Rangkorrelationskoeffizient nach Spearman oder Kendalls Tau), da hiermit ein Verlust an Informationen einhergehen würde. Vgl. zur Anwendbarkeit verschiedener Korrelationskoeffizienten in Abhängigkeit der Skalenniveaus *Bamberg/Baur/Krapp* (2012), S. 33. Allerdings zeigten hier nicht tabellierte Ergebnisse, dass im Rahmen dieser Analyse keine bedeutenden Unterschiede zwischen den Koeffizienten auf Basis des hier verwendeten Korrelationskoeffizienten nach Pearson und dem Rangkorrelationskoeffizienten nach Spearman zu beobachten sind.

aus, d.h. Unternehmen mit einem relativ hohen Anteil immaterieller Vermögenswerte neigen zu genaueren Vorhersagen (r = -0,070). Dies mag ein Hinweis dafür sein, dass sich Unternehmen, die über intensive Forschungs- und Entwicklungsaktivitäten verfügen, diesen Umstand im Rahmen von *Earnings Management*-Maßnahmen zunutze machen, um die eigenen Prognosen nicht zu verfehlen. Der unternehmensindividuelle Verschuldungsgrad übt bei isolierter Betrachtung keinen statistisch signifikanten Einfluss auf den betragsmäßigen Prognosefehler aus. Bezüglich der betrachteten Kapitalmarktindikatoren scheint ein hochsignifikanter negativer Zusammenhang mit der Anzahl der Analysten (r = -0,080) und ein hochsignifikant positiver Zusammenhang mit der Standardabweichung der Analystenschätzungen (r = 0,315) sowie dem Forward-KGV (r = 0,080) zu bestehen. Ein hoher Free-Float korreliert ebenso mit einem höheren absoluten Prognosefehler (r = 0,066).

Neben dem isoliert betrachteten Einfluss auf den betragsmäßigen Prognosefehler ergeben sich auch bei Betrachtung des Zusammenhangs zwischen dem relativen Prognosefehler und den erklärenden Variablen einige Auffälligkeiten. So ist die Unternehmensgröße zwar negativ mit dem betragsmäßigen Prognosefehler korreliert, jedoch lässt sich zwischen der Größe eines Unternehmens und dem relativen Prognosefehler kein signifikanter Zusammenhang feststellen. Die Eigenkapitalrendite korreliert hingegen negativ mit dem relativen Prognosefehler, auch wenn dieser Zusammenhang nicht signifikant ist. Unternehmen mit verhältnismäßig hohen Gewinnveränderungen neigen offenbar zu pessimistischeren Prognosen (r = -0,094). Die Anzahl der Segmente übt bei isolierter Betrachtung auf den relativen Prognosefehler ebenso wenig Einfluss aus wie auf den absoluten Prognosefehler. Unternehmen mit einem hohen Anteil an immateriellen Vermögenswerten scheinen zur Abgabe optimistisch verzerrter Prognosen zu neigen (r = 0,155). Ebenso begünstigt eine hohe Anzahl von covernden Analysten optimistische Prognosen (r = 0,088). Demgegenüber geht eine hohe Unsicherheit unter den Analysten, gemessen an der Standardabweichung der Einzelschätzungen, ebenso wie ein hohes Forward-KGV mit zurückhaltenden Unternehmensprognosen einher (beide r = -0,160). Die übrigen Zusammenhänge zwischen dem relativen Prognosefehler und den erklärenden Variablen sind nicht signifikant.

In Bezug auf die Zusammenhänge zwischen den erklärenden Variablen untereinander zeigt sich eine intuitiv zu erwartende hochsignifikante positive Korrelation zwischen der Marktkapitalisierung des Unternehmens, der Anzahl der Unternehmenssegmente sowie der Anzahl der Analysten. Zudem weisen größere Unternehmen eine vergleichsweise höhere Eigenkapitalrendite, ein höheres Ergebniswachstum, eine höhere Verschuldung sowie einen höheren Anteil an immateriellem Vermögen aus. Ebenso geht eine höhere Marktkapitalisierung im Durchschnitt mit einem höheren Free-Float sowie einem niedrigeren KGV einher.

Im Rahmen der Korrelationsanalyse des Prognosefehlers von Umsatzprognosen des Managements ergeben sich fast ausnahmslos die gleichen Zusammenhänge, was die Robustheit der Ergebnisse unterstreicht.[761] Erwähnenswert ist allerdings, dass die Eigenkapitalrendite nun nicht mehr signifikant mit dem betragsmäßigen Prognosefehler korreliert.

*Tabelle 24: Korrelationskoeffizienten nach Pearson (fett) und zugehörige p-Werte der abhängigen und unabhängigen Variablen (Analyse: Managementprognosefehler bei Ergebnisprognosen)*

| | \|FE\|_E_99 | FE_E_99 | LOG(MC_E_99) | ROE_E_99 | NIG_E_99 | SEG_E | INTTA_E | LEV_E_99 | FF_E | NE_E | ASTD_E_99 | PE_E_99 |
|---|---|---|---|---|---|---|---|---|---|---|---|---|
| **\|FE\|_E_99** | **1,000** | | | | | | | | | | | |
| **FE_E_99** | **-0,015** | **1,000** | | | | | | | | | | |
| | 0,621 | | | | | | | | | | | |
| **LOG(MC_E_99)** | **-0,093** | **-0,020** | **1,000** | | | | | | | | | |
| | 0,002 | 0,519 | | | | | | | | | | |
| **ROE_E_99** | **-0,118** | **-0,047** | **0,130** | **1,000** | | | | | | | | |
| | 0,000 | 0,120 | 0,000 | | | | | | | | | |
| **ΔNI_E_99** | **0,159** | **-0,094** | **-0,062** | **-0,032** | **1,000** | | | | | | | |
| | 0,000 | 0,002 | 0,042 | 0,286 | | | | | | | | |
| **SEG_E** | **0,045** | **0,009** | **0,453** | **0,033** | **0,029** | **1,000** | | | | | | |
| | 0,137 | 0,767 | 0,000 | 0,283 | 0,338 | | | | | | | |
| **INTTA_E** | **-0,070** | **0,155** | **0,140** | **-0,068** | **-0,019** | **-0,081** | **1,000** | | | | | |
| | 0,022 | 0,000 | 0,000 | 0,024 | 0,535 | 0,008 | | | | | | |
| **LEV_E_99** | **-0,018** | **-0,028** | **0,318** | **-0,019** | **-0,005** | **0,212** | **-0,113** | **1,000** | | | | |
| | 0,554 | 0,352 | 0,000 | 0,525 | 0,862 | 0,000 | 0,000 | | | | | |
| **FF_E** | **0,066** | **-0,033** | **0,126** | **-0,087** | **0,050** | **0,112** | **0,013** | **0,164** | **1,000** | | | |
| | 0,030 | 0,279 | 0,000 | 0,004 | 0,098 | 0,000 | 0,664 | 0,000 | | | | |
| **NE_E** | **-0,080** | **0,088** | **0,686** | **0,054** | **-0,022** | **0,346** | **0,242** | **0,143** | **0,157** | **1,000** | | |
| | 0,009 | 0,004 | 0,000 | 0,075 | 0,476 | 0,000 | 0,000 | 0,000 | 0,000 | | | |
| **ASTD_E_99** | **0,315** | **-0,160** | **-0,122** | **-0,256** | **0,212** | **-0,052** | **-0,084** | **-0,005** | **0,160** | **-0,105** | **1,000** | |
| | 0,000 | 0,000 | 0,000 | 0,000 | 0,000 | 0,090 | 0,005 | 0,863 | 0,000 | 0,001 | | |
| **PE_E_99** | **0,080** | **-0,160** | **-0,113** | **-0,084** | **-0,087** | **-0,215** | **-0,101** | **-0,335** | **-0,213** | **-0,260** | **0,139** | **1,000** |
| | 0,008 | 0,000 | 0,000 | 0,006 | 0,004 | 0,000 | 0,001 | 0,000 | 0,000 | 0,000 | 0,000 | |

761 Vgl. Tabelle A-20 im Anhang.

Die gewonnen Erkenntnisse sollen im Folgenden mit den entsprechenden Korrelationen auf Seite der Finanzanalysten gespiegelt werden. Etwaige Differenzen beschränkten sich hierbei logischerweise auf die Variablen |*FE _99*| und *FE_99*, da bezüglich der anderen Variablen keine Variation vorliegt. Hierbei zeigen sich grundsätzlich die gleichen Zusammenhänge wie beim Prognosefehler des Managements. So korreliert der absolute Schätzfehler auch hier negativ mit der Marktkapitalisierung des Unternehmens (r = -0,139). Auf den relativen Schätzfehler hat die anhand dieses Indikators operationalisierte Unternehmensgröße jedoch keinen Effekt. Die Ergebnislage von Unternehmen mit einer überdurchschnittlichen Eigenkapitalrendite wird von den Analysten offenbar deutlich genauer eingeschätzt (r = -0,147). Allerdings sind die Analystenschätzungen bei diesen Unternehmen signifikant pessimistisch verzerrt (r = -0,104). Hohe prozentuale Gewinnveränderungen korrelieren ebenso hochsignifikant mit pessimistischen Analystenschätzungen (r = -0,086). Der Anteil von immateriellen Vermögenswerten an der Bilanzsumme zeigt anders als im Rahmen von Managementprognosen keine Korrelation mit dem betragsmäßigen Prognosefehler der Analysten. Dafür korreliert diese Bilanzrelation jedoch signifikant positiv mit optimistischen Ergebnisschätzungen (r = 0,092). Die Anzahl von covernden Finanzanalysten als Proxy für die Bedeutung des Unternehmens am Kapitalmarkt korreliert hochsignifikant negativ mit dem absoluten und positiv mit dem relativen Schätzfehler (r = -0,135 bzw. r = 0,114). Auffällig ist die ebenso wie unternehmensseitig recht hohe Korrelation des betragsmäßigen Prognosefehlers mit der Standardabweichung der Analysteneinzelschätzungen, die als Proxy für die Unsicherheit unter der *Financial Community* dient (r = 0,353). Hierbei kann analog zum Management eine negative Korrelation mit dem relativen Prognosefehler beobachtet werden (r = -0,083).

Bezüglich der Umsatzprognosen sind die Vorzeichen der einzelnen Korrelationskoeffizienten nahezu deckungsgleich zu denen des Managements.[762] Nennenswerte Unterschiede ergeben sich einzig bei der Eigenkapitalrendite, die auf Seite der Analysten hochsignifikant negativ mit dem betragsmäßigen Prognosefehler sowie dem relativen Prognosefehler korreliert (r = -0,167 bzw. r = -0,286). Überdurchschnittliche Ergebnisveränderungen korrelieren ebenfalls positiv mit dem betragsmäßigen Prognosefehler, allerdings zeigt sich hierbei eine Tendenz zur Überschätzung der jeweiligen Umsatzprognose.

762 S. Tabelle A-21 im Anhang.

*Tabelle 25: Korrelationskoeffizienten nach Pearson (fett) und zugehörige p-Werte der abhängigen und unabhängigen Variablen (Analyse: Analystenprognosefehler bei Ergebnisprognosen)*

| | \|FE\|_E_99 | FE_E_99 | LOG(MC_E_99) | ROE_E_99 | NIG_E_99 | SEG_E | INTTA_E | LEV_E_99 | FF_E | NE_E | ASTD_E_99 | PE_E_99 |
|---|---|---|---|---|---|---|---|---|---|---|---|---|
| **\|FE\|_E_99** | **1,000** | | | | | | | | | | | |
| **FE_E_99** | **-0,119**<br>0,000 | **1,000** | | | | | | | | | | |
| **LOG(MC_E_99)** | **-0,139**<br>0,000 | **-0,028**<br>0,358 | **1,000** | | | | | | | | | |
| **ROE_E_99** | **-0,147**<br>0,000 | **-0,104**<br>0,001 | **0,130**<br>0,000 | **1,000** | | | | | | | | |
| **ΔNI_E_99** | **0,089**<br>0,004 | **-0,086**<br>0,005 | **-0,062**<br>0,042 | **-0,032**<br>0,286 | **1,000** | | | | | | | |
| **SEG_E** | **0,020**<br>0,503 | **0,001**<br>0,970 | **0,453**<br>0,000 | **0,033**<br>0,283 | **0,029**<br>0,338 | **1,000** | | | | | | |
| **INTTA_E** | **-0,035**<br>0,244 | **0,092**<br>0,002 | **0,140**<br>0,000 | **-0,068**<br>0,024 | **-0,019**<br>0,535 | **-0,081**<br>0,008 | **1,000** | | | | | |
| **LEV_E_99** | **0,003**<br>0,919 | **-0,039**<br>0,205 | **0,318**<br>0,000 | **-0,019**<br>0,525 | **-0,005**<br>0,862 | **0,212**<br>0,000 | **-0,113**<br>0,000 | **1,000** | | | | |
| **FF_E** | **0,018**<br>0,563 | **-0,023**<br>0,442 | **0,126**<br>0,000 | **-0,087**<br>0,004 | **0,050**<br>0,098 | **0,112**<br>0,000 | **0,013**<br>0,664 | **0,164**<br>0,000 | **1,000** | | | |
| **NE_E** | **-0,135**<br>0,000 | **0,114**<br>0,000 | **0,686**<br>0,000 | **0,054**<br>0,075 | **-0,022**<br>0,476 | **0,346**<br>0,000 | **0,242**<br>0,000 | **0,143**<br>0,000 | **0,157**<br>0,000 | **1,000** | | |
| **ASTD_E_99** | **0,353**<br>0,000 | **-0,083**<br>0,006 | **-0,122**<br>0,000 | **-0,256**<br>0,000 | **0,212**<br>0,000 | **-0,052**<br>0,090 | **-0,084**<br>0,005 | **-0,005**<br>0,863 | **0,160**<br>0,000 | **-0,105**<br>0,001 | **1,000** | |
| **PE_E_99** | **0,075**<br>0,014 | **-0,136**<br>0,000 | **-0,113**<br>0,000 | **-0,084**<br>0,006 | **-0,087**<br>0,004 | **-0,215**<br>0,000 | **-0,101**<br>0,001 | **-0,335**<br>0,000 | **-0,213**<br>0,000 | **-0,260**<br>0,000 | **0,139**<br>0,000 | **1,000** |

In der Gesamtbetrachtung lässt sich somit festhalten, dass zwischen einigen der Variablen und dem betragsmäßigen sowie relativen Prognosefehler die erwarteten Zusammenhänge bestehen, wobei dies nicht für alle Variablen gilt. Grundsätzlich sind die ermittelten Korrelationen hinsichtlich Vorzeichen und auch Stärke des jeweiligen Zusammenhangs vergleichbar. Da die hier verwendeten Korrelationskoeffizienten jedoch lediglich eine isolierte univariate Analyse etwaiger Zusammenhänge erlauben, soll der simultane Einfluss der erhobenen Variablen auf den Prognosefehler im Rahmen von Regressionsanalysen weiteren Aufschluss über die vermuteten Beziehungen geben.

#### 6.2.3.3.2 Mulitvariate Analyse

Im Folgenden wird der simultane Einfluss der Variablen analysiert, die zuvor auf ihren isolierten Zusammenhang mit dem Prognosefehler untersucht wurden, was eine Analyse der im Rahmen der **Hypothesen 4a-h** erläuterten Vermutungen ermöglicht. Hierzu wird ein sog. gepooltes *Ordinary-Least-Squares* (OLS)-Modell verwendet. Wie bereits zuvor soll dabei eine separate Analyse für die Determinanten des Prognosefehlers des Managements auf der einen Seite und eine Analyse der Bestimmungsfaktoren des Analystenschätzfehlers auf der anderen Seite erfolgen. Es wird demnach zunächst der Frage nachgegangen, ob die zuvor diskutierten potentiellen Einflussfaktoren tatsächlich als Bestimmungsfaktoren des betragsmäßigen und relativen Prognosefehlers identifiziert werden können. In einem nächsten Schritt gilt es dann zu überprüfen, ob diese Bestimmungsfaktoren auch den Prognosefehler der Finanzanalysten erklären können oder ob das Prognoseverhalten dieser Gruppe ggf. durch andere Faktoren determiniert wird, was über abweichende zugrundeliegende Anreizstrukturen erklärt werden könnte. Die zu schätzenden Modelle für den betragsmäßigen Prognosefehler und den relativen Prognosefehler sind folgendermaßen spezifiziert:

$$|FE_{i,j,t,q}| = \beta_0 + \beta_1 Log(MC_{i,t}) + \beta_2 ROE_{i,t} + \beta_3 \Delta NI_{i,t} + \beta_4 SEG_{i,t} + \beta_5 INTTA_{i,t} + \beta_6 Lev_{i,t} + \beta_7 FF_{i,t} + \beta_8 AStd_{i,t,q} + \beta_9 PE + \varepsilon_i$$

bzw.

$$FE_{i,j,t,q} = \beta_0 + \beta_1 Log(MC_{i,t}) + \beta_2 ROE_{i,t} + \beta_3 \Delta NI_{i,t} + \beta_4 SEG_{i,t} + \beta_5 INTTA_{i,t} + \beta_6 Lev_{i,t} + \beta_7 FF_{i,t} + \beta_8 AStd_{i,t,q} + \beta_9 PE + \varepsilon_i$$

Wie bereits deutlich wurde, werden die erhobenen Prognosedaten über mehrere Jahre und Quartale hinweg gemeinsam erfasst. Zudem enthält der Datensatz mehrere Beobachtungen pro Unternehmen, wobei die Anzahl der Prognosen pro Unternehmen quartalsweisen Schwankungen unterliegt und somit ein nicht ausgeglichener Paneldatensatz (sog. *unbalanced Panel*) vorliegt.[763] Aufgrund dessen ist anzunehmen, dass die einzelnen Beobachtungen, entgegen den klassischen Annahmen des linearen Regressionsmodells nicht voneinander unabhängig sind.[764] Da entsprechende (nicht tabellierte) Testverfahren zudem den Hinweis liefern, dass in dem hier vorliegenden Modell die Annahme homoskedastischer Residuen nicht erfüllt ist, wurden robuste Standardfehler nach *Newey/West* (oder auch HAC-Standardfehler, *heteroscedasticity and autocorrelation*

763 Vgl. *Bauer/Fertig/Schmidt* (2009), S. 348.

764 Vgl. *Nölte* (2008), S. 73.

*robust standard errors*) für die Regression verwendet. Diese haben gegenüber sog. *White*-Standardfehlern den Vorteil, dass diese zusätzliche eine Verletzung der Autokorrelationsannahme korrigieren.[765] Da auf Grundlage der (hier nicht tabellierten) Ergebnisse entsprechender *Durbin-Watson*-Tests auf Korrelation der Residuen nicht ausgeschlossen werden kann, dass diese Autokorrelationsannahme im betrachteten verletzt ist, scheint ihre Anwendung angeraten. Die ausgewiesenen Koeffizienten der OLS-Regression bleiben hiervon unberührt, allerdings steigen die Standardfehler durch die Verwendung von *Newey/West*-Standardfehlern i.d.R. deutlich an, so dass eine statistische Signifikanz einzelner Koeffizienten seltener angezeigt wird.[766]

Die bivariate Korrelationsanalyse legt zudem die Vermutung nahe, dass einige der erklärenden Variablen zumindest bei paarweisem Vergleich mehr oder weniger stark miteinander korrelieren. Wie zu erwarten war, hat sich bspw. zwischen der Marktkapitalisierung eines Unternehmens und der Anzahl der beobachtenden Analysten ein starker Zusammenhang gezeigt, so dass es nicht sinnvoll wäre, gleichzeitig beide Variablen in das Modell zu integrieren. In Anlehnung an *Nölte* (2008) soll daher lediglich die logarithmierte Unternehmensgröße in das Modell aufgenommen werden.[767] Um dem Problem der Multikollinearität für die übrigen Variablen zu begegnen, wurden die jeweiligen variablenspezifischen Variance-Inflation-Faktoren (VIF) ermittelt.[768]

*Tabelle 26:* Variance-Inflation-Faktoren (VIF) der erklärenden Variablen für die Schätzung der Determinanten des Prognosefehlers bei Ergebnisprognosen

| | | | | | |
|---|---|---|---|---|---|
| **Log(MC_E_99)** | 1,509 | **SEG_E** | 1,356 | **FF_E** | 1,118 |
| **ROE_E_99** | 1,119 | **INTTA_E** | 1,134 | **ASTD_E_99** | 1,198 |
| **ΔNI_E_99** | 1,069 | **LEV_E_99** | 1,317 | **PE_E_99** | 1,299 |

Wie die Werte zeigen, bewegen sich die Faktoren in einem Wertebereich, der bei Zugrundlegung vernünftiger kritischer Werte als unbedenklich angesehen werden darf, so dass nichts gegen die gemeinsame Verwendung der übrigen Variablen in einem Modell spricht.[769]

765 Vgl. *Hackl* (2013), S. 217; *Auer/Rottmann* (2010), S. 552.

766 Vgl. *Auer/Rottmann* (2010), S. 552.

767 Vgl. *Nölte* (2008), S. 158.

768 Siehe für verschiedene Indikatoren für Mulitikollinearität *Hackl* (2013), S.180f.

769 Siehe für die Möglichkeit der Identifikation von Multikollinearität mittels Hilfsregressionen und *Variance-Inflation*-Faktoren *Auer/Rottmann* (2010), S. 507f. Laut den Autoren hat sich in der Praxis ein kritischer Wert des VIF von größer als 10 als

Nachfolgende Tabellen weisen die Ergebnisse der multivariaten Regression differenziert nach Managementschätzungen (Tabelle 27) und Analystenschätzungen (Tabelle 28) aus. Aufgeführt sind die Variablen, die erwarteten Vorzeichen der Koeffizienten, die Regressionskoeffizienten, die t-Werte und die zugehörigen Irrtumswahrscheinlichkeiten sowie Statistiken für die Güte der Schätzmodelle. Linksseitig sind die Schätzungen des Modells mit dem betragsmäßigen Schätzfehler als zu erklärende Variable aufgeführt (Modell 1a), während rechtsseitig die Modellschätzungen für den relativen Prognosefehler als abhängige Variable abgetragen sind (Modell 1b).

Hinsichtlich des betragsmäßigen Schätzfehlers zeigt sich sowohl auf Seiten des Managements als auch auf Seiten der Analysten ein negativer Zusammenhang mit der logarithmierten Marktkapitalisierung. Ebenso kann für beide Gruppen ein erwartungskonformer positiver Zusammenhang mit der Anzahl der Segmente festgestellt werden. Der deutlichste Einfluss geht jedoch in beiden Modellen von der Standardabweichung der Einzelschätzungen der Analysten aus, die in beiden Modellen hochsignifikant positiv auf den absoluten Prognosefehler wirkt. Der einzige Unterschied hinsichtlich der Signifikanzen kann für die Variablen *ΔNI_E_99* ausgemacht werden, die lediglich in Bezug auf den absoluten Managementprognosefehler einen signifikanten Erklärungsbeitrag leisten.

Bezüglich des Einflusses der potentiellen Determinanten auf den relativen Prognosefehler ist festzustellen, dass Unternehmen mit einer überdurchschnittlich hohen Eigenkapitalrendite im Durchschnitt zu eher zurückhaltenden Prognosen neigen. Ein höherer Anteil immaterieller Vermögenswerte an der Bilanzsumme führt hingegen zu optimistisch verzerrten Schätzfehlern, auch wenn sich dieser Befund nicht auf die Finanzanalysten übertragen lässt. Übertragbar ist hingegen die Feststellung, dass eine hohe Kapitalmarktbewertung zur Abgabe pessimistischer Prognosen führt. Dies deckt sich mit den zuvor abgeleiteten Erwartungen, steht jedoch im Kontrast zu dem von *Knauer/Wömpener* (2012) festgestellten Befund, dass eine (im Falle von *Knauer/Wömpener* anhand des Marktwert/Buchwert-Verhältnisses operationalisierte) hohe Aktienmarktbewertung tendenziell zu optimistisch verzerrten Unternehmensvorhersagen führt.[770] Eine hohe Streuung der Einschätzungen der Analysten führt ebenso zu einem verstärkten Pessimismus auf Unternehmensseite. Ein schwach signifikanter Zusammenhang besteht auf Analystenseite zudem für die Variablen *ΔNI_E_99* und *LEV_E_99*.

---

Daumenregel etabliert, ab dem von hoher Multikollinearität ausgegangen werden muss.

770 Vgl. *Knauer/Wömpener* (2012), S. 127.

Insgesamt lässt sich bei Betrachtung der Gütemaße der Modelle konstatieren, dass diese allesamt über die Stichprobe hinaus Gültigkeit besitzen (p-Wert = 0,000). Die F-Statistik zeigt, dass die Erklärungsvariablen in ihrer Gesamtheit einen signifikanten Erklärungsbeitrag für den absoluten und den relativen Schätzfehler leisten.[771] Die korrigierten Bestimmtheitsmaße, die aufzeigen, welchen Anteil der Variation des Prognosefehlers durch die Variablen erklärt werden kann, sind dabei hinsichtlich des betragsmäßigen Schätzfehlers deutlich höher als diejenigen der Modelle des relativen Schätzfehlers.

*Tabelle 27: Determinanten des betragsmäßigen und relativen Prognosefehlers von Ergebnisprognosen des Managements (Modelle 1a und 1b)*

| | **Modell 1a: Abhängige Variable** $\lvert FE_{i,Ergebnis,t,q} \rvert$ | | | | **Modell 1b: Abhängige Variable** $FE_{i,Ergebnis,t,q}$ | | | |
|---|---|---|---|---|---|---|---|---|
| **Variable** | **Erw. Vz.** | **ß** | **t-Wert** | **Pr(>\|t\|)** | **Erw. Vz.** | **ß** | **t-Wert** | **Pr(>\|t\|)** |
| **Konstante** | | 0,017 | 0,356 | 0,722 | | 0,126** | 2,015 | 0,044 |
| **Log(MC_E_99)** | ? | -0,011* | -1,655 | 0,098 | ? | -0,007 | -0,837 | 0,403 |
| **ROE_E_99** | ? | -0,036 | -0,777 | 0,437 | - | -0,125* | -1,720 | 0,086 |
| **ΔNI_E_99** | + | 0,011* | 1,925 | 0,055 | ? | -0,012 | -1,178 | 0,239 |
| **SEG_E** | + | 0,010* | 1,723 | 0,085 | ? | 0,002 | 0,316 | 0,752 |
| **INTTA_E** | + | -0,018 | -0,356 | 0,722 | ? | 0,150*** | 2,594 | 0,010 |
| **LEV_E_99** | ? | 0,001 | 0,163 | 0,871 | ? | -0,006 | -1,231 | 0,219 |
| **FF_E** | ? | 0,024 | 0,584 | 0,559 | + | -0,042 | -0,712 | 0,477 |
| **ASTD_E_99** | + | 0,630*** | 5,066 | 0,000 | ? | -0,379** | -2,223 | 0,026 |
| **PE_E_99** | ? | 0,002 | 1,262 | 0,207 | + | -0,006*** | -3,034 | 0,002 |
| */**/*** kennzeichnet das Niveau der zweiseitigen Irrtumswahrscheinlichkeiten von 10%/5%/1% | | | | | | | | |
| **Multiple $R^2$** | 0,125 | | | | 0,084 | | | |
| **Adjusted $R^2$** | 0,118 | | | | 0,076 | | | |
| **F-Statistik:** | 17,070 | | | | 10,890 | | | |
| **p-Wert:** | 0,000 | | | | 0,000 | | | |

771 Zur verbesserten Aussagekraft der F-Statistik im Vergleich zum Bestimmtheitsmaß $R^2$ in Bezug auf die Erklärungskraft eines Regressionsmodells siehe *Bauer/Fertig/Schmidt* (2009), S. 215f.

*Tabelle 28: Determinanten des betragsmäßigen und relativen Prognosefehlers von Ergebnisprognosen der Analysten (Modelle 2a und 2b)*

| | Modell 2a: Abhängige Variable $\lvert FE_{l,Ergebnis,t,q}\rvert$ | | | | Modell 2b: Abhängige Variable $FE_{l,Ergebnis,t,q}$ | | | |
|---|---|---|---|---|---|---|---|---|
| **Variable** | **Erw. Vz.** | **ß** | **t-Wert** | **Pr(>\|t\|)** | **Erw. Vz.** | **ß** | **t-Wert** | **Pr(>\|t\|)** |
| **Konstante** | | 0,046 | 0,976 | 0,329 | | 0,148** | 2,071 | 0,039 |
| **Log(MC_E_99)** | ? | -0,017*** | -2,787 | 0,005 | ? | -0,003 | -0,318 | 0,751 |
| **ROE_E_99** | ? | -0,046 | -0,955 | 0,34 | - | -0,190** | -2,496 | 0,013 |
| **ΔNI_E_99** | + | 0,001 | 0,277 | 0,782 | ? | -0,012* | -1,866 | 0,062 |
| **SEG_E** | + | 0,010* | 1,836 | 0,067 | ? | 0,000 | 0,033 | 0,974 |
| **INTTA_E** | + | 0,030 | 0,699 | 0,485 | ? | 0,061 | 0,843 | 0,400 |
| **LEV_E_99** | ? | 0,004 | 1,367 | 0,172 | ? | -0,008* | -1,841 | 0,066 |
| **FF_E** | ? | -0,024 | -0,640 | 0,523 | + | -0,043 | -0,826 | 0,409 |
| **ASTD_E_99** | + | 0,744*** | 6,795 | 0,000 | ? | -0,186 | -0,980 | 0,327 |
| **PE_E_99** | ? | 0,001 | 0,792 | 0,429 | + | -0,006*** | -2,753 | 0,006 |
| */**/*** kennzeichnet das Niveau der zweiseitigen Irrtumswahrscheinlichkeiten von 10%/5%/1% | | | | | | | | |
| **Multiple $R^2$** | 0,155 | | | | 0,062 | | | |
| **Adjusted $R^2$** | 0,142 | | | | 0,054 | | | |
| **F-Statistik:** | 20,840 | | | | 7,859 | | | |
| **p-Wert:** | 0,000 | | | | 0,000 | | | |

Die Ergebnisse der Tests zu den **Hypothesen 2** und **3b** zeigen auf, dass die Prognosefehler teils signifikanten quartalsweisen Veränderungen unterliegen. Da im Rahmen der Regression die Gesamtheit aller Beobachtungen Eingang findet, diese allerdings unterschiedlichen Quartalen entstammen, muss dieser Zeiteffekt der unterjährigen Veränderung des Prognosefehlers, neben dem potenziellen Einfluss der zuvor diskutierten Variablen, über saisonale Dummy-Variablen berücksichtigt werden. Bei Nichtberücksichtigung dieser Saisoneffekte wäre es wahrscheinlich, dass sich der ihnen zuzuschreibende Effekt auf die Koeffizienten anderer Regressoren übertragen würde.[772] Ebenso verhält es sich mit den Dummyvariablen *Crisis* und *Post_Crisis*, die für den Effekt, der alleine aus den

772 Vgl. *Auer/Rottmann* (2010), S. 497.

unterschiedlichen betrachten Zeiträumen resultiert, kontrollieren. Zudem wurde im Rahmen von **Hypothese 4g** die Vermutung geäußert, dass sich das Prognoseverhalten der Unternehmen je nach Branchenzugehörigkeit systematisch voneinander unterscheidet, weshalb Branchendummies für die zehn betrachteten Branchen Eingang in das Modell finden (Modell 1c und 1d bzw. 2c und 2d).[773] Die Modelle der Determinanten des absoluten und des relativen Prognosefehlers werden daher wie folgt erweitert:

$$|FE_{i,j,t,q}| = \beta_0 + \beta_1 Log(MC_{i,t}) + \beta_2 ROE_{i,t} + \beta_3 \Delta NI_{i,t} + \beta_4 SEG_{i,t} + \beta_5 INTTA_{i,t} + \beta_6 Lev_{i,t} + \beta_7 FF_{i,t} + \beta_8 AStd_{i,t,q} + \beta_9 PE + \beta_{10} Crisis_{i,t} + \beta_{11} Post_{Crisis_{i,t}} + \sum_{q=1}^{4} \alpha_q \beta_{12} Q_t + \sum_{q=1}^{10} \alpha_i \beta_{13} QBr_{i,t} + \varepsilon_i$$

bzw.

$$FE_{i,j,t,q} = \beta_0 + \beta_1 Log(MC_{i,t}) + \beta_2 ROE_{i,t} + \beta_3 \Delta NI_{i,t} + \beta_4 SEG_{i,t} + \beta_5 INTTA_{i,t} + \beta_6 Lev_{i,t} + \beta_7 FF_{i,t} + \beta_8 AStd_{i,t,q} + \beta_9 PE + \beta_{10} Crisis_{i,t} + \beta_{11} Post_{Crisis_{i,t}} + \sum_{q=1}^{4} \alpha_q \beta_{12} Q_t + \sum_{q=1}^{10} \alpha_i \beta_{13} QBr_{i,t} + \varepsilon_i$$

Die Ergebnisse zeigen, dass die wesentlichen Befunde aus den obigen Modellen unverändert bleiben.[774] Der enorme Einfluss der Variablen *ASTD_E_99* bleibt bestehen. Hinsichtlich des betragsmäßigen Prognosefehlers verliert auf Seiten des Managements einzig die Variable *Log(MC_E_99)* ihre statistische Signifikanz. Hoch signifikant ist jedoch der Einfluss der neu aufgenommenen Quartalsvariablen (mit Ausnahme der Variablen *Q1* auf Seiten des Managements), die aufzeigen, dass der betragsmäßige Prognosefehler über das Jahr hinweg statistisch signifikant abnimmt. Ebenso zeigen die Zeitraumdummies, dass der Prognosefehler in den Jahren 2010/2011 verglichen mit dem Vorkrisenzeitraum signifikant geringer ist. Jedoch zeigt sich in Krisenzeiten kein höherer betragsmäßiger Fehler. Hinsichtlich der Branchenzugehörigkeit ergeben sich kaum diskussionswürdige Befunde. Einzig ein überdurchschnittlich hoher Managementprognosefehler von

773 Es sei an dieser Stelle darauf hingewiesen, dass bei der Verwendung von Dummyvariablen zur Unterscheidung von *k* Gruppen bzw. Zeiträumen nur *k-1* Dummyvariablen aufgenommen werden dürfen, da es ansonsten zu perfekter Multikollinearität kommt und das OLS-Modell nicht mehr geschätzt werden kann. Vgl. *Bauer/Fertig/Schmidt* (2009), S. 248. Die entsprechenden Referenzgrößen für die jeweiligen Dummyvariablen finden sich in Tabelle 22.

774 Durch die Veränderungen des Modells ergeben sich keine nennenswerten Änderungen der ermittelten VIFs, s. Tabellen A-22 bis A-24 im Anhang.

Industrieunternehmen (*Br_IN_E)* sowie ein signifikant geringerer Schätzfehler bei Ergebnisschätzungen von Finanzanalysten bei Chemieunternehmen (*Br_CS_E*) sind auffällig. Diese Befunde könnten allerdings durch die Stichprobengröße getrieben sein und sollten daher nicht weiter interpretiert werden.

Bezogen auf den relativen Prognosefehler erhärten sich die zunächst auf Basis des ursprünglichen Modells ermittelten Befunde. So fördert eine hohe Eigenkapitalrendite bei beiden Gruppen ein pessimistisches Prognoseverhalten signifikant. Ebenso geht eine überdurchschnittliche Gewinnveränderung ebenso wie eine hohe Kapitalmarktbewertung mit konservativen Schätzungen einher. Eine hohe Unsicherheit unter den Analysten führt nach wie vor zu pessimistischen Ergebnisschätzungen, auch wenn diese nach wie vor lediglich im Rahmen von Umsatzprognosen relevant sind. Anhand der hinzugefügten Quartalsvariablen lässt sich erkennen, dass sowohl Unternehmen als auch die Analysten den anfänglichen Pessimismus unterjährig zugunsten treffgenauerer Schätzungen anpassen. Diese Beobachtung bestätigt somit zumindest unternehmensseitig das aus der *Earnings-Game* Theorie zu erwartende Prognoseverhalten. Seitens der Analysten allerdings bestätigt sich die Theorie, wie bereits auf Basis der deskriptiven Befunde zu erwarten war, hingegen nicht. Brancheneffekte lassen sich wie bereits zuvor nur eingeschränkt identifizieren. So neigen Unternehmen aus der Branche *Basic Materials* (*Br_BM_E*) sowie die covernden Analysten zu einer Überschätzung der realisierten Ergebnisse, auch wenn der jeweilige partielle Regressionskoeffizient nur schwach signifikant von Null verschieden ist.

Die Güte der Schätzungen zeigt sich durch die Aufnahme der Dummyvariablen deutlich verbessert. So deuten die F-Statistiken auch in diesen Modellen darauf hin, dass die Gesamtheit der Variablen als Determinanten zur Erklärung des Prognosefehlers beiträgt. Allerdings sind die korrigierten Bestimmtheitsmaße nun – zumindest für den betragsmäßigen Prognosefehler – auf einem für Querschnittsschätzungen guten Niveau (adj. $R^2$= 0,150 bzw. 0,191). Für den relativen Prognosefehler sind die entsprechenden Werte zwar geringer, dennoch auf akzeptablem Niveau (adj. $R^2$= 0,094 bzw. 0,072). Dies ist umso bemerkenswerter, als dass eine zusätzliche Aufnahme von Regressoren das korrigierte Bestimmtheitsmaß tendenziell sinken lässt.[775] Insgesamt ist auffällig, dass das verwendete Modell bei einem relativen Vergleich hinsichtlich des absoluten Prognosefehlers besser in der Lage ist, die Variation des Prognosefehlers innerhalb der Gruppe der Analysten zu erklären, während das Modell im Rahmen des relativen Prognosefehlers bzgl. dieses Aspekts für Managementprognosen geeigneter scheint.

775 Vgl. *Bauer/Fertig/Schmidt* (2009), S. 214.

Dies deutet darauf hin, dass die jeweiligen Schätzfehler für die beiden Gruppen zwar tendenziell von den gleichen Variablen determiniert werden, es jedoch weitere Faktoren gibt, die in der Lage sind, Unterschiede im Prognoseverhalten beider Gruppen zu erklären. Hierauf deutet auch der Korrelationskoeffizient zwischen den absoluten und relativen Prognosefehlern von 0,60 bzw. 0,61 hin, die aufzeigen, dass die Schätzfehler beider Gruppen zwar deutlich miteinander korrelieren, es aber dennoch Unterschiede in der Dimension der jeweiligen Fehler gibt.

*Tabelle 29: Determinanten des betragsmäßigen und relativen Prognosefehlers von Ergebnisprognosen des Managements (Modelle 1c und 1d)*

| | Modell 1c: Abhängige Variable $\lvert FE_{i,Ergebnis,t,q}\rvert$ | | | | Modell 1d: Abhängige Variable $FE_{i,Ergebnis,t,q}$ | | | |
|---|---|---|---|---|---|---|---|---|
| **Variable** | **Erw. Vz.** | **ß** | **t-Wert** | **Pr(>\|t\|)** | **Erw. Vz.** | **ß** | **t-Wert** | **Pr(>\|t\|)** |
| **Konstante** | | 0,055 | 1,113 | 0,266 | | 0,100 | 1,341 | 0,180 |
| **Log(MC_E_99)** | ? | -0,008 | -1,154 | 0,249 | ? | 0,001 | 0,129 | 0,897 |
| **ROE_E_99** | ? | -0,039 | -0,775 | 0,439 | - | -0,157** | -2,002 | 0,046 |
| **ΔNI_E_99** | + | 0,015*** | 2,82 | 0,005 | ? | -0,017* | -1,657 | 0,098 |
| **SEG_E** | + | 0,011* | 1,76 | 0,079 | ? | -0,005 | -0,514 | 0,607 |
| **INTTA_E** | + | 0,012 | 0,202 | 0,84 | ? | 0,099 | 1,416 | 0,157 |
| **LEV_E_99** | ? | -0,001 | -0,272 | 0,786 | ? | -0,003 | -0,503 | 0,615 |
| **FF_E** | ? | 0,018 | 0,408 | 0,683 | + | -0,034 | -0,528 | 0,598 |
| **ASTD_E_99** | + | 0,581*** | 4,883 | 0,000 | ? | -0,361** | -2,216 | 0,027 |
| **PE_E_99** | ? | 0,001 | 0,757 | 0,449 | - | -0,006*** | -2,889 | 0,004 |
| **Crisis_E** | + | 0,003 | 0,119 | 0,905 | + | 0,007 | 0,242 | 0,809 |
| **Post_Crisis_E** | - | -0,033* | -1,921 | 0,055 | - | -0,008 | -0,366 | 0,714 |
| **Q1_E** | - | -0,015 | -1,18 | 0,238 | + | 0,024 | 1,460 | 0,144 |
| **Q2_E** | - | -0,043*** | -2,851 | 0,004 | + | 0,035* | 1,791 | 0,074 |
| **Q3_E** | - | -0,053*** | -3,429 | 0,001 | + | 0,042** | 1,967 | 0,049 |
| **Br_UT_E** | ? | 0,008 | 0,194 | 0,846 | ? | 0,022 | 0,428 | 0,669 |
| **Br_IN_E** | ? | 0,039* | 1,724 | 0,085 | ? | 0,045* | 1,852 | 0,064 |
| **Br_BM_E** | ? | -0,023 | -1,04 | 0,299 | ? | 0,057* | 1,863 | 0,063 |
| **Br_TE_E** | ? | 0,003 | 0,062 | 0,95 | ? | 0,134 | 0,809 | 0,418 |
| **Br_PH_E** | - | 0,031 | 1,158 | 0,247 | ? | 0,041 | 1,248 | 0,212 |

| | Modell 1c: Abhängige Variable $\lvert FE_{i,Ergebnis,t,q} \rvert$ | | | | Modell 1d: Abhängige Variable $FE_{i,Ergebnis,t,q}$ | | | |
|---|---|---|---|---|---|---|---|---|
| **Variable** | **Erw. Vz.** | **ß** | **t-Wert** | **Pr(>\|t\|)** | **Erw. Vz.** | **ß** | **t-Wert** | **Pr(>\|t\|)** |
| **Br_CS_E** | ? | -0,019 | -0,684 | 0,494 | ? | 0,011 | 0,243 | 0,808 |
| **Br_FI_E** | ? | 0,037 | 0,696 | 0,487 | ? | -0,072 | -1,353 | 0,176 |
| **Br_TC_E** | - | -0,019 | -0,692 | 0,489 | ? | 0,055 | 1,065 | 0,287 |
| */**/*** kennzeichnet das Niveau der zweiseitigen Irrtumswahrscheinlichkeiten von 10%/5%/1% | | | | | | | | |
| **Multiple $R^2$** | 0,167 | | | | 0,112 | | | |
| **Adjusted $R^2$** | 0,150 | | | | 0,094 | | | |
| **F-Statistik:** | 9,660 | | | | 6,096 | | | |
| **p-Wert:** | 0,000 | | | | 0,000 | | | |

*Tabelle 30: Determinanten des betragsmäßigen und relativen Prognosefehlers von Ergebnisprognosen der Analysten (Modelle 2c und 2d)*

| | Modell 2c: Abhängige Variable $\lvert FE_{i,Ergebnis,t,q} \rvert$ | | | | Modell 2d: Abhängige Variable $FE_{i,Ergebnis,t,q}$ | | | |
|---|---|---|---|---|---|---|---|---|
| **Variable** | **Erw. Vz.** | **ß** | **t-Wert** | **Pr(>\|t\|)** | **Erw. Vz.** | **ß** | **t-Wert** | **Pr(>\|t\|)** |
| **Konstante** | | 0,153*** | 3,082 | 0,002 | | 0,060 | 0,733 | 0,463 |
| **Log(MC_E_99)** | ? | -0,016** | -2,403 | 0,016 | ? | 0,000 | 0,024 | 0,981 |
| **ROE_E_99** | ? | -0,073 | -1,385 | 0,166 | - | -0,190** | -2,467 | 0,014 |
| **ΔNI_E_99** | + | 0,005 | 1,129 | 0,259 | ? | -0,017** | -2,525 | 0,012 |
| **SEG_E** | + | 0,011* | 1,819 | 0,069 | ? | -0,003 | -0,316 | 0,752 |
| **INTTA_E** | + | 0,052 | 0,941 | 0,347 | ? | 0,043 | 0,467 | 0,641 |
| **LEV_E_99** | ? | 0,005 | 1,500 | 0,134 | ? | -0,009 | -1,583 | 0,114 |
| **FF_E** | ? | -0,037 | -0,908 | 0,364 | + | -0,041 | -0,698 | 0,485 |
| **ASTD_E_99** | + | 0,726*** | 6,250 | 0,000 | ? | -0,190 | -0,956 | 0,339 |
| **PE_E_99** | ? | 0,000 | 0,116 | 0,907 | - | -0,005** | -2,246 | 0,025 |
| **Crisis_E** | + | -0,025 | -1,203 | 0,229 | + | 0,041 | 1,346 | 0,179 |
| **Post_Crisis_E** | - | -0,040** | -2,213 | 0,027 | - | 0,028 | 1,220 | 0,223 |
| **Q1_E** | - | -0,055*** | -3,778 | 0,000 | + | 0,069*** | 3,528 | 0,000 |
| **Q2_E** | - | -0,078*** | -4,738 | 0,000 | + | 0,064*** | 3,060 | 0,002 |

| | Modell 2c: Abhängige Variable $\lvert FE_{l,Ergebnis,t,q} \rvert$ | | | | Modell 2d: Abhängige Variable $FE_{l,Ergebnis,t,q}$ | | | |
|---|---|---|---|---|---|---|---|---|
| **Variable** | **Erw. Vz.** | **ß** | **t-Wert** | **Pr(>\|t\|)** | **Erw. Vz.** | **ß** | **t-Wert** | **Pr(>\|t\|)** |
| **Q3_E** | - | -0,087*** | -5,378 | 0,000 | + | 0,060*** | 2,729 | 0,006 |
| **Br_UT_E** | ? | -0,033 | -1,005 | 0,315 | ? | 0,060 | 1,306 | 0,192 |
| **Br_IN_E** | ? | 0,014 | 0,660 | 0,510 | ? | 0,015 | 0,518 | 0,605 |
| **Br_BM_E** | ? | -0,023 | -0,931 | 0,352 | ? | 0,053* | 1,886 | 0,060 |
| **Br_TE_E** | ? | -0,012 | -0,221 | 0,825 | ? | 0,085 | 0,933 | 0,351 |
| **Br_PH_E** | - | -0,012 | -0,483 | 0,629 | ? | 0,031 | 0,794 | 0,427 |
| **Br_CS_E** | ? | -0,056** | -2,063 | 0,039 | ? | 0,021 | 0,412 | 0,680 |
| **Br_FI_E** | ? | -0,02 | -0,621 | 0,535 | ? | 0,026 | 0,456 | 0,649 |
| **Br_TC_E** | - | -0,027 | -0,874 | 0,382 | ? | 0,046 | 1,051 | 0,293 |
| */**/*** kennzeichnet das Niveau der zweiseitigen Irrtumswahrscheinlichkeiten von 10%/5%/1% | | | | | | | | |
| **Multiple $R^2$** | 0,207 | | | | 0,090 | | | |
| **Adjusted $R^2$** | 0,191 | | | | 0,072 | | | |
| **F-Statistik:** | 12,600 | | | | 4,792 | | | |
| **p-Wert:** | 0,000 | | | | 0,000 | | | |

Die Frage, inwiefern Managementprognosen einen kausalen Einfluss auf die Schätzungen der Finanzanalysten haben, ist vor dem Hintergrund nicht beobachtbarer anderweitiger Einflüsse, ein kaum isolierbarer Effekt. Eine Möglichkeit, die Reaktion der *Financial Community* auf Managementprognosen erfassen zu können, besteht darin, Aktienkursreaktionen auf eine Abänderung des eigentlichen Prognoseinhalts zu messen. Wie im Literaturüberblick geschildet wurde, werden hierfür abnormale Renditen herangezogen, die den Kapitalmarkteffekt einer positiven oder negativen Veränderung der ursprünglichen Prognose messen. Wie *Barth* (2009) für den deutschen Kapitalmarkt zeigt, führen negative Prognoseänderung zu deutlichen Kurseinbrüchen, die betragsmäßig größer ausfallen als dies für positive Änderungen beobachtet werden kann.

Eine weitere Möglichkeit den Effekt professioneller Kapitalmarktteilnehmer auf Unternehmensprognosen zu messen, könnte darin bestehen, die Veränderung, der anhand der Standardabweichung der Analysteneinzelschätzungen, die für die Berechnung des Konsensus herangezogen werden (*AStD_E*), gemessenen Unsicherheit, bei einer Veränderung der Prognoseformulierung zu überprüfen. Die dahinter stehende Vermutung ist demnach, dass eine Erhöhung (Verringerung) der Prognosepräzision zu einer Verringerung (Erhöhung) der Unsicherheit unter den Finanzanalysten führt. Da jedoch auch andere Effekte zu einer potentiellen Veränderung der Unsicherheit unter den Analysten führen können, wie z.B. die Verringerung des Prognosehorizonts im Laufe des Geschäftsjahres, soll ein Differenzen-von-Differenzen-Ansatz herangezogen werden, der anderweitige, im Zeitverlauf invariante Einflüsse zwischen den Gruppen eliminieren soll.[776] Zur Überprüfung der Hypothese erfolgt daraufhin ein paarweiser Mittelwertvergleich der durchschnittlichen prozentualen Veränderung der beobachteten Standardabweichung.[777]

*Tabelle 31: Ergebnisse der Hypothesentests zu Hypothese 5 für Ergebnisprognosen*

| | $\lvert FE_{1,Ergebnis,t,q}\rvert - \lvert FE_{1,Ergebnis,t,q-1}\rvert$ | | | | | | |
|---|---|---|---|---|---|---|---|
| **Prognosepräzision** | **n** | **Min.** | **25%-Q.** | **Median** | **MW** | **75%-Q.** | **Max.** |
| Erhöht | 115 | -0,156 | -0,023 | -0,002 | -0,013 | 0,008 | 0,107 |
| Verringert | 52 | -0,195 | -0,020 | 0,001 | -0,005 | 0,012 | 0,091 |
| Unverändert | 478 | -0,144 | -0,016 | -0,003 | -0,002 | 0,009 | 0,236 |
| keine Prognose zuvor | 438 | | | | | | |
| **Vergleich** | **Hypothese** | | | **t-Statistik** | | **p-Wert** | |
| erhöht vs. verringert | $H_0: \mu_e = \mu_v$ vs. $H_1: \mu_e < \mu_v$ | | | t = -1,150 | | 0,126 | |
| erhöht vs. unverändert | $H_0: \mu_e = \mu_u$ vs. $H_1: \mu_e < \mu_u$ | | | t = -2,152 | | 0,016 | |
| verringert vs. unverändert | $H_0: \mu_v = \mu_u$ vs. $H_1: \mu_v > \mu_u$ | | | t = -0,461 | | 0,677 | |

Tabelle 31 enthält eine Übersicht über die Entwicklung der Variablen *AStD_E* in Abhängigkeit der Veränderung der Präzision der Formulierung der zugrundliegenden Managementprognose. Die Hypothese von signifikanten Differenzen

776 Der Differenzen-von-Differenzen-Ansatz stellt eine Kombination eines Querschnittsvergleichs und eines Vorher-Nachher-Vergleichs dar. Er beschreibt somit eine Identifikationsstrategie bei der die Messung eines Maßnahmeneffektes über einen Vergleich der Differenzen zweier Gruppen zu unterschiedlichen Zeitpunkten durchgeführt wird. Die zugrundeliegende Annahme ist, dass die Differenz zwischen den Gruppen ohne die entsprechende Maßnahme im Zeitverlauf unverändert geblieben wäre, so dass aus der Veränderung der Differenz direkt auf die Wirkung eines Effekts geschlossen werden kann. Vgl. *Bauer/Fertig/Schmidt* (2009), S. 162ff. m.w.N.

777 Die errechneten Differenzen der Variablen *AStD* wurden auf 1% bzw. 99%-Niveau winsorisiert. Ergebnisse der entsprechenden Tests im Rahmen von Umsatzprognosen liefert Tabelle A-29 im Anhang.

in der Veränderung der Variablen *AStD_E* kann für Ergebnisprognosen nur bei einem Vergleich zwischen einer erhöhten und einer unveränderten Formulierung nicht abgelehnt werden. Dies bedeutet, dass sich die Standardabweichung der Einzelschätzungen in Abhängigkeit der Formulierung in den anderen beiden Fällen nicht signifikant ändert. Insbesondere die unveränderte Standardabweichung bei einer Verringerung der Prognosepräzision seitens des Managements verwundert. Im Rahmen von Umsatzprognosen zeigen sich keinerlei signifikante Änderungen im Zuge der Veränderung der Managementprognosepräzision (s. Tabelle A-29 im Anhang).

### 6.2.4 Robustheitstests

Um die gewonnenen Erkenntnisse zu validieren, sollen die im Rahmen der durchgeführten Regressionen identifizierten Zusammenhänge im Folgenden einigen Robustheitstests unterzogen werden. Diese Robustheitstests umfassen:

- die Schätzung eines *Random-Effects*-Modells,
- ein alternatives Vorgehen bei der Datensatzbereinigung,
- Verwendung alternativer Erklärungsvariablen,
- die Aufnahme zusätzlicher Variablen sowie
- eine gesonderte Analyse von Punkt- und Intervallprognosen sowie der einzelnen Ergebnisgrößen.

Das im Rahmen der bisherigen Analyse verwendete gepoolte OLS-Modell vernachlässigt die unbeobachtbare firmenspezifische Komponente, die möglicherweise jedoch einen Erklärungsbeitrag für den Prognosefehler leisten kann. Die Vernachlässigung dieser unternehmensspezifischen Effekte (denkbar sind hier bspw. bestimmte Managementcharakteristika oder eine bestimmte Prognosepolitik) würde, wenn diese einen Einfluss auf die zu erklärende Variable haben, zu verzerrten OLS-Schätzern führen. Um dem Problem dieser bislang ausgeblendeten unbeobachtbaren Heterogenität zu begegnen, soll zusätzlich zum bisherigen OLS-Modell ein alternatives Schätzverfahren angewendet werden. Um die Robustheit der bisher ermittelten Regressionsergebnisse zu überprüfen, soll ein *Random-Effects*-Modell geschätzt werden. Dieses wird gegenüber dem alternativ denkbaren *Fixed-Effects*-Modell bevorzugt, da die Daten im Längsschnitt nur wenig Variation aufweisen (ca. 1,5 Unternehmensprognosen je Beobachtungszeitpunkt).[778]

---

778 Vgl. für ein analoges Vorgehen *Knauer/Wömpener* (2012), S. 125.

*Tabelle 32: Determinanten des betragsmäßigen und relativen Prognosefehlers von Ergebnisprognosen des Managements (durch alternatives Schätzverfahren modifizierte Modelle)*

| | Modell 1e: Abhängige Variable $\lvert FE_{i,Ergebnis,t,q} \rvert$ | | | | Modell 1f: Abhängige Variable $FE_{i,Ergebnis,t,q}$ | | | |
|---|---|---|---|---|---|---|---|---|
| **Variable** | **Erw. Vz.** | **ß** | **t-Wert** | **Pr(>\|t\|)** | **Erw. Vz.** | **ß** | **t-Wert** | **Pr(>\|t\|)** |
| **Konstante** | | 0,039 | 0,846 | 0,398 | | 0,106 | 1,783 | 0,075* |
| **Log(MC_E_99)** | ? | -0,010 | -1,633 | 0,103 | ? | 0,002 | 0,234 | 0,815 |
| **ROE_E_99** | ? | -0,084 | -1,949 | 0,052* | - | -0,158 | -2,806 | 0,005*** |
| **ΔNI_E_99** | + | 0,019 | 4,732 | 0,000*** | ? | -0,025 | -4,822 | 0,000*** |
| **SEG_E** | + | 0,011 | 2,396 | 0,017** | ? | -0,008 | -1,337 | 0,181 |
| **INTTA_E** | + | 0,010 | 0,205 | 0,838 | ? | 0,088 | 1,370 | 0,171 |
| **LEV_E_99** | ? | 0,002 | 0,625 | 0,532 | ? | 0,000 | 0,039 | 0,969 |
| **FF_E** | ? | 0,034 | 0,984 | 0,326 | + | -0,038 | -0,828 | 0,408 |
| **ASTD_E_99** | + | 0,424 | 5,607 | 0,000*** | ? | -0,327 | -3,431 | 0,001*** |
| **PE_E_99** | ? | 0,003 | 2,278 | 0,023** | - | -0,005 | -3,825 | 0,000*** |
| **Crisis_E** | + | 0,023 | 1,387 | 0,166 | + | 0,029 | 1,317 | 0,188 |
| **Post_Crisis_E** | - | -0,029 | -1,766 | 0,078* | - | 0,009 | 0,410 | 0,682 |
| **Q1_E** | - | -0,019 | -1,595 | 0,111 | + | 0,019 | 1,276 | 0,202 |
| **Q2_E** | - | -0,047 | -3,748 | 0,000*** | + | 0,028 | 1,789 | 0,074* |
| **Q3_E** | - | -0,063 | -4,992 | 0,000*** | + | 0,040 | 2,587 | 0,010*** |
| **Br_UT_E** | ? | -0,005 | -0,120 | 0,905 | ? | 0,042 | 0,833 | 0,405 |
| **Br_IN_E** | ? | 0,038 | 1,874 | 0,061* | ? | 0,032 | 1,185 | 0,236 |
| **Br_BM_E** | ? | -0,018 | -0,701 | 0,483 | ? | 0,061 | 1,752 | 0,080* |
| **Br_TE_E** | ? | 0,008 | 0,154 | 0,877 | ? | 0,085 | 1,255 | 0,210 |
| **Br_PH_E** | - | 0,015 | 0,603 | 0,547 | ? | 0,032 | 0,954 | 0,340 |
| **Br_CS_E** | ? | -0,036 | -1,057 | 0,291 | ? | 0,012 | 0,259 | 0,796 |
| **Br_FI_E** | ? | 0,028 | 0,781 | 0,435 | ? | -0,096 | -1,983 | 0,048** |
| **Br_TC_E** | - | -0,035 | -1,018 | 0,309 | ? | 0,045 | 0,989 | 0,323 |
| */**/*** kennzeichnet das Niveau der zweiseitigen Irrtumswahrscheinlichkeiten von 10%/5%/1% | | | | | | | | |
| **Multiple R2** | 0,156 | | | | 0,088 | | | |
| **Adjusted R2** | 0,153 | | | | 0,086 | | | |
| **F-Statistik:** | 8,889 | | | | 4,641 | | | |
| **p-Wert:** | 0,000 | | | | 0,000 | | | |

*Tabelle 33: Determinanten des betragsmäßigen und relativen Prognosefehlers von Ergebnisprognosen der Analysten (durch alternatives Schätzverfahren modifizierte Modelle)*

| | Modell 2e: Abhängige Variable $\lvert FE_{l,Ergebnis,t,q}\rvert$ | | | | Modell 2f: Abhängige Variable $FE_{l,Ergebnis,t,q}$ | | | |
|---|---|---|---|---|---|---|---|---|
| **Variable** | **Erw. Vz.** | **ß** | **t-Wert** | **Pr(>\|t\|)** | **Erw. Vz.** | **ß** | **t-Wert** | **Pr(>\|t\|)** |
| **Konstante** | | 0,120*** | 2,820 | 0,005 | | 0,095 | 1,639 | 0,102 |
| **Log(MC_E_99)** | ? | -0,017*** | -2,996 | 0,003 | ? | 0,004 | 0,502 | 0,616 |
| **ROE_E_99** | ? | -0,080** | -1,982 | 0,048 | - | -0,234*** | -4,277 | 0,000 |
| **ΔNI_E_99** | + | 0,007** | 1,971 | 0,049 | ? | -0,016*** | -3,201 | 0,001 |
| **SEG_E** | + | 0,014*** | 3,201 | 0,001 | ? | -0,006 | -0,942 | 0,347 |
| **INTTA_E** | + | 0,070 | 1,556 | 0,120 | ? | 0,048 | 0,768 | 0,443 |
| **LEV_E_99** | ? | 0,008** | 2,224 | 0,026 | ? | -0,011** | -2,292 | 0,022 |
| **FF_E** | ? | -0,025 | -0,779 | 0,436 | + | -0,052 | -1,179 | 0,238 |
| **ASTD_E_99** | + | 0,620*** | 8,632 | 0,000 | ? | -0,328*** | -3,539 | 0,000 |
| **PE_E_99** | ? | 0,001 | 1,373 | 0,170 | - | -0,006*** | -3,994 | 0,000 |
| **Crisis_E** | + | -0,015 | -0,964 | 0,335 | + | 0,071*** | 3,313 | 0,001 |
| **Post_Crisis_E** | - | -0,040*** | -2,646 | 0,008 | - | 0,039* | 1,856 | 0,064 |
| **Q1_E** | - | -0,055*** | -4,640 | 0,000 | + | 0,056*** | 3,827 | 0,000 |
| **Q2_E** | - | -0,079*** | -6,599 | 0,000 | + | 0,053*** | 3,506 | 0,000 |
| **Q3_E** | - | -0,094*** | -7,766 | 0,000 | + | 0,055*** | 3,621 | 0,000 |
| **Br_UT_E** | ? | -0,054 | -1,536 | 0,125 | ? | 0,067 | 1,353 | 0,176 |
| **Br_IN_E** | ? | 0,012 | 0,644 | 0,520 | ? | 0,015 | 0,587 | 0,557 |
| **Br_BM_E** | ? | -0,023 | -0,933 | 0,351 | ? | 0,057* | 1,680 | 0,093 |
| **Br_TE_E** | ? | 0,012 | 0,262 | 0,794 | ? | 0,094 | 1,414 | 0,158 |
| **Br_PH_E** | - | -0,019 | -0,825 | 0,410 | ? | 0,025 | 0,789 | 0,430 |
| **Br_CS_E** | ? | -0,060* | -1,891 | 0,059 | ? | 0,000 | -0,009 | 0,993 |
| **Br_FI_E** | ? | -0,018 | -0,547 | 0,584 | ? | 0,025 | 0,529 | 0,597 |
| **Br_TC_E** | - | -0,037 | -1,177 | 0,239 | ? | 0,036 | 0,804 | 0,422 |
| */**/*** kennzeichnet das Niveau der zweiseitigen Irrtumswahrscheinlichkeiten von 10%/5%/1% | | | | | | | | |
| **Multiple R2** | 0,197 | | | | 0,094 | | | |
| **Adjusted R2** | 0,193 | | | | 0,092 | | | |
| **F-Statistik:** | 11,809 | | | | 4,991 | | | |
| **p-Wert:** | 0,000 | | | | 0,000 | | | |

Die in den Tabellen 32 und 33 aufgeführten Ergebnisse der *Random-Effects*-Regression für Ergebnisprognosen bestätigen die Befunde aus dem Hauptteil der empirischen Untersuchung.[779] So bleiben insb. die signifikanten Erklärungsbeiträge der Variablen *AStD, ROE, ΔNI, PE* ebenso bestehen wie die der Quartalsvariablen *Q1, Q2* und *Q3*.

In Abänderung zu der im empirischen Teil vorgenommenen Datensatzbereinigung, bei der Ausreißer auf das entsprechende 1%- bzw. 99%-Quartil der jeweiligen Verteilung zurückgesetzt wurden, wurde alternativ ein Zurücksetzen auf die entsprechenden 5%- bzw. 95%-Quartile simuliert. Die Darstellung der Ergebnisse dieser Modifikation soll sich dabei auf die erweiterten Modelle beschränken. Wie die in den Tabellen A-32 bis A-35 dargestellten Ergebnisse aufzeigen, unterscheiden sich die Korrelationskoeffizienten hinsichtlich der Vorzeichen und Signifikanzen kaum von den zuvor ermittelten Werten. Tendenziell führt die Modifikation zu einer Verstärkung der identifizierten Zusammenhänge, ohne das sich neue diskussionswürdige partielle Korrelationen ergeben würden. Insgesamt zeigt sich die Güte der Modelle im Zuge der Anpassung erwartungsgemäß verbessert.

Die Analyse der bivariaten Zusammenhänge in Kapitel 6.2.3.3.1 hat vermuten lassen, dass zwischen der Marktkapitalisierung und der Anzahl von covernden Analysten eine hohe positive Korrelation zu herrschen scheint. Mit der Größe des Unternehmens steigt die Aufmerksamkeit für das Unternehmen am Kapitalmarkt und somit auch die Analystencoverage. Da jene Aufmerksamkeit jedoch das Prognoseverhalten des Managements und der Analysten untereinander beeinflussen kann (bspw. Herdenverhalten), wurde anstatt der Variablen *Log(MC)* die Variable *NE* in das Modell aufgenommen. Zudem wurde die Standardabweichung der Analystenschätzungen, die einen großen Erklärungsbeitrag für die Prognosefehler geliefert hatte, durch die Volatilität des Aktienkurses als alternatives Maß für die am Kapitalmarkt vorherrschende Unsicherheit bzgl. der weiteren Unternehmensentwicklung verwendet. Die Ergebnisse zeigen sich robust gegenüber einer diesbezüglichen Modifikation des Modells. So scheint die Anzahl der Analysten im Modell ebenso wenig zur Erklärung des Prognosefehlers beizutragen wie die zuvor verwendete Marktkapitalisierung. Auf der anderen Seite besitzt die Variable *Vola* einen im Vergleich zur Variablen *AStD* hinsichtlich Vorzeichen und Signifikanz ähnlich hohen Erklärungsbeitrag.

779 Für die entsprechenden Regressionsergebnisse für Umsatzprognosen s. Tabellen A-30 und A-31 im Anhang.

Des Weiteren ist denkbar, dass der gemessene Prognosefehler in Abhängigkeit von der vom Management gewählten Präzision der Formulierung systematisch variiert und somit einen zu berücksichtigenden Einflussfaktor darstellt. Daher könnte infrage gestellt werden, ob der hier gewählte Ansatz, den Mittelpunkt des Schätzintervalls als Approximation einer Punktprognose zu verwenden, sachgerecht ist. Um für diesen Effekt zu kontrollieren, wurde in Anlehnung an *Knauer/ Wömpener* (2012) zusätzlich eine Dummyvariable (Variable *P*) aufgenommen, um den Beitrag, der aus dem Präzisionsgrad hervorgeht, zu bestimmen.[780] Es zeigt sich, dass von der Formulierung der Prognose in keinem der betrachteten Modelle ein signifikanter Einfluss auf den relativen Prognosefehler ausgeht und somit nichts gegen die einheitliche Verwendung von Punkt- und Intervallprognosen spricht. Einzig im Rahmen von Umsatzprognosen auf Seiten des Managements sowie hinsichtlich Ergebnisprognosen auf Analystenseite zeigt sich ein geringerer betragsmäßiger Prognosefehler bei der Verwendung von Punktprognosen. Dies legt die Vermutung nahe, dass das Management, so es sich über die künftige Umsatzentwicklung vergleichsweise sicher ist, häufiger Punktprognosen verwendet. Allerdings darf nicht unerwähnt gelassen werden, dass bei der Erfassung von Intervallprognosen ein teilweise nicht unerheblicher Interpretationsspielraum besteht und die scheinbare Überlegenheit von Punktprognosen hinsichtlich des betragsmäßigen Prognosefehlers auf (unvermeidbare) Unschärfen im Rahmen der Approximation zurückzuführen sind (siehe hierzu Kapitel 6.2.5.1). Allerdings zeigt die Feststellung, dass Analysten die künftige Ergebnisentwicklung besser einschätzen können, wenn das Management zuvor eine einwertige Punktschätzung getätigt hat, dass präzise formulierte Prognosen scheinbar einen Mehrwert für Finanzanalysten bei der Erstellung treffgenauer Einschätzungen bieten.

Neben der Differenzierung nach der Art der Formulierung wurde im Rahmen der Modelle für Ergebnisprognosen des Weiteren untersucht, inwiefern eine gemeinsame Verwendung der Größen *EBITDA*, *EBIT*, Jahresüberschuss vor bzw. nach Steuern und *EPS* gerechtfertigt ist. Hierzu wurden entsprechende Dummyvariablen in das Modell integriert, wobei die Größe „Jahresüberschuss nach Steuern" als Referenzgröße dient. Erwartungsgemäß zeigt sich, dass die Größe *EBITDA* vom Management signifikant präziser eingeschätzt wird, da die Prognose dieser Größe verhältnismäßig wenig Prämissen erfordert und aufgrund fehlender gesetzlicher Normierung zudem möglicherweise unternehmensindividuellen Adjustierungen unterliegen könnte. Da die übrigen Auffälligkeiten

780 Vgl. *Knauer/Wömpener* (2012), S. 129.

jedoch eher zufällig als systematisch erscheinen und somit nicht von einer Verlagerung von Einflusseffekten ausgegangen werden muss, scheint nichts gegen die gemeinsame Verwendung der verschiedenen Ergebnisgrößen zu sprechen.

Insgesamt weisen die durchgeführten Tests darauf hin, dass die im Rahmen der OLS-Regression ermittelten Ergebnisse robust gegenüber den hier vorgenommenen Modifikationen sind. Nachfolgende tabellarische Übersicht fasst die Untersuchungsergebnisse synoptisch zusammen. Insgesamt kann für die meisten der aufgestellten Vermutungen eine – zumindest tendenzielle – Bestätigung konstatiert werden.

*Tabelle 34: Zusammenfassung der Testergebnisse*

| **Hypothese** | **Inhalt** | **Ergebnis** |
|---|---|---|
| 1 | Prognosepräzision erhöht sich im Geschäftsjahresverlauf | teilweise bestätigt |
| 2 | $\|FE_{i;l,j,t,GB}\| > \|FE_{i;l,j,t,Q1}\| > \|FE_{i;l,j,t,Q2}\| > \|FE_{i;l,j,t,Q3}\|$ | teilweise bestätigt |
| 3a | $FE_{i;l,j,t,q} < 0$ (vormals $FE_{l,j,t,q} > 0$) | teilweise bestätigt |
| 3b | $FE_{i;l,j,t,GB} < FE_{i;l,j,t,Q1} < FE_{i;l,j,t,Q2} < FE_{i;l,j,t,Q3}$ (vormals $FE_{l,j,t,GB} > FE_{l,j,t,Q1} > FE_{l,j,t,Q2} > FE_{l,j,t,Q3}$) | teilweise bestätigt |
| 3c (1) | $\|FE_{i,j,t,q}\|$, wenn $FE_{i,j,t,q} < 0 < \|FE_{i,j,t,q}\|$, wenn $FE_{i,j,t,q} \geq 0$ | bestätigt |
| 3c (2) | $\|FE_{l,j,t,q}\|$, wenn $FE_{l,j,t,q} < 0 \geq \|FE_{l,j,t,q}\|$, wenn $FE_{l,j,t,q} \geq 0$ | bestätigt |
| 4a | Partieller Korrelationskoeffizient von ROE und $FE_{i;l,j,t,q} < 0$ | bestätigt |
| 4b | Partieller Korrelationskoeffizient von PE und $FE_{i;l,j,t,q} < 0$ | bestätigt |
| 4c | Partieller Korrelationskoeffizient von FREE und $FE_{i;l,j,t,q} > 0$ | bestätigt |
| 4d | Partieller Korrelationskoeffizient von AStD und $\|FE_{i;l,j,t,q}\| > 0$ | bestätigt |
| 4e | Partieller Korrelationskoeffizient von SEG und $\|FE_{i;l,j,t,q}\| > 0$ | bestätigt |
| 4f | Partieller Korrelationskoeffizient von INNTA und $\|FE_{i;l,j,t,q}\| > 0$ | nicht bestätigt |
| 4g | Partieller Korrelationskoeffizient von $Br_i$ und $\|FE_{i;l,j,t,q}\| \neq 0$ | nicht bestätigt |
| 4h | Partieller Korrelationskoeffizient von $\Delta$NI und $\|FE_{i;l,j,t,q}\| > 0$ | teilweise bestätigt |
| 5 | Erhöhte Prognosepräzision führt zu $\Delta \|FE_{i;l,j,t,q}\| < 0$ | teilweise bestätigt |

### 6.2.5 Limitationen der empirischen Untersuchung

#### *6.2.5.1 Inhaltliche Limitationen*

Die manuelle Erhebung und Codierung von prognoserelevanten Sachverhalten stellt einen arbeits- und zeitintensiven Prozess dar, der gegenüber einer computerbasierten Datenerhebung jedoch eine detaillierte Erfassung von nicht standardisierten Inhalten ermöglicht.[781] Für eine Inhaltsanalyse von Lageberichtsinformationen stellt letztere ohnehin keine gleichwertige Erhebungsmethodik dar. Allerdings darf nicht unerwähnt gelassen werden, dass eine manuelle Erfassung derartiger nicht standardisierter Informationen stets die Gefahr birgt, dass Aussagen innerhalb der Berichtswerke aufgrund von Fehlinterpretationen nicht korrekt erfasst werden bzw. erfasst werden können. So erlaubt bspw. die Aussage der HEIDELBERGCEMENT AG im Halbjahresbericht des Geschäftsjahres 2008, dass man davon ausgehe „*Umsatz und Ergebnis im Gesamtjahr deutlich zweistellig zu steigern*"[782], nur eine sehr vage Quantifizierung, die mit einer hohen ex ante Prognoseunsicherheit und einem im Durchschnitt relativ hohen ex post Prognosefehler behaftet ist. Zudem ist die Interpretation an dieser Stelle mit einer großen Subjektivität verbunden. Ebenso wenig lässt die Prognose der SAP AG, „*dass das Betriebsergebnis* (..) *für das Geschäftsjahr 2011 (…) in einer Spanne von 4,45 Mrd. € bis 4,65 Mrd. € (…) liegen wird,* [man allerdings davon ausgehe] *dass das Ergebnis am oberen Ende der Spanne liegen wird*"[783], eine exakte Erfassung zu. Da der relative Anteil derartiger Aussagen jedoch gering ist und die Erfassung der übrigen klar quantifizierten Sachverhalte einem ebenso klar definierten Schema folgt, welches keinen Raum für Interpretationen lässt, scheint die Reliabilität der erhobenen Daten gesichert.

Eine weitere Limitation der Untersuchung stellt die Nichtberücksichtigung von potentiellen Beeinflussungsfaktoren des Prognosefehlers im Rahmen des *Pooled-OLS*-Modells dar. Denkbar wäre hier der Einfluss nicht beobachtbarer Effekte, wie bspw. die Qualität des Managements oder bestimmte nicht extern identifizierbare Anreizfaktoren, die die Unternehmensleitung zur Abgabe verzerrter Prognosen verleiten könnten. Hinsichtlich letzterem wären hier auf der einen Seite Einflüsse von erfolgs- oder aktienkursabhängigen Vergütungskomponenten des Managements zu nennen, die Manager zur Abgabe optimistischer Prognosen verleiten könnten, da diese zumindest in der kurzen Frist positiven Einfluss auf die Aktienkursentwicklung haben könnten. Auf der anderen Seite

781 Vgl. *Lerchenmüller* (2012), S. 16.
782 HEIDELBERGCEMENT AG (2008), S. 5.
783 SAP AG (2011), S. 21.

könnte die Unternehmensleitung ggf. geneigt sein, verhaltene Prognosen abzugeben, wenn sich das Unternehmen derzeit in Lohnverhandlungen mit der Arbeitnehmerschaft befindet oder sich das Unternehmen intensivem Wettbewerb ausgesetzt sieht. Da die im Rahmen des Robustheitstests durchgeführte *Random-Effects*-Schätzung, welche für derartige Effekte kontrolliert, keine bedeutenden Unterschiede im Erklärungsbeitrag der betrachteten Variablen aufgezeigt hat, scheint ein systematischer Einfluss derartiger unbeobachtbarer Unternehmenscharakteristika zumindest im vorliegenden Sample begrenzt.

Die in die Analyse einbezogenen Prognosen stellen in ihrer Gesamtheit einen *unbalanced panel* dar. Während für manche Unternehmen nicht zu jedem Zeitpunkt bzw. Quartal entsprechende prognoserelevante Aussagen gewonnen werden konnten, waren in manchen Prognoseberichten gleich mehrere relevante Sachverhalte zu finden. Somit ergeben sich unterjährig zuweilen unvollständige Zeitreihen, so dass die Anzahl der einbezogenen Prognosen im Quartalsverlauf schwankt. Die deskriptive Analyse des Prognosefehlers sowie die daran anknüpfenden Hypothesentests basieren daher auf Durchschnittswerten und nicht auf unternehmensindividuellen Betrachtungen der Entwicklung des Prognosefehlers. Es ist denkbar, dass sich die Prognosen zwischen den einzelnen Quartalen in Abhängigkeit des jeweiligen Prognoseerstellers systematisch voneinander unterscheiden. Somit dürfen die gewonnen Erkenntnisse, bspw. zu dem sich im Zeitablauf im Durchschnitt verringernden Prognosefehler, nicht ohne weiteres auf die Einzelunternehmensebene übertragen werden.

Hinsichtlich der Analyse der im Rahmen der Untersuchung erfassten Analystenreaktionen sind ebenso inhaltliche Einschränkungen zu nennen. Auch wenn der Geschäftsbericht das bedeutendste Medium des Unternehmens in der Kommunikation mit seinen *Stakeholdern* ist, so ist unbestritten, dass sich Finanzanalysten anderweitiger Informationsquellen (bspw. Analystenpräsentationen, Analystenkonferenzen, Gespräche mit Unternehmensvertretern) bedienen[784], deren Einfluss nicht unterschätzt werden darf, dieser jedoch kaum isoliert werden kann. So zeigten jüngst *Bassemir/Novotny-Farkas/Pachta* (2013) für den deutschen Kapitalmarkt, dass das Abhalten von *Conference Calls* von Unternehmen zu signifikant geringeren Prognosefehlern auf Seiten der covernden Finanzanalysten führt. Hieraus schließen die Autoren, dass in diesen *Conference Calls* unternehmensseitig zusätzliche prognoserelevante Informationen preisgegeben werden. Zudem ist es möglich, dass dem Kapitalmarkt manche Prognoseinhalte bereits bekannt sind und diese bereits entsprechend in den Einschätzungen der

784 Vgl. *Meckel/Fieseler/Hoffmann* (2008), S. 26; *Knauer/Wömpener* (2012), S. 130.

*Financial Community* verarbeitet sind.[785] Ein für die empirische Kapitalmarktforschung klassisches Problem ist, dass Kapitalmarktreaktionen von einem kaum zu überblickenden Geflecht von teils unbeobachtbaren, interdependenten und sich stets ändernden Ursache-Wirkungszusammenhängen getrieben werden. Anpassungseffekte auf Analystenseite können daher nicht ausschließlich auf die Veröffentlichung neuer Informationen im Rahmen der prospektiven Finanzberichterstattung der Unternehmen zurückgeführt werden.[786]

Hinsichtlich der verwendeten Analystenschätzungen ergibt sich durch die pauschale Annahme, dass die die Konsensusprognose determinierenden Einzelschätzungen bis zum Ende des Berichtsmonats vollumfänglich adjustiert wurden, die Gefahr von Unschärfen. So ist es durchaus möglich, dass manche Analysten zwar Anpassungen ihrer Einschätzungen auf Basis eines neuen Informationsstandes vornehmen, dies allerdings nicht rechtzeitig im Sinne der hier zugrunde gelegten Erfassungsmethodik der Quartalsprognosen tun. Entsprechende deskriptive Befunde haben aufgezeigt, dass insbesondere zu Beginn des Geschäftsjahres offenbar teils nicht aktualisierte Schätzungen vorlagen. Da dies jedoch nur einen geringen Anteil der Beobachtungen betrifft, sollten diesbezügliche Analyseergebnisse hiervon nicht wesentlich tangiert worden sein.

### *6.2.5.2 Ökonometrische Limitationen*

Die Anwendung des hier gewählten linearen Regressionsmodells erfordert gewisse Annahmen, deren Verletzung die Aussagekraft der Regressionsergebnisse einschränkt. Im Folgenden soll daher diskutiert werden, inwiefern die für diese Untersuchung relevanten Annahmen dieses Prämissenrahmens erfüllt sind oder wie etwaigen Verletzungen begegnet wurde.[787] So erfordert eine sachgemäße

---

785 Vgl. *Lerchenmüller* (2012), S. 144.

786 Vgl. *Barth* (2009), S. 222.

787 Insgesamt umfassen die sog. „klassischen" Annahmen des Regressionsmodells die folgenden Prämissen: 1) Lineare Beziehung zwischen der abhängigen und der bzw. den unabhängigen Variablen, 2) Erwartungswert der Störterme ist gleich null, 3) Keine Korrelation zwischen der oder den erklärenden Variablen und dem Störterm, 4) Homoskedastische Störterme, 5) Keine Autokorrelation der Störterme, 6) Keine perfekte Multikollinearität. Vgl. exemplarisch *Bauer/Fertig/Schmidt* (2009), S. 190 sowie *Auer/Rottmann* (2010), S. 443ff. Sind diese Annahmen kumulativ erfüllt, so besitzen die Schätzparameter einer OLS-Schätzung verschiedene Optimalitätseigenschaften (sog. BLUE-Eigenschaft, *best linear unbiased estimator*). So liefert das Regressionsmodell nach dieser Methodik die besten unverzerrten linearen Schätzer. Vgl. *Bauer/Fertig/Schmidt* (2009), S. 197f. Darüber hinaus ist es zwecks

Interpretation der Regressionskoeffizienten homoskedastische Residuen, d.h. die Störterme des Modells müssen eine einheitliche Varianz aufweisen. Ist diese Annahme nicht erfüllt, d.h. muss von heteroskedastischen Residuen ausgegangen werden, so liefert die Anwendung des OLS-Modells nach wie vor konsistente und unverzerrte Schätzer, deren Varianzen allerdings verzerrt sein können. Dies beeinträchtigt die Aussagen über die Präzision des zu identifizierenden Kausalzusammenhangs. Somit liefern Signifikanztests ggf. irreführende Ergebnisse. Dieser Problematik wurde im Rahmen der Analyse mit robusten *Newey/West*-Standardfehlern begegnet.

Zudem erfordert die Anwendbarkeit des linearen Regressionsmodells, dass zwischen den Störtermen keine perfekte lineare Abhängigkeit besteht. Würde hingegen perfekte Multikollinearität bestehen, so wäre die Kleinst-Quadrate-Schätzung rechnerisch nicht durchführbar. Dass die Variablen erwartungsgemäß einer gewissen Abhängigkeit unterliegen, wurde im Rahmen der Korrelationsanalyse in Kapitel 5.2.4 aufgedeckt. Allerdings konnte auf Grundlage der ermittelten Variance-Inflation-Faktoren ausgeschlossen werden, dass die festgestellten signifikanten Korrelationen zwischen den in das Modell einbezogenen Variablen eine Gefahr für die Robustheit der Regressionsergebnisse darstellen.

Eine weitere Annahme, die die Eignung der Regressionskoeffizienten des klassischen Regressionsmodells allerdings nicht in Frage stellt, ist die der normalverteilten Residuen. Wird diese Annahme verletzt, d.h. folgen die Störgrößen keiner Normalverteilung, so verlieren Signifikanztests wie F-Test und t-Test ggf. ihre Gültigkeit, auch wenn die Regressionskoeffizienten der OLS-Schätzung nach wie vor effizient und unverzerrt sind. Von der Erfüllung der Normalverteilungsprämisse kann jedoch im Rahmen der durchgeführten Untersuchung nicht ausgegangen werden, wie der *Shapiro-Wilk*-Test aufgezeigt hat. Allerdings kann die Annahme zumindest annähernd normalverteilter Residuen bei recht umfangreichen Stichproben aufgrund des zentralen Grenzwertsatzes der Statistik aufrechterhalten werden.[788] So kann nach h.M. davon ausgegangen werden, dass die Bedingung approximativ normalverteilter Störterme bei Stichproben mit einem Umfang von mehr als 40 Beobachtungen erfüllt ist.[789] Da die Stichproben im Rahmen dieser Untersuchung diesen kritischen Wert um ein Vielfaches übertreffen, kann davon ausgegangen werden, dass die durchgeführten Signifikanztests somit Gültigkeit besitzen.

---

sachgerechter Durchführung entsprechender Signifikanztests sinnvoll, wenn die Störterme einer Normalverteilung folgen. Vgl. *Backhaus et al.* (2011), S. 96.

788 Vgl. *Bamberg/Baur/Krapp* (2012), S. 122f.

789 Vgl. exemplarisch *Backhaus et al.* (2011), S. 96.

# 7 Zusammenfassung und Ausblick

Die jüngsten Verlautbarungen des DRSC zur Konzernlageberichterstattung im Rahmen des DRS 20 haben deutlich gemacht, dass das bedeutendste deutsche Gremium zur Fortentwicklung der Rechnungslegung die Relevanz möglichst präziser prospektiver Unternehmensinformationen für eine entscheidungsrelevante Unternehmensberichterstattung erkannt hat. So entsprechen ab dem Jahr 2013 rein komparative und qualitative Prognosen fortan nicht mehr den Anforderungen, die an eine aussagekräftige Prognoseberichterstattung zu stellen sind. Insbesondere Kapitalgeber haben ein großes Interesse an konkreten Aussagen zur erwarteten künftigen Unternehmensentwicklung, um das Kapital entsprechend ihres Rendite-Risiko-Profils allokationseffizient einzusetzen. Aber auch Finanzanalysten, für welche die Geschäfts- und Quartalsberichte regelmäßig eine bedeutende Informationsquelle darstellen, sind zu Zwecken einer effektiven Informationsintermediation auf präzise Darstellungen der Geschäftsleitung zur erwarteten Umsatz- und Ertragslage angewiesen. Somit überrascht es nicht, dass die DPR die Prüfung zukunftsgerichteter Angaben zu einem zentralen Prüfungsschwerpunkt für das Jahr 2014 erklärt hat.[790] Insbesondere die gestiegenen Anforderungen an die Prognosegenauigkeit und der ab dem Jahr 2013 erstmalig vorgesehene Abgleich der Vorjahresprognose mit der tatsächlichen Entwicklung erfahren hierbei eine besondere Würdigung.[791]

Im Rahmen der vorliegenden Arbeit sollten die Managementprognosepraxis deutscher Unternehmen sowie die korrespondierenden Analystenschätzungen eingehend empirisch überprüft werden. Ausgangpunkt für die Untersuchung waren die in den Geschäfts- und Quartalsberichten der HDAX-Unternehmen enthaltenen quantifizierten kurzfristigen Umsatz- und Ergebnisprognosen. Untersuchungen zum Zusammenspiel von Unternehmensprognosen und den Schätzungen von Finanzanalysten beschränkten sich bislang weitestgehend auf den angloamerikanischen Raum, der sich hinsichtlich des institutionellen Umfeldes in Bezug auf den hier beleuchteten Themenkomplex deutlich von demjenigen hierzulande unterscheidet. Die vorliegende Analyse stellt die erste Studie

790 Vgl. *DPR* (2013), o.S.

791 Vgl. *Fischer* (2013), S. 354; *Beyhs/Burdack/Krause* (2013), S. 2862.

im deutschen Kapitalmarktumfeld dar, die quartalsweise aktualisierte prospektive Unternehmensinformationen heranzieht und hinsichtlich konstituierender Merkmale sowie den Bestimmungsfaktoren der Prognosequalität analysiert. Die quartalsweise Betrachtung erlaubt es, Aussagen über die unterjährige Entwicklung des durchschnittlichen Management- bzw. Analystenprognosefehlers tätigen zu können und mit verhaltenstheoretischen Hypothesen zu spiegeln. Studien zur Prognoseberichterstattung fokussierten hierzulande bislang zumeist auf die Ausgestaltung von Prognosen bzgl. der zu Beginn dieser Arbeit aufgezeigten Merkmale und deren Determinanten sowie auf Kapitalmarktreaktionen im Zuge der Veröffentlichung freiwilliger sowie adjustierter Prognoseinformationen. Da prognoserelevante Sachverhalte für die Abschlussadressaten jedoch in hohem Maße entscheidungsrelevant sind und die Prognoseberichterstattung somit eine zentrale Informationsquelle darstellt, ist es unerlässlich, ein tieferes Verständnis über die Treffgenauigkeit unternehmerischer Prognosen und ihrer Determinanten zu erlangen. Vor dem Hintergrund der Entscheidungsrelevanz zukunftsgerichteter Aussagen ist angesichts der nicht minder relevanten Verlässlichkeit von besonderem Interesse, inwiefern Informationen zum erwarteten Unternehmensgeschehen als unverzerrt angesehen werden können. Daran anknüpfend ist zudem relevant, inwiefern Aussagen der Unternehmensleitung auf die Einschätzungen der *Financial Community* wirken, bzw. ob und inwiefern die Einschätzungen beider Gruppe miteinander korrelieren.

Mit den Erkenntnissen der vorliegenden Arbeit wurde ein Beitrag zum weitergehenden Verständnis für diese zumindest im hiesigen Kapitalmarktkontext bislang noch in vielerlei Hinsicht unerforschten Themenfelder geleistet. Die Arbeit soll mit einer thesenförmigen Darstellung der wesentlichen Ergebnisse sowie einem Ausblick auf künftigen Forschungsbedarf schließen.

- Managementprognosen leisten einen wichtigen Beitrag zum Abbau von Informationsasymmetrien zwischen dem Unternehmen und seinen *Stakeholdern*. Insbesondere die Kapitalgeber orientieren sich bei Entscheidungen zur Kapitalallokation an der künftigen Unternehmenssituation und knüpfen ihre Erwartungen an die Aussagen des Managements zur erwarteten voraussichtlichen Entwicklung. Die Unternehmensleitung ihrerseits nutzt die Veröffentlichung prospektiver Sachverhalte zur aktiven Steuerung der Kapitalmarkterwartungen (*Expectations Management*).
- In Deutschland ist die Prognoseberichterstattung über § 289 bzw. § 315 HGB gesetzlich reguliert. Diese Vorschriften sind ebenso für kapitalmarktorientierte Unternehmen, die nach den IFRS bilanzieren, relevant, da mit dem PS Management Commentary bislang lediglich eine lageberichtsähnliche

unverbindliche Anwendungsrichtlinie existiert. Zuletzt wurde die Lageberichterstattung durch die Herausgabe des DRS 20 neu gestaltet. In Bezug auf die Prognoseberichterstattung betreffen die wesentlichen Neuerungen die Erhöhung der Mindestprognosepräzision sowie die Verkürzung des Mindestprognosezeitraums auf ein Jahr.

- Neben Prognosen der Unternehmensleitung bieten Finanzanalysten als Informationsintermediäre mit ihren Einschätzungen zur künftigen Ertragslage von Unternehmen Orientierungshilfe für Kapitalgeber und tragen somit grundsätzlich zur effizienten Kapitalallokation bei. Im Rahmen der Informationsbeschaffung, Informationsverarbeitung sowie Informationsdistribution sammeln, verwerten und verdichten die Analysten verschiedenste Unternehmensinformationen und transformieren diese auf Basis von Cash-Flow Modellen und Multiplikatormodellen in Einschätzungen zum fairen Unternehmenswert und sprechen auf dieser Grundlage (Des-)Investitionsempfehlungen aus. Eine wesentliche Informationsquelle für Analysten sind dabei u.a. die publizierten Geschäfts- und Quartalsberichte. Wie Umfragen gezeigt haben, wird dabei insb. prognoserelevanten Sachverhalten ein großer Informationsnutzen seitens der *Financial Community* zugesprochen.
- In der empirischen Untersuchung wurden zunächst 3.870 quantifizierte Einzelprognosen zur erwarteten Umsatz- und Ergebnisentwicklung analysiert. Die Umsatzerlöse und das unternehmensindividuell definierte operative Ergebnis stellen dabei bei weitem die häufigsten Prognosegegenstände dar. Durchschnittlich finden sich in jedem der einbezogenen Geschäfts- und Quartalsberichte etwa 1,5 Umsatz- bzw. Ergebnisprognosen, die das laufende Geschäftsjahr betreffen. Unternehmen aus dem DAX prognostizieren dabei überproportional umfangreich, Unternehmen aus dem TecDAX hingegen sind gemessen an ihren Anteil an der Gesamtstichprobe unterrepräsentiert. Hinsichtlich der Branchenzugehörigkeit ergeben sich keine nennenswerten Unterschiede.
- Minimum- und Intervallprognosen sind die am häufigsten verwendeten Formulierungsformen, gefolgt von Punkt- und Maximumprognosen. Im Durchschnitt kann für die Unternehmen im ersten Geschäftshalbjahr eine signifikante Konkretisierung der eigenen Einschätzungen (Erhöhung der Prognosepräzision) festgestellt werden. Diese Konkretisierung führt im Rahmen von Ergebnisprognosen unter den Finanzanalysten zu einer verringerten Unsicherheit.
- Die ex post Analyse der Prognoseinhalte hat gezeigt, dass Managementprognosen im Gesamtbetrachtungszeitraum 2005 bis 2011 im Durchschnitt eine

pessimistische Verzerrung aufweisen. Dabei fällt der Prognosepessimismus im Rahmen von Ergebnisprognosen deutlicher aus als im Rahmen der Einschätzungen zur künftigen Umsatzsituation. Die negative Verzerrung in der Einschätzung der künftigen Umsatz- und Ergebnissituation beschränkt sich auf die Teilzeiträume 2006/2007 und 2010/2011. In Zeiten der Krise sind die Prognosen hingegen recht exakt. Dies ist vermutlich weniger Ausdruck einer verbesserten Prognosefähigkeit in Zeiten hoher gesamtwirtschaftlicher Unsicherheit als vielmehr eines Prognosepuffers, der einer Verfehlung zuvor kommunizierter Aussichten vorbeugen soll. Dieser Spielraum wird vom Unternehmen im Rahmen des *Expectation Managements* aktiv aufgebaut, um negative Überraschungen und damit einhergehende negative Kursreaktionen bei Bekanntgabe der realisierten Werte zu vermeiden. Der im Geschäftsjahresverlauf auszumachende Pessimismus wird dabei im Laufe des Jahres zugunsten treffgenauerer Schätzungen aufgelöst, was dem aus der *Earnings Game*-Theorie abgeleiteten Prognoseverhalten entspricht.

- Auch die Finanzanalysten schätzen die künftige Umsatz- und Ergebnissituation der Unternehmen durchschnittlich zu negativ ein. Diese Feststellung widerlegt die aus verhaltenstheoretischen Überlegungen abgeleiteten Vermutungen optimistisch verzerrter Prognosen. Zudem ähnelt die unterjährige Entwicklung des relativen Prognosefehlers derer des Managements, was der *Earnings Game* Hypothese ebenso widerspricht.
- Die Analyse der Determinanten des betragsmäßigen und relativen Prognosefehlers konnte einige der zuvor aus der Theorie sowie aus Plausibilitätsüberlegungen abgeleiteten Zusammenhänge stützen. So korreliert ein hoher betragsmäßigen Prognosefehler positiv mit der Anzahl von Unternehmenssegmenten, einer hohen Schwankung der Jahresergebnisse sowie einer hohen Streuung der Einschätzungen der Finanzanalysten. Ein kürzerer Prognosehorizont hingegen führt erwartungsgemäß zu präziseren Einschätzungen. Für die Schätzungen der Finanzanalysten können grundsätzlich die gleichen Treiber identifiziert werden, wobei hier zusätzlich von der Unternehmensgröße ein positiver Einfluss auf die Qualität der Schätzungen ausgeht.
- Hinsichtlich des relativen Prognosefehlers hat die Untersuchung ergeben, dass vergleichsweise renditestarke Unternehmen, die am Kapitalmarkt vergleichsweise hoch bewertet sind, zu pessimistischen Prognosen neigen. Ebenso führt eine hohe Unsicherheit unter der *Financial Community* zu vorsichtigen Einschätzungen. Nennenswerte Brancheneinflüsse konnten nicht identifiziert werden.

- Insgesamt können die Einschätzungen der Finanzanalysten im Verhältnis zu den Managementprognosen als leicht überlegen bezeichnet werden. Allerdings muss hierbei auf die analyseinhärente Unschärfe bei der Erfassung von Managementprognosen hingewiesen werden, die eine abschließende Aussage zur Frage der Überlegenheit einer der beiden Gruppen erschwert.

Die obigen Befunde wurden auf Basis einer breiten Unternehmensstichprobe und möglichst objektiver Beurteilungskriterien gewonnen, um die Validität und die Reliabilität der Untersuchungsergebnisse zu gewährleisten. Dennoch darf nicht ohne weiteres von einer Generalisierbarkeit der Erkenntnisse für die Gesamtheit der nach deutschem Handelsrecht prognoseberichtspflichtigen Unternehmen in Deutschland ausgegangen werden. Theoretische Überlegungen zum Prognoseverhalten stellen in erster Linie kapitalmarktbezogene Anreize für den identifizierten Prognosepessimismus in den Mittelpunkt, so dass die Übertragbarkeit auf nicht kapitalmarktorientierte Unternehmen grundsätzlich infrage zu stellen ist. Eine Erweiterung des Untersuchungssamples um nicht kapitalmarktorientierte Unternehmen könnte hier Aufschluss bringen. Eine derartige Erweiterung gestaltet sich im Hinblick auf die Gewinnung der relevanten Daten aufgrund der eingeschränkten Publizitätspflichten dieser Unternehmen indes als schwierig. Allerdings ist eine Ausweitung der Stichprobe um Unternehmen mit geringerer Kapitalmarktrelevanz denkbar, die über keine oder nur geringe Analystencoverage verfügen, so dass die geschilderten Anreize aus dem *Earnings Game* wesentlich schwächer ausgeprägt sein sollten.

Neben einer Ausweitung der Unternehmensstichprobe ist des Weiteren zu prüfen, inwiefern eine Ergänzung des Katalogs zu erfassender Prognoseinhalte, bspw. zur Entwicklung nicht finanzieller Leistungsindikatoren, vor dem Hintergrund etwaig abweichender Anreize bei der Erstellung und Veröffentlichung derartiger Prognosen, unterschiedliche Ergebnisse hervorbringt. Ebenso in Betracht käme die Erfassung von Prognosen zur Wirtschafts- und Branchenentwicklung, die eine Kontrolle von nicht unternehmensintern induzierten Prognoseverzerrungen erlauben würde. Da der Standardsetter die Unternehmen auch nach der Herausgabe von DRS 20 dazu anhält, Prognosen über das laufende Geschäftsjahr hinaus abzugeben, könnte eine zusätzliche Erfassung und Analyse längerfristiger Prognosen ebenfalls Potenzial für zukünftige Forschungsarbeiten bieten. So ist denkbar, dass sich langfristige Prognosen von den hier betrachteten Prognosen mit maximal einjährigem Horizont vor dem Hintergrund der, zumindest in der kurzen Frist, lediglich eingeschränkten Möglichkeit zur Überprüfung seitens der Adressaten, durch Optimismus auszeichnen, da dem Management kein unmittelbarer Reputationsverlust drohen kann. Zudem stellt die Mitberücksichtigung von unterjährigen Prognoseadjustierungen im Rahmen von Ad-Hoc-Mitteilungen eine interessante Option zur Ausweitung der Analyse dar, die durch eine Betrachtung korrespondierender Analystenprognosen vielseitiges Forschungspotenzial verspricht. Zudem blendet die vorliegende Arbeit die Kapitalmarktkonsequenzen eines persistenten Prognosepessimismus bzw. -optimismus im Hinblick auf den Unternehmenswert oder die Kapitalkosten aus. Da sich entsprechende Studien für den US-amerikanischen Kontext finden, böten diese Untersuchungen einen hilfreichen Grundstein für die methodische Ausrichtung diesbezüglicher Studien mit deutschem Unternehmensfokus.

Mit der Veröffentlichung des PS MC hat das IASB der zunehmenden Bedeutung vereinheitlichter Berichtsanforderungen zu prospektiven Unternehmensinformationen im internationalen Kontext Rechnung getragen. Bislang sind die Anforderungen an die Berichterstattung in diesem Punkt durch die Zuständigkeit der nationalen Standardsetter äußerst verschiedenartig ausgestaltet und gesellschaftsrechtlich oftmals gar nicht kodifiziert. Folglich ist die Berichterstattungspraxis international äußerst heterogen. Vergleichende deskriptive Untersuchungen zur Prognosepraxis sowie daran anknüpfende Kapitalmarktstudien auf europäischer oder gar internationaler Ebene fehlen allerdings gänzlich, so dass diesem Themenspektrum großes Forschungspotenzial zugeschrieben werden kann. Es bleibt abzuwarten, inwiefern die Anwendungsleitlinie des PS MC, von der in Deutschland wohl auch aufgrund ihrer vagen Regelungen in der nahen Zukunft noch keinerlei Befreiungswirkung ausgehen dürfte, unterschiedliche nationale Anforderungen ablösen wird. Dennoch verspricht die Auswertung der ersten, gemäß des seit dem Jahr 2011 anwendbaren Leitliniendokumentes erstellten Managementberichte, interessante Einblicke in die prospektive Finanzberichterstattung auf Basis international vereinheitlichter Berichtsanforderungen. Inwiefern die Informationsversorgung der *Financial Community* durch das neue Berichtswerk verbessert wurde, könnte daraufhin Gegenstand sich anschließender Untersuchungen sein. Hierbei würde sich analog zur vorliegenden Untersuchung aufgrund der geeigneten Operationalisierung mittels entsprechender Prognosen, eine Fokussierung auf die Gruppe der Finanzanalysten anbieten.

# Anhang

*Abbildung A- 1: Haltung der Kommentierenden zu verschiedenen inhaltlichen Fragestellungen des E-DRS 27*

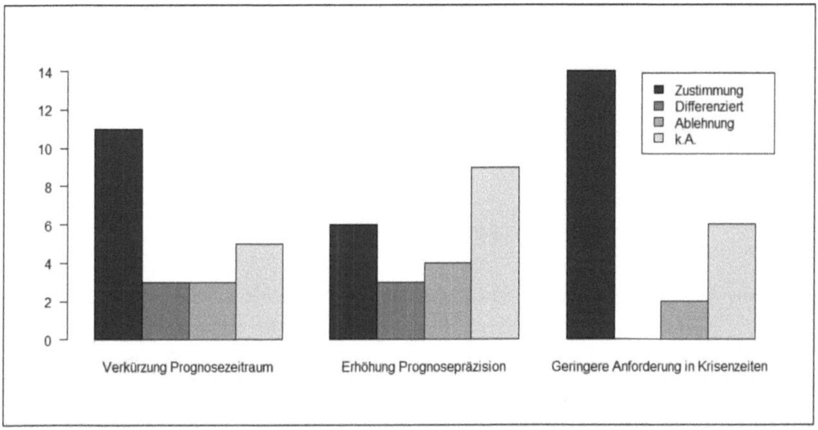


*Abbildung A- 2: Relativer Anteil von Umsatz- und Ergebnisprognosen im Untersuchungszeitraum*

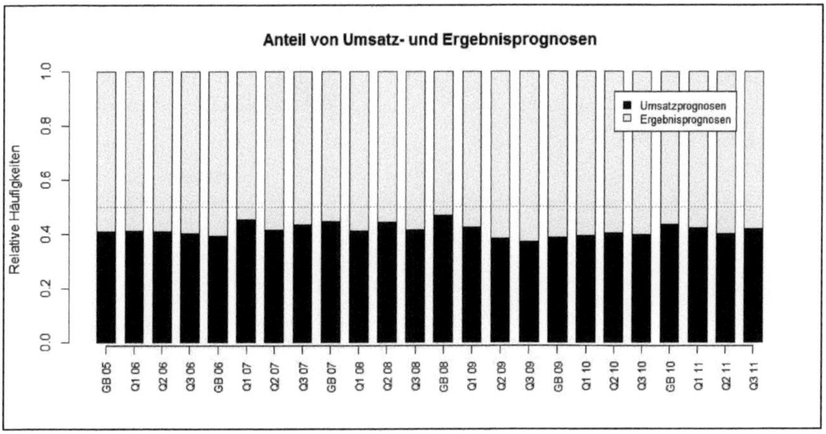

*Abbildung A- 3: Histogramm des betragsmäßigen Prognosefehlers von Managementprognosen*

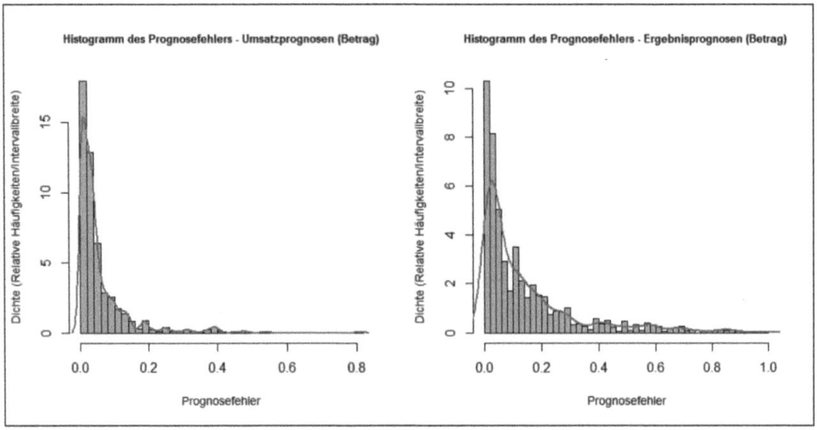


*Abbildung A- 4: Histogramm des betragsmäßigen Prognosefehlers von Analystenprognosen*

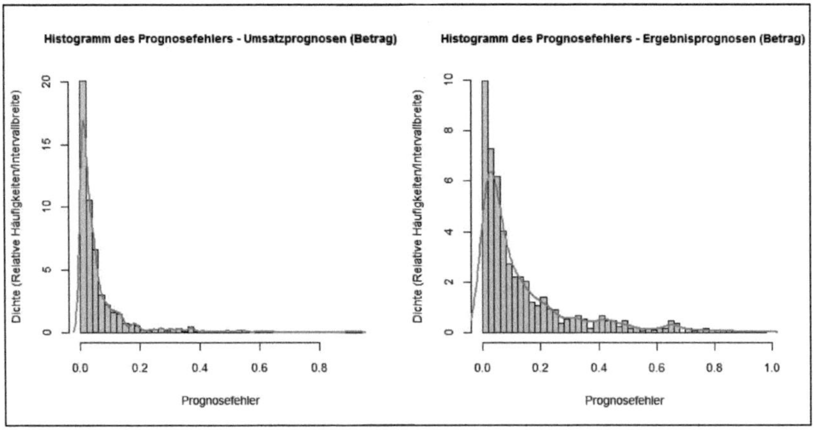

*Tabelle A- 1: Bereinigte Stichprobe*

| COMPANY NAME | INDEX | ICB SUPERSECTOR NAME |
|---|---|---|
| AXEL SPRINGER AG | MDAX | Consumer Services |
| AAREAL BANK AG | MDAX | Finance, Insurance, Real Estate (FIRE) |
| ADIDAS AG | DAX | Consumer Goods |
| ADVA OPTICAL NETWORKING SE | TecDAX | Technology |
| AIXTRON SE | TecDAX | Information Technology |
| ALLIANZ SE | DAX | Finance, Insurance, Real Estate (FIRE) |
| AURUBIS AG | MDAX | Basic Materials |
| BASF SE | DAX | Basic Materials |
| BAYERISCHE MOTOREN WERKE AG | DAX | Consumer Goods |
| BAYER AG | DAX | Basic Materials |
| BAYWA AG | MDAX | Industrials |
| BECHTLE AG | TecDAX | Information Technology |
| BEIERSDORF AG | DAX | Consumer Goods |
| BILFINGER SE | MDAX | Industrials |
| BRENNTAG AG | MDAX | Basic Materials |
| CARL ZEISS MEDITEC AG | TecDAX | Pharma & Healthcare |
| CELESIO AG | MDAX | Consumer Services |
| CENTROTHERM PHOTOVOLTAICS AG | TecDAX | Industrials |
| COMMERZBANK AG | DAX | Finance, Insurance, Real Estate (FIRE) |
| CONTINENTAL AG | MDAX | Consumer Goods |
| DAIMLER AG | DAX | Consumer Goods |
| DEUTSCHE BANK AG | DAX | Finance, Insurance, Real Estate (FIRE) |
| DEUTSCHE BÖRSE | DAX | Finance, Insurance, Real Estate (FIRE) |
| DEUTSCHE EUROSHOP AG | MDAX | Finance, Insurance, Real Estate (FIRE) |
| DEUTSCHE POST AG | DAX | Industrials |
| DEUTSCHE WOHNEN AG | MDAX | Finance, Insurance, Real Estate (FIRE) |

| COMPANY NAME | INDEX | ICB SUPERSECTOR NAME |
|---|---|---|
| DEUTZ AG | MDAX | Industrials |
| DIALOG SEMICONDUCTOR PLC | TecDAX | Information Technology |
| DOUGLAS HOLDING AG | MDAX | Consumer Services |
| DRAEGERWERK AG | TecDAX | Pharma & Healthcare |
| DRILLISCH AG | TecDAX | Telecommunication |
| DEUTSCHE TELEKOM AG | DAX | Telecommunication |
| E.ON SE | DAX | Utilities |
| ELRINGKLINGER AG | MDAX | Consumer Goods |
| EVOTEC AG | TecDAX | Pharma & Healthcare |
| FIELMANN AG | MDAX | Consumer Services |
| FRAPORT AG | MDAX | Industrials |
| FREENET AG | TecDAX | Telecommunication |
| FRESENIUS MEDICAL CARE AG & CO. KGAA | DAX | Pharma & Healthcare |
| FRESENIUS SE | DAX | Pharma & Healthcare |
| FUCHS PETROLUB AG | MDAX | Basic Materials |
| GEA GROUP AG | MDAX | Industrials |
| GERRESHEIMER AG | MDAX | Pharma & Healthcare |
| GERRY WEBER INTERNATIONAL AG | MDAX | Consumer Goods |
| GIGASET AG | TecDAX | Technology |
| GILDEMEISTER AG | MDAX | Industrials |
| GSW IMMOBILIEN AG | MDAX | Finance, Insurance, Real Estate (FIRE) |
| HAMBURGER HAFEN UND LOGISTIK AG | MDAX | Industrials |
| HANNOVER RUECK SE | MDAX | Finance, Insurance, Real Estate (FIRE) |
| HEIDELBERGER DRUCKMASCHINEN AG | MDAX | Industrials |
| HEIDELBERGCEMENT AG | DAX | Industrials |
| HENKEL AG AND CO. KGAA | DAX | Consumer Goods |
| HOCHTIEF AG | MDAX | Industrials |
| HUGO BOSS AG | MDAX | Consumer Goods |

| COMPANY NAME | INDEX | ICB SUPERSECTOR NAME |
|---|---|---|
| INFINEON TECHNOLOGIES AG | DAX | Technology |
| JENOPTIK AG | TecDAX | Industrials |
| K+S AG | DAX | Basic Materials |
| KABEL DEUTSCHLAND HOLDING AG | MDAX | Consumer Services |
| KLOECKNER & CO SE | MDAX | Industrials |
| KONTRON AG | TecDAX | Industrials |
| KRONES AG | MDAX | Industrials |
| KUKA AG | MDAX | Industrials |
| LANXESS AG | DAX | Basic Materials |
| LEONI AG | MDAX | Consumer Goods |
| LINDE AG | DAX | Basic Materials |
| DEUTSCHE LUFTHANSA AG | DAX | Industrials |
| MAN SE | DAX | Industrials |
| MERCK KGAA | DAX | Pharma & Healthcare |
| METRO AG | DAX | Consumer Services |
| MORPHOSYS AG | TecDAX | Pharma & Healthcare |
| MTU AERO ENGINES HOLDING AG | MDAX | Industrials |
| MUENCHENER RUCK AG | DAX | Finance, Insurance, Real Estate (FIRE) |
| NORDEX SE | TecDAX | Industrials |
| PFEIFFER VACUUM TECHNOLOGY AG | TecDAX | Industrials |
| PROSIEBENSAT.1 MEDIA AG | MDAX | Consumer Services |
| PSI AG | TecDAX | Technology |
| PUMA SE | MDAX | Consumer Goods |
| GLOBAL PVQ SE | TecDAX | Industrials |
| QSC AG | TecDAX | Telecommunication |
| RATIONAL AG | MDAX | Industrials |
| RHEINMETALL AG | MDAX | Industrials |
| RHOEN-KLINIKUM AG | MDAX | Pharma & Healthcare |
| RWE AG | DAX | Utilities |
| SALZGITTER AG | MDAX | Basic Materials |
| SAP AG | DAX | Information Technology |

| COMPANY NAME | INDEX | ICB SUPERSECTOR NAME |
|---|---|---|
| SGL CARBON SE | MDAX | Basic Materials |
| SIEMENS AG | DAX | Industrials |
| SINGULUS TECHNOLOGIES AG | TecDAX | Industrials |
| SKY DEUTSCHLAND AG | MDAX | Consumer Services |
| SMA SOLAR TECHNOLOGY AG | TecDAX | Industrials |
| SOFTWARE AG | TecDAX | Information Technology |
| SOLARWORLD AG | TecDAX | Industrials |
| STADA ARZNEIMITTEL AG | MDAX | Pharma & Healthcare |
| STRATEC BIOMEDICAL AG | TecDAX | Pharma & Healthcare |
| SUEDZUCKER AG | MDAX | Consumer Goods |
| SUESS MICROTEC AG | TecDAX | Industrials |
| SYMRISE AG | MDAX | Basic Materials |
| THYSSENKRUPP AG | DAX | Industrials |
| TUI AG | MDAX | Industrials |
| UNITED INTERNET AG | TecDAX | Information Technology |
| VOLKSWAGEN AG | DAX | Consumer Goods |
| VOSSLOH AG | MDAX | Industrials |
| WACKER CHEMIE AG | MDAX | Basic Materials |
| WINCOR NIXDORF AG | MDAX | Industrials |
| WIRECARD AG | TecDAX | Information Technology |
| XING AG | TecDAX | Technology |

*Tabelle A- 2: Absolute und relative Häufigkeiten von Managementprognosen und Indexzugehörigkeit*

| **Index** | **DAX** | | **MDAX** | | **TecDAX** | | **Σ** |
|---|---|---|---|---|---|---|---|
| | abs. | rel. | abs. | rel. | abs. | rel. | |
| **Quartal/ Unternehmen** | **30** | **28,3%** | **48** | **45,3%** | **28** | **26,4%** | **106** |
| **Gesamt** | **1.249** | **32,3%** | **1.746** | **45,1%** | **875** | **22,6%** | **3.870** |
| **GB** | **317** | **33,3%** | **433** | **45,5%** | **201** | **21,1%** | **951** |
| **Q1** | **307** | **32,9%** | **417** | **44,7%** | **209** | **22,4%** | **933** |
| **Q2** | **316** | **32,3%** | **434** | **44,3%** | **229** | **23,4%** | **979** |
| **Q3** | **309** | **30,7%** | **462** | **45,9%** | **236** | **23,4%** | **1.007** |
| **GB 05** | 57 | 37,3% | 70 | 45,8% | 26 | 17,0% | 153 |
| **Q1 06** | 53 | 36,1% | 68 | 46,3% | 26 | 17,7% | 147 |
| **Q2 06** | 57 | 36,5% | 70 | 44,9% | 29 | 18,6% | 156 |
| **Q3 06** | 57 | 33,9% | 79 | 47,0% | 32 | 19,0% | 168 |
| **GB 06** | 53 | 33,1% | 74 | 46,3% | 33 | 20,6% | 160 |
| **Q1 07** | 51 | 34,5% | 61 | 41,2% | 36 | 24,3% | 148 |
| **Q2 07** | 52 | 32,3% | 73 | 45,3% | 36 | 22,4% | 161 |
| **Q3 07** | 52 | 32,7% | 72 | 45,3% | 35 | 22,0% | 159 |
| **GB 07** | 52 | 31,5% | 77 | 46,7% | 36 | 21,8% | 165 |
| **Q1 08** | 52 | 33,1% | 73 | 46,5% | 32 | 20,4% | 157 |
| **Q2 08** | 54 | 32,9% | 75 | 45,7% | 35 | 21,3% | 164 |
| **Q3 08** | 48 | 27,7% | 87 | 50,3% | 38 | 22,0% | 173 |
| **GB 08** | 31 | 29,8% | 50 | 48,1% | 23 | 22,1% | 104 |
| **Q1 09** | 35 | 29,9% | 52 | 44,4% | 30 | 25,6% | 117 |
| **Q2 09** | 35 | 28,0% | 54 | 43,2% | 36 | 28,8% | 125 |
| **Q3 09** | 36 | 25,9% | 64 | 46,0% | 39 | 28,1% | 139 |
| **GB 09** | 61 | 33,3% | 80 | 43,7% | 42 | 23,0% | 183 |
| **Q1 10** | 58 | 32,2% | 80 | 44,4% | 42 | 23,3% | 180 |
| **Q2 10** | 60 | 31,4% | 83 | 43,5% | 48 | 25,1% | 191 |
| **Q3 10** | 62 | 33,7% | 77 | 41,8% | 45 | 24,5% | 184 |
| **GB 10** | 63 | 33,9% | 82 | 44,1% | 41 | 22,0% | 186 |
| **Q1 11** | 58 | 31,5% | 83 | 45,1% | 43 | 23,4% | 184 |
| **Q2 11** | 58 | 31,9% | 79 | 43,4% | 45 | 24,7% | 182 |
| **Q3 11** | 54 | 29,3% | 83 | 45,1% | 47 | 25,5% | 184 |

*Tabelle A- 3: Absolute und relative Häufigkeiten von Managementprognosen und Branchenzugehörigkeit*

| Branche | Consumer Goods | | Information Technology | | Industrials | | Basic Materials | | Technology | | Pharma & Healthcare | | Utilities | | Consumer Services | | FIRE | | Telecommuni-cation | | Σ |
|---|---|---|---|---|---|---|---|---|---|---|---|---|---|---|---|---|---|---|---|---|---|
| | abs. | rel. | abs. | rel. | abs. | rel. | abs. | rel. | abs. | rel. | abs. | rel. | abs. | rel. | abs. | rel. | abs. | rel. | abs. | rel. | |
| **Quartal/Unternehmen** | **13** | **12,3%** | **7** | **6,6%** | **34** | **32,1%** | **12** | **11,3%** | **5** | **4,7%** | **11** | **10,4%** | **2** | **1,9%** | **8** | **7,5%** | **10** | **9,4%** | **4** | **3,8%** | **106** |
| **Gesamt** | 623 | 16,1% | 258 | 6,7% | 1287 | 33,3% | 479 | 12,4% | 114 | 2,9% | 397 | 10,3% | 127 | 3,3% | 244 | 6,3% | 187 | 4,8% | 154 | 4,0% | 3.870 |
| **GB** | 144 | 15,1% | 66 | 6,9% | 327 | 34,4% | 113 | 11,9% | 29 | 3,0% | 95 | 10,0% | 33 | 3,5% | 57 | 6,0% | 54 | 5,7% | 33 | 3,5% | 951 |
| **Q1** | 158 | 16,9% | 64 | 6,9% | 296 | 31,7% | 118 | 12,6% | 29 | 3,1% | 95 | 10,2% | 32 | 3,4% | 57 | 6,1% | 42 | 4,5% | 42 | 4,5% | 933 |
| **Q2** | 162 | 16,5% | 68 | 6,9% | 325 | 33,2% | 120 | 12,3% | 27 | 2,8% | 101 | 10,3% | 32 | 3,3% | 61 | 6,2% | 42 | 4,3% | 41 | 4,2% | 979 |
| **Q3** | 159 | 15,8% | 60 | 6,0% | 339 | 33,7% | 128 | 12,7% | 29 | 2,9% | 106 | 10,5% | 30 | 3,0% | 69 | 6,9% | 49 | 4,9% | 38 | 3,8% | 1.007 |
| **GB 05** | 26 | 17,0% | 12 | 7,8% | 52 | 34,0% | 18 | 11,8% | 4 | 2,6% | 12 | 7,8% | 6 | 3,9% | 10 | 6,5% | 9 | 5,9% | 4 | 2,6% | 153 |
| **Q1 06** | 29 | 19,7% | 12 | 8,2% | 46 | 31,3% | 17 | 11,6% | 4 | 2,7% | 9 | 6,1% | 6 | 4,1% | 11 | 7,5% | 8 | 5,4% | 5 | 3,4% | 147 |
| **Q2 06** | 30 | 19,2% | 12 | 7,7% | 51 | 32,7% | 20 | 12,8% | 4 | 2,6% | 11 | 7,1% | 6 | 3,8% | 8 | 5,1% | 8 | 5,1% | 6 | 3,8% | 156 |
| **Q3 06** | 29 | 17,3% | 10 | 6,0% | 55 | 32,7% | 23 | 13,7% | 4 | 2,4% | 13 | 7,7% | 6 | 3,6% | 10 | 6,0% | 12 | 7,1% | 6 | 3,6% | 168 |
| **GB 06** | 28 | 17,5% | 12 | 7,5% | 59 | 36,9% | 17 | 10,6% | 5 | 3,1% | 13 | 8,1% | 6 | 3,8% | 10 | 6,3% | 7 | 4,4% | 3 | 1,9% | 160 |
| **Q1 07** | 27 | 18,2% | 11 | 7,4% | 48 | 32,4% | 17 | 11,5% | 7 | 4,7% | 13 | 8,8% | 5 | 3,4% | 9 | 6,1% | 6 | 4,1% | 5 | 3,4% | 148 |
| **Q2 07** | 29 | 18,0% | 10 | 6,2% | 53 | 32,9% | 17 | 10,6% | 6 | 3,7% | 15 | 9,3% | 5 | 3,1% | 14 | 8,7% | 6 | 3,7% | 6 | 3,7% | 161 |
| **Q3 07** | 30 | 18,9% | 9 | 5,7% | 51 | 32,1% | 17 | 10,7% | 7 | 4,4% | 16 | 10,1% | 5 | 3,1% | 11 | 6,9% | 8 | 5,0% | 5 | 3,1% | 159 |
| **GB 07** | 21 | 12,7% | 12 | 7,3% | 65 | 39,4% | 19 | 11,5% | 3 | 1,8% | 18 | 10,9% | 6 | 3,6% | 12 | 7,3% | 6 | 3,6% | 3 | 1,8% | 165 |
| **Q1 08** | 26 | 16,6% | 8 | 5,1% | 57 | 36,3% | 21 | 13,4% | 4 | 2,5% | 15 | 9,6% | 6 | 3,8% | 7 | 4,5% | 6 | 3,8% | 7 | 4,5% | 157 |
| **Q2 08** | 27 | 16,5% | 12 | 7,3% | 61 | 37,2% | 20 | 12,2% | 5 | 3,0% | 17 | 10,4% | 6 | 3,7% | 8 | 4,9% | 4 | 2,4% | 4 | 2,4% | 164 |
| **Q3 08** | 25 | 14,5% | 9 | 5,2% | 65 | 37,6% | 23 | 13,3% | 5 | 2,9% | 18 | 10,4% | 6 | 3,5% | 12 | 6,9% | 6 | 3,5% | 4 | 2,3% | 173 |
| **GB 08** | 14 | 13,5% | 7 | 6,7% | 38 | 36,5% | 12 | 11,5% | 3 | 2,9% | 10 | 9,6% | 6 | 5,8% | 4 | 3,8% | 4 | 3,8% | 6 | 5,8% | 104 |
| **Q1 09** | 17 | 14,5% | 8 | 6,8% | 37 | 31,6% | 12 | 10,3% | 3 | 2,6% | 16 | 13,7% | 6 | 5,1% | 7 | 6,0% | 4 | 3,4% | 7 | 6,0% | 117 |
| **Q2 09** | 17 | 13,6% | 8 | 6,4% | 47 | 37,6% | 11 | 8,8% | 2 | 1,6% | 17 | 13,6% | 6 | 4,8% | 6 | 4,8% | 4 | 3,2% | 7 | 5,6% | 125 |
| **Q3 09** | 18 | 12,9% | 10 | 7,2% | 51 | 36,7% | 14 | 10,1% | 2 | 1,4% | 21 | 15,1% | 6 | 4,3% | 7 | 5,0% | 4 | 2,9% | 6 | 4,3% | 139 |
| **GB 09** | 30 | 16,4% | 13 | 7,1% | 56 | 30,6% | 23 | 12,6% | 5 | 2,7% | 20 | 10,9% | 4 | 2,2% | 12 | 6,6% | 11 | 6,0% | 9 | 4,9% | 183 |
| **Q1 10** | 31 | 17,2% | 13 | 7,2% | 55 | 30,6% | 24 | 13,3% | 5 | 2,8% | 19 | 10,6% | 4 | 2,2% | 12 | 6,7% | 8 | 4,4% | 9 | 5,0% | 180 |
| **Q2 10** | 31 | 16,2% | 14 | 7,3% | 57 | 29,8% | 27 | 14,1% | 5 | 2,6% | 20 | 10,5% | 4 | 2,1% | 14 | 7,3% | 9 | 4,7% | 10 | 5,2% | 191 |
| **Q3 10** | 28 | 15,2% | 10 | 5,4% | 58 | 31,5% | 31 | 16,8% | 4 | 2,2% | 15 | 8,2% | 2 | 1,1% | 17 | 9,2% | 9 | 4,9% | 10 | 5,4% | 184 |
| **GB 10** | 25 | 13,4% | 10 | 5,4% | 57 | 30,6% | 24 | 12,9% | 9 | 4,8% | 22 | 11,8% | 5 | 2,7% | 9 | 4,8% | 17 | 9,1% | 8 | 4,3% | 186 |
| **Q1 11** | 28 | 15,2% | 12 | 6,5% | 53 | 28,8% | 27 | 14,7% | 6 | 3,3% | 23 | 12,5% | 5 | 2,7% | 11 | 6,0% | 10 | 5,4% | 9 | 4,9% | 184 |
| **Q2 11** | 28 | 15,4% | 12 | 6,6% | 56 | 30,8% | 25 | 13,7% | 5 | 2,7% | 21 | 11,5% | 5 | 2,7% | 11 | 6,0% | 11 | 6,0% | 8 | 4,4% | 182 |
| **Q3 11** | 29 | 15,8% | 12 | 6,5% | 59 | 32,1% | 20 | 10,9% | 7 | 3,8% | 23 | 12,5% | 5 | 2,7% | 12 | 6,5% | 10 | 5,4% | 7 | 3,8% | 184 |

*Tabelle A- 4: Absolute und relative Häufigkeiten von Managementprognosen und Prognoseinhalt*

| **Inhalt** | **Umsatz** | | **EBITDA** | | **EBIT** | | **EBT** | | **JÜ** | | **EPS** | | **Σ** |
|---|---|---|---|---|---|---|---|---|---|---|---|---|---|
| **Quartal** | abs. | rel. | abs. | rel. | abs. | rel. | abs. | rel. | abs. | rel. | abs. | rel. | |
| **Gesamt** | **1.608** | **41,6%** | **365** | **9,4%** | **1.076** | **27,8%** | **178** | **4,6%** | **525** | **13,6%** | **118** | **3,0%** | **3.870** |
| **GB** | **401** | **42,2%** | **80** | **8,4%** | **243** | **25,6%** | **47** | **4,9%** | **147** | **15,5%** | **33** | **3,5%** | **951** |
| **Q1** | **391** | **41,9%** | **87** | **9,3%** | **269** | **28,8%** | **42** | **4,5%** | **119** | **12,8%** | **25** | **2,7%** | **933** |
| **Q2** | **403** | **41,2%** | **100** | **10,2%** | **287** | **29,3%** | **41** | **4,2%** | **123** | **12,6%** | **25** | **2,6%** | **979** |
| **Q3** | **413** | **41,0%** | **98** | **9,7%** | **277** | **27,5%** | **48** | **4,8%** | **136** | **13,5%** | **35** | **3,5%** | **1.007** |
| **GB 05** | 63 | 41,2% | 11 | 7,2% | 36 | 23,5% | 8 | 5,2% | 28 | 18,3% | 7 | 4,6% | 153 |
| **Q1 06** | 61 | 41,5% | 11 | 7,5% | 41 | 27,9% | 7 | 4,8% | 23 | 15,6% | 4 | 2,7% | 147 |
| **Q2 06** | 64 | 41,0% | 10 | 6,4% | 43 | 27,6% | 8 | 5,1% | 26 | 16,7% | 5 | 3,2% | 156 |
| **Q3 06** | 68 | 40,5% | 12 | 7,1% | 45 | 26,8% | 10 | 6,0% | 27 | 16,1% | 6 | 3,6% | 168 |
| **GB 06** | 63 | 39,4% | 9 | 5,6% | 41 | 25,6% | 11 | 6,9% | 30 | 18,8% | 6 | 3,8% | 160 |
| **Q1 07** | 66 | 44,6% | 11 | 7,4% | 43 | 29,1% | 10 | 6,8% | 16 | 10,8% | 2 | 1,4% | 148 |
| **Q2 07** | 67 | 41,6% | 14 | 8,7% | 53 | 32,9% | 11 | 6,8% | 14 | 8,7% | 2 | 1,2% | 161 |
| **Q3 07** | 69 | 43,4% | 10 | 6,3% | 41 | 25,8% | 13 | 8,2% | 23 | 14,5% | 3 | 1,9% | 159 |
| **GB 07** | 74 | 44,8% | 9 | 5,5% | 41 | 24,8% | 9 | 5,5% | 25 | 15,2% | 7 | 4,2% | 165 |
| **Q1 08** | 65 | 41,4% | 11 | 7,0% | 46 | 29,3% | 10 | 6,4% | 20 | 12,7% | 5 | 3,2% | 157 |
| **Q2 08** | 73 | 44,5% | 13 | 7,9% | 44 | 26,8% | 9 | 5,5% | 21 | 12,8% | 4 | 2,4% | 164 |
| **Q3 08** | 72 | 41,6% | 16 | 9,2% | 47 | 27,2% | 8 | 4,6% | 22 | 12,7% | 8 | 4,6% | 173 |

| Inhalt | Umsatz | | EBITDA | | EBIT | | EBT | | JÜ | | EPS | | Σ |
|---|---|---|---|---|---|---|---|---|---|---|---|---|---|
| **GB 08** | 49 | 47,1% | 8 | 7,7% | 29 | 27,9% | 3 | 2,9% | 13 | 12,5% | 2 | 1,9% | 104 |
| **Q1 09** | 50 | 42,7% | 11 | 9,4% | 38 | 32,5% | 3 | 2,6% | 12 | 10,3% | 3 | 2,6% | 117 |
| **Q2 09** | 48 | 38,4% | 13 | 10,4% | 43 | 34,4% | 4 | 3,2% | 14 | 11,2% | 3 | 2,4% | 125 |
| **Q3 09** | 52 | 37,4% | 14 | 10,1% | 45 | 32,4% | 4 | 2,9% | 18 | 12,9% | 6 | 4,3% | 139 |
| **GB 09** | 71 | 38,8% | 21 | 11,5% | 50 | 27,3% | 6 | 3,3% | 30 | 16,4% | 5 | 2,7% | 183 |
| **Q1 10** | 71 | 39,4% | 20 | 11,1% | 51 | 28,3% | 6 | 3,3% | 27 | 15,0% | 5 | 2,8% | 180 |
| **Q2 10** | 78 | 40,8% | 24 | 12,6% | 50 | 26,2% | 5 | 2,6% | 28 | 14,7% | 6 | 3,1% | 191 |
| **Q3 10** | 75 | 40,8% | 23 | 12,5% | 45 | 24,5% | 7 | 3,8% | 27 | 14,7% | 7 | 3,8% | 184 |
| **GB 10** | 81 | 43,5% | 22 | 11,8% | 46 | 24,7% | 10 | 5,4% | 21 | 11,3% | 6 | 3,2% | 186 |
| **Q1 11** | 78 | 42,4% | 23 | 12,5% | 50 | 27,2% | 6 | 3,3% | 21 | 11,4% | 6 | 3,3% | 184 |
| **Q2 11** | 73 | 40,1% | 26 | 14,3% | 54 | 29,7% | 4 | 2,2% | 20 | 11,0% | 5 | 2,7% | 182 |
| **Q3 11** | 77 | 41,8% | 23 | 12,5% | 54 | 29,3% | 6 | 3,3% | 19 | 10,3% | 5 | 2,7% | 184 |

*Tabelle A- 5: Absolute und relative Häufigkeiten unterschiedlicher Prognoseformulierungen*

| **Inhalt** | **Komparativ** | | **Komparatives Intervall** | | **Intervall** | | **Punkt** | | **Σ** |
|---|---|---|---|---|---|---|---|---|---|
| **Quartal** | abs. | rel. | abs. | rel. | abs. | rel. | abs. | rel. | |
| **Gesamt** | **1.586** | **41,0%** | **441** | **11,4%** | **654** | **16,9%** | **1.189** | **30,7%** | **3.870** |
| **GB** | **492** | **51,7%** | **106** | **11,1%** | **120** | **12,6%** | **233** | **24,5%** | **951** |
| **Q1** | **402** | **43,1%** | **119** | **12,8%** | **147** | **15,8%** | **265** | **28,4%** | **933** |
| **Q2** | **355** | **36,3%** | **115** | **11,7%** | **193** | **19,7%** | **316** | **32,3%** | **979** |
| **Q3** | **337** | **33,5%** | **101** | **10,0%** | **194** | **19,3%** | **375** | **37,2%** | **1.007** |
| **GB 05** | 82 | 53,6% | 17 | 11,1% | 17 | 11,1% | 37 | 24,2% | 153 |
| **Q1 06** | 58 | 39,5% | 23 | 15,6% | 21 | 14,3% | 45 | 30,6% | 147 |
| **Q2 06** | 58 | 37,2% | 22 | 14,1% | 28 | 17,9% | 48 | 30,8% | 156 |
| **Q3 06** | 48 | 28,6% | 20 | 11,9% | 26 | 15,5% | 74 | 44,0% | 168 |
| **GB 06** | 83 | 51,9% | 20 | 12,5% | 18 | 11,3% | 39 | 24,4% | 160 |
| **Q1 07** | 62 | 41,9% | 20 | 13,5% | 19 | 12,8% | 47 | 31,8% | 148 |
| **Q2 07** | 60 | 37,3% | 22 | 13,7% | 25 | 15,5% | 54 | 33,5% | 161 |
| **Q3 07** | 57 | 35,8% | 21 | 13,2% | 28 | 17,6% | 53 | 33,3% | 159 |
| **GB 07** | 91 | 55,2% | 22 | 13,3% | 12 | 7,3% | 40 | 24,2% | 165 |
| **Q1 08** | 60 | 38,2% | 28 | 17,8% | 20 | 12,7% | 49 | 31,2% | 157 |
| **Q2 08** | 51 | 31,1% | 29 | 17,7% | 27 | 16,5% | 57 | 34,8% | 164 |
| **Q3 08** | 60 | 34,7% | 20 | 11,6% | 26 | 15,0% | 67 | 38,7% | 173 |
| **GB 08** | 59 | 56,7% | 4 | 3,8% | 15 | 14,4% | 26 | 25,0% | 104 |
| **Q1 09** | 63 | 53,8% | 6 | 5,1% | 23 | 19,7% | 25 | 21,4% | 117 |
| **Q2 09** | 56 | 44,8% | 5 | 4,0% | 29 | 23,2% | 35 | 28,0% | 125 |
| **Q3 09** | 55 | 39,6% | 6 | 4,3% | 35 | 25,2% | 43 | 30,9% | 139 |
| **GB 09** | 95 | 51,9% | 19 | 10,4% | 30 | 16,4% | 39 | 21,3% | 183 |
| **Q1 10** | 89 | 49,4% | 18 | 10,0% | 33 | 18,3% | 40 | 22,2% | 180 |
| **Q2 10** | 79 | 41,4% | 16 | 8,4% | 41 | 21,5% | 55 | 28,8% | 191 |
| **Q3 10** | 67 | 36,4% | 13 | 7,1% | 40 | 21,7% | 64 | 34,8% | 184 |
| **GB 10** | 82 | 44,1% | 24 | 12,9% | 28 | 15,1% | 52 | 28,0% | 186 |
| **Q1 11** | 70 | 38,0% | 24 | 13,0% | 31 | 16,8% | 59 | 32,1% | 184 |
| **Q2 11** | 51 | 28,0% | 21 | 11,5% | 43 | 23,6% | 67 | 36,8% | 182 |
| **Q3 11** | 50 | 27,2% | 21 | 11,4% | 39 | 21,2% | 74 | 40,2% | 184 |

*Tabelle A- 6: Absolute und relative Häufigkeiten unterschiedlicher Präzisionsgrade*

| Inhalt | Maximum | | Minimum | | Intervall | | Punkt | | Σ |
|---|---|---|---|---|---|---|---|---|---|
| **Quartal** | abs. | rel. | abs. | rel. | abs. | rel. | abs. | rel. | |
| **Gesamt** | **252** | **6,5%** | **1.534** | **39,6%** | **1.187** | **30,7%** | **897** | **23,2%** | **3.870** |
| **GB** | **64** | **6,7%** | **437** | **46,0%** | **244** | **25,7%** | **206** | **21,7%** | **951** |
| **Q1** | **63** | **6,8%** | **389** | **41,7%** | **287** | **30,8%** | **194** | **20,8%** | **933** |
| **Q2** | **59** | **6,0%** | **362** | **37,0%** | **337** | **34,4%** | **221** | **22,6%** | **979** |
| **Q3** | **66** | **6,6%** | **346** | **34,4%** | **319** | **31,7%** | **276** | **27,4%** | **1.007** |
| **GB 05** | 5 | 3,3% | 75 | 49,0% | 38 | 24,8% | 35 | 22,9% | 153 |
| **Q1 06** | 3 | 2,0% | 57 | 38,8% | 48 | 32,7% | 39 | 26,5% | 147 |
| **Q2 06** | 4 | 2,6% | 59 | 37,8% | 54 | 34,6% | 39 | 25,0% | 156 |
| **Q3 06** | 6 | 3,6% | 58 | 34,5% | 53 | 31,5% | 51 | 30,4% | 168 |
| **GB 06** | 6 | 3,8% | 76 | 47,5% | 40 | 25,0% | 38 | 23,8% | 160 |
| **Q1 07** | 3 | 2,0% | 63 | 42,6% | 42 | 28,4% | 40 | 27,0% | 148 |
| **Q2 07** | 1 | 0,6% | 66 | 41,0% | 53 | 32,9% | 41 | 25,5% | 161 |
| **Q3 07** | 3 | 1,9% | 58 | 36,5% | 52 | 32,7% | 46 | 28,9% | 159 |
| **GB 07** | 3 | 1,8% | 84 | 50,9% | 38 | 23,0% | 40 | 24,2% | 165 |
| **Q1 08** | 3 | 1,9% | 70 | 44,6% | 49 | 31,2% | 35 | 22,3% | 157 |
| **Q2 08** | 3 | 1,8% | 67 | 40,9% | 59 | 36,0% | 35 | 21,3% | 164 |
| **Q3 08** | 13 | 7,5% | 65 | 37,6% | 48 | 27,7% | 47 | 27,2% | 173 |
| **GB 08** | 35 | 33,7% | 21 | 20,2% | 22 | 21,2% | 26 | 25,0% | 104 |
| **Q1 09** | 41 | 35,0% | 18 | 15,4% | 32 | 27,4% | 26 | 22,2% | 117 |
| **Q2 09** | 38 | 30,4% | 22 | 17,6% | 39 | 31,2% | 26 | 20,8% | 125 |
| **Q3 09** | 34 | 24,5% | 24 | 17,3% | 46 | 33,1% | 35 | 25,2% | 139 |
| **GB 09** | 8 | 4,4% | 91 | 49,7% | 54 | 29,5% | 30 | 16,4% | 183 |
| **Q1 10** | 7 | 3,9% | 93 | 51,7% | 57 | 31,7% | 23 | 12,8% | 180 |
| **Q2 10** | 5 | 2,6% | 85 | 44,5% | 67 | 35,1% | 34 | 17,8% | 191 |
| **Q3 10** | 4 | 2,2% | 78 | 42,4% | 59 | 32,1% | 43 | 23,4% | 184 |
| **GB 10** | 7 | 3,8% | 90 | 48,4% | 52 | 28,0% | 37 | 19,9% | 186 |
| **Q1 11** | 6 | 3,3% | 88 | 47,8% | 59 | 32,1% | 31 | 16,8% | 184 |
| **Q2 11** | 8 | 4,4% | 63 | 34,6% | 65 | 35,7% | 46 | 25,3% | 182 |
| **Q3 11** | 6 | 3,3% | 63 | 34,2% | 61 | 33,2% | 54 | 29,3% | 184 |

*Tabelle A- 7: Lageparameter des ermittelten Prognosefehlers vor durchgeführten Bereinigungen*

| Prognosefehler Management $FE_{i,l,t,q}$ | | | | | | | | |
|---|---|---|---|---|---|---|---|---|
| **Quartal** | **n** | **Min.** | **25%-Q.** | **Median** | **MW** | **75%-Q.** | **Max** | **s** |
| **Gesamt** | **3.870** | **- 24,4981** | **- 0,1334** | **- 0,0323** | **- 0,0438** | **0,0224** | **23,1754** | **1,387** |
| **GB** | **951** | **12,4356** | **- 0,1884** | **- 0,0469** | **- 0,0648** | **0,0169** | **21,8000** | **1,341** |
| **Q1** | **933** | **12,4356** | **- 0,1546** | **- 0,0363** | **- 0,0223** | **0,0262** | **23,1754** | **1,368** |
| **Q2** | **979** | **- 15,1429** | **- 0,1108** | **- 0,0266** | **- 0,0154** | **0,0285** | **23,1754** | **1,361** |
| **Q3** | **1.007** | **- 24,4981** | **- 0,0837** | **- 0,0217** | **- 0,0718** | **0,0162** | **23,1754** | **1,468** |
| **GB 05** | 153 | - 10,1297 | - 0,2339 | - 0,0723 | - 0,1828 | - 0,0090 | 1,8810 | 0,8655 |
| **Q1 06** | 147 | - 1,0000 | - 0,1415 | - 0,0439 | - 0,0767 | 0,0041 | 1,3153 | 0,2604 |
| **Q2 06** | 156 | - 1,2854 | - 0,1389 | - 0,0320 | - 0,0804 | 0,0104 | 1,3300 | 0,2613 |
| **Q3 06** | 168 | - 1,0000 | - 0,0940 | - 0,0238 | - 0,0480 | 0,0142 | 0,7241 | 0,2333 |
| **GB 06** | 160 | - 2,9305 | - 0,2048 | - 0,0892 | - 0,0782 | - 0,0114 | 6,2778 | 0,7908 |
| **Q1 07** | 148 | - 4,4483 | - 0,1242 | - 0,0572 | 0,0291 | 0,0055 | 12,0000 | 1,3363 |
| **Q2 07** | 161 | - 2,4479 | - 0,0945 | - 0,0307 | 0,0477 | 0,0297 | 9,1111 | 0,9237 |
| **Q3 07** | 159 | - 1,0000 | - 0,0657 | - 0,0221 | 0,0516 | 0,0153 | 8,4139 | 0,8515 |
| **GB 07** | 165 | - 9,6700 | - 0,1316 | - 0,0210 | 0,0715 | 0,0616 | 8,4970 | 1,6154 |
| **Q1 08** | 157 | - 9,2890 | - 0,0724 | - 0,0035 | - 0,0742 | 0,0864 | 8,4970 | 1,5038 |
| **Q2 08** | 164 | - 15,1429 | - 0,0557 | 0,0030 | - 0,0989 | 0,0838 | 8,4970 | 1,8598 |
| **Q3 08** | 173 | - 24,4981 | - 0,0509 | - 0,0032 | - 0,2431 | 0,0463 | 4,1766 | 2,3339 |
| **GB 08** | 104 | - 6,1767 | - 0,0422 | 0,0235 | 0,4518 | 0,2325 | 21,8000 | 2,5995 |
| **Q1 09** | 117 | - 6,1767 | - 0,0885 | 0,0146 | 0,4943 | 0,2237 | 23,1754 | 2,7088 |
| **Q2 09** | 125 | - 6,1767 | - 0,1107 | 0,0007 | 0,3772 | 0,1508 | 23,1754 | 2,5656 |
| **Q3 09** | 139 | - 16,9412 | - 0,1184 | - 0,0087 | 0,0111 | 0,0395 | 23,1754 | 2,7511 |
| **GB 09** | 183 | - 12,4356 | - 0,3794 | - 0,1286 | - 0,3303 | - 0,0342 | 0,8143 | 0,9796 |
| **Q1 10** | 180 | - 12,4356 | - 0,2946 | - 0,1243 | - 0,3169 | - 0,0304 | 0,8143 | 0,9954 |
| **Q2 10** | 191 | - 12,4356 | - 0,1961 | - 0,0872 | - 0,2095 | - 0,0142 | 6,5346 | 1,0617 |
| **Q3 10** | 184 | - 1,5376 | - 0,1679 | - 0,0478 | - 0,1419 | - 0,0092 | 0,8143 | 0,2993 |
| **GB 10** | 186 | - 8,8766 | - 0,1222 | - 0,0304 | - 0,1054 | 0,0372 | 2,4188 | 0,8666 |
| **Q1 11** | 184 | - 2,5097 | - 0,1007 | - 0,0289 | - 0,0100 | 0,0326 | 2,4188 | 0,4056 |
| **Q2 11** | 182 | - 2,3568 | - 0,0621 | - 0,0109 | - 0,0084 | 0,0285 | 2,4188 | 0,4173 |
| **Q3 11** | 184 | - 2,0590 | - 0,0599 | - 0,0149 | - 0,0293 | 0,0161 | 2,4188 | 0,3581 |

*Tabelle A- 8: Deskriptive Statistik zum Managementprognosefehler für Umsatzprognosen*

| Prognosefehler Management<br>*Umsatzprognosen* $FE_{i,Umsatz,t,q}$ | | | | | | | | | | |
|---|---|---|---|---|---|---|---|---|---|---|
| **Quartal** | **n** | **Min.** | **25%-Q.** | **MW** | **Median** | **75%-Q.** | **Max.** | **s** | **Unter-schätzung** | **Über-schätzung** |
| **Gesamt** | **890** | **- 0,4776** | **- 0,0414** | **- 0,0066** | **- 0,0087** | **0,0167** | **0,8089** | **0,0958** | **0,5978** | **0,4022** |
| **GB** | 193 | - 0,3750 | - 0,0561 | - 0,0172 | - 0,0210 | 0,0154 | 0,3893 | 0,0996 | 0,6425 | 0,3575 |
| **Q1** | 207 | - 0,3750 | - 0,0453 | - 0,0010 | - 0,0083 | 0,0235 | 0,8089 | 0,1233 | 0,5797 | 0,4203 |
| **Q2** | 247 | - 0,4776 | - 0,0348 | - 0,0060 | - 0,0063 | 0,0195 | 0,4059 | 0,0855 | 0,5668 | 0,4332 |
| **Q3** | 243 | - 0,4776 | - 0,0267 | - 0,0037 | - 0,0063 | 0,0113 | 0,3932 | 0,0722 | 0,6091 | 0,3909 |
| **0607** | **311** | **- 0,2865** | **- 0,0411** | **- 0,0074** | **- 0,0118** | **0,0138** | **0,5372** | **0,0953** | **0,6399** | **0,3601** |
| **GB 0607** | 64 | - 0,2865 | - 0,0607 | - 0,0303 | - 0,0283 | 0,0066 | 0,2413 | 0,0803 | 0,6875 | 0,3125 |
| **Q1 0607** | 75 | - 0,2865 | - 0,0647 | - 0,0039 | - 0,0236 | 0,0123 | 0,5372 | 0,1261 | 0,6533 | 0,3467 |
| **Q2 0607** | 84 | - 0,2670 | - 0,0333 | - 0,0030 | - 0,0091 | 0,0203 | 0,4059 | 0,0872 | 0,6310 | 0,3690 |
| **Q3 0607** | 88 | - 0,2670 | - 0,0263 | 0,0022 | - 0,0060 | 0,0142 | 0,3855 | 0,0782 | 0,6023 | 0,3977 |
| **0809** | **254** | **- 0,4776** | **- 0,0202** | **0,0150** | **0,0066** | **0,0343** | **0,8089** | **0,1074** | **0,4252** | **0,5748** |
| **GB 0809** | 55 | - 0,1165 | - 0,0192 | 0,0374 | 0,0091 | 0,0702 | 0,3893 | 0,1005 | 0,4182 | 0,5818 |
| **Q1 0809** | 61 | - 0,3066 | - 0,0206 | 0,0258 | 0,0091 | 0,0330 | 0,8089 | 0,1359 | 0,4098 | 0,5902 |
| **Q2 0809** | 72 | - 0,4776 | - 0,0233 | 0,0026 | 0,0088 | 0,0334 | 0,3932 | 0,1002 | 0,3750 | 0,6250 |
| **Q3 0809** | 66 | - 0,4776 | - 0,0151 | - 0,0001 | - 0,0004 | 0,0214 | 0,3932 | 0,0838 | 0,5000 | 0,5000 |
| **1011** | **325** | **- 0,3750** | **- 0,0482** | **- 0,0229** | **- 0,0209** | **0,0058** | **0,3913** | **0,0824** | **0,6923** | **0,3100** |

| Prognosefehler Management | | | | | | | | | | |
|---|---|---|---|---|---|---|---|---|---|---|
| *Umsatzprognosen* $FE_{i,Umsatz,t,q}$ | | | | | | | | | | |
| **Quartal** | **n** | **Min.** | **25%-Q.** | **MW** | **Median** | **75%-Q.** | **Max.** | **s** | **Unter-schätzung** | **Über-schätzung** |
| **GB 1011** | 74 | - 0,3750 | - 0,0907 | - 0,0465 | - 0,0353 | - 0,0030 | 0,3684 | 0,0978 | 0,7703 | 0,2297 |
| **Q1 1011** | 71 | - 0,3750 | - 0,0488 | - 0,0211 | - 0,0257 | 0,0112 | 0,3913 | 0,1033 | 0,6479 | 0,3521 |
| **Q2 1011** | 91 | - 0,1745 | - 0,0426 | - 0,0155 | - 0,0115 | 0,0086 | 0,3913 | 0,0687 | 0,6593 | 0,3407 |
| **Q3 1011** | 89 | - 0,1468 | - 0,0346 | - 0,0122 | - 0,0141 | 0,0023 | 0,3321 | 0,0533 | 0,6966 | 0,3034 |

*Tabelle A- 9: Deskriptive Statistik zum Analystenprognosefehler für Umsatzprognosen*

| Prognosefehler Analysten | | | | | | | | | | |
|---|---|---|---|---|---|---|---|---|---|---|
| Umsatzprognosen $FE_{l,Umsatz,t,q}$ | | | | | | | | | | |
| **Quartal** | **n** | **Min.** | **25%-Q.** | **MW** | **Median** | **75%-Q.** | **Max.** | **s** | **Unter-schätzung** | **Über-schätzung** |
| **Gesamt** | **890** | **- 0,6284** | **- 0,0394** | **- 0,0089** | **- 0,0060** | **0,0170** | **0,9258** | **0,1093** | **0,5663** | **0,4337** |
| **GB** | 193 | - 0,6284 | - 0,1143 | - 0,0477 | - 0,0433 | 0,0074 | 0,9258 | 0,1674 | 0,7047 | 0,2953 |
| **Q1** | 207 | - 0,3623 | - 0,0404 | 0,0026 | - 0,0044 | 0,0231 | 0,9003 | 0,1204 | 0,5362 | 0,4638 |
| **Q2** | 247 | - 0,2961 | - 0,0276 | 0,0026 | 0,0004 | 0,0198 | 0,4155 | 0,0749 | 0,4899 | 0,5101 |
| **Q3** | 243 | - 0,1742 | - 0,0167 | 0,0004 | - 0,0032 | 0,0109 | 0,3410 | 0,0439 | 0,5597 | 0,4403 |
| **0607** | **311** | **- 0,6284** | **- 0,0403** | **- 0,0153** | **- 0,0092** | **0,0146** | **0,5412** | **0,1058** | **0,5756** | **0,4244** |
| **GB 0607** | 64 | - 0,6284 | - 0,1383 | - 0,0735 | - 0,0617 | - 0,0143 | 0,5412 | 0,1690 | 0,7969 | 0,2031 |
| **Q1 0607** | 75 | - 0,3033 | - 0,0442 | - 0,0042 | - 0,0116 | 0,0198 | 0,4907 | 0,1059 | 0,6000 | 0,4000 |
| **Q2 0607** | 84 | - 0,1664 | - 0,0252 | 0,0040 | - 0,0027 | 0,0172 | 0,4155 | 0,0744 | 0,5000 | 0,5000 |
| **Q3 0607** | 88 | - 0,1081 | - 0,0167 | - 0,0009 | 0,0019 | 0,0130 | 0,0675 | 0,0295 | 0,4659 | 0,5341 |
| **0809** | **254** | **-0,5982** | **- 0,0155** | **0,0136** | **0,0065** | **0,0344** | **0,9258** | **0,1315** | **0,4252** | **0,5748** |
| **GB 0809** | 55 | - 0,5982 | - 0,0724 | - 0,0063 | - 0,0030 | 0,0328 | 0,9258 | 0,2036 | 0,5455 | 0,4545 |
| **Q1 0809** | 61 | - 0,3002 | - 0,0105 | 0,0354 | 0,0113 | 0,0345 | 0,9003 | 0,1474 | 0,3607 | 0,6393 |
| **Q2 0809** | 72 | - 0,2961 | - 0,0111 | 0,0173 | 0,0110 | 0,0392 | 0,3797 | 0,0879 | 0,3333 | 0,6667 |
| **Q3 0809** | 66 | - 0,1742 | - 0,0100 | 0,0057 | 0,0010 | 0,0157 | 0,3007 | 0,0516 | 0,4848 | 0,5152 |
| **1011** | **325** | **- 0,5240** | **- 0,0520** | **- 0,0199** | **- 0,0156** | **0,0079** | **0,4037** | **0,0891** | **0,6677** | **0,3323** |

| Prognosefehler Analysten | | | | | | | | | | |
|---|---|---|---|---|---|---|---|---|---|---|
| Umsatzprognosen $FE_{l,Umsatz,t,q}$ | | | | | | | | | | |
| Quartal | n | Min. | 25%-Q. | MW | Median | 75%-Q. | Max. | s | Unter-schätzung | Über-schätzung |
| GB 1011 | 74 | - 0,5240 | - 0,1141 | - 0,0561 | - 0,0574 | 0,0040 | 0,3803 | 0,1253 | 0,7432 | 0,2568 |
| Q1 1011 | 71 | - 0,3623 | - 0,0590 | - 0,0185 | - 0,0195 | 0,0141 | 0,4037 | 0,1017 | 0,6197 | 0,3803 |
| Q2 1011 | 91 | - 0,1336 | - 0,0404 | - 0,0103 | - 0,0137 | 0,0100 | 0,3688 | 0,0606 | 0,6044 | 0,3956 |
| Q3 1011 | 89 | - 0,0591 | - 0,0217 | - 0,0023 | - 0,0089 | 0,0041 | 0,3410 | 0,0491 | 0,7079 | 0,2921 |

*Tabelle A- 10: Deskriptive Statistik zum Managementprognosefehler für Ergebnisprognosen*

| Prognosefehler Management | | | | | | | | | | |
|---|---|---|---|---|---|---|---|---|---|---|
| Ergebnisprognosen $FE_{i,Ergebnis,t,q}$ | | | | | | | | | | |
| **Quartal** | **n** | **Min.** | **25%-Q.** | **MW** | **Median** | **75%-Q.** | **Max.** | **s** | **Unter-schätzung** | **Über-schätzung** |
| **Gesamt** | **1.083** | **- 0,8813** | **- 0,1147** | **- 0,0299** | **- 0,0249** | **0,0243** | **0,9974** | **0,2248** | **0,6436** | **0,3564** |
| **GB** | 222 | - 0,8813 | - 0,1631 | - 0,0615 | - 0,0399 | 0,0244 | 0,7308 | 0,2567 | 0,6892 | 0,3108 |
| **Q1** | 245 | - 0,8629 | - 0,1448 | - 0,0391 | - 0,0363 | 0,0197 | 0,8378 | 0,2361 | 0,6612 | 0,3388 |
| **Q2** | 287 | - 0,8591 | - 0,1026 | - 0,0225 | - 0,0241 | 0,0223 | 0,9974 | 0,2057 | 0,6411 | 0,3589 |
| **Q3** | 329 | - 0,8537 | - 0,0637 | - 0,0081 | - 0,0149 | 0,0294 | 0,9241 | 0,2053 | 0,6018 | 0,3982 |
| **0607** | **370** | **- 0,8772** | **- 0,1434** | **- 0,0524** | **- 0,0314** | **0,0332** | **0,7346** | **0,2186** | **0,6595** | **0,3405** |
| **GB 0607** | 78 | - 0,8772 | - 0,2378 | - 0,1098 | - 0,1057 | 0,0161 | 0,5759 | 0,2544 | 0,7179 | 0,2821 |
| **Q1 0607** | 84 | - 0,7674 | - 0,1628 | - 0,0826 | - 0,0500 | 0,0196 | 0,5759 | 0,2225 | 0,7024 | 0,2976 |
| **Q2 0607** | 99 | - 0,6729 | - 0,1283 | - 0,0461 | - 0,0311 | 0,0306 | 0,5759 | 0,1720 | 0,6869 | 0,3131 |
| **Q3 0607** | 109 | - 0,6729 | - 0,0637 | 0,0062 | - 0,0144 | 0,0502 | 0,7346 | 0,2106 | 0,5596 | 0,4404 |
| **0809** | **303** | **- 0,8629** | **- 0,1182** | **- 0,0123** | **- 0,0183** | **0,0403** | **0,9974** | **0,2686** | **0,5710** | **0,4290** |
| **GB 0809** | 62 | - 0,8629 | - 0,1185 | - 0,0311 | - 0,0216 | 0,0361 | 0,7308 | 0,2651 | 0,6129 | 0,3871 |
| **Q1 0809** | 67 | - 0,8629 | - 0,1115 | - 0,0092 | - 0,0158 | 0,0345 | 0,6048 | 0,2498 | 0,5522 | 0,4478 |
| **Q2 0809** | 74 | - 0,8591 | - 0,1005 | - 0,0017 | - 0,0153 | 0,0405 | 0,9974 | 0,2901 | 0,5405 | 0,4595 |
| **Q3 0809** | 100 | - 0,8537 | - 0,1184 | - 0,0104 | - 0,0175 | 0,0433 | 0,9241 | 0,2657 | 0,5800 | 0,4200 |
| **1011** | **410** | **- 0,8813** | **- 0,0916** | **- 0,0226** | **- 0,0214** | **0,0116** | **0,8378** | **0,1904** | **0,6829** | **0,3171** |

| Prognosefehler Management | | | | | | | | | | |
|---|---|---|---|---|---|---|---|---|---|---|
| Ergebnisprognosen $FE_{i,Ergebnis,t,q}$ | | | | | | | | | | |
| **Quartal** | **n** | **Min.** | **25%-Q.** | **MW** | **Median** | **75%-Q.** | **Max.** | **s** | **Unter-schätzung** | **Über-schätzung** |
| **GB 1011** | 82 | - 0,8813 | - 0,1282 | - 0,0385 | - 0,0335 | 0,0157 | 0,6904 | 0,2454 | 0,7195 | 0,2805 |
| **Q1 1011** | 94 | - 0,6454 | - 0,1260 | - 0,0217 | - 0,0363 | 0,0069 | 0,8378 | 0,2321 | 0,7021 | 0,2979 |
| **Q2 1011** | 114 | - 0,4311 | - 0,0904 | - 0,0156 | - 0,0154 | 0,0116 | 0,8378 | 0,1594 | 0,6667 | 0,3333 |
| **Q3 1011** | 120 | - 0,4730 | - 0,0530 | - 0,0192 | - 0,0153 | 0,0118 | 0,5004 | 0,1270 | 0,6583 | 0,3417 |

*Tabelle A- 11: Deskriptive Statistik zum Analystenprognosefehler für Ergebnisprognosen*

| **Prognosefehler Analysten** | | | | | | | | | | |
|---|---|---|---|---|---|---|---|---|---|---|
| **Ergebnisprognosen** $FE_{l,Ergebnis,t,q}$ | | | | | | | | | | |
| **Quartal** | **n** | **Min.** | **25%-Q.** | **MW** | **Median** | **75%-Q.** | **Max.** | **s** | **Unter-schätzung** | **Über-schätzung** |
| **Gesamt** | **1.083** | **-0,9485** | **-0,1060** | **-0,0319** | **- 0,0217** | **0,0332** | **0,9722** | **0,2165** | **0,6057** | **0,3943** |
| **GB** | 222 | - 0,9485 | - 0,2009 | - 0,0840 | - 0,0600 | 0,0335 | 0,9722 | 0,2737 | 0,6802 | 0,3198 |
| **Q1** | 245 | - 0,6797 | - 0,1104 | - 0,0171 | - 0,0217 | 0,0302 | 0,9094 | 0,2361 | 0,6612 | 0,3388 |
| **Q2** | 287 | - 0,8110 | - 0,0919 | - 0,0208 | - 0,0148 | 0,0338 | 0,7240 | 0,2057 | 0,6411 | 0,3589 |
| **Q3** | 329 | - 0,8110 | - 0,0601 | - 0,0176 | - 0,0115 | 0,0373 | 0,8440 | 0,2053 | 0,6018 | 0,3982 |
| **0607** | **370** | **- 0,8416** | **- 0,1672** | **- 0,0718** | **- 0,0318** | **0,0189** | **0,8276** | **0,2232** | **0,6595** | **0,3405** |
| **GB 0607** | 78 | - 0,8416 | - 0,3361 | - 0,1693 | - 0,1556 | - 0,0050 | 0,6466 | 0,2741 | 0,7564 | 0,2436 |
| **Q1 0607** | 84 | - 0,6688 | - 0,1796 | - 0,0590 | - 0,0309 | 0,0121 | 0,6160 | 0,1981 | 0,6905 | 0,3095 |
| **Q2 0607** | 99 | - 0,8110 | - 0,1267 | - 0,0532 | - 0,0276 | 0,0133 | 0,5831 | 0,1746 | 0,6667 | 0,3333 |
| **Q3 0607** | 109 | - 0,8110 | - 0,0626 | - 0,0290 | - 0,0125 | 0,0431 | 0,8276 | 0,2199 | 0,5596 | 0,4404 |
| **0809** | **303** | **- 0,6797** | **- 0,0937** | **- 0,0050** | **- 0,0140** | **0,0591** | **0,9722** | **0,2233** | **0,5677** | **0,4323** |
| **GB 0809** | 62 | - 0,6088 | - 0,1356 | - 0,0171 | - 0,0357 | 0,0985 | 0,9722 | 0,2579 | 0,6290 | 0,3710 |
| **Q1 0809** | 67 | - 0,6797 | - 0,0683 | 0,0116 | - 0,0041 | 0,0673 | 0,7627 | 0,2076 | 0,5373 | 0,4627 |
| **Q2 0809** | 74 | - 0,5266 | - 0,0716 | - 0,0059 | - 0,0100 | 0,0441 | 0,7240 | 0,2122 | 0,5405 | 0,4595 |
| **Q3 0809** | 100 | - 0,6701 | - 0,0894 | - 0,0078 | - 0,0132 | 0,0546 | 0,8440 | 0,2178 | 0,5700 | 0,4300 |
| **1011** | **410** | **- 0,9485** | **- 0,0761** | **- 0,0159** | **- 0,0164** | **0,0272** | **0,9094** | **0,1995** | **0,5854** | **0,4146** |

| Prognosefehler Analysten | | | | | | | | | | |
|---|---|---|---|---|---|---|---|---|---|---|
| Ergebnisprognosen $FE_{l,Ergebnis,t,q}$ | | | | | | | | | | |
| **Quartal** | **n** | **Min.** | **25%-Q.** | **MW** | **Median** | **75%-Q.** | **Max.** | **s** | **Unter-schätzung** | **Über-schätzung** |
| **GB 1011** | 82 | - 0,9485 | - 0,1327 | - 0,0534 | - 0,0406 | 0,0376 | 0,7101 | 0,2642 | 0,6463 | 0,3537 |
| **Q1 1011** | 94 | - 0,6335 | - 0,0874 | - 0,0000 | - 0,0221 | 0,0214 | 0,9094 | 0,2398 | 0,5851 | 0,4149 |
| **Q2 1011** | 114 | - 0,6413 | - 0,0641 | - 0,0023 | - 0,0089 | 0,0441 | 0,4991 | 0,1544 | 0,5614 | 0,4386 |
| **Q3 1011** | 120 | - 0,6630 | - 0,0518 | - 0,0155 | - 0,0080 | 0,0230 | 0,4455 | 0,1389 | 0,5667 | 0,4333 |

*Tabelle A- 12: Deskriptive Statistik zum betragsmäßigen Managementprognosefehler für Umsatzprognosen*

| Betragsmäßiger Prognosefehler Management | | | | | | | | |
|---|---|---|---|---|---|---|---|---|
| Umsatzprognosen $\lvert FE_{i,Umsatz,t,q} \rvert$ | | | | | | | | |
| **Quartal** | **n** | **Min.** | **25%-Q.** | **MW** | **Median** | **75%-Q.** | **Max.** | **s** |
| **Gesamt** | **890** | **0,0001** | **0,0119** | **0,0553** | **0,0312** | **0,0613** | **0,8089** | **0,0785** |
| **GB** | 193 | 0,0005 | 0,0194 | 0,0671 | 0,0416 | 0,0906 | 0,3893 | 0,0756 |
| **Q1** | 207 | 0,0003 | 0,0170 | 0,0708 | 0,0349 | 0,0865 | 0,8089 | 0,1010 |
| **Q2** | 247 | 0,0001 | 0,0116 | 0,0514 | 0,0297 | 0,0607 | 0,4776 | 0,0686 |
| **Q3** | 243 | 0,0001 | 0,0088 | 0,0368 | 0,0201 | 0,0378 | 0,4776 | 0,0622 |
| **0607** | **311** | **0,0003** | **0,0122** | **0,0560** | **0,0304** | **0,0605** | **0,5372** | **0,0775** |
| **GB 0607** | 64 | 0,0016 | 0,0155 | 0,0598 | 0,0385 | 0,0732 | 0,2865 | 0,0616 |
| **Q1 0607** | 75 | 0,0016 | 0,0185 | 0,0751 | 0,0362 | 0,0863 | 0,5372 | 0,1014 |
| **Q2 0607** | 84 | 0,0016 | 0,0148 | 0,0526 | 0,0287 | 0,0563 | 0,4059 | 0,0696 |
| **Q3 0607** | 88 | 0,0003 | 0,0090 | 0,0402 | 0,0201 | 0,0360 | 0,3855 | 0,0672 |
| **0809** | **254** | **0,0001** | **0,0107** | **0,0572** | **0,0303** | **0,0588** | **0,8089** | **0,0921** |
| **GB 0809** | 55 | 0,0015 | 0,0183 | 0,0655 | 0,0333 | 0,0796 | 0,3893 | 0,0850 |
| **Q1 0809** | 61 | 0,0005 | 0,0163 | 0,0696 | 0,0312 | 0,0820 | 0,8089 | 0,1195 |
| **Q2 0809** | 72 | 0,0001 | 0,0105 | 0,0582 | 0,0328 | 0,0688 | 0,4776 | 0,0817 |
| **Q3 0809** | 66 | 0,0001 | 0,0088 | 0,0378 | 0,0167 | 0,0356 | 0,4776 | 0,0748 |
| **1011** | **325** | **0,0002** | **0,0121** | **0,0532** | **0,0323** | **0,0639** | **0,3913** | **0,0669** |
| **GB 1011** | 74 | 0,0005 | 0,0239 | 0,0747 | 0,0448 | 0,0926 | 0,3750 | 0,0785 |
| **Q1 1011** | 71 | 0,0003 | 0,0177 | 0,0672 | 0,0357 | 0,0885 | 0,3913 | 0,0812 |
| **Q2 1011** | 91 | 0,0002 | 0,0105 | 0,0448 | 0,0265 | 0,0584 | 0,3913 | 0,0543 |
| **Q3 1011** | 89 | 0,0003 | 0,0079 | 0,0328 | 0,0209 | 0,0416 | 0,3321 | 0,0438 |

*Tabelle A- 13: Deskriptive Statistik zum betragsmäßigen Analystenprognosefehler für Umsatzprognosen*

| Betragsmäßiger Prognosefehler Analysten | | | | | | | | |
|---|---|---|---|---|---|---|---|---|
| Umsatzprognosen $\lvert FE_{l,Umsatz,t,q} \rvert$ | | | | | | | | |
| **Quartal** | **n** | **Min.** | **25%-Q.** | **MW** | **Median** | **75%-Q.** | **Max.** | **s** |
| **Gesamt** | **890** | **0,0001** | **0,0109** | **0,0583** | **0,0277** | **0,0613** | **0,9258** | **0,0929** |
| **GB** | 193 | 0,0008 | 0,0262 | 0,1110 | 0,0691 | 0,1338 | 0,9258 | 0,1341 |
| **Q1** | 207 | 0,0012 | 0,0138 | 0,0653 | 0,0342 | 0,0724 | 0,9003 | 0,1012 |
| **Q2** | 247 | 0,0001 | 0,0110 | 0,0443 | 0,0240 | 0,0524 | 0,4155 | 0,0605 |
| **Q3** | 243 | 0,0001 | 0,0066 | 0,0248 | 0,0147 | 0,0352 | 0,3410 | 0,0362 |
| **0607** | **311** | **0,0001** | **0,0116** | **0,0586** | **0,0268** | **0,0688** | **0,6284** | **0,0895** |
| **GB 0607** | 64 | 0,0026 | 0,0322 | 0,1244 | 0,0790 | 0,1467 | 0,6284 | 0,1359 |
| **Q1 0607** | 75 | 0,0023 | 0,0143 | 0,0641 | 0,0352 | 0,0724 | 0,4907 | 0,0844 |
| **Q2 0607** | 84 | 0,0001 | 0,0115 | 0,0427 | 0,0239 | 0,0468 | 0,4155 | 0,0611 |
| **Q3 0607** | 88 | 0,0003 | 0,0071 | 0,0213 | 0,0167 | 0,0282 | 0,1081 | 0,0204 |
| **0809** | **254** | **0,0001** | **0,0102** | **0,0626** | **0,0268** | **0,0519** | **0,9258** | **0,1164** |
| **GB 0809** | 55 | 0,0008 | 0,0212 | 0,1125 | 0,0462 | 0,1260 | 0,9258 | 0,1697 |
| **Q1 0809** | 61 | 0,0012 | 0,0113 | 0,0672 | 0,0277 | 0,0487 | 0,9003 | 0,1359 |
| **Q2 0809** | 72 | 0,0001 | 0,0111 | 0,0527 | 0,0270 | 0,0487 | 0,3797 | 0,0725 |
| **Q3 0809** | 66 | 0,0003 | 0,0055 | 0,0276 | 0,0122 | 0,0380 | 0,3007 | 0,0440 |
| **1011** | **325** | **0,0001** | **0,0124** | **0,0547** | **0,0304** | **0,0620** | **0,5240** | **0,0732** |
| **GB 1011** | 74 | 0,0009 | 0,0290 | 0,0982 | 0,0738 | 0,1211 | 0,5240 | 0,0959 |
| **Q1 1011** | 71 | 0,0033 | 0,0159 | 0,0648 | 0,0347 | 0,0822 | 0,4037 | 0,0806 |
| **Q2 1011** | 91 | 0,0004 | 0,0107 | 0,0391 | 0,0240 | 0,0550 | 0,3688 | 0,0474 |
| **Q3 1011** | 89 | 0,0001 | 0,0074 | 0,0263 | 0,0152 | 0,0352 | 0,3410 | 0,0415 |

*Tabelle A- 14: Deskriptive Statistik zum betragsmäßigen Managementprognosefehler für Ergebnisprognosen*

| Betragsmäßiger Prognosefehler Management | | | | | | | | |
|---|---|---|---|---|---|---|---|---|
| Ergebnisprognosen $\lvert FE_{i,Ergebnis,t,q}\rvert$ | | | | | | | | |
| **Quartal** | **n** | **Min.** | **25%-Q.** | **MW** | **Median** | **75%-Q.** | **Max.** | **s** |
| **Gesamt** | **1.083** | **0,0000** | **0,0253** | **0,1416** | **0,0724** | **0,1815** | **0,9974** | **0,1767** |
| **GB** | 222 | 0,0000 | 0,0368 | 0,1778 | 0,1101 | 0,2671 | 0,8813 | 0,1951 |
| **Q1** | 245 | 0,0005 | 0,0304 | 0,1568 | 0,0882 | 0,2060 | 0,8629 | 0,1807 |
| **Q2** | 287 | 0,0002 | 0,0237 | 0,1261 | 0,0622 | 0,1662 | 0,9974 | 0,1642 |
| **Q3** | 329 | 0,0002 | 0,0204 | 0,1205 | 0,0531 | 0,1468 | 0,9241 | 0,1664 |
| **0607** | **370** | **0,0006** | **0,0322** | **0,1512** | **0,0917** | **0,2112** | **0,8772** | **0,1664** |
| **GB 0607** | 78 | 0,0048 | 0,0638 | 0,2042 | 0,1263 | 0,2940 | 0,8772 | 0,1873 |
| **Q1 0607** | 84 | 0,0032 | 0,0373 | 0,1644 | 0,1122 | 0,2277 | 0,7674 | 0,1711 |
| **Q2 0607** | 99 | 0,0036 | 0,0314 | 0,1214 | 0,0731 | 0,1633 | 0,6729 | 0,1303 |
| **Q3 0607** | 109 | 0,0006 | 0,0243 | 0,1300 | 0,0632 | 0,1707 | 0,7346 | 0,1657 |
| **0809** | **303** | **0,0000** | **0,0249** | **0,1665** | **0,0729** | **0,1995** | **0,9974** | **0,2111** |
| **GB 0809** | 62 | 0,0000 | 0,0265 | 0,1690 | 0,0797 | 0,2132 | 0,8629 | 0,2066 |
| **Q1 0809** | 67 | 0,0007 | 0,0243 | 0,1595 | 0,0724 | 0,1979 | 0,8629 | 0,1925 |
| **Q2 0809** | 74 | 0,0007 | 0,0312 | 0,1771 | 0,0723 | 0,2001 | 0,9974 | 0,2298 |
| **Q3 0809** | 100 | 0,0007 | 0,0243 | 0,1618 | 0,0757 | 0,1759 | 0,9241 | 0,2111 |
| **1011** | **410** | **0,0002** | **0,0170** | **0,1155** | **0,0473** | **0,1561** | **0,8813** | **0,1531** |
| **GB 1011** | 82 | 0,0005 | 0,0268 | 0,1593 | 0,0659 | 0,2343 | 0,8813 | 0,1907 |
| **Q1 1011** | 94 | 0,0005 | 0,0186 | 0,1481 | 0,0833 | 0,1975 | 0,8378 | 0,1800 |
| **Q2 1011** | 114 | 0,0002 | 0,0147 | 0,0970 | 0,0433 | 0,1319 | 0,8378 | 0,1275 |
| **Q3 1011** | 120 | 0,0002 | 0,0146 | 0,0776 | 0,0371 | 0,1062 | 0,5004 | 0,1024 |

*Tabelle A- 15: Deskriptive Statistik zum betragsmäßigen Analystenprognosefehler für Ergebnisprognosen*

| Betragsmäßiger Prognosefehler Analysten | | | | | | | | |
|---|---|---|---|---|---|---|---|---|
| Ergebnisprognosen $\lvert FE_{l,Ergebnis,t,q} \rvert$ | | | | | | | | |
| **Quartal** | **n** | **Min.** | **25%-Q.** | **MW** | **Median** | **75%-Q.** | **Max.** | **s** |
| **Gesamt** | **1.083** | **0,0000** | **0,0256** | **0,1372** | **0,0676** | **0,1776** | **0,9722** | **0,1708** |
| **GB** | 222 | 0,0011 | 0,0528 | 0,2013 | 0,1272 | 0,3099 | 0,9722 | 0,2036 |
| **Q1** | 245 | 0,0000 | 0,0250 | 0,1390 | 0,0647 | 0,1861 | 0,9094 | 0,1709 |
| **Q2** | 287 | 0,0000 | 0,0222 | 0,1136 | 0,0591 | 0,1462 | 0,8110 | 0,1402 |
| **Q3** | 329 | 0,0001 | 0,0214 | 0,1125 | 0,0511 | 0,1233 | 0,8440 | 0,1587 |
| **0607** | **370** | **0,0004** | **0,0276** | **0,1534** | **0,0775** | **0,2134** | **0,8416** | **0,1773** |
| **GB 0607** | 78 | 0,0028 | 0,0724 | 0,2489 | 0,2281 | 0,3532 | 0,8416 | 0,2045 |
| **Q1 0607** | 84 | 0,0017 | 0,0250 | 0,1429 | 0,0833 | 0,2221 | 0,6688 | 0,1493 |
| **Q2 0607** | 99 | 0,0004 | 0,0199 | 0,1160 | 0,0672 | 0,1595 | 0,8110 | 0,1410 |
| **Q3 0607** | 109 | 0,0005 | 0,0228 | 0,1273 | 0,0509 | 0,1359 | 0,8276 | 0,1816 |
| **0809** | **303** | **0,0002** | **0,0293** | **0,1464** | **0,0802** | **0,2033** | **0,9722** | **0,1688** |
| **GB 0809** | 62 | 0,0029 | 0,0496 | 0,1827 | 0,1292 | 0,2635 | 0,9722 | 0,1829 |
| **Q1 0809** | 67 | 0,0009 | 0,0275 | 0,1372 | 0,0677 | 0,2075 | 0,7627 | 0,1562 |
| **Q2 0809** | 74 | 0,0002 | 0,0253 | 0,1379 | 0,0675 | 0,2005 | 0,7240 | 0,1613 |
| **Q3 0809** | 100 | 0,0005 | 0,0289 | 0,1362 | 0,0631 | 0,1621 | 0,8440 | 0,1701 |
| **1011** | **410** | **0,0000** | **0,0221** | **0,1153** | **0,0535** | **0,1284** | **0,9485** | **0,1636** |
| **GB 1011** | 82 | 0,0011 | 0,0412 | 0,1700 | 0,0928 | 0,1746 | 0,9485 | 0,2092 |
| **Q1 1011** | 94 | 0,0000 | 0,0220 | 0,1368 | 0,0520 | 0,1431 | 0,9094 | 0,1969 |
| **Q2 1011** | 114 | 0,0000 | 0,0224 | 0,0958 | 0,0542 | 0,1188 | 0,6413 | 0,1210 |
| **Q3 1011** | 120 | 0,0001 | 0,0181 | 0,0794 | 0,0392 | 0,0865 | 0,6630 | 0,1150 |

*Tabelle A- 16: Test auf Normalverteilung des Prognosefehlers der Stichprobe*

| **Shapiro-Wilk normality test** | | | | |
|---|---|---|---|---|
| **Umsatzprognosen** | | | | |
| **Gruppe** | **Management** | | **Analysten** | |
| **Hypothese** | $H_0$: $F(FE_{i,Umsatz,t,q})$ folgt Normalverteilung vs. $H_1$: $F(FE_{i,Umsatz,t,q})$ folgt nicht Normalverteilung | | $H_0$: $F(FE_{l,Umsatz,t,q})$ folgt Normalverteilung vs. $H_1$: $F(FE_{l,Umsatz,t,q})$ folgt nicht Normalverteilung | |
| **Quartal** | **Teststatistik** | **p-Wert** | **Teststatistik** | **p-Wert** |
| **Gesamt** | W = 0,7889 | 0,000 | W = 0,7344 | 0,000 |
| **GB** | W = 0,8930 | 0,000 | W = 0,8357 | 0,000 |
| **Q1** | W = 0,7715 | 0,000 | W = 0,7264 | 0,000 |
| **Q2** | W = 0,8269 | 0,000 | W = 0,8072 | 0,000 |
| **Q3** | W = 0,6669 | 0,000 | W = 0,7258 | 0,000 |
| **GB 0607** | W = 0,9266 | 0,001 | W = 0,8526 | 0,000 |
| **Q1 0607** | W = 0,7545 | 0,000 | W = 0,8164 | 0,000 |
| **Q2 0607** | W = 0,8034 | 0,000 | W = 0,7548 | 0,000 |
| **Q3 0607** | W = 0,6834 | 0,000 | W = 0,9613 | 0,010 |
| **GB 0809** | W = 0,7997 | 0,000 | W = 0,7812 | 0,000 |
| **Q1 0809** | W = 0,6698 | 0,000 | W = 0,5748 | 0,000 |
| **Q2 0809** | W = 0,8115 | 0,000 | W = 0,8213 | 0,000 |
| **Q3 0809** | W = 0,5822 | 0,000 | W = 0,7137 | 0,000 |
| **GB 1011** | W = 0,8921 | 0,000 | W = 0,9039 | 0,000 |
| **Q1 1011** | W = 0,8673 | 0,000 | W = 0,8318 | 0,000 |
| **Q2 1011** | W = 0,8313 | 0,000 | W = 0,7989 | 0,000 |
| **Q3 1011** | W = 0,7322 | 0,000 | W = 0,6007 | 0,000 |
| **Ergebnisprognosen** | | | | |
| **Gruppe** | **Management** | | **Analysten** | |
| **Hypothese** | $H_0$: $F(FE_{i,Ergebnis,t,q})$ folgt Normalverteilung vs. $H_1$: $F(FE_{i,Ergebnis,t,q})$ folgt nicht Normalverteilung | | $H_0$: $F(FE_{l,Ergebnis,t,q})$ folgt Normalverteilung vs. $H_1$:$F(FE_{l,Ergebnis,t,q})$ folgt nicht Normalverteilung | |
| **Quartal** | **Teststatistik** | **p-Wert** | **Teststatistik** | **p-Wert** |
| **Gesamt** | W = 0,8838 | 0,000 | W = 0,8919 | 0,000 |

| Shapiro-Wilk normality test | | | | |
|---|---|---|---|---|
| Umsatzprognosen | | | | |
| **Quartal** | **Teststatistik** | **p-Wert** | **Teststatistik** | **p-Wert** |
| **GB** | W = 0,9276 | 0,000 | W = 0,9570 | 0,000 |
| **Q1** | W = 0,9048 | 0,000 | W = 0,8830 | 0,000 |
| **Q2** | W = 0,8506 | 0,000 | W = 0,8893 | 0,000 |
| **Q3** | W = 0,8406 | 0,000 | W = 0,8309 | 0,000 |
| **GB 0607** | W = 0,9622 | 0,021 | W = 0,9871 | 0,621 |
| **Q1 0607** | W = 0,9430 | 0,001 | W = 0,9400 | 0,001 |
| **Q2 0607** | W = 0,9290 | 0,048 | W = 0,8817 | 0,000 |
| **Q3 0607** | W = 0,8764 | 0,000 | W = 0,8224 | 0,000 |
| **GB 0809** | W = 0,9010 | 0,000 | W = 0,9393 | 0,004 |
| **Q1 0809** | W = 0,8921 | 0,028 | W = 0,9285 | 0,001 |
| **Q2 0809** | W = 0,8714 | 0,002 | W = 0,9152 | 0,000 |
| **Q3 0809** | W = 0,8624 | 0,000 | W = 0,8864 | 0,000 |
| **GB 1011** | W = 0,8908 | 0,004 | W = 0,8749 | 0,001 |
| **Q1 1011** | W = 0,8453 | 0,000 | W = 0,7895 | 0,000 |
| **Q2 1011** | W = 0,8152 | 0,000 | W = 0,8510 | 0,000 |
| **Q3 1011** | W = 0,8523 | 0,000 | W = 0,8004 | 0,000 |

*Tabelle A- 17: Ergebnisse des Hypothesentests zu Hypothese 3a (Umsatzprognosen)*

| | **Umsatzprognosen** | | | | | |
|---|---|---|---|---|---|---|
| **Gruppe** | **Management** | | | **Analysten** | | |
| **Hypothese** | $H_0$: $FE_{i,Umsatz,t,q} \geq 0$ vs. $H_1$: $FE_{i,Umsatz,t,q} < 0$ | | | $H_0$: $FE_{l,Umsatz,t,q} \geq 0$ vs. $H_1$: $FE_{l,Umsatz,t,q} < 0$ | | |
| **Quartal** | **Teststatistik** | **Df** | **p-Wert** | **Teststatistik** | **Df** | **p-Wert** |
| **Gesamt** | t = -2,0683 | 889 | 0,0195 | t = -2,4275 | 889 | 0,0077 |
| **GB** | t = -2,3936 | 192 | 0,0088 | t = -3,9441 | 192 | 0,0001 |
| **Q1** | t = -0,1204 | 206 | 0,4521 | t = 0,3066 | 206 | 0,6203 |
| **Q2** | t = -1,0960 | 246 | 0,1371 | t = 0,5487 | 246 | 0,7081 |
| **Q3** | t = -0,8002 | 242 | 0,2122 | t = 0,1395 | 242 | 0,5554 |
| **0607** | t = -1,3020 | 303 | 0,0970 | t = -2,4979 | 303 | 0,0065 |
| **GB 0607** | t = -2,9923 | 63 | 0,0020 | t = -3,4523 | 63 | 0,0005 |

| | Umsatzprognosen | | | | | |
|---|---|---|---|---|---|---|
| **Gruppe** | **Management** | | | **Analysten** | | |
| **Hypothese** | $H_0$: $FE_{i,Umsatz,t,q} \geq 0$ vs. $H_1$: $FE_{i,Umsatz,t,q} < 0$ | | | $H_0$: $FE_{l,Umsatz,t,q} \geq 0$ vs. $H_1$: $FE_{l,Umsatz,t,q} < 0$ | | |
| **Quartal** | **Teststatistik** | **Df** | **p-Wert** | **Teststatistik** | **Df** | **p-Wert** |
| **Q1 0607** | t = -0,2664 | 74 | 0,3953 | t = -0,3428 | 74 | 0,3663 |
| **Q2 0607** | t = -0,3183 | 83 | 0,3755 | t = 0,4883 | 83 | 0,6867 |
| **Q3 0607** | t = 0,2592 | 87 | 0,6020 | t = -0,2936 | 87 | 0,3849 |
| **0809** | t = 2,1954 | 256 | 0,9855 | t = 1,5639 | 256 | 0,9405 |
| **GB 0809** | t = 2,7362 | 54 | 0,9958 | t = -0,2271 | 54 | 0,4106 |
| **Q1 0809** | t = 1,4734 | 60 | 0,9271 | t = 1,8631 | 60 | 0,9663 |
| **Q2 0809** | t = 0,2226 | 71 | 0,5877 | t = 1,6615 | 71 | 0,9495 |
| **Q3 0809** | t = -0,0070 | 65 | 0,4972 | t = 0,8981 | 65 | 0,8138 |
| **1011** | t = -5,0326 | 328 | 0,0000 | t = -4,0731 | 328 | 0,0000 |
| **GB 1011** | t = -4,0627 | 73 | 0,0001 | t = -3,8231 | 73 | 0,0001 |
| **Q1 1011** | t = -1,7086 | 70 | 0,0460 | t = -1,5210 | 70 | 0,0664 |
| **Q2 1011** | t = -2,1401 | 90 | 0,0175 | t = -1,6115 | 90 | 0,0553 |
| **Q3 1011** | t = -2,1509 | 88 | 0,0171 | t = -0,4334 | 88 | 0,3329 |

*Tabelle A- 18: Ergebnisse des Hypothesentests zu Hypothese 3a (Ergebnisprognosen)*

| | Ergebnisprognosen | | | | | |
|---|---|---|---|---|---|---|
| **Gruppe** | **Management** | | | **Analysten** | | |
| **Hypothese** | $H_0$: $FE_{i,Ergebnis,t,q} \geq 0$ vs. $H_1$: $FE_{i, Ergebnis,t,q} < 0$ | | | $H_0$: $FE_{l, Ergebnis,t,q} \geq 0$ vs. $H_1$: $FE_{l, Ergebnis,t,q} < 0$ | | |
| **Quartal** | **Teststatistik** | **Df** | **p-Wert** | **Teststatistik** | **Df** | **p-Wert** |
| **Gesamt** | t = -4,3763 | 1.082 | 0,0000 | t = -4,8515 | 1.082 | 0,0007 |
| **GB** | t = -3,5605 | 221 | 0,0002 | t = -4,5623 | 221 | 0,0042 |
| **Q1** | t = -2,5897 | 244 | 0,0051 | t = -1,2139 | 244 | 0,1130 |
| **Q2** | t = -1,8535 | 286 | 0,0324 | t = -1,9581 | 286 | 0,0256 |
| **Q3** | t = -0,7177 | 328 | 0,2367 | t = -1,6484 | 328 | 0,0501 |
| **0607** | t = -4,6059 | 369 | 0,0028 | t = -6,1833 | 369 | 0,0000 |
| **GB 0607** | t = -3,7867 | 77 | 0,0002 | t = -5,4221 | 77 | 0,0000 |
| **Q1 0607** | t = -3,3806 | 83 | 0,0006 | t = -2,7139 | 83 | 0,0040 |

| | Ergebnisprognosen | | | | | |
|---|---|---|---|---|---|---|
| **Gruppe** | **Management** | | | **Analysten** | | |
| **Hypothese** | $H_0$: $FE_{i,Ergebnis,t,q} \geq 0$ vs. $H_1$: $FE_{i,\ Ergebnis,t,q} < 0$ | | | $H_0$: $FE_{l,\ Ergebnis,t,q} \geq 0$ vs. $H_1$: $FE_{l,\ Ergebnis,t,q} < 0$ | | |
| **Quartal** | **Teststatistik** | **Df** | **p-Wert** | **Teststatistik** | **Df** | **p-Wert** |
| **Q2 0607** | t = -2,6557 | 98 | 0,0046 | t = -3,0129 | 98 | 0,0016 |
| **Q3 0607** | t = 0,3049 | 108 | 0,6195 | t = -1,3686 | 1082 | 0,0870 |
| **0809** | t = -0,7887 | 297 | 0,2155 | t = -0,9584 | 297 | 0,1693 |
| **GB 0809** | t = -0,9160 | 61 | 0,1816 | t = -0,5186 | 61 | 0,3030 |
| **Q1 0809** | t = -0,2989 | 66 | 0,3830 | t = 0,4539 | 66 | 0,6743 |
| **Q2 0809** | t = -0,0492 | 73 | 0,4805 | t = -0,2382 | 73 | 0,4062 |
| **Q3 0809** | t = -0,3912 | 99 | 0,3482 | t = -0,3577 | 99 | 0,3606 |
| **1011** | t = -2,4060 | 414 | 0,0083 | t = -1,0551 | 414 | 0,1460 |
| **GB 1011** | t = -1,4118 | 81 | 0,0809 | t = -1,8180 | 81 | 0,0364 |
| **Q1 1011** | t = -0,9004 | 93 | 0,1851 | t = -0,0011 | 93 | 0,4996 |
| **Q2 1011** | t = -1,0414 | 113 | 0,1500 | t = -0,1560 | 113 | 0,4382 |
| **Q3 1011** | t = -1,6499 | 119 | 0,0508 | t = -1,2191 | 119 | 0,1126 |

*Tabelle A- 19 : Deskriptive Statistik der im Rahmen der Korrelations- uns Regressionsanalyse verwendeten Variablen für Umsatzprognosen*

| Variable | Min. | 25%-Q. | Median | MW | 75%-Q. | Max. |
|---|---|---|---|---|---|---|
| **$FE_i$_U_99** | -0,25 | -0,04 | -0,01 | -0,01 | 0,02 | 0,39 |
| **$\|Fe\|_i$_U_99** | 0,00 | 0,01 | 0,03 | 0,05 | 0,06 | 0,39 |
| **$FE_l$_U_99** | -0,32 | -0,04 | -0,01 | -0,01 | 0,02 | 0,38 |
| **$\|Fe\|_l$_U_99** | 0,00 | 0,01 | 0,03 | 0,06 | 0,06 | 0,49 |
| **Log(MC_U_99)** | 0,09 | 0,84 | 1,69 | 6,42 | 5,46 | 60,55 |
| **ROE_U_99** | -0,49 | 0,09 | 0,14 | 0,15 | 0,23 | 0,64 |
| **ΔNI_U_99** | 0,00 | 0,14 | 0,33 | 0,94 | 0,95 | 8,57 |
| **SEG_U** | 1,00 | 2,00 | 3,00 | 3,62 | 5,00 | 9,00 |
| **INTTA_U** | 0,00 | 0,08 | 0,16 | 0,21 | 0,31 | 0,73 |
| **LEV_U_99** | 0,16 | 0,79 | 1,33 | 1,67 | 1,98 | 10,89 |
| **FREEF_U** | 0,14 | 0,51 | 0,74 | 0,70 | 0,90 | 1,00 |
| **NE_U** | 2,00 | 11,00 | 17,00 | 17,08 | 22,00 | 38,00 |
| **ASTD_U_99** | 0,00 | 0,01 | 0,02 | 0,03 | 0,04 | 0,15 |
| **PE_U_99** | -11,33 | 11,44 | 14,12 | 15,65 | 17,83 | 67,47 |

*Tabelle A- 20: Korrelationskoeffizienten nach Pearson (fett) und zugehörige p-Werte der abhängigen und unabhängigen Variablen (Managementprognosefehler bei Umsatzprognosen)*

| | \|FE\|_U_99 | FE_U_99 | LOG(MC_U_99) | ROE_U_99 | NIG_U_99 | SEG_U | INTTA_U | LEV_U_99 | FF_U | NE_U | ASTD_U_99 | PE_U_99 |
|---|---|---|---|---|---|---|---|---|---|---|---|---|
| \|FE\|_U_99 | **1,000** | | | | | | | | | | | |
| FE_U_99 | **0,242**<br>0,000 | **1,000** | | | | | | | | | | |
| LOG(MC_U_99) | **-0,079**<br>0,019 | **-0,022**<br>0,514 | **1,000** | | | | | | | | | |
| ROE_U_99 | **0,001**<br>0,981 | **-0,074**<br>0,027 | **0,263**<br>0,000 | **1,000** | | | | | | | | |
| ΔNI_U_99 | **0,110**<br>0,001 | **-0,015**<br>0,665 | **-0,218**<br>0,000 | **-0,385**<br>0,000 | **1,000** | | | | | | | |
| SEG_U | **0,009**<br>0,791 | **-0,061**<br>0,067 | **0,428**<br>0,000 | **0,076**<br>0,024 | **-0,051**<br>0,130 | **1,000** | | | | | | |
| INTTA_U | **-0,059**<br>0,076 | **0,072**<br>0,032 | **0,179**<br>0,000 | **-0,085**<br>0,012 | **-0,047**<br>0,162 | **-0,062**<br>0,066 | **1,000** | | | | | |
| LEV_U_99 | **-0,021**<br>0,534 | **0,028**<br>0,402 | **0,250**<br>0,000 | **-0,091**<br>0,007 | **0,085**<br>0,012 | **0,239**<br>0,000 | **-0,099**<br>0,003 | **1,000** | | | | |
| FF_U | **0,001**<br>0,972 | **0,014**<br>0,672 | **0,065**<br>0,054 | **-0,175**<br>0,000 | **0,069**<br>0,040 | **0,044**<br>0,188 | **0,209**<br>0,000 | **0,164**<br>0,000 | **1,000** | | | |
| NE_U | **-0,053**<br>0,113 | **0,062**<br>0,063 | **0,665**<br>0,000 | **0,040**<br>0,237 | **-0,067**<br>0,046 | **0,291**<br>0,000 | **0,154**<br>0,000 | **0,242**<br>0,000 | **0,234**<br>0,000 | **1,000** | | |
| ASTD_U_99 | **0,220**<br>0,000 | **-0,055**<br>0,103 | **-0,050**<br>0,136 | **-0,219**<br>0,000 | **0,313**<br>0,000 | **0,004**<br>0,917 | **-0,101**<br>0,003 | **0,224**<br>0,000 | **0,123**<br>0,000 | **0,037**<br>0,272 | **1,000** | |
| PE_U_99 | **0,008**<br>0,809 | **-0,109**<br>0,001 | **-0,086**<br>0,010 | **-0,024**<br>0,466 | **0,040**<br>0,237 | **-0,116**<br>0,001 | **-0,072**<br>0,033 | **-0,138**<br>0,000 | **-0,105**<br>0,002 | **-0,193**<br>0,000 | **-0,047**<br>0,162 | **1,000** |

*Tabelle A- 21: Korrelationskoeffizienten nach Pearson (fett) und zugehörige p-Werte der abhängigen und unabhängigen Variablen (Analystenprognosefehler bei Umsatzprognosen)*

| | \|FE\|_U_99 | FE_U_99 | LOG(MC_U_99) | ROE_U_99 | NIG_U_99 | SEG_U | INTTA_U | LEV_U_99 | FF_U | NE_U | ASTD_U_99 | PE_U_99 |
|---|---|---|---|---|---|---|---|---|---|---|---|---|
| \|FE\|_U_99 | **1,000** | | | | | | | | | | | |
| FE_U_99 | **0,054** | **1,000** | | | | | | | | | | |
| | 0,108 | | | | | | | | | | | |
| LOG(MC_U_99) | **-0,137** | **-0,040** | **1,000** | | | | | | | | | |
| | 0,000 | 0,233 | | | | | | | | | | |
| ROE_U_99 | **-0,167** | **-0,286** | **0,263** | **1,000** | | | | | | | | |
| | 0,000 | 0,000 | 0,000 | | | | | | | | | |
| ΔNI_U_99 | **0,240** | **0,184** | **-0,218** | **-0,385** | **1,000** | | | | | | | |
| | 0,000 | 0,000 | 0,000 | 0,000 | | | | | | | | |
| SEG_U | **-0,072** | **-0,062** | **0,428** | **0,076** | **-0,051** | **1,000** | | | | | | |
| | 0,031 | 0,064 | 0,000 | 0,024 | 0,130 | | | | | | | |
| INTTA_U | **-0,115** | **0,090** | **0,179** | **-0,085** | **-0,047** | **-0,062** | **1,000** | | | | | |
| | 0,001 | 0,007 | 0,000 | 0,012 | 0,162 | 0,066 | | | | | | |
| LEV_U_99 | **0,012** | **0,065** | **0,250** | **-0,091** | **0,085** | **0,239** | **-0,099** | **1,000** | | | | |
| | 0,726 | 0,052 | 0,000 | 0,007 | 0,012 | 0,000 | 0,003 | | | | | |
| FF_U | **0,023** | **0,077** | **0,065** | **-0,175** | **0,069** | **0,044** | **0,209** | **0,164** | **1,000** | | | |
| | 0,488 | 0,022 | 0,054 | 0,000 | 0,040 | 0,188 | 0,000 | 0,000 | | | | |
| NE_U | **-0,085** | **0,105** | **0,665** | **0,040** | **-0,067** | **0,291** | **0,154** | **0,242** | **0,234** | **1,000** | | |
| | 0,011 | 0,002 | 0,000 | 0,237 | 0,046 | 0,000 | 0,000 | 0,000 | 0,000 | | | |
| ASTD_U_99 | **0,404** | **0,170** | **-0,050** | **-0,219** | **0,313** | **0,004** | **-0,101** | **0,224** | **0,123** | **0,037** | **1,000** | |
| | 0,000 | 0,000 | 0,136 | 0,000 | 0,000 | 0,917 | 0,003 | 0,000 | 0,000 | 0,272 | | |
| PE_U_99 | **0,002** | **-0,207** | **-0,086** | **-0,024** | **0,040** | **-0,116** | **-0,072** | **-0,138** | **-0,105** | **-0,193** | **-0,047** | **1,000** |
| | 0,959 | 0,000 | 0,010 | 0,466 | 0,237 | 0,001 | 0,033 | 0,000 | 0,002 | 0,000 | 0,162 | |

*Tabelle A- 22: Variance-Inflation-Faktoren der unabhängigen Variablen für die Schätzung der Determinanten des Prognosefehlers bei Ergebnisprognosen (erweitertes Modell)*

| | | | | | |
|---|---|---|---|---|---|
| Log(MC_U_99) | 2,088 | SEG_U | 1,822 | FF_U | 1,271 |
| ROE_U_99 | 1,264 | INTTA_U | 1,759 | ASTD_U_99 | 1,307 |
| ΔNI_U_99 | 1,195 | LEV_U_99 | 1,745 | PE_U_99 | 1,514 |

*Tabelle A- 23: Variance-Inflation-Faktoren der unabhängigen Variablen für die Schätzung der Determinanten des Prognosefehlers bei Umsatzprognosen*

| | | | | | |
|---|---|---|---|---|---|
| Log(MC_U_99) | 1,516 | SEG_U | 1,290 | FF_U | 1,123 |
| ROE_U_99 | 1,319 | INTTA_U | 1,181 | ASTD_U_99 | 1,191 |
| ΔNI_U_99 | 1,285 | LEV_U_99 | 1,238 | PE_U_99 | 1,045 |

*Tabelle A- 24: Variance-Inflation-Faktoren der unabhängigen Variablen für die Schätzung der Determinanten des Prognosefehlers bei Umsatzprognosen (erweitertes Modell)*

| | | | | | |
|---|---|---|---|---|---|
| **Log(MC_U_99)** | 1,919 | **SEG_U** | 1,518 | **FF_U** | 1,235 |
| **ROE_U_99** | 1,416 | **INTTA_U** | 1,582 | **ASTD_U_99** | 1,311 |
| **ΔNI_U_99** | 1,409 | **LEV_U_99** | 1,462 | **PE_U_99** | 1,114 |

*Tabelle A- 25: Determinanten des betragsmäßigen und relativen Prognosefehlers von Umsatzprognosen des Managements (Modelle 3a und 3b)*

| | **Modell 3a: Abhängige Variable** $\lvert FE_{i,Umsatz,t,q} \rvert$ | | | | **Modell 3b: Abhängige Variable** $FE_{i,Umsatz,t,q}$ | | | |
|---|---|---|---|---|---|---|---|---|
| **Variable** | **Erw. Vz.** | **ß** | **t-Wert** | **Pr(>\|t\|)** | **Erw. Vz.** | **ß** | **t-Wert** | **Pr(>\|t\|)** |
| **Konstante** | | 0,027 | 1,459 | 0,145 | | 0,035 | 1,599 | 0,110 |
| **Log(MC_U_99)** | - | -0,004 | -1,384 | 0,167 | ? | 0,000 | -0,111 | 0,911 |
| **ROE_U_99** | - | 0,038 | 1,340 | 0,181 | - | -0,049 | -1,367 | 0,172 |
| **ΔNI_U_99** | + | 0,003 | 1,165 | 0,244 | | -0,001 | -0,397 | 0,692 |
| **SEG_U** | + | 0,002 | 1,099 | 0,272 | | -0,004 | -1,184 | 0,237 |
| **INTTA_U** | ? | -0,006 | -0,0264 | 0,791 | ? | 0,027 | 0,943 | 0,346 |
| **LEV_U_99** | ? | -0,003 | -1,045 | 0,296 | ? | 0,003 | 0,787 | 0,432 |
| **FF_U** | ? | 0,000 | 0,010 | 0,992 | + | -0,007 | -0,251 | 0,802 |
| **ASTD_U_99** | + | 0,594*** | 4,004 | 0,000 | + | -0,237 | -1,495 | 0,135 |
| **PE_U_99** | + | 0,000 | 0,178 | 0,859 | + | -0,001** | -2,323 | 0,020 |
| */**/*** kennzeichnet das Niveau der zweiseitigen Irrtumswahrscheinlichkeiten von 10%/5%/1% | | | | | | | | |
| **Multiple $R^2$** | 0,066 | | | | 0,033 | | | |
| **Adjusted $R^2$** | 0,056 | | | | 0,023 | | | |
| **F-Statistik:** | 6,881 | | | | 3,369 | | | |
| **p-Wert:** | 0,000 | | | | 0,000 | | | |

*Tabelle A- 26: Determinanten des betragsmäßigen und relativen Prognosefehlers von Umsatzprognosen der Analysten (Modelle 4a und 4b)*

| | **Modell 4a: Abhängige Variable** $\lvert FE_{i,Umsatz,t,q} \rvert$ | | | | **Modell 4b: Abhängige Variable** $FE_{i,Umsatz,t,q}$ | | | |
|---|---|---|---|---|---|---|---|---|
| **Variable** | **Erw. Vz.** | **ß** | **t-Wert** | **Pr(>\|t\|)** | **Erw. Vz.** | **ß** | **t-Wert** | **Pr(>\|t\|)** |
| **Konstante** | | 0,049** | 2,036 | 0,042 | | 0,044 | 1,545 | 0,123 |
| **Log(MC_U_99)** | - | -0,002 | -0,381 | 0,703 | ? | 0,004 | 0,654 | 0,513 |

| | Modell 4a: Abhängige Variable $\lvert FE_{i,Umsatz,t,q} \rvert$ | | | | Modell 4b: Abhängige Variable $FE_{i,Umsatz,t,q}$ | | | |
|---|---|---|---|---|---|---|---|---|
| Variable | Erw. Vz. | ß | t-Wert | Pr(>\|t\|) | Erw. Vz. | ß | t-Wert | Pr(>\|t\|) |
| ROE_U_99 | - | -0,027 | -0,642 | 0,521 | - | -0,142*** | -3,259 | 0,001 |
| ΔNI_U_99 | + | 0,005** | 1,987 | 0,047 | | 0,005 | 1,499 | 0,134 |
| SEG_U | + | -0,002 | -0,518 | 0,605 | | -0,005 | -1,128 | 0,260 |
| INTTA_U | ? | -0,039 | -1,475 | 0,141 | ? | 0,030 | 0,889 | 0,374 |
| LEV_U_99 | ? | -0,004 | -1,321 | 0,187 | ? | 0,000 | 0,002 | 0,998 |
| FF_U | ? | -0,002 | -0,135 | 0,893 | + | -0,007 | -0,338 | 0,736 |
| ASTD_U_99 | + | 1,099*** | 6,310 | 0,000 | + | 0,303 | 1,292 | 0,197 |
| PE_U_99 | + | 0,000 | -0,169 | 0,865 | ? | -0,002*** | -3,477 | 0,001 |
| */**/*** kennzeichnet das Niveau der zweiseitigen Irrtumswahrscheinlichkeiten von 10%/5%/1% | | | | | | | | |
| Multiple $R^2$ | 0,197 | | | | 0,152 | | | |
| Adjusted $R^2$ | 0,189 | | | | 0,144 | | | |
| F-Statistik: | 23,970 | | | | 17,560 | | | |
| p-Wert: | 0,000 | | | | 0,000 | | | |

*Tabelle A- 27: Determinanten des betragsmäßigen und relativen Prognosefehlers von Umsatzprognosen des Managements (Modelle 3c und 3d)*

| | Modell 3c: Abhängige Variable $\lvert FE_{i,Umsatz,t,q} \rvert$ | | | | Modell 3d: Abhängige Variable $FE_{i,Umsatz,t,q}$ | | | |
|---|---|---|---|---|---|---|---|---|
| Variable | Erw. Vz. | ß | t-Wert | Pr(>\|t\|) | Erw. Vz. | ß | t-Wert | Pr(>\|t\|) |
| Konstante | | 0,049** | 2,379 | 0,018 | | 0,020 | 0,813 | 0,416 |
| Log(MC_E_99) | ? | -0,004 | -1,042 | 0,298 | ? | 0,002 | 0,381 | 0,704 |
| ROE_E_99 | ? | 0,030 | 1,050 | 0,294 | - | -0,050 | -1,256 | 0,209 |
| ΔNI_E_99 | + | 0,003 | 1,312 | 0,190 | ? | -0,002 | -0,380 | 0,704 |
| SEG_E | + | 0,001 | 0,594 | 0,553 | ? | -0,003 | -0,951 | 0,342 |
| INTTA_E | + | -0,008 | -0,300 | 0,764 | ? | 0,027 | 0,804 | 0,422 |
| LEV_E_99 | ? | -0,002 | -0,651 | 0,515 | ? | 0,002 | 0,520 | 0,603 |
| FF_E | ? | 0,008 | 0,352 | 0,725 | + | -0,002 | -0,052 | 0,959 |
| ASTD_E_99 | + | 0,587*** | 4,270 | 0,000 | ? | -0,246 | -1,535 | 0,125 |
| PE_E_99 | ? | 0,000 | -0,100 | 0,92 | - | -0,001** | -2,226 | 0,026 |
| Crisis_E | + | -0,002 | -0,186 | 0,852 | + | 0,016 | 1,430 | 0,153 |

| | Modell 3c: Abhängige Variable $\lvert FE_{i,Umsatz,t,q} \rvert$ | | | | Modell 3d: Abhängige Variable $FE_{i,Umsatz,t,q}$ | | | |
|---|---|---|---|---|---|---|---|---|
| **Variable** | **Erw. Vz.** | **ß** | **t-Wert** | **Pr(>\|t\|)** | **Erw. Vz.** | **ß** | **t-Wert** | **Pr(>\|t\|)** |
| **Post_Crisis_E** | - | -0,001 | -0,130 | 0,896 | - | -0,019* | -1,808 | 0,071 |
| **Q1_E** | - | 0,000 | -0,029 | 0,977 | + | 0,014** | 2,126 | 0,034 |
| **Q2_E** | - | -0,017*** | -2,714 | 0,007 | + | 0,012** | 1,996 | 0,046 |
| **Q3_E** | - | -0,029*** | -4,757 | 0,000 | + | 0,012* | 1,953 | 0,051 |
| **Br_UT_E** | ? | -0,032** | -2,461 | 0,014 | ? | -0,008 | -0,451 | 0,652 |
| **Br_IN_E** | ? | -0,002 | -0,135 | 0,893 | ? | 0,011 | 0,773 | 0,440 |
| **Br_BM_E** | ? | -0,016 | -1,457 | 0,146 | ? | -0,013 | -0,848 | 0,397 |
| **Br_TE_E** | ? | -0,018 | -0,830 | 0,407 | ? | -0,010 | -0,364 | 0,716 |
| **Br_PH_E** | - | -0,022* | -1,836 | 0,067 | ? | -0,002 | -0,128 | 0,898 |
| **Br_CS_E** | ? | -0,005 | -0,241 | 0,809 | ? | 0,006 | 0,267 | 0,790 |
| **Br_FI_E** | ? | -0,058*** | -3,854 | 0,000 | ? | -0,005 | -0,276 | 0,783 |
| **Br_TC_E** | - | -0,028** | -2,181 | 0,029 | ? | 0,013 | 0,740 | 0,460 |
| */**/*** kennzeichnet das Niveau der zweiseitigen Irrtumswahrscheinlichkeiten von 10%/5%/1% | | | | | | | | |
| **Multiple $R^2$** | 0,125 | | | | 0,068 | | | |
| **Adjusted $R^2$** | 0,103 | | | | 0,044 | | | |
| **F-Statistik:** | 5,640 | | | | 2,871 | | | |
| **p-Wert:** | 0,000 | | | | 0,000 | | | |

*Tabelle A- 28: Determinanten des betragsmäßigen und relativen Prognosefehlers von Umsatzprognosen der Analysten (Modelle 4c und 4d)*

| | Modell 4c: Abhängige Variable $\lvert FE_{l,Umsatz,t,q} \rvert$ | | | | Modell 4d: Abhängige Variable $FE_{l,Umsatz,t,q}$ | | | |
|---|---|---|---|---|---|---|---|---|
| **Variable** | **Erw. Vz.** | **ß** | **t-Wert** | **Pr(>\|t\|)** | **Erw. Vz.** | **ß** | **t-Wert** | **Pr(>\|t\|)** |
| **Konstante** | | 0,110*** | 4,811 | 0,000 | | 0,006 | 0,212 | 0,832 |
| **Log(MC_E_99)** | ? | 0,000 | -0,027 | 0,978 | ? | 0,004 | 0,643 | 0,521 |
| **ROE_E_99** | ? | -0,032 | -0,852 | 0,394 | - | -0,138*** | -3,348 | 0,001 |
| **ΔNI_E_99** | + | 0,005** | 2,195 | 0,028 | ? | 0,003 | 1,022 | 0,307 |
| **SEG_E** | + | -0,003 | -1,017 | 0,309 | ? | -0,005 | -1,061 | 0,289 |
| **INTTA_E** | + | -0,061** | -2,058 | 0,040 | ? | -0,003 | -0,075 | 0,940 |
| **LEV_E_99** | ? | -0,003 | -1,350 | 0,177 | ? | 0,002 | 0,630 | 0,529 |
| **FF_E** | ? | 0,007 | 0,424 | 0,672 | + | 0,003 | 0,140 | 0,889 |
| **ASTD_E_99** | + | 1,059*** | 6,056 | 0,000 | ? | 0,413* | 1,789 | 0,074 |

| | Modell 4c: Abhängige Variable $\|FE_{l,Umsatz,t,q}\|$ | | | | Modell 4d: Abhängige Variable $FE_{l,Umsatz,t,q}$ | | | |
|---|---|---|---|---|---|---|---|---|
| Variable | Erw. Vz. | ß | t-Wert | Pr(>\|t\|) | Erw. Vz. | ß | t-Wert | Pr(>\|t\|) |
| PE_E_99 | ? | 0,000 | -0,511 | 0,610 | - | -0,002*** | -3,716 | 0,000 |
| Crisis_E | + | -0,005 | -0,592 | 0,554 | + | 0,007 | 0,703 | 0,482 |
| Post_Crisis_E | - | -0,003 | -0,368 | 0,713 | - | -0,014 | -1,204 | 0,229 |
| Q1_E | - | -0,046*** | -5,800 | 0,000 | + | 0,047*** | 5,884 | 0,000 |
| Q2_E | - | -0,063*** | -7,270 | 0,000 | + | 0,050*** | 6,305 | 0,000 |
| Q3_E | - | -0,078*** | -8,362 | 0,000 | + | 0,048*** | 5,580 | 0,000 |
| Br_UT_E | ? | -0,024 | -1,099 | 0,272 | ? | -0,021 | -0,792 | 0,429 |
| Br_IN_E | ? | -0,002 | -0,291 | 0,771 | ? | -0,009 | -0,656 | 0,512 |
| Br_BM_E | ? | -0,020 | -1,881 | 0,060 | ? | -0,007 | -0,475 | 0,635 |
| Br_TE_E | ? | 0,028 | 0,637 | 0,524 | ? | -0,038 | -0,754 | 0,451 |
| Br_PH_E | - | -0,001 | -0,099 | 0,922 | ? | 0,014 | 0,920 | 0,358 |
| Br_CS_E | ? | -0,011 | -1,485 | 0,138 | ? | 0,013 | 0,989 | 0,323 |
| Br_FI_E | ? | -0,056*** | -3,316 | 0,001 | ? | -0,055** | -2,241 | 0,025 |
| Br_TC_E | - | 0,004 | 0,287 | 0,774 | ? | 0,008 | 0,462 | 0,644 |
| */**/*** kennzeichnet das Niveau der zweiseitigen Irrtumswahrscheinlichkeiten von 10%/5%/1% | | | | | | | | |
| Multiple $R^2$ | 0,335 | | | | 0,152 | | | |
| Adjusted $R^2$ | 0,317 | | | | 0,144 | | | |
| F-Statistik: | 19,720 | | | | 17,560 | | | |
| p-Wert: | 0,000 | | | | 0,000 | | | |

*Tabelle A- 29: Ergebnisse der Hypothesentests zu Hypothese 5 für Umsatzprognosen*

| Prognosepräzision | n | Min. | 25%-Q. | Median | MW | 75%-Q. | Max. |
|---|---|---|---|---|---|---|---|
| erhöht | 102 | -0,062 | -0,011 | -0,003 | -0,004 | 0,004 | 0,070 |
| verringert | 35 | -0,049 | -0,008 | -0,001 | -0,002 | 0,005 | 0,043 |
| unverändert | 436 | -0,097 | -0,009 | -0,002 | -0,002 | 0,004 | 0,079 |
| keine Prognose zuvor | 317 | | | | | | |
| | Hypothese | | | t-Statistik | | p-Wert | |
| erhöht vs. verringert | $H_0: \mu_e = \mu_v$ vs. $H_1: \mu_e < \mu_v$ | | | -0,6005 | | 0,275 | |
| erhöht vs. Unverändert | $H_0: \mu_e = \mu_u$ vs. $H_1: \mu_e < \mu_u$ | | | -0,6116 | | 0,271 | |
| verringert vs. unverändert | $H_0: \mu_v = \mu_u$ vs. $H_1: \mu_v > \mu_u$ | | | 0,2410 | | 0,405 | |

*Tabelle A- 30: Determinanten des betragsmäßigen und relativen Prognosefehlers von Umsatzprognosen des Managements (durch alternatives Schätzverfahren modifizierte Modelle)*

| | **Modifiziertes Modell 3e: Abhängige Variable $\lvert FE_{i,Umsatz,t,q} \rvert$** | | | | **Modifiziertes Modell 3f: Abhängige Variable $FE_{i,Umsatz,t,q}$** | | | |
|---|---|---|---|---|---|---|---|---|
| **Variable** | **Erw. VZ** | **ß** | **t-Wert** | **Pr(>\|t\|)** | **Erw. VZ** | **ß** | **t-Wert** | **Pr(>\|t\|)** |
| **Konstante** | | 0,070*** | 3,839 | 0,000 | | 0,012 | 0,521 | 0,602 |
| **Log(MC_U_99)** | ? | -0,003 | -0,932 | 0,351 | ? | -0,002 | -0,481 | 0,631 |
| **ROE_U_99** | ? | 0,017 | 0,738 | 0,461 | - | -0,038 | -1,345 | 0,179 |
| **ΔNI_U_99** | + | 0,005** | 2,176 | 0,030 | ? | 0,005 | 1,863 | 0,063 |
| **SEG_U** | + | 0,002 | 0,844 | 0,399 | ? | -0,003 | -1,019 | 0,308 |
| **INTTA_U** | + | -0,015 | -0,594 | 0,552 | ? | 0,026 | 0,771 | 0,441 |
| **LEV_U_99** | ? | -0,001 | -0,294 | 0,769 | ? | 0,010*** | 3,272 | 0,001 |
| **FF_U** | ? | 0,005 | 0,284 | 0,776 | + | -0,007 | -0,298 | 0,766 |
| **ASTD_U_99** | + | 0,132 | 1,445 | 0,149 | ? | -0,275*** | -2,640 | 0,008 |
| **PE_U_99** | ? | 0,000 | -1,010 | 0,313 | - | -0,001*** | -3,160 | 0,002 |
| **Crisis_U** | + | 0,002 | 0,188 | 0,851 | + | 0,018 | 1,559 | 0,119 |
| **Post_Crisis_U** | - | -0,005 | -0,627 | 0,531 | - | -0,014 | -1,365 | 0,172 |
| **Q1_U** | - | -0,004 | -0,874 | 0,382 | + | 0,009 | 1,632 | 0,103 |
| **Q2_U** | - | -0,022*** | -4,594 | 0,000 | + | 0,009* | 1,695 | 0,090 |
| **Q3_U** | - | -0,037*** | -7,502 | 0,000 | + | 0,010* | 1,799 | 0,072 |
| **Br_UT_U** | ? | -0,024 | -0,575 | 0,565 | ? | -0,039 | -0,731 | 0,465 |
| **Br_IN_U** | ? | 0,003 | 0,339 | 0,735 | ? | 0,000 | -0,001 | 0,999 |
| **Br_BM_U** | ? | -0,014 | -0,967 | 0,334 | ? | -0,020 | -1,027 | 0,305 |
| **Br_TE_U** | ? | -0,024 | -1,099 | 0,272 | ? | -0,017 | -0,585 | 0,559 |
| **Br_PH_U** | - | -0,020 | -1,660 | 0,097 | ? | -0,005 | -0,295 | 0,768 |
| **Br_CS_U** | ? | 0,003 | 0,199 | 0,843 | ? | -0,017 | -0,766 | 0,444 |
| **Br_FI_U** | ? | -0,046** | -2,052 | 0,041 | ? | -0,023 | -0,765 | 0,444 |
| **Br_TC_U** | - | -0,026 | -1,165 | 0,244 | ? | -0,006 | -0,194 | 0,846 |
| */**/*** kennzeichnet das Niveau der zweiseitigen Irrtumswahrscheinlichkeiten von 10%/5%/1% | | | | | | | | |
| **Multiple R2** | 0,125 | | | | 0,066 | | | |
| **Adjusted R2** | 0,122 | | | | 0,064 | | | |
| **F-Statistik:** | 5,615 | | | | 2,794 | | | |
| **p-Wert:** | 0,000 | | | | 0,000 | | | |

*Tabelle A- 31: Determinanten des betragsmäßigen und relativen Prognosefehlers von Umsatzprognosen der Analysten (durch alternatives Schätzverfahren modifizierte Modelle)*

| | **Modifiziertes Modell 4e: Abhängige Variable** $\lvert FE_{l,Umsatz,t,q} \rvert$ | | | | **Modifiziertes Modell 4f: Abhängige Variable** $FE_{l,Umsatz,t,q}$ | | | |
|---|---|---|---|---|---|---|---|---|
| **Variable** | **Erw. Vz.** | **ß** | **t-Wert** | **Pr(>\|t\|)** | **Erw. Vz.** | **ß** | **t-Wert** | **Pr(>\|t\|)** |
| **Konstante** | | 0,128*** | 7,450 | 0,000 | | -0,006 | -0,274 | 0,784 |
| **Log(MC_U_99)** | ? | 0,001 | 0,359 | 0,720 | ? | 0,002 | 0,532 | 0,595 |
| **ROE_U_99** | ? | -0,045** | -2,097 | 0,036 | - | -0,133*** | -4,918 | 0,000 |
| **ΔNI_U_99** | + | 0,008*** | 3,698 | 0,000 | ? | 0,006** | 2,126 | 0,034 |
| **SEG_U** | + | -0,003 | -1,371 | 0,171 | ? | -0,005 | -1,593 | 0,112 |
| **INTTA_U** | + | -0,070*** | -3,006 | 0,003 | ? | -0,015 | -0,485 | 0,628 |
| **LEV_U_99** | ? | -0,002 | -0,851 | 0,395 | ? | 0,009*** | 3,051 | 0,002 |
| **FF_U** | ? | 0,006 | 0,388 | 0,698 | + | 0,003 | 0,134 | 0,893 |
| **ASTD_U_99** | + | 0,453*** | 4,603 | 0,000 | ? | 0,272** | 2,464 | 0,014 |
| **PE_U_99** | ? | 0,000 | -1,095 | 0,274 | - | -0,002*** | -5,536 | 0,000 |
| **Crisis_U** | + | -0,002 | -0,265 | 0,791 | + | 0,016 | 1,434 | 0,152 |
| **Post_Crisis_U** | - | -0,004 | -0,591 | 0,555 | - | 0,000 | 0,021 | 0,983 |
| **Q1_U** | - | -0,047*** | -8,367 | 0,000 | + | 0,047*** | 8,084 | 0,000 |
| **Q2_U** | - | -0,066*** | -11,942 | 0,000 | + | 0,050*** | 8,690 | 0,000 |
| **Q3_U** | - | -0,083*** | -14,665 | 0,000 | + | 0,048*** | 8,090 | 0,000 |
| **Br_UT_U** | ? | -0,008 | -0,200 | 0,842 | ? | -0,050 | -0,996 | 0,319 |
| **Br_IN_U** | ? | 0,003 | 0,315 | 0,753 | ? | -0,017 | -1,443 | 0,149 |
| **Br_BM_U** | ? | -0,021 | -1,573 | 0,116 | ? | -0,009 | -0,514 | 0,607 |
| **Br_TE_U** | ? | 0,034* | 1,669 | 0,096 | ? | -0,039 | -1,457 | 0,146 |
| **Br_PH_U** | - | 0,002 | 0,141 | 0,888 | ? | 0,011 | 0,739 | 0,460 |
| **Br_CS_U** | ? | -0,017 | -1,140 | 0,254 | ? | 0,005 | 0,228 | 0,819 |
| **Br_FI_U** | ? | -0,040** | -1,983 | 0,048 | ? | -0,072*** | -2,656 | 0,008 |
| **Br_TC_U** | - | 0,001 | 0,073 | 0,942 | ? | -0,002 | -0,067 | 0,947 |
| */**/*** kennzeichnet das Niveau der zweiseitigen Irrtumswahrscheinlichkeiten von 10%/5%/1% | | | | | | | | |
| **Multiple R2** | 0,292 | | | | 0,203 | | | |
| **Adjusted R2** | 0,284 | | | | 0,198 | | | |
| **F-Statistik:** | 16,253 | | | | 10,055 | | | |
| **p-Wert:** | 0,000 | | | | 0,000 | | | |

*Tabelle A- 32: Determinanten des betragsmäßigen und relativen Prognosefehlers von Ergebnisprognosen des Managements (durch alternatives Winsorizing modifizierte Modelle)*

| | **Modifiziertes Modell 1g: Abhängige Variable $\lvert FE_{i,Ergebnis,t,q}\rvert$** | | | | **Modifiziertes Modell 1h: Abhängige Variable $FE_{i,Ergebnis,t,q}$** | | | |
|---|---|---|---|---|---|---|---|---|
| **Variable** | **Erw. Vz.** | **ß** | **t-Wert** | **Pr(>\|t\|)** | **Erw. Vz.** | **ß** | **t-Wert** | **Pr(>\|t\|)** |
| **Konstante** | | 0,070 | 1,416 | 0,157 | | 0,196*** | 3,080 | 0,002 |
| **Log(MC_E_95)** | ? | -0,009 | -1,38 | 0,168 | ? | 0,005 | 0,628 | 0,530 |
| **ROE_E_95** | ? | -0,032 | -0,413 | 0,679 | - | -0,320*** | -3,411 | 0,001 |
| **ΔNI_E_95** | + | 0,034*** | 3,757 | 0,000 | ? | -0,043*** | -4,156 | 0,000 |
| **SEG_E** | + | 0,009 | 1607 | 0,108 | ? | -0,008 | -1,297 | 0,195 |
| **INTTA_E** | + | 0,028 | 0,503 | 0,615 | ? | 0,069 | 1,314 | 0,189 |
| **LEV_E_95** | ? | -0,002 | -0,283 | 0,777 | ? | -0,016* | -1,902 | 0,057 |
| **FF_E** | ? | 0,003 | 0,088 | 0,93 | + | -0,022 | -0,472 | 0,637 |
| **ASTD_E_95** | + | 0,706*** | 5,387 | 0,000 | ? | -0,353** | -2,321 | 0,020 |
| **PE_E_95** | ? | 0,000 | 0,075 | 0,94 | - | -0,008*** | -3,702 | 0,000 |
| **Crisis_E** | + | -0,008 | -0,379 | 0,705 | + | -0,004 | -0,163 | 0,871 |
| **Post_Crisis_E** | - | -0,039 | -2,457 | 0,014 | - | -0,017 | -0,990 | 0,322 |
| **Q1_E** | - | -0,012 | -1,089 | 0,277 | + | 0,022* | 1,716 | 0,086 |
| **Q2_E** | - | -0,041*** | -3,176 | 0,002 | + | 0,030** | 2,078 | 0,038 |
| **Q3_E** | - | -0,050*** | -3,671 | 0,000 | + | 0,039** | 2,452 | 0,014 |
| **Br_UT_E** | ? | 0,004 | 0,094 | 0,925 | ? | 0,074 | 1,643 | 0,101 |
| **Br_IN_E** | ? | 0,030 | 1,438 | 0,151 | ? | 0,046** | 2,155 | 0,031 |
| **Br_BM_E** | ? | -0,021 | -1,016 | 0,31 | ? | 0,064** | 2,390 | 0,017 |
| **Br_TE_E** | ? | 0,006 | 0,13 | 0,896 | ? | 0,160 | 1,220 | 0,223 |
| **Br_PH_E** | - | 0,026 | 1,065 | 0,287 | ? | 0,018 | 0,680 | 0,497 |
| **Br_CS_E** | ? | -0,011 | -0,417 | 0,677 | ? | 0,021 | 0,547 | 0,584 |
| **Br_FI_E** | ? | 0,029 | 0,695 | 0,487 | ? | -0,058* | -1,671 | 0,095 |
| **Br_TC_E** | - | -0,023 | -0,883 | 0,377 | ? | 0,053 | 1,318 | 0,188 |
| */**/*** kennzeichnet das Niveau der zweiseitigen Irrtumswahrscheinlichkeiten von 10%/5%/1% | | | | | | | | |
| **Multiple R2** | 0,185 | | | | 0,160 | | | |
| **Adjusted R2** | 0,168 | | | | 0,135 | | | |
| **F-Statistik:** | 10,920 | | | | 8,667 | | | |
| **p-Wert:** | 0,000 | | | | 0,000 | | | |

*Tabelle A- 33: Determinanten des betragsmäßigen und relativen Prognosefehlers von Ergebnisprognosen der Analysten (durch alternatives Winsorizing modifizierte Modelle)*

| | **Modifiziertes Modell 2g: Abhängige Variable $\|FE_{l,Ergebnis,t,q}\|$** | | | | **Modifiziertes Modell 2h: Abhängige Variable $FE_{l,Ergebnis,t,q}$** | | | |
|---|---|---|---|---|---|---|---|---|
| **Variable** | **Erw. Vz.** | **ß** | **t-Wert** | **Pr(>\|t\|)** | **Erw. Vz.** | **ß** | **t-Wert** | **Pr(>\|t\|)** |
| **Konstante** | | 0,154*** | 2,994 | 0,003 | | 0,135** | 2,029 | 0,043 |
| **Log(MC_E_95)** | ? | -0,015** | -2,477 | 0,013 | ? | 0,004 | 0,541 | 0,589 |
| **ROE_E_95** | ? | -0,086 | -1,186 | 0,236 | - | -0,369*** | -4,497 | 0,000 |
| **ΔNI_E_95** | + | 0,023*** | 2,919 | 0,004 | ? | -0,044*** | -4,688 | 0,000 |
| **SEG_E** | + | 0,008* | 1,671 | 0,095 | ? | -0,009 | -1,486 | 0,138 |
| **INTTA_E** | + | 0,044 | 0,976 | 0,329 | ? | 0,024 | 0,358 | 0,720 |
| **LEV_E_95** | ? | 0,007 | 1,336 | 0,182 | ? | -0,011 | -1,487 | 0,137 |
| **FF_E** | ? | -0,039 | -1,123 | 0,262 | + | -0,026 | -0,608 | 0,543 |
| **ASTD_E_95** | + | 0,779*** | 6,122 | 0,000 | ? | -0,129 | -0,742 | 0,458 |
| **PE_E_95** | ? | 0,000 | -0,297 | 0,767 | - | -0,006*** | -2,677 | 0,008 |
| **Crisis_E** | + | -0,026 | -1,502 | 0,133 | + | 0,031 | 1,344 | 0,179 |
| **Post_Crisis_E** | - | -0,043*** | -2,693 | 0,007 | - | 0,020 | 1,175 | 0,240 |
| **Q1_E** | - | -0,050*** | -4,214 | 0,000 | + | 0,054*** | 3,536 | 0,000 |
| **Q2_E** | - | -0,068*** | -4,786 | 0,000 | + | 0,054*** | 3,287 | 0,001 |
| **Q3_E** | - | -0,078*** | -5,679 | 0,000 | + | 0,052*** | 2,974 | 0,003 |
| **Br_UT_E** | ? | -0,030 | -0,952 | 0,341 | ? | 0,078* | 1,821 | 0,069 |
| **Br_IN_E** | ? | 0,007 | 0,376 | 0,707 | ? | 0,011 | 0,475 | 0,635 |
| **Br_BM_E** | ? | -0,034 | -1,604 | 0,109 | ? | 0,062*** | 2,759 | 0,006 |
| **Br_TE_E** | ? | -0,003 | -0,081 | 0,935 | ? | 0,086 | 1,306 | 0,192 |
| **Br_PH_E** | - | -0,008 | -0,350 | 0,726 | ? | 0,005 | 0,173 | 0,863 |
| **Br_CS_E** | ? | -0,046* | -1,826 | 0,068 | ? | 0,017 | 0,411 | 0,681 |
| **Br_FI_E** | ? | -0,018 | -0,697 | 0,486 | ? | -0,034 | -0,864 | 0,388 |
| **Br_TC_E** | - | -0,037 | -1,315 | 0,189 | ? | 0,032 | 0,888 | 0,375 |
| */**/*** kennzeichnet das Niveau der zweiseitigen Irrtumswahrscheinlichkeiten von 10%/5%/1% | | | | | | | | |
| **Multiple R2** | 0,223 | | | | 0,137 | | | |
| **Adjusted R2** | 0,207 | | | | 0,119 | | | |
| **F-Statistik:** | 13,810 | | | | 7,623 | | | |
| **p-Wert:** | 0,000 | | | | 0,000 | | | |

*Tabelle A- 34: Determinanten des betragsmäßigen und relativen Prognosefehlers von Umsatzprognosen des Managements (durch alternative Winsorizing modifizierte Modelle)*

| | Modifiziertes Modell 3g: Abhängige Variable $\lvert FE_{i,Umsatz,t,q} \rvert$ | | | | Modifiziertes Modell 3h: Abhängige Variable $FE_{i,Umsatz,t,q}$ | | | |
|---|---|---|---|---|---|---|---|---|
| **Variable** | **Erw. Vz.** | **ß** | **t-Wert** | **Pr(>\|t\|)** | **Erw. Vz.** | **ß** | **t-Wert** | **Pr(>\|t\|)** |
| **Konstante** | | 0,038** | 2,016 | 0,044 | | 0,024 | 1,158 | 0,247 |
| **Log(MC_U_95)** | ? | -0,004 | -1,334 | 0,182 | ? | 0,003 | 0,775 | 0,438 |
| **ROE_U_95** | ? | 0,040 | 1,478 | 0,140 | - | -0,045 | -1,257 | 0,209 |
| **ΔNI_U_95** | + | 0,010*** | 3,052 | 0,002 | ? | -0,012** | -2,521 | 0,012 |
| **SEG_U** | + | 0,001 | 0,666 | 0,505 | ? | -0,002 | -1,069 | 0,285 |
| **INTTA_U** | + | 0,010 | 0,519 | 0,604 | ? | 0,025 | 0,958 | 0,338 |
| **LEV_U_95** | ? | -0,003 | -1,076 | 0,282 | ? | -0,005 | -1,193 | 0,233 |
| **FF_U** | ? | 0,003 | 0,193 | 0,847 | + | 0,000 | -0,011 | 0,992 |
| **ASTD_U_95** | + | 0,597*** | 4,447 | 0,000 | ? | -0,173 | -1,154 | 0,249 |
| **PE_U_95** | ? | 0,000 | -0,055 | 0,956 | - | -0,001** | -2,426 | 0,015 |
| **Crisis_U** | + | -0,002 | -0,320 | 0,749 | + | 0,016** | 1,967 | 0,050 |
| **Post_Crisis_U** | - | 0,000 | -0,020 | 0,984 | - | -0,013* | -1,849 | 0,065 |
| **Q1_U** | - | -0,004 | -1,073 | 0,284 | + | 0,008** | 2,355 | 0,019 |
| **Q2_U** | - | -0,016*** | -3,844 | 0,000 | + | 0,011** | 2,543 | 0,011 |
| **Q3_U** | - | -0,027*** | -6,471 | 0,000 | + | 0,010** | 2,471 | 0,014 |
| **Br_UT_U** | ? | -0,020* | -1,739 | 0,082 | ? | 0,011 | 0,722 | 0,471 |
| **Br_IN_U** | ? | -0,001 | -0,085 | 0,933 | ? | 0,017** | 1,972 | 0,049 |
| **Br_BM_U** | ? | -0,009 | -1,105 | 0,270 | ? | -0,003 | -0,283 | 0,777 |
| **Br_TE_U** | ? | -0,016 | -1,125 | 0,261 | ? | 0,015 | 0,674 | 0,500 |
| **Br_PH_U** | - | -0,017** | -2,041 | 0,042 | ? | 0,004 | 0,405 | 0,686 |
| **Br_CS_U** | ? | -0,005 | -0,395 | 0,693 | ? | 0,022 | 1,145 | 0,253 |
| **Br_FI_U** | ? | -0,046*** | -4,245 | 0,000 | ? | 0,007 | 0,517 | 0,605 |
| **Br_TC_U** | - | -0,024 | -2,185 | 0,029 | ? | 0,026** | 1,970 | 0,049 |
| */**/*** kennzeichnet das Niveau der zweiseitigen Irrtumswahrscheinlichkeiten von 10%/5%/1% | | | | | | | | |
| **Multiple R2** | 0,197 | | | | 0,123 | | | |
| **Adjusted R2** | 0,177 | | | | 0,100 | | | |
| **F-Statistik:** | 9,663 | | | | 5,509 | | | |
| **p-Wert:** | 0,000 | | | | 0,000 | | | |

*Tabelle A- 35: Determinanten des betragsmäßigen und relativen Prognosefehlers von Umsatzprognosen der Analysten (durch alternatives Winsorizing modifizierte Modelle)*

| | Modifiziertes Modell 4g: Abhängige Variable $\lvert FE_{i,Umsatz,t,q} \rvert$ | | | | Modifiziertes Modell 4h: Abhängige Variable $FE_{i,Umsatz,t,q}$ | | | |
|---|---|---|---|---|---|---|---|---|
| **Variable** | **Erw. Vz.** | **ß** | **t-Wert** | **Pr(>\|t\|)** | **Erw. Vz.** | **ß** | **t-Wert** | **Pr(>\|t\|)** |
| **Konstante** | | 0,081*** | 4,297 | 0,000 | | -0,012 | -0,509 | 0,611 |
| **Log(MC_U_95)** | ? | -0,002 | -0,81 | 0,418 | ? | 0,002 | 0,608 | 0,543 |
| **ROE_U_95** | ? | -0,008 | -0,282 | 0,778 | - | -0,086** | -2,416 | 0,016 |
| **ΔNI_U_95** | + | 0,013*** | 4,054 | 0,000 | ? | -0,009* | -1,927 | 0,054 |
| **SEG_U** | + | -0,002 | -0,821 | 0,412 | ? | -0,002 | -0,613 | 0,540 |
| **INTTA_U** | + | -0,029 | -1,643 | 0,101 | ? | 0,005 | 0,184 | 0,854 |
| **LEV_U_95** | ? | -0,002 | -0,969 | 0,333 | ? | -0,002 | -0,451 | 0,652 |
| **FF_U** | ? | 0,001 | 0,066 | 0,947 | + | 0,010 | 0,634 | 0,526 |
| **ASTD_U_95** | + | 0,866*** | 6,861 | 0,000 | ? | 0,268* | 1,711 | 0,087 |
| **PE_U_95** | ? | 0,000 | -0,119 | 0,906 | - | -0,002** | -2,547 | 0,011 |
| **Crisis_U** | + | -0,003 | -0,447 | 0,655 | + | 0,012 | 1,551 | 0,121 |
| **Post_Crisis_U** | - | -0,002 | -0,271 | 0,787 | - | -0,010 | -1,251 | 0,211 |
| **Q1_U** | - | -0,036*** | -6,836 | 0,000 | + | 0,036*** | 7,520 | 0,000 |
| **Q2_U** | - | -0,048*** | -8,818 | 0,000 | + | 0,042*** | 8,545 | 0,000 |
| **Q3_U** | - | -0,062*** | -10,746 | 0,000 | + | 0,043*** | 8,359 | 0,000 |
| **Br_UT_U** | ? | -0,016 | -0,985 | 0,325 | ? | -0,009 | -0,367 | 0,714 |
| **Br_IN_U** | ? | -0,002 | -0,263 | 0,793 | ? | 0,005 | 0,465 | 0,642 |
| **Br_BM_U** | ? | -0,016** | -2,483 | 0,013 | ? | 0,001 | 0,143 | 0,886 |
| **Br_TE_U** | ? | 0,011 | 0,438 | 0,662 | ? | -0,002 | -0,056 | 0,956 |
| **Br_PH_U** | - | -0,004 | -0,554 | 0,58 | ? | 0,012 | 1,186 | 0,236 |
| **Br_CS_U** | ? | -0,011* | -1,685 | 0,092 | ? | 0,018 | 1,644 | 0,101 |
| **Br_FI_U** | ? | -0,038*** | -3,149 | 0,002 | ? | -0,027 | -1,536 | 0,125 |
| **Br_TC_U** | - | -0,003 | -0,354 | 0,723 | ? | 0,016 | 1,045 | 0,296 |
| */**/*** kennzeichnet das Niveau der zweiseitigen Irrtumswahrscheinlichkeiten von 10%/5%/1% | | | | | | | | |
| **Multiple R2** | 0,370 | | | | 0,185 | | | |
| **Adjusted R2** | 0,354 | | | | 0,164 | | | |
| **F-Statistik:** | 23,120 | | | | 8,941 | | | |
| **p-Wert:** | 0,000 | | | | 0,000 | | | |

*Tabelle A- 36: Determinanten des betragsmäßigen und relativen Prognosefehlers von Ergebnisprognosen des Managements (durch alternative Variablenauswahl modifizierte Modelle)*

| | Modifiziertes Modell 1i: Abhängige Variable $\lvert FE_{i,Ergebnis,t,q}\rvert$ | | | | Modifiziertes Modell 1j: Abhängige Variable $FE_{i,Ergebnis,t,q}$ | | | |
|---|---|---|---|---|---|---|---|---|
| **Variable** | **Erw. Vz.** | **ß** | **t-Wert** | **Pr(>\|t\|)** | **Erw. Vz.** | **ß** | **t-Wert** | **Pr(>\|t\|)** |
| **Konstante** | | -0,007 | -0,114 | 0,909 | | 0,130* | 1,774 | 0,076 |
| **NE_E** | ? | 0,001 | 0,628 | 0,530 | ? | 0,001 | 0,850 | 0,396 |
| **ROE_E_99** | ? | -0,124** | -2,458 | 0,014 | - | -0,103 | -1,497 | 0,135 |
| **ΔNI_E_99** | + | 0,027*** | 4,592 | 0,000 | ? | -0,030*** | -2,876 | 0,004 |
| **SEG_E** | + | 0,012 | 1,872 | 0,062 | ? | -0,008 | -0,955 | 0,340 |
| **INTTA_E** | + | 0,005 | 0,087 | 0,931 | ? | 0,042 | 0,643 | 0,521 |
| **LEV_E_99** | ? | -0,005 | -1,120 | 0,263 | ? | 0,001 | 0,117 | 0,907 |
| **FF_E** | ? | 0,066 | 1,396 | 0,163 | + | -0,032 | -0,544 | 0,587 |
| **VOLA_E_99** | + | 0,200* | 1,683 | 0,093 | ? | -0,182 | -1,210 | 0,227 |
| **PE_E_99** | ? | 0,001 | 0,715 | 0,475 | - | -0,006*** | -3,147 | 0,002 |
| **Crisis_E** | + | 0,000 | -0,020 | 0,984 | + | 0,014 | 0,466 | 0,642 |
| **Post_Crisis_E** | - | -0,049*** | -2,687 | 0,007 | - | -0,008 | -0,280 | 0,779 |
| **Q1_E** | - | -0,016 | -1,476 | 0,140 | + | 0,026* | 1,790 | 0,074 |
| **Q2_E** | - | -0,042*** | -3,253 | 0,001 | + | 0,033* | 1,792 | 0,073 |
| **Q3_E** | - | -0,046*** | -3,136 | 0,002 | + | 0,044** | 2,070 | 0,039 |
| **Br_UT_E** | ? | -0,012 | -0,311 | 0,756 | ? | 0,002 | 0,038 | 0,970 |
| **Br_IN_E** | ? | 0,040 | 1,634 | 0,103 | ? | 0,035 | 1,334 | 0,183 |
| **Br_BM_E** | ? | -0,017 | -0,608 | 0,543 | ? | 0,057 | 1,606 | 0,109 |
| **Br_TE_E** | ? | 0,019 | 0,419 | 0,675 | ? | 0,071 | 0,628 | 0,530 |
| **Br_PH_E** | - | 0,047 | 1,588 | 0,113 | ? | 0,047 | 1,415 | 0,157 |
| **Br_CS_E** | ? | 0,000 | 0,006 | 0,995 | ? | -0,005 | -0,100 | 0,920 |
| **Br_FI_E** | ? | 0,094 | 1,589 | 0,112 | ? | -0,129** | -2,193 | 0,029 |
| **Br_TC_E** | - | -0,016 | -0,526 | 0,599 | ? | 0,087* | 1,654 | 0,099 |
| */**/*** kennzeichnet das Niveau der zweiseitigen Irrtumswahrscheinlichkeiten von 10%/5%/1% | | | | | | | | |
| **Multiple R2** | 0,144 | | | | 0,116 | | | |
| **Adjusted R2** | 0,125 | | | | 0,096 | | | |
| **F-Statistik** | 7,527 | | | | 5,509 | | | |
| **p-Wert** | 0,000 | | | | 0,000 | | | |

*Tabelle A- 37: Determinanten des betragsmäßigen und relativen Prognosefehlers von Ergebnisprognosen der Analysten (durch alternative Variablenauswahl modifizierte Modelle)*

| | **Modifiziertes Modell 2i: Abhängige Variable** $\lvert FE_{l,Ergebnis,t,q}\rvert$ | | | | **Modifiziertes Modell 2j: Abhängige Variable** $FE_{l,Ergebnis,t,q}$ | | | |
|---|---|---|---|---|---|---|---|---|
| **Variable** | **Erw. Vz.** | **ß** | **t-Wert** | **Pr(>\|t\|)** | **Erw. Vz.** | **ß** | **t-Wert** | **Pr(>\|t\|)** |
| **Konstante** | | 0,111 | 1,625 | 0,104 | | 0,121 | 1,451 | 0,147 |
| **NE_E** | ? | -0,001 | -0,651 | 0,515 | ? | 0,002 | 1,275 | 0,203 |
| **ROE_E_99** | ? | -0,153*** | -2,778 | 0,006 | - | -0,16** | -2,397 | 0,017 |
| **ΔNI_E_99** | + | 0,016*** | 3,582 | 0,000 | ? | -0,022*** | -2,681 | 0,007 |
| **SEG_E** | + | 0,012* | 1,922 | 0,055 | ? | -0,007 | -0,880 | 0,379 |
| **INTTA_E** | + | 0,036 | 0,619 | 0,536 | ? | -0,027 | -0,318 | 0,751 |
| **LEV_E_99** | ? | 0,000 | -0,038 | 0,969 | ? | -0,006 | -1,060 | 0,290 |
| **FF_E** | ? | 0,013 | 0,280 | 0,780 | + | -0,048 | -0,821 | 0,412 |
| **VOLA_E_99** | + | 0,178 | 1,510 | 0,131 | ? | -0,241 | -1,504 | 0,133 |
| **PE_E_99** | ? | 0,001 | 0,414 | 0,679 | - | -0,005*** | -2,637 | 0,008 |
| **Crisis_E** | + | -0,016 | -0,723 | 0,470 | + | 0,055* | 1,733 | 0,083 |
| **Post_Crisis_E** | - | -0,043** | -2,134 | 0,033 | - | 0,028 | 1,087 | 0,277 |
| **Q1_E** | - | -0,056*** | -3,890 | 0,000 | + | 0,064*** | 3,308 | 0,001 |
| **Q2_E** | - | -0,075*** | -4,608 | 0,000 | + | 0,055*** | 2,609 | 0,009 |
| **Q3_E** | - | -0,078*** | -4,752 | 0,000 | + | 0,055** | 2,347 | 0,019 |
| **Br_UT_E** | ? | -0,048 | -1,254 | 0,210 | ? | 0,032 | 0,715 | 0,475 |
| **Br_IN_E** | ? | 0,034 | 1,424 | 0,155 | ? | 0,013 | 0,427 | 0,669 |
| **Br_BM_E** | ? | -0,019 | -0,606 | 0,545 | ? | 0,050* | 1,677 | 0,094 |
| **Br_TE_E** | ? | 0,055 | 1,017 | 0,309 | ? | 0,090 | 1,025 | 0,306 |
| **Br_PH_E** | - | 0,002 | 0,083 | 0,934 | ? | 0,037 | 0,924 | 0,356 |
| **Br_CS_E** | ? | -0,052* | -1,741 | 0,082 | ? | 0,001 | 0,015 | 0,988 |
| **Br_FI_E** | ? | 0,051 | 1,255 | 0,210 | ? | -0,028 | -0,491 | 0,624 |
| **Br_TC_E** | - | -0,015 | -0,427 | 0,670 | ? | 0,083** | 2,021 | 0,044 |
| */**/*** kennzeichnet das Niveau der zweiseitigen Irrtumswahrscheinlichkeiten von 10%/5%/1% | | | | | | | | |
| **Multiple R2** | 0,136 | | | | 0,104 | | | |
| **Adjusted R2** | 0,117 | | | | 0,083 | | | |
| **F-Statistik** | 7,022 | | | | 5,154 | | | |
| **p-Wert** | 0,000 | | | | 0,000 | | | |

*Tabelle A- 38: Determinanten des betragsmäßigen und relativen Prognosefehlers von Umsatzprognosen des Managements (durch alternative Variablenauswahl modifizierte Modelle)*

| | **Modifiziertes Modell 3i: Abhängige Variable $\lvert FE_{i,Umsatz,t,q}\rvert$** | | | | **Modifiziertes Modell 3j: Abhängige Variable $FE_{i,Umsatz,t,q}$** | | | |
|---|---|---|---|---|---|---|---|---|
| **Variable** | **Erw. Vz.** | **ß** | **t-Wert** | **Pr(>\|t\|)** | **Erw. Vz.** | **ß** | **t-Wert** | **Pr(>\|t\|)** |
| **Konstante** | | -0,008 | -0,300 | 0,764 | | -0,007 | -0,222 | 0,825 |
| **NE_E** | ? | 0,000 | -0,016 | 0,988 | ? | 0,001 | 1,079 | 0,281 |
| **ROE_E_99** | ? | 0,013 | 0,576 | 0,565 | - | -0,019 | -0,557 | 0,578 |
| **ΔNI_E_99** | + | 0,004 | 1,641 | 0,101 | ? | -0,003 | -0,621 | 0,535 |
| **SEG_E** | + | 0,003 | 1,425 | 0,154 | ? | -0,004 | -1,311 | 0,190 |
| **INTTA_E** | + | 0,007 | 0,262 | 0,793 | ? | 0,032 | 0,930 | 0,353 |
| **LEV_E_99** | ? | -0,001 | -0,408 | 0,683 | ? | 0,002 | 0,454 | 0,650 |
| **FF_E** | ? | 0,012 | 0,398 | 0,691 | + | -0,003 | -0,087 | 0,930 |
| **VOLA_E_99** | + | 0,220*** | 4,618 | 0,000 | ? | 0,005 | 0,069 | 0,945 |
| **PE_E_99** | ? | 0,000 | -1,170 | 0,242 | - | -0,001** | -2,159 | 0,031 |
| **Crisis_E** | + | -0,008 | -0,812 | 0,417 | + | 0,014 | 1,139 | 0,255 |
| **Post_Crisis_E** | - | -0,007 | -0,783 | 0,434 | - | -0,025** | -2,099 | 0,036 |
| **Q1_E** | - | 0,006 | 1,042 | 0,298 | + | 0,017** | 2,461 | 0,014 |
| **Q2_E** | - | -0,014** | -2,464 | 0,014 | + | 0,016*** | 2,573 | 0,010 |
| **Q3_E** | - | -0,028*** | -5,302 | 0,000 | + | 0,016** | 2,468 | 0,014 |
| **Br_UT_E** | ? | -0,019 | -1,328 | 0,184 | ? | -0,023 | -1,187 | 0,235 |
| **Br_IN_E** | ? | -0,005 | -0,457 | 0,648 | ? | 0,018 | 1,227 | 0,220 |
| **Br_BM_E** | ? | -0,027** | -2,003 | 0,046 | ? | -0,013 | -0,775 | 0,438 |
| **Br_TE_E** | ? | -0,040* | -1,661 | 0,097 | ? | -0,011 | -0,430 | 0,667 |
| **Br_PH_E** | - | -0,025** | -1,964 | 0,050 | ? | 0,004 | 0,263 | 0,793 |
| **Br_CS_E** | ? | -0,006 | -0,267 | 0,789 | ? | 0,011 | 0,507 | 0,612 |
| **Br_FI_E** | ? | -0,014 | -0,897 | 0,370 | ? | -0,008 | -0,399 | 0,690 |
| **Br_TC_E** | - | -0,056*** | -4,325 | 0,000 | ? | 0,013 | 0,759 | 0,448 |
| */**/*** kennzeichnet das Niveau der zweiseitigen Irrtumswahrscheinlichkeiten von 10%/5%/1% | | | | | | | | |
| **Multiple R2** | 0,147 | | | | 0,078 | | | |
| **Adjusted R2** | 0,123 | | | | 0,053 | | | |
| **F-Statistik** | 6,217 | | | | 3,068 | | | |
| **p-Wert** | 0,000 | | | | 0,000 | | | |

*Tabelle A- 39: Determinanten des betragsmäßigen und relativen Prognosefehlers von Umsatzprognosen der Analysten (durch alternative Variablenauswahl modifizierte Modelle)*

| | **Modifiziertes Modell 4i: Abhängige Variable** $\lvert FE_{l,Umsatz,t,q} \rvert$ | | | | **Modifiziertes Modell 4j: Abhängige Variable** $FE_{l,Umsatz,t,q}$ | | | |
|---|---|---|---|---|---|---|---|---|
| **Variable** | **Erw. Vz.** | **ß** | **t-Wert** | **Pr(>\|t\|)** | **Erw. Vz.** | **ß** | **t-Wert** | **Pr(>\|t\|)** |
| **Konstante** | | 0,046** | 2,017 | 0,044 | | -0,014 | -0,467 | 0,640 |
| **NE_E** | ? | 0,001 | 1,411 | 0,159 | ? | 0,002** | 2,447 | 0,015 |
| **ROE_E_99** | ? | -0,057 | -1,45 | 0,147 | - | -0,122*** | -2,945 | 0,003 |
| **ΔNI_E_99** | + | 0,008*** | 2,972 | 0,003 | ? | 0,005 | 1,388 | 0,166 |
| **SEG_E** | + | 0,000 | -0,015 | 0,988 | ? | -0,005 | -1,487 | 0,137 |
| **INTTA_E** | + | -0,043 | -1,546 | 0,123 | ? | 0,000 | -0,001 | 0,999 |
| **LEV_E_99** | ? | -0,001 | -0,388 | 0,698 | ? | 0,002 | 0,473 | 0,637 |
| **FF_E** | ? | 0,010 | 0,567 | 0,571 | + | -0,010 | -0,431 | 0,667 |
| **VOLA_E_99** | + | 0,240*** | 4,169 | 0,000 | ? | 0,064 | 0,856 | 0,392 |
| **PE_E_99** | ? | -0,001 | -1,084 | 0,279 | - | -0,002*** | -3,502 | 0,000 |
| **Crisis_E** | + | -0,023** | -2,438 | 0,015 | + | 0,005 | 0,443 | 0,658 |
| **Post_Crisis_E** | - | -0,019* | -1,893 | 0,059 | - | -0,026** | -1,971 | 0,049 |
| **Q1_E** | - | -0,037*** | -5,635 | 0,000 | + | 0,042*** | 5,732 | 0,000 |
| **Q2_E** | - | -0,057*** | -8,415 | 0,000 | + | 0,042*** | 5,941 | 0,000 |
| **Q3_E** | - | -0,077*** | -9,78 | 0,000 | + | 0,037*** | 4,406 | 0,000 |
| **Br_UT_E** | ? | -0,002 | -0,081 | 0,936 | ? | -0,013 | -0,479 | 0,632 |
| **Br_IN_E** | ? | -0,008 | -0,864 | 0,388 | ? | 0,004 | 0,256 | 0,798 |
| **Br_BM_E** | ? | -0,036*** | -2,949 | 0,003 | ? | -0,008 | -0,488 | 0,625 |
| **Br_TE_E** | ? | 0,009 | 0,149 | 0,882 | ? | -0,038 | -0,782 | 0,435 |
| **Br_PH_E** | - | 0,005 | 0,414 | 0,679 | ? | 0,025 | 1,499 | 0,134 |
| **Br_CS_E** | ? | -0,018* | -1,758 | 0,079 | ? | 0,015 | 0,991 | 0,322 |
| **Br_FI_E** | ? | 0,005 | 0,245 | 0,807 | ? | -0,027 | -1,033 | 0,302 |
| **Br_TC_E** | - | -0,035** | -2,083 | 0,038 | ? | -0,006 | -0,318 | 0,751 |
| */**/*** kennzeichnet das Niveau der zweiseitigen Irrtumswahrscheinlichkeiten von 10%/5%/1% | | | | | | | | |
| **Multiple R2** | 0,314 | | | | 0,227 | | | |
| **Adjusted R2** | 0,295 | | | | 0,206 | | | |
| **F-Statistik** | 16,500 | | | | 10,590 | | | |
| **p-Wert** | 0,000 | | | | 0,000 | | | |

*Tabelle A- 40: Determinanten des betragsmäßigen und relativen Prognosefehlers von Ergebnisprognosen des Managements (durch erweiterte Variablenauswahl modifizierte Modelle)*

| | **Modifiziertes Modell 1k: Abhängige Variable** $\lvert FE_{i,Ergebnis,t,q}\rvert$ | | | | **Modifiziertes Modell 1l: Abhängige Variable** $FE_{i,Ergebnis,t,q}$ | | | |
|---|---|---|---|---|---|---|---|---|
| **Variable** | **Erw. Vz.** | **ß** | **t-Wert** | **Pr(>\|t\|)** | **Erw. Vz.** | **ß** | **t-Wert** | **Pr(>\|t\|)** |
| **Konstante** | | 0,076 | 1,372 | 0,171 | | 0,071 | 0,890 | 0,373 |
| **Log(MC_E_99)** | ? | -0,009 | -1,317 | 0,188 | ? | 0,002 | 0,159 | 0,873 |
| **ROE_E_99** | ? | -0,055 | -1,005 | 0,315 | - | -0,162** | -2,027 | 0,043 |
| **ΔNI_E_99** | + | 0,015*** | 2,984 | 0,003 | ? | -0,019* | -1,874 | 0,061 |
| **SEG_E** | + | 0,010 | 1,600 | 0,110 | ? | -0,004 | -0,407 | 0,684 |
| **INTTA_E** | + | 0,016 | 0,261 | 0,795 | ? | 0,117 | 1,605 | 0,109 |
| **LEV_E_99** | ? | -0,001 | -0,212 | 0,833 | ? | -0,003 | -0,579 | 0,563 |
| **FF_E** | ? | 0,026 | 0,551 | 0,582 | + | -0,052 | -0,836 | 0,403 |
| **ASTD_E_99** | + | 0,559*** | 4,771 | 0,000 | ? | -0,355** | -2,269 | 0,023 |
| **PE_E_99** | ? | 0,001 | 0,831 | 0,406 | - | -0,007*** | -3,147 | 0,002 |
| **Crisis_E** | + | 0,003 | 0,149 | 0,882 | + | -0,003 | -0,087 | 0,930 |
| **Post_Crisis_E** | - | -0,025 | -1,446 | 0,149 | - | -0,020 | -0,864 | 0,388 |
| **Q1_E** | - | -0,014 | -1,139 | 0,255 | + | 0,022 | 1,371 | 0,171 |
| **Q2_E** | - | -0,039*** | -2,768 | 0,006 | + | 0,030 | 1,589 | 0,112 |
| **Q3_E** | - | -0,050*** | -3,284 | 0,001 | + | 0,037* | 1,760 | 0,079 |
| **Br_UT_E** | ? | 0,027 | 0,690 | 0,491 | ? | 0,034 | 0,641 | 0,522 |
| **Br_IN_E** | ? | 0,041* | 1,782 | 0,075 | ? | 0,050** | 2,069 | 0,039 |
| **Br_BM_E** | ? | -0,005 | -0,191 | 0,849 | ? | 0,072** | 2,215 | 0,027 |
| **Br_TE_E** | ? | 0,023 | 0,547 | 0,585 | ? | 0,133 | 0,816 | 0,415 |
| **Br_PH_E** | - | 0,025 | 0,859 | 0,390 | ? | 0,061* | 1,757 | 0,079 |
| **Br_CS_E** | ? | -0,005 | -0,170 | 0,865 | ? | 0,035 | 0,635 | 0,526 |
| **Br_FI_E** | ? | 0,028 | 0,562 | 0,574 | ? | -0,044 | -0,846 | 0,398 |
| **Br_TC_E** | - | 0,017 | 0,511 | 0,609 | ? | 0,083 | 1,641 | 0,101 |
| **P** | ? | 0,003 | 0,212 | 0,832 | ? | -0,003 | -0,173 | 0,863 |
| **EBITDA** | ? | -0,073** | -2,430 | 0,015 | ? | 0,028 | 0,867 | 0,386 |
| **EBIT** | ? | -0,031 | -1,192 | 0,233 | ? | 0,081*** | 2,905 | 0,004 |
| **EBT** | ? | -0,010 | -0,276 | 0,783 | ? | -0,013 | -0,281 | 0,779 |
| **EPS** | ? | -0,025 | -0,807 | 0,420 | ? | 0,053 | 1,553 | 0,121 |
| */**/*** kennzeichnet das Niveau der zweiseitigen Irrtumswahrscheinlichkeiten von 10%/5%/1% | | | | | | | | |

| | Modifiziertes Modell 1k: Abhängige Variable $\lvert FE_{i,Ergebnis,t,q} \rvert$ | Modifiziertes Modell 1l: Abhängige Variable $FE_{i,Ergebnis,t,q}$ |
|---|---|---|
| **Multiple R2** | 0,180 | 0,123 |
| **Adjusted R2** | 0,159 | 0,100 |
| **F-Statistik** | 8,546 | 5,509 |
| **p-Wert** | 0,000 | 0,000 |

*Tabelle A- 41: Determinanten des betragsmäßigen und relativen Prognosefehlers von Ergebnisprognosen der Analysten (durch erweiterte Variablenauswahl modifizierte Modelle)*

| | Modifiziertes Modell 2k: Abhängige Variable $\lvert FE_{i,Ergebnis,t,q} \rvert$ | | | | Modifiziertes Modell 2l: Abhängige Variable $FE_{i,Ergebnis,t,q}$ | | | |
|---|---|---|---|---|---|---|---|---|
| **Variable** | **Erw. Vz.** | **ß** | **t-Wert** | **Pr(>\|t\|)** | **Erw. Vz.** | **ß** | **t-Wert** | **Pr(>\|t\|)** |
| **Konstante** | | 0,152*** | 2,956 | 0,003 | | 0,101 | 1,235 | 0,217 |
| **Log(MC_E_99)** | ? | -0,017*** | -2,578 | 0,010 | ? | 0,003 | 0,312 | 0,755 |
| **ROE_E_99** | ? | -0,078 | -1,427 | 0,154 | - | -0,179** | -2,248 | 0,025 |
| **ΔNI_E_99** | + | 0,005 | 0,991 | 0,322 | ? | -0,018*** | -2,788 | 0,005 |
| **SEG_E** | + | 0,010* | 1,665 | 0,096 | ? | -0,002 | -0,177 | 0,860 |
| **INTTA_E** | + | 0,010 | 0,183 | 0,855 | ? | 0,095 | 1,046 | 0,296 |
| **LEV_E_99** | ? | 0,005 | 1,597 | 0,110 | ? | -0,007 | -1,388 | 0,165 |
| **FF_E** | ? | -0,027 | -0,639 | 0,523 | + | -0,062 | -1,051 | 0,293 |
| **ASTD_E_99** | + | 0,717*** | 6,185 | 0,000 | ? | -0,203 | -1,077 | 0,282 |
| **PE_E_99** | ? | 0,000 | 0,041 | 0,967 | - | -0,006*** | -2,579 | 0,010 |
| **Crisis_E** | + | -0,020 | -0,982 | 0,326 | + | 0,032 | 1,049 | 0,294 |
| **Post_Crisis_E** | - | -0,035** | -1,981 | 0,048 | - | 0,014 | 0,623 | 0,533 |
| **Q1_E** | - | -0,054*** | -3,831 | 0,000 | + | 0,063*** | 3,292 | 0,001 |
| **Q2_E** | - | -0,077*** | -4,921 | 0,000 | + | 0,057**** | 2,753 | 0,006 |
| **Q3_E** | - | -0,086*** | -5,433 | 0,000 | + | 0,053** | 2,453 | 0,014 |
| **Br_UT_E** | ? | -0,022 | -0,694 | 0,488 | ? | 0,057 | 1,368 | 0,172 |
| **Br_IN_E** | ? | 0,019 | 0,913 | 0,361 | ? | 0,018 | 0,658 | 0,511 |
| **Br_BM_E** | ? | -0,025 | -0,983 | 0,326 | ? | 0,061** | 2,202 | 0,028 |
| **Br_TE_E** | ? | 0,003 | 0,064 | 0,949 | ? | 0,080 | 0,824 | 0,410 |
| **Br_PH_E** | - | -0,016 | -0,590 | 0,555 | ? | 0,060* | 1,651 | 0,099 |
| **Br_CS_E** | ? | -0,049* | -1,696 | 0,090 | ? | 0,006 | 0,112 | 0,911 |

| | Modifiziertes Modell 2k: Abhängige Variable $\lvert FE_{l,Ergebnis,t,q} \rvert$ | | | | Modifiziertes Modell 2l: Abhängige Variable $FE_{l,Ergebnis,t,q}$ | | | |
|---|---|---|---|---|---|---|---|---|
| **Variable** | **Erw. Vz.** | **ß** | **t-Wert** | **Pr(>\|t\|)** | **Erw. Vz.** | **ß** | **t-Wert** | **Pr(>\|t\|)** |
| **Br_FI_E** | ? | -0,035 | -1,033 | 0,302 | ? | 0,038 | 0,716 | 0,474 |
| **Br_TC_E** | - | -0,004 | -0,122 | 0,903 | ? | 0,040 | 0,856 | 0,392 |
| **P** | ? | -0,026** | -2,176 | 0,030 | ? | -0,004 | -0,295 | 0,768 |
| **EBITDA** | ? | 0,006 | 0,311 | 0,756 | ? | -0,029 | -1,132 | 0,258 |
| **EBIT** | ? | 0,015 | 0,606 | 0,545 | ? | -0,012 | -0,351 | 0,725 |
| **EBT** | ? | 0,047** | 2,505 | 0,012 | ? | -0,119*** | -4,843 | 0,000 |
| **EPS** | ? | 0,078** | 2,105 | 0,036 | ? | -0,081* | -1,946 | 0,052 |
| */**/*** kennzeichnet das Niveau der zweiseitigen Irrtumswahrscheinlichkeiten von 10%/5%/1% | | | | | | | | |
| **Multiple R2** | 0,228 | | | | 0,133 | | | |
| **Adjusted R2** | 0,208 | | | | 0,111 | | | |
| **F-Statistik** | 11,550 | | | | 5,509 | | | |
| **p-Wert** | 0,000 | | | | 0,000 | | | |

*Tabelle A- 42: Determinanten des betragsmäßigen und relativen Prognosefehlers von Umsatzprognosen des Managements (durch erweiterte Variablenauswahl modifizierte Modelle)*

| | Modifiziertes Modell 3k: Abhängige Variable $FE_{i,Umsatz,t,q}$ | | | | Modifiziertes Modell 3l: Abhängige Variable $FE_{i,Umsatz,t,q}$ | | | |
|---|---|---|---|---|---|---|---|---|
| **Variable** | **Erw. Vz.** | **ß** | **t-Wert** | **Pr(>\|t\|)** | **Erw. Vz.** | **ß** | **t-Wert** | **Pr(>\|t\|)** |
| **Konstante** | | 0,059*** | 2,853 | 0,004 | | 0,022 | 0,919 | 0,358 |
| **Log(MC_E_99)** | ? | -0,004 | -1,022 | 0,307 | ? | 0,002 | 0,384 | 0,701 |
| **ROE_E_99** | ? | 0,034 | 1,253 | 0,211 | - | -0,049 | -1,212 | 0,226 |
| **ΔNI_E_99** | + | 0,002 | 1,090 | 0,276 | ? | -0,002 | -0,405 | 0,686 |
| **SEG_E** | + | 0,001 | 0,233 | 0,816 | ? | -0,004 | -1,017 | 0,309 |
| **INTTA_E** | + | -0,018 | -0,699 | 0,485 | ? | 0,024 | 0,718 | 0,473 |
| **LEV_E_99** | ? | 0,000 | -0,100 | 0,920 | ? | 0,002 | 0,621 | 0,535 |
| **FF_E** | ? | 0,012 | 0,512 | 0,609 | + | -0,001 | -0,019 | 0,985 |
| **ASTD_E_99** | + | 0,555*** | 4,234 | 0,000 | ? | -0,254 | -1,599 | 0,110 |
| **PE_E_99** | ? | 0,000 | -0,173 | 0,863 | - | -0,001** | -2,262 | 0,024 |
| **Crisis_E** | + | -0,004 | -0,389 | 0,697 | + | 0,015 | 1,371 | 0,171 |

| | Modifiziertes Modell 3k: Abhängige Variable $FE_{i,Umsatz,t,q}$ | | | | Modifiziertes Modell 3l: Abhängige Variable $FE_{i,Umsatz,t,q}$ | | | |
|---|---|---|---|---|---|---|---|---|
| **Variable** | **Erw. Vz.** | **ß** | **t-Wert** | **Pr(>\|t\|)** | **Erw. Vz.** | **ß** | **t-Wert** | **Pr(>\|t\|)** |
| **Post_Crisis_E** | - | -0,002 | -0,283 | 0,777 | - | -0,019* | -1,829 | 0,068 |
| **Q1_E** | - | -0,001 | -0,095 | 0,924 | + | 0,014** | 2,120 | 0,034 |
| **Q2_E** | - | -0,017*** | -2,737 | 0,006 | + | 0,012** | 1,968 | 0,049 |
| **Q3_E** | - | -0,027*** | -4,452 | 0,000 | + | 0,013** | 1,965 | 0,050 |
| **Br_UT_E** | ? | -0,030** | -2,320 | 0,021 | ? | -0,008 | -0,417 | 0,677 |
| **Br_IN_E** | ? | 0,004 | 0,297 | 0,767 | ? | 0,013 | 0,876 | 0,381 |
| **Br_BM_E** | ? | -0,014 | -1,240 | 0,215 | ? | -0,012 | -0,824 | 0,410 |
| **Br_TE_E** | ? | -0,009 | -0,440 | 0,660 | ? | -0,008 | -0,269 | 0,788 |
| **Br_PH_E** | - | -0,021* | -1,815 | 0,070 | ? | -0,002 | -0,112 | 0,911 |
| **Br_CS_E** | ? | -0,010 | -0,467 | 0,641 | ? | 0,005 | 0,208 | 0,835 |
| **Br_FI_E** | ? | -0,070*** | -4,497 | 0,000 | ? | -0,009 | -0,423 | 0,672 |
| **Br_TC_E** | - | -0,021* | -1,646 | 0,100 | ? | 0,014 | 0,854 | 0,393 |
| **P** | ? | -0,023*** | -3,397 | 0,001 | ? | -0,006 | -0,721 | 0,471 |
| */**/*** kennzeichnet das Niveau der zweiseitigen Irrtumswahrscheinlichkeiten von 10%/5%/1% | | | | | | | | |
| **Multiple R2** | 0,144 | | | | 0,069 | | | |
| **Adjusted R2** | 0,121 | | | | 0,044 | | | |
| **F-Statistik** | 6,326 | | | | 2,785 | | | |
| **p-Wert** | 0,000 | | | | 0,000 | | | |

*Tabelle A- 43: Determinanten des betragsmäßigen und relativen Prognosefehlers von Umsatzprognosen der Analysten (durch erweiterte Variablenauswahl modifizierte Modelle)*

| | Modifiziertes Modell 4k: Abhängige Variable $\lvert FE_{i,Umsatz,t,q}\rvert$ | | | | Modifiziertes Modell 4l: Abhängige Variable $FE_{i,Umsatz,t,q}$ | | | |
|---|---|---|---|---|---|---|---|---|
| **Variable** | **Erw. Vz.** | **ß** | **t-Wert** | **Pr(>\|t\|)** | **Erw. Vz.** | **ß** | **t-Wert** | **Pr(>\|t\|)** |
| **Konstante** | | 0,115*** | 5,03 | 0,000 | | 0,005 | 0,167 | 0,867 |
| **Log(MC_E_99)** | ? | 0,000 | -0,022 | 0,983 | ? | 0,004 | 0,642 | 0,521 |
| **ROE_E_99** | ? | -0,030 | -0,81 | 0,418 | - | -0,138*** | -3,355 | 0,001 |
| **ΔNI_E_99** | + | 0,005** | 2,167 | 0,031 | ? | 0,003 | 1,038 | 0,300 |
| **SEG_E** | + | -0,004 | -1,12 | 0,263 | ? | -0,004 | -1,027 | 0,305 |

| | Modifiziertes Modell 4k: Abhängige Variable $\lvert FE_{l,Umsatz,t,q}\rvert$ | | | | Modifiziertes Modell 4l: Abhängige Variable $FE_{l,Umsatz,t,q}$ | | | |
|---|---|---|---|---|---|---|---|---|
| **Variable** | **Erw. Vz.** | **ß** | **t-Wert** | **Pr(>\|t\|)** | **Erw. Vz.** | **ß** | **t-Wert** | **Pr(>\|t\|)** |
| **INTTA_E** | + | -0,065** | -2,258 | 0,024 | ? | -0,002 | -0,047 | 0,963 |
| **LEV_E_99** | ? | -0,002 | -1,079 | 0,281 | ? | 0,002 | 0,591 | 0,554 |
| **FF_E** | ? | 0,008 | 0,523 | 0,601 | + | 0,003 | 0,124 | 0,901 |
| **ASTD_E_99** | + | 1,046*** | 6,024 | 0,000 | ? | 0,416* | 1,819 | 0,069 |
| **PE_E_99** | ? | 0,000 | -0,537 | 0,591 | - | -0,002*** | -3,705 | 0,000 |
| **Crisis_E** | + | -0,005 | -0,709 | 0,479 | + | 0,007 | 0,730 | 0,466 |
| **Post_Crisis_E** | - | -0,004 | -0,438 | 0,662 | - | -0,014 | -1,199 | 0,231 |
| **Q1_E** | - | -0,046*** | -5,851 | 0,000 | + | 0,047*** | 5,880 | 0,000 |
| **Q2_E** | - | -0,063*** | -7,311 | 0,000 | + | 0,050*** | 6,271 | 0,000 |
| **Q3_E** | - | -0,077*** | -8,300 | 0,000 | + | 0,048*** | 5,476 | 0,000 |
| **Br_UT_E** | ? | -0,023 | -1,028 | 0,304 | ? | -0,022 | -0,800 | 0,424 |
| **Br_IN_E** | ? | 0,000 | -0,017 | 0,986 | ? | -0,010 | -0,691 | 0,490 |
| **Br_BM_E** | ? | -0,019* | -1,741 | 0,082 | ? | -0,007 | -0,485 | 0,628 |
| **Br_TE_E** | ? | 0,032 | 0,730 | 0,465 | ? | -0,039 | -0,789 | 0,430 |
| **Br_PH_E** | - | -0,001 | -0,065 | 0,948 | ? | 0,014 | 0,907 | 0,365 |
| **Br_CS_E** | ? | -0,013* | -1,762 | 0,078 | ? | 0,014 | 1,028 | 0,304 |
| **Br_FI_E** | ? | -0,061*** | -3,749 | 0,000 | ? | -0,054** | -2,177 | 0,030 |
| **Br_TC_E** | - | 0,006 | 0,465 | 0,642 | ? | 0,007 | 0,419 | 0,676 |
| **P** | ? | -0,009 | -1,469 | 0,142 | ? | 0,003 | 0,338 | 0,735 |
| */**/*** kennzeichnet das Niveau der zweiseitigen Irrtumswahrscheinlichkeiten von 10%/5%/1% | | | | | | | | |
| **Multiple R2** | 0,336 | | | | 0,228 | | | |
| **Adjusted R2** | 0,318 | | | | 0,208 | | | |
| **F-Statistik** | 19,050 | | | | 17,560 | | | |
| **p-Wert** | 0,000 | | | | 0,000 | | | |

# Verzeichnis der Rechtsquellen, Verordnungen, Richtlinien und Rechnungslegungsnormen

| | |
|---|---|
| 4. EG-Richtlinie | Vierte Richtlinie des Rates vom 25. Juli 1978 aufgrund von Artikel 54 Abs. 3 Buchstabe g) des Vertrages über den Jahresabschluss von Gesellschaften bestimmter Rechtsformen (78/660/EWG) |
| 7. EG-Richtlinie | Siebente Richtlinie des Rates vom 13. Juni 1983 aufgrund von Artikel 54 Abs. 3 Buchstabe g) des Vertrages über den konsolidierten Abschluss (83/349/EWG) |
| AktG | Aktiengesetz vom 6. September 1965 (BGBl. I S. 1089), das durch Artikel 26 des Gesetzes vom 23. Juli 2013 (BGBl. I S. 2586) geändert worden ist |
| AnSVG | Gesetz zur Verbesserung des Anlegerschutzes vom 29. Oktober 2004 (BGBl. I S. 2630) (Anlegerschutzverbesserungsgesetz – AnSVG) |
| BilRiLiG | Gesetz vom 19.12.1985 (BGBl. I, S. 2355) zur Umsetzung der Vierten EG-Richtlinie(Einzelabschluss-Richtlinie), der Siebten EG-Richtlinie(Konzern-Richtlinie) und der Achten EG-Richtlinie (Prüfer-Richtlinie) in innerstaatliches Recht |
| BilReG | Gesetz vom 04.12.2004 (*BGBl* I, S. 3166) zur Einführung internationaler Rechnungslegungsstandards und zur Sicherstellung der Qualität der Abschlussprüfung (BilReG – Bilanzrichtliniengesetz) |
| BörsG | Börsengesetz vom 16. Juli 2007 (BGBl. I S. 1330, 1351), das zuletzt durch Artikel 10 des Gesetzes vom 4. Juli 2013 (BGBl. I S. 1981) geändert worden ist |
| BörsO | Börsenordnung für die Frankfurter Wertpapierbörse, FWB01, Stand: 28.10.2013 |

| | |
|---|---|
| BörsZulV | Verordnung über die Zulassung von Wertpapieren zum amtlichen Markt an einer Wertpapierbörse in der Fassung vom 21.12.2007 (BörsZulV – Börsenzulassungs-Verordnung), die durch Art. 2 Abs. 43 G vom 22. Dezember 2011 (BGBl. I S. 3044, 3049) geändert worden ist |
| DRS 5 | Deutscher Rechnungslegungs Standard Nr. 5 (DRS 5) „Risikoberichterstattung", verabschiedet durch den DRS am 03.04.2001, Bekanntmachung durch das BMJ am 29.05.2001 |
| DRS 5–10 | Deutscher Rechnungslegungs Standard Nr. 5–10 (DRS 5–10) „Risikoberichterstattung von Kredit- und Finanzdienstleistungsinstituten", verabschiedet durch den DRS am 05.01.2010, Bekanntmachung durch das BMJ am 18.02.2010 |
| DRS 5–20 | Deutscher Rechnungslegungs Standard Nr. 5–20 (DRS 5–20 ) „Risikoberichterstattung von Versicherungsunternehmen", verabschiedet durch den DRS am 05.01.2010, Bekanntmachung durch das BMJ am 18.02.2010 |
| DRS 15 | Deutscher Rechnungslegungs Standard Nr. 15 (DRS 15) „Lageberichterstattung", verabschiedet durch den DSR am 07.12.2004, Bekanntmachung durch das BMJ am 26.02.2005 |
| DRS 16 | Deutscher Rechnungslegungs Standard Nr. 16 (DRS 16) „Zwischenberichterstattung", verabschiedet durch den DSR am 14.09.2012, Bekanntmachung durch das BMJ am 04.12.2012 |
| DRS 20 | Deutscher Rechnungslegungs Standard Nr. 20 (DRS 20) „Konzernlagebericht", verabschiedet durch den DSR am 14.09.2012, Bekanntmachung durch das BMJ am 04.12.2012 |
| E-DRS 27 | Entwurf Deutscher Rechnungslegungs Standard Nr. 27 (E-DRS 27) „Konzernlagebericht", Veröffentlichung durch das DRSC am 14.12.2011 |

| | |
|---|---|
| EU-ProspV | Verordnung (EG) Nr. 809/2004 der Kommission vom 29. April 2004 zur Umsetzung der Richtlinie 2003/71/EG des Europäischen Parlaments und des Rates betreffend die in Prospekten enthaltenen Informationen sowie das Format, die Aufnahme von Informationen mittels Verweis und die Veröffentlichung solcher Prospekte und die Verbreitung von Werbung |
| FinAnV | Verordnung über die Analyse von Finanzinstrumenten vom 17. Dezember 2004 (BGBl. I S. 3522) (Finanzanalyseverordnung – FinAnV) |
| FRUG | Gesetz zur Umsetzung der Richtlinie über Märkte für Finanzinstrumente und der Durchführungsrichtlinie der Kommission (BGBl. I S. 1330) vom 19. Juli 2007 (Finanzmarktrichtlinie-Umsetzungsgesetz) |
| FRS 42 | Financial Reporting Standard (FRS) 42, „Prospective Financial Statements", Veröffentlichung durch das Financial Reporting Standards Board of the New Zealand Institute of Chartered Accountants im Dezember 2005 |
| HGB | Handelsgesetzbuch in der im Bundesgesetzblatt Teil III, Gliederungsnummer 4100–1, veröffentlichten bereinigten Fassung, das durch Artikel 1 des Gesetzes vom 4. Oktober 2013 (BGBl. I S. 3746) geändert worden ist |
| IAS 34 | International Accounting Standard 34, „Interim Financial Reporting Standards", verabschiedet vom IASB in seiner ursprünglichen Fassung im Juni 1998, mit Änderungen aus dem Jahr 2012 |
| IFRS PS MC | IFRS Practice Statement Management Commentary, Veröffentlichung durch das IASB am 08.12.2010 |
| MD&A | Management's Discussion and Analysis of Financial Condition and Results of Operation (MD&A), Item 303 der Regulations S-K |

| | |
|---|---|
| OFR | „Operating and Financial Review and Prospects" (OFR), Form 20-F, Item 5 (USA) bzw. Sec 299A sowie 4.10.17 der ASX Listing Rules (Australien) |
| RG 247 | Regulatory Guide 247 „Effective disclosure in an operating and financial review", veröffentlicht durch das ASIC am 27. März 2013 |
| WpHG | Wertpapierhandelsgesetz in der Fassung der Bekanntmachung vom 9. September 1998 (BGBl. I S. 2708), das durch Artikel 6 Abs. 3 des Gesetzes vom 28. August 2013 (BGBl. I S. 3395) geändert worden ist |
| WpPG | Gesetz über die Erstellung, Billigung und Veröffentlichung des Prospekts, der beim öffentlichen Angebot von Wertpapieren oder bei der Zulassung von Wertpapieren zum Handel an einem organisierten Markt zu veröffentlichen ist (Wertpapierprospektgesetz – WpPG) vom 22.06.2005 BGBl. I S. 1698; zuletzt geändert durch Artikel 11 G. v. 20.09.2013 BGBl. I S. 3642 |

# Verzeichnis der zitierten Geschäfts- und Quartalsberichte

| | |
|---|---|
| GB 2011 | Bayer AG |
| | Adidas AG |
| Q3 2011 | Münchener Rückversicherungs AG |
| | Siemens AG |
| Q1 2011 | Douglas Holding AG |
| Q2 2008 | HeidelbergCement AG |

# Literaturverzeichnis


Abarbanell, Jeffery/Lehavy, Reuven (2003): Biased forecasts or biased earnings? The role of reported earnings in explaining apparent bias and over/underreaction in analysts' earnings forecasts, in: Journal of Accounting and Economics, Vol. 36, No. 1, 2003, S. 105–146.

Achleitner, Ann-Kristin/Bassen, Alexander/Pietzsch, Luisa (2001): Kapitalmarktkommunikation von Wachstumsunternehmen – Kriterien zur effizienten Ansprache von Finanzanalysten, Stuttgart 2001.

Ackert, Lucy F./Deaves, Richard (2010): Behavioral Finance – Psychology, Decision-Making and Markets, Mason, OH 2010.

Agrawal, Anup/Chadha, Sahiba/Chen, Mark A. (2006): Who is Afraid of Reg FD? The Behavior and Performance of Sell-Side Analysts Following the SEC's Fair Disclosure Rules, in: Journal of Business, Vol. 79, No. 6, 2006, S. 2811–2834.

Ajinkya, Bipin/Bhojraj, Sanjeev/Sengupta, Partha (2005): The Association between Outside Directors, Institutional Investors and the Properties of Management Earnings Forecasts, in: Journal of Accounting Research, Vol. 43, No. 3, 2005, S. 343–376.

Alfes, Holger/Wieneke, Laurenz (2008): Mindestangaben Anh. I EU-ProspV, in: Holzborn, Timo (Hrsg.): WpPG – Wertpapierprospektgesetz mit EU-Prospektverordnung und weiterführenden Vorschriften, Berlin 2008, S. 174–234.

Arbeitskreis „Externe und Interne Überwachung der Unternehmung" der Schmalenbach-Gesellschaft für Betriebswirtschaftslehre e.V., Köln (2003): Probleme der Prognoseprüfung, in: DB, 56. Jg., Heft 3, 2003, S. 105–111.

Assmann, Heinz-Dieter (2012): Kommentierung des §13 WpHG, Abschnitt 3, Insiderüberwachung, in: Assmann, Heinz-Dieter/Schneider, Uwe H. (Hrsg.): Wertpapierhandelsgesetz, Kommentar, 6. Auflage, Köln 2012.

Athanasakou, Vasiliki/Strong, Norman C./Walker, Martin (2009): Earnings management or forecast guidance to meet analyst expectations?, in: Accounting and Business Research, Vol. 39, No. 1, 2009, S. 3–35.

Athanasakou, Vasiliki/Strong, Norman C./Walker, Martin (2011): The Market Reward for Achieving Analyst Earnings Expectations: Does Managing

Earnings Expectations or Earnings Matter?, in: Journal of Business Finance & Accounting, Vol. 38, No. 1–2, 2011, S. 58–94.

Atiase, Rowland K./Li, Haidan/Supattarakul, Somchai/Tse, Senyo (2005): Market Reaction to Multiple Contemporaneous Earnings Signals: Earnings Announcements and Future Earnings Guidance, in: Review of Accounting Studies, Vol. 10, No. 4, 2005, S. 497–525.

Auer, Benjamin/Rottmann, Horst (2010): Statistik und Ökonometrie für Wirtschaftswissenschaftler, Wiesbaden 2010.

Backhaus, Klaus/Erichson, Bernd/Plinke, Wulff/Weiber, Rolf (2011): Multivariate Analysemethoden, 13. Auflage, Berlin u.a. 2011.

Baetge, Jörg (1970): Möglichkeiten zur Objektivierung des Jahreserfolges, Düsseldorf 1970.

Baetge, Jörg/Armeloh, Karl-H./Schulze, Dennis (1997): Empirische Befunde über die Qualität der Geschäftsberichterstattung börsennotierter deutscher Kapitalgesellschaften, in: DStR, 35. Jg., Heft 6, 1997, S. 212–219.

Baetge, Jörg/Haenelt, Timo (2009): Ergebnisse des Enforcement-Verfahrens und einer empirischen Untersuchung zu den Auswirkungen einer (freiwilligen) prüferischen Durchsicht auf die Qualität publizierter Zwischenberichte, in: IRZ, 4. Jg., Heft 12, 2009, S. 545–551.

Baetge, Jörg/Hippel, Boris/Sommerhoff, Dominic (2011): Anforderungen und Praxis der Prognoseberichterstattung, in: DB, 64. Jg., Heft 7, 2011, S. 365–372.

Baetge, Jörg/Kirsch, Hans-Jürgen/Thiele, Stefan (2012): Bilanzen, 12. Auflage, Düsseldorf 2012.

Baetge, Jörg/Niemeyer, Kai/Kümmel, Jens/ Schulz, Roland (2012): Darstellung der Discounted Cashflow-Verfahren (DCF-Verfahren) mit Beispiel, in: Peemöller, Volker H. (Hrsg.): Praxishandbuch zur Unternehmensbewertung, 5. Auflage, Herne 2012, S. 349–498.

Baetge, Jörg/Schulze, Dennis (1998): Möglichkeiten zur Objektivierung der Lageberichterstattung über „Risiken der künftigen Entwicklung“, in: DB, 51. Jg., Heft 19, 1998, S. 937–948.

Baetge, Jörg/ Sommerhoff, Dominic (2010): Die Lageberichterstattung unter besonderer Berücksichtigung von Best Practices bei der Prognoseberichterstattung, in Baumhoff, Hubertus/Dücker, Reinhard/Köhler, Stefan (Hrsg.): Besteuerung, Rechnungslegung und Prüfung der Unternehmen, FS für Norbert Krawitz, Wiesbaden 2010, S. 511–537.

Baginski, Stephen P./Conrad, Edward J./Hassell, John M. (1993): The Effects of Management Forecast Precision on Equity Pricing and on the Assessment of Earnings Uncertainty, in: The Accounting Review, Vol. 68, No. 4, 1993, S. 913–927.

Baginski, Stephen P./Hassell, John M. (1997): Determinants of Management Forecast Precision, in: The Accounting Review, Vol. 72, No. 2, 1997, S. 303–312.

Baginski, Stephen P./Hassell, John M./Kimbrough, Michael D. (2004): Why Do Managers Explain Their Earnings Forecasts?, in: Journal of Accounting Research, Vol. 42, No. 1, 2004, S. 1–29.

Baginski, Stephen P./Rakow, Kenneth C. (2012): Management earnings forecast disclosure policy and the cost of equity capital, in: Review of Accounting Studies, Vol. 17, No. 2, 2012, S. 279–321.

Ballwieser, Wolfgang (1997): Die Lageberichterstattung der DAX-Gesellschaften im Lichte der Grundsätze ordnungsmäßiger Lageberichterstattung, in: Fischer, Thomas R./Hömberg, Reinhold (Hrsg.): Jahresabschluß und Jahresabschlußprüfung, FS für Jörg Baetge, Düsseldorf 1997, S. 153–187.

Ballwieser, Wolfgang (2005): Die Entwicklungen beim Lagebericht, in: Baetge, Jörg/Kirsch, Hans-Jürgen (Hrsg.): Anpassung des deutschen Bilanzrechts an internationale Standards -Bilanzrechtsreformgesetz und Bilanzkontrollgesetz-, Düsseldorf 2005, S. 1–10.

Ballwieser, Wolfgang/Hachmeister, Dirk (2013): Unternehmensbewertung: Prozess, Methoden und Probleme, 4. Auflage, Stuttgart 2013.

Bamberg, Günter/Baur, Franz/Krapp, Michael (2012): Statistik, 17. Auflage, München 2012.

Barber, Brad M./Lehavy, Reuven/McNichols, Maureen/Trueman, Brett (2006): Buys, holds, and sells: The distribution of investment banks' stock ratings and the implications for the profitability of analysts' recommendations, in: Journal of Accounting and Economics, Vol. 41, No. X, 2006, S. 87–117.

Barker, Richard G. (1998): The market for information – evidence from finance directors, analysts and fund managers, in: Accounting and Business Research, Vol. 29, No. 1, 1998, S. 3–20.

Barth, Daniela (2009): Prognoseberichterstattung – Praxis, Determinanten und Kapitalmarktwirkungen bei deutschen börsennotierten Unternehmen, Münster 2009, zugl. Münster, Univ., Diss., 2009.

Barth, Daniela/Beys, Oliver (2010): Prognoseberichterstattung in der Praxis: Analyse der Berichtsqualität in Deutschland mithilfe eines gewichteten

Disclosure Index-Verfahrens für die Jahre 2004–2009, in: KoR, 10. Jg., Heft 11, 2010, S. 560–570.

Barth, Daniela/Beys, Oliver (2012): Prognoseberichterstattung in der Praxis – Update 2012: Analyse der Berichtsqualität in Deutschland mithilfe eines gewichteten Disclosure Index-Verfahrens für die Jahre 2004 bis 2011, in: KoR, 12. Jg., Heft 12, 2012, S. 572–578.

Bartov, Eli/Cohen, Daniel A. (2009): The "Numbers Game" in the Pre- and Post-Sarbanes-Oxley Eras, in: The Journal of Accounting, Auditing & Finance, Vol. 24, No. 4, 2009, S. 505–534.

Bartov, Eli/Givoly, Dan/Hayn, Carla (2002): The rewards to meeting or beating earnings expectations, in: Journal of Accounting and Economics, Vol. 33, No. 2, 2002, S. 173–204.

Bassemir, Moritz/Novotny-Farkas, Zoltan/Pachta, Julian (2013): The Effect of Conference Calls on Analysts' Forecasts – German Evidence, in: European Accounting Review, Vol. 22, No. 1, 2013, S. 151–183.

Bassen, Alexander/Bojanic, Tomo/Frank, Ralf/Laskavaya, Ekaterina/Madsen, Oliver (2012): Ausweis von Pro-Forma-Kennzahlen kapitalmarktorientierter Unternehmen, in: KoR, 12. Jg., Heft 7, 2012, S. 360–365.

Bauchowitz, Hans (1979): Die Lageberichtspublizität der Deutschen Aktiengesellschaft, Frankfurt am Main u.a. 1979, zugl. München, Univ., Diss., 1978.

Bauer, Thomas K./Fertig, Michael/Schmidt, Christoph M. (2009): Empirische Wirtschaftsforschung, Berlin/Heidelberg 2009.

Bechtel, Wilfried/Köster, Heinrich/Steenken, Hans-Ulrich (1976): Die Veröffentlichung und Prüfung von Vorhersagen über die Entwicklung von Unternehmen, in: Baetge, Jörg/Moxter, Adolf/Schneider, Dieter (Hrsg.): Bilanzfragen, FS für Ulrich Leffson, Düsseldorf 1976, S. 205–216.

Beckers, Stan/Steliaros, Michael/Thomson, Alexander (2004): Bias in European Analysts' Earnings Forecasts, in: Financial Analysts Journal, Vol. 60, No. 2, 2004, S. 74–85.

Bedkowski, Dorothea (2009): Der neue Emittentenleitfaden der BaFin, in: Betriebs-Berater, 64. Jg., Heft 9, 2009, S. 394–400.

Behr, Andreas/Pötter, Ulrich (2011): Einführung in die Datenanalyse mit R, 2. Auflage, München 2011.

Berndsen, Hans-Peter (1979): Unternehmenspublizität – Eine empirische Untersuchung zur Messung des Publizitätsverhaltens großer börsennotierter

Aktiengesellschaften und der Auswirkungen auf die Anlageentscheidungen am Aktienmarkt, Augsburg 1979, zugl. Augsburg, Univ., Diss., 1979.

Bernhardt, Dan/Campello, Murillo/Kutsoati, Edward (2006): Who herds?, in: Journal of Financial Economics, Vol. 80, No. 3, 2006, S. 657–675.

Bessler, Wolfgang/Stanzel, Matthias (2006): Die Rolle der Wertpapieranalysten am Neuen Markt, in: Bessler, Wolfgang (Hrsg.): Börsen, Banken und Kapitalmärkte, FS für Hartmut Schmidt, Berlin 2006, S. 227–261.

Bessler, Wolfgang/Stanzel, Matthias (2009): Conflicts of Interest and Research Quality of Affiliated Analysts in the German Universal Banking System: Evidence from IPO Underwriting, in: European Financial Management, Vol. 15, No. 4, 2009, S. 757–786.

Beyhs, Oliver/Burdack, Michael/Krause, Bettina (2013): DPR-Prüfungsschwerpunkte 2014: Neue Standards im Fokus, in: Betriebs-Berater, 68. Jg., Heft 47, 2013, S. 2859–2863.

Bieker, Markus/Moser, Johannes J. (2011): Earnings Before What? – Zur babylonischen Sprachverwirrung in deutschen Geschäftsberichten – Vergleich der DAX 30-Geschäftsberichte, in: PiR, 2. Jg., Heft 6, 2011, S. 163–170.

Bienert, Horst (1996): Der Marktprozess an Aktienbörsen, Wiesbaden 1996, zugl. Mannheim, Univ., Diss., 1995.

Bittner, Thomas (1996): Die Wirkungen von Investor Relations-Maßnahmen auf Finanzanalysten, Lohmar 1996, zugl. Köln, Univ., Diss., 1996.

Böcking, Hans-Joachim/Gros, Marius/Koch, Sebastian/Wallek, Christoph (2013): Der neue Konzernlagebericht nach DRS 20, in: Der Konzern, 11. Jg., Heft 1, 2013, S. 30–43.

Bonse, Andreas (2004): Informationsgehalt von Konzernabschlüssen nach HGB, IAS und US-GAAP, Frankfurt am Main 2004, zugl. Bochum, Univ., Diss., 2002.

Bretzke, Wolf-Rüdiger (1975): Das Prognoseproblem bei der Unternehmensbewertung – Ansätze zu einer risikoorientierten Bewertung ganzer Unternehmungen auf der Grundlage modellgestützter Erfolgsprognosen, Düsseldorf 1975.

Bretzke, Wolf-Rüdiger (1985): Prognoseprüfung, in: Coenenberg, Adolf G. (Hrsg.): Handbuch der Abschlussprüfung, Stuttgart, Sp. 549–557.

Bretzke, Wolf-Rüdiger (1992): Prognoseprüfung, in: Coenenberg, Adolf G./von Wysocki, Klaus (Hrsg.): Handbuch der Revision, 2. Auflage, Stuttgart 1992, Sp. 1436–1443.

Brockhoff, Klaus (1977): Prognoseverfahren für die Unternehmensplanung, Wiesbaden 1977.

Brown, Lawrence D./Caylor, Marcus L. (2005): A Temporal Analysis of Quarterly Earnings Thresholds: Propensities and Valuation Consequences, in: The Accounting Review, Vol. 80, No. 2, 2005, S. 423–440.

Brown, Lawrence D./Pinello, Arianna Spina (2007): To What Extent Does the Financial Reporting Process Curb Earnings Surprise Games?, in: Journal of Accounting Research, Vol. 45, No. 5, 2007, S. 947–981.

Bruns, Christoph/Meyer-Bullerdiek, Friedel (2008): Professionelles Portfoliomanagement – Aufbau, Umsetzung und Kontrolle strukturierter Anlagestrategien, 4. Auflage, Stuttgart 2008.

Buffet, Warren (2000): Letter to the Shareholders of Berkshire Hathaway Inc., Verfügbar unter: http://www.berkshirehathaway.com/letters/2000pdf.pdf [abgerufen am 25.11.2013].

Burgstahler, David/Eames, Michael (2006): Management of Earnings and Analysts' Forecasts to Achieve Zero and Small Positive Earnings Surprises, in: Journal of Business Finance & Accounting, Vol. 33, No. 5, 2006, S. 633–652.

Buscher, Herbert S. (2002): Angewandte Zeitreihenanalyse, in: Schröder, Michael (Hrsg.): Finanzmarkt-Ökonometrie, Stuttgart 2002, S. 131–212.

Busse von Colbe, Walther (1966): Aufbau und Informationsgehalt von Kapitalflußrechnungen, in: ZfB, 36. Jg., Ergänzungsheft 1, 1966, S. 82–114.

Busse von Colbe, Walther (1968): Prognosepublizität von Aktiengesellschaften, in: Angehrn, Otto/Künzi, Hans Paul (Hrsg.): Beiträge zur Lehre von der Unternehmung, FS für Karl Käfer, Stuttgart 1968, S. 91–118.

Busse von Colbe, Walther/Becker, Winfried/Berndt, Helmut/Geiger, Klaus M./ Haase, Heidrun/Schellmoser, Friedrich/Schmitt, Günter/Seeberg, Thomas/ von Wysocki, Klaus (2000): Ergebnis je Aktie nach DVFA/SG, 3. Auflage, Stuttgart 2000.

Busse von Colbe, Walther/Coenenberg, Adolf G./Kajüter, Peter/Linnhoff, Ulrich/Pellens, Bernhard (2011): Betriebswirtschaft für Führungskräfte, 4. Auflage, Stuttgart 2011.

Cao, Jian/Kohlbeck, Mark (2011): Analyst Quality, Optimistic Bias, and Reactions to Major News, in: The Journal of Accounting, Auditing & Finance, Vol. 26, No. 3, 2011, S. 502–526.

Carapeto, Maria/Gietzmann, Miles B. (2011): Sell-Side Analyst Bias When Investment Banks Have Privileged Access to the Board, in: Financial Management, Vol. 40, No. 3, 2011, S. 757–784.

Chang, Lucia S./Most, Kenneth S. (1981): An International Comparison of Investor Uses of Financial Statements, In: The International Journal of Accounting, Vol. 17, No. 1, 1981, S. 43–60.

Chartered Financial Analysts Institute (CFAI) (2004): Research Objectivity Standards. Verfügbar unter: http://www.cfapubs.org/doi/pdf/10.2469/ccb.v2004.n2.4006 [abgerufen am 05.02.2013].

Chartered Financial Analysts Institute (CFAI) (2010): Code of Ethics and Standards of Professional Conduct. Verfügbar unter: http://www.cfapubs.org/doi/pdf/10.2469/ccb.v2010.n14.1 [abgerufen am 04.02.2013].

Chartered Financial Analysts Institute (CFAI)/National Investor Relations Institute (NIRI) (2004): Best Practice Guidelines Governing Analyst/Corporate Issuer Relations. Verfügbar unter: http://www.cfapubs.org/doi/pdf/10.2469/ccb.v2005.n7.4004 [abgerufen am 05.02.2013].

Cheng, Mei/Subramanyam, K.R. (2008): Analyst Following and Credit Ratings, in: Contemporary Accounting Research, Vol. 25, No. 4, 2008, S. 1007–1043.

Ciccone, Stephen (2005): Trends in Analysts' Earnings Forecast Properties, in: International Review of Financial Analysis, Vol. 14, No. 1, 2005, S. 1–22.

Clement, Michael B./Frankel, Richard/Miller, Jeffrey (2003): Confirming Management Earnings Forecasts, Earnings Uncertainty and Stock Returns, in: Journal of Accounting Research, Vol. 51, No. 4, 2003, S. 653–679.

Clement, Michael B./Tse, Senyo Y. (2005): Financial Analysts Characteristics and Herding Behavior in Forecasting, in: The Journal of Finance, Vol. 60, No. 1, 2005, S. 307–341.

Cliff, Michael T. (2007): Do Affiliated Analysts Mean What They Say?, in: Financial Management, Vol. 36, No. 4, 2007, S. 5–29.

Coenenberg, Adolf G./Günther, Thomas W. (2011): Grundlagen der strategischen, operativen und finanzwirtschaftlichen Unternehmenssteuerung, in: Busse von Colbe, Walther/Coenenberg, Adolf G./Kajüter, Peter/Linhoff, Ulrich/Pellens, Bernhard: Betriebswirtschaft für Führungskräfte, Stuttgart 2011, S. 3–28.

Coenenberg, Adolf G./Haller, Axel/Schultze, Wolfgang (2009): Jahresabschluss und Jahresabschlussanalyse, 21. Auflage, Stuttgart 2009.

Coller, Maribeth/Yohn, Teri Lombardi (1997): Management Forecasts and Information Asymmetry: An Examination of Bid-Ask Spreads, in: Journal of Accounting Research, Vol. 35, No. 2, 1997, S. 181–191.

Collingwood, Harris (2001): The Earnings Game – Everyone Plays, Nobody Wins, in: Harvard Business Review, Vol. 79, June 2001, S. 65–74.

Conrad, Jennifer/Cornell, Bradford/Landsman, Wayne R. (2002): When is Bad News Really Bad News?, in: The Journal of Finance, Vol. 57, No. 6, 2002, S. 2507–2532.

Copeland, Thomas E./Weston, J. Fred/Shastri, Kuldeep (2008): Finanzierungstheorie und Unternehmenspolitik, 4. Auflage, Stuttgart 2008.

Cotter, Julie/Tuna, Irem/Wysocki, Peter D. (2006): Expectations Management and Beatable Targets: How Do Analysts React to Explicit Earnings Guidance, in: Contemporary Accounting Research, Vol. 23, No. 3, 2006, S. 593–624.

Cowen, Amanda/Groysberg, Boris/Healy, Paul (2006): Which types of analyst firms are more optimistic?, in: Journal of Accounting and Economics, Vol. 41, No. 1–2, 2006, S. 119–146.

Darrough, Masako N./Russell, Thomas (2002): A Positive Model of Earnings Forecasts: Top Down versus Bottom Up, in: The Journal of Business, Vol. 75, No. 1, 2002, S. 127–152.

Das, Somnath/Kim, Kyonghee/Patro, Sukesh (2011): An Analysis of Managerial Use and Market Consequences of Earnings Management and Expectations Management, in: The Accounting Review, Vol. 86, No. 6, 2011, S. 1935–1967.

De Bondt, Werner F.M./Forbes, William P. (1999): Herding in analyst earnings forecast: Evidence from the United Kingdom, in: European Financial Management, Vol. 5, No. 2, 1999, S. 143–163.

Dechow, Patricia M./Richardson, Scott A./Tuna, Irem (2003): Why Are Earnings Kinky? An Examination of the Earnings Management Explanation, in: Review of Accounting Studies, Vol. 8, No. 2–3, 2003, S. 355–384.

Deutsche Prüfstelle für Rechnungslegung (DPR) (2013): Prüfungsschwerpunkte 2014. Verfügbar unter: http://www.frep.info/docs/pressemitteilungen/2013/20131015_pm.pdf [abgerufen am 02.12.2013].

Deutsche Vereinigung für Finanzanalyse und Asset Management (DVFA) (2005): DVFA-Leitfaden für Unternehmensbewertungen im Aktienresearch. Verfügbar unter: http://dvfa.de/files/die_dvfa/standards/finanz_research/application/force-download/leitfaden_unternehmensbewertungen_aktienresearch.pdf [abgerufen am 06.02.2013].

Deutsche Vereinigung für Finanzanalyse und Asset Management (DVFA) (2006): Grundsätze ordnungsmäßigen Finanz-Researchs (GoFR) und Mindeststandards für Finanz-Research (MSFR). Verfügbar unter: http://dvfa.de/files/die_dvfa/standards/finanz_research/application/pdf/dgfr.pdf [abgerufen am 06.02.2013].

Deutsche Vereinigung für Finanzanalyse und Asset Management (DVFA) (2007): DVFA-Verhaltenskodex. Verfügbar unter: http://dvfa.de/files/mitgliedschaft/dvfa-kodex/application/pdf/dvfa_verhaltenskodex.pdf [abgerufen am 05.02.2013].

Deutsche Vereinigung für Finanzanalyse und Asset Management (DVFA) (2008): DVFA-Grundsätze für Effektive Finanzkommunikation. Verfügbar unter: http://www.dvfa.de/fileadmin/downloads/Publikationen/Standards/grundsaetze_effektive_finanzkommunikation.pdf [abgerufen am 21.11.2013].

Deutsches Rechnungslegungs Standard Committee (DRSC) (2012): Stellungnahmen zu E-DRS 27. Verfügbar unter: http://www.drsc.de/service/docs/index.php?ixdox_do=show_docs&type_id=2&cat_id=47&base_doc_id=1441 [abgerufen am 21.02.2013].

Diamond, Douglas W. (1984): Financial Intermediation and Delegated Monitoring, in: The Review of Economic Studies, Vol. 51, No. 3, 1984, S. 393–414.

Diehl, Ulrike (2001): DVFA, Abschnitt 1.7.2., in: Achleitner, Ann-Kristin/Thoma, Georg F. (Hrsg.): Handbuch Corporate Finance, Köln 2001.

Diehl, Ulrike/Loistl, Otto/Rehkugler, Heinz (1998): Effiziente Kapitalmarktkommunikation, Stuttgart 1998.

Dobler, Michael (2008): Safe Harbor Rules, in: DBW, 68. Jg., Heft 6, 2008, S. 749–753.

Dobler, Thomas (2009): Ertrags- und Liquiditätsplanung, Herne 2009.

Dorfleitner, Gregor/Klein, Christian (2002): Kursprognose mit Hilfe der Technischen Analyse - Eine empirische Untersuchung, in: Financial Markets and Portfolio Management, 16. Jg., Heft 4, S. 497–521.

Dornbusch, Daniel (1999): Untersuchung von Modellen der Fundamentalen und Technischen Aktienanalyse, Frankfurt am Main 1999, zugl. Aachen, Techn. Univ., Diss., 1998.

Dörschell, Andreas/Franken, Lars/Schulte, Jörn (2010): Kapitalkosten 2010 für die Unternehmensbewertung, Düsseldorf 2010.

Drobeck, Jörg (1998): Prognosepublizität: die Berichterstattung über die voraussichtliche Entwicklung der Kapitalgesellschaft in den Lageberichten deutscher

Aktiengesellschaften gem. § 289 Abs. 2 Nr. 2 HGB, Frankfurt am Main u.a. 1998, zugl. Duisburg, Univ., Diss., 1997.

Drobeck, Jörg (2001): Die Prognosepublizität im Prospekt über öffentlich angebotene Kapitalanlagen und deren Beurteilung nach IDW S4, in: Wpg., 54. Jg., Heft 21, 2001, S. 1223–1235.

Duncan, George T./Gorr, Wilpen L./Szczypula, Janusz (2001): Forecasting Analogous Time Series, in: Armstrong, J. Scott (Hrsg.): Principles of Forecasting, 2001, S. 195–213.

Dyck, Alexander/Morse, Adair/Zingales, Luigi (2010): Who Blows the Whistle on Corporate Fraud?, in: The Journal of Finance, Vol. 65, No. 6, 2010, S. 2213–2253.

Easley, David/O'Hara, Maureen (2004): Information and the Cost of Capital, in: Journal of Finance, Vol. 59, No. 4, 2004, S. 1553–1583.

Epstein, Marc J./Palepu, Krishna G. (1999): What financial analysts want, in: Strategic Finance, Vol. 80, No. 10, 1999, S. 48–52.

Ergün, Ismail/Müller, Stefan/Juchler, Daniel (2012): Prognoseberichterstattung nach DRS 20, in: StuB, 14. Jg., Heft 23, 2012, S. 897–902.

Ernst, Edgar/Gassen, Joachim/Pellens, Bernhard (2005): Verhalten und Präferenzen deutscher Aktionäre, Studien des Deutschen Aktieninstituts, Heft 29, Frankfurt am Main 2005.

Ernst, Edgar/Gassen, Joachim/Pellens, Bernhard (2009): Verhalten und Präferenzen deutscher Aktionäre, Studien des Deutschen Aktieninstituts, Heft 42, Frankfurt am Main 2009.

Ernstberger, Jürgen/Kotter, Simon/Stadler, Christian (2008): Analysts' Forecast Accuracy in Germany: The Effect of Different Accounting Principles and Changes of Accounting Principles, in: Business Research, Vol. 1, No. 1, 2008, S. 26–53.

Eustermann, Philipp (2010): Behavioral Finance, Private Equity and Asset Pricing Bubbles, Hamburg 2010, zugl. Bayreuth, Univ., Diss., 2010.

Fama, Eugene F. (1970): Efficient Capital Markets: A Review of Theory and Empirical Work, in: The Journal of Finance, Vol. 25, No. 2, 1970, S. 383–417.

Fama, Eugene F. (1991): Efficient Capital Markets: II, in: The Journal of Finance, Vol. 46, No. 5, 1991, S. 1575–1617.

Fazley, Olga (2008): Regulierung der Finanzanalysten und Behavioral Finance, Baden-Baden 2008, zugl. Augsburg, Univ., Diss., 2008.

Federspieler, Christian (1999): Zwischenberichtspublizität in Europa, Frankfurt am Main 1999, zugl. Augsburg, Univ., Diss., 1998.

Feng, Mei/Koch, Adam S. (2010): Once Bitten, Twice Shy: The Relation between Outcomes of Earnings Management and Management Guidance Strategy, in: The Accounting Review, Vol. 85, No. 6, 2010, S. 1951–1984.

Feng, Mei/McVay, Sarah (2010): Analysts' Incentives to Overweight Management Guidance When Revising Their Short-Term Earnings Forecasts, in: The Accounting Review, Vol. 85, No. 5, 2010, S. 1617–1646.

Fiflis, Ted J. (1992): Responsibility of Investment Bankers to Shareholders, in: Washington University Law Review, Vol. 70, Issue 2, 1992, S. 497–521.

Findlay, Scott/Mathew, Prem G. (2006): An Examination of the Differential Impact of Regulation FD on Analysts' Forecast Accuracy, in: The Financial Review, Vol. 41, No. 1, 2006, S. 9–31.

Fingerhut, Christian/Voß, Thorsten (2009): Anhang I EU-ProspektVO, in: Just, Clemens/Voß, Thorsten/Ritz, Corinna/Zeising, Michael (Hrsg.): Wertpapierprospektgesetz, München 2009, S. 459–554.

Fink, Christian (2009): Nutzbarkeit eines vom IASB vorgeschlagenen management commentary im Rahmen der strategischen Unternehmensanalyse, in: KoR, 9. Jg., Heft 11, 2009, S. 608–618.

Fink, Christian/Kajüter, Peter (2011): Das IFRS Practice Statement "Management Commentary", in: KoR, 11. Jg., Heft 4, 2011, S. 177–181.

Fischer, Daniel (2013): DPR-Prüfungsschwerpunkte 2014, in: PiR, 4. Jg., Heft 11, 2013, S. 353–354.

Foster, George (1973): Stock Market Reaction to Estimates of Earnings per Share by Company Officials, in: Journal of Accounting Research, Vol. 11, No. 1, 1973, S. 25–37.

Franke, Günter/Hax, Herbert (2009): Finanzwirtschaft des Unternehmens und Kapitalmarkt, 6. Auflage, Berlin/Heidelberg 2009.

Freiberg, Jens (2012): Verkürzung des Prognoseberichts im Lagebericht (Contra, mit Pro von Haaker, Andreas), in: PiR, 8. Jg., Heft 9, 2012, S. 290–291.

Freidank, Carl-Christian/Sepetauz, Karsten (2013): (Konzern-) Lageberichterstattung nach DRS 20, in: StuB, 15. Jg., Heft 2, 2013, S. 54–60.

Freidank, Carl-Christian/Steinmeyer, Volker (2005): Fortentwicklung der Lageberichterstattung nach dem BilReG aus betriebswirtschaftlicher Sicht, in: BB, 60. Jg., Heft 46, 2005, S. 2512–2517.

Friedrich, Nico (2007): Die Rolle von Analysten bei der Bewertung von Unternehmen am Kapitalmarkt, Lohmar 2007, zugl. Gießen, Univ., Diss., 2007.

Frowein, Georg A. (2008): Pflicht zur Veröffentlichung von Insiderinformationen, in: Habersack, Mathias/Mülbert, Peter/Schlitt, Michael (Hrsg.): Handbuch der Kapitalmarktinformationen, München 2008, S. 186–230.

Fülbier, Rolf Uwe (1998): Regulierung der Ad-hoc-Publizität, Ein Beitrag zur ökonomischen Analyse des Rechts, Wiesbaden 1998, zugl. Münster, Univ., Diss., 1998.

Gerke, Wolfgang (2001): Agency-Theorie, in: Gerke, Wolfgang/Steiner, Manfred (Hrsg.): Handwörterbuch des Bank- und Finanzwesens, 3. Auflage, Stuttgart 2001, Sp. 24–36.

Glaum, Martin/Baetge, Jörg/Grohte, Alexander/Oberdörster, Tatjana (2013): Introduction of International Accounting Standards, Disclosure Quality and Accuracy of Analysts' Earnings Forecasts, in: European Accounting Review, Vol. 22, No. 1, 2013, S. 79–116.

Glaum, Martin/Friedrich, Nico (2006): After the "Bubble": Valuation of Telecommunications Companies by Financial Analysts, in: Journal of International Financial Management and Accounting, Vol. 17, No. 2, 2006, S. 160–174.

Glöckle, Thomas (1996): Die zukunftsbezogene Publizität von Kapitalgesellschaften in der Bundesrepublik Deutschland, Tübingen 1996, zugl. Tübingen, Univ., Diss., 1996.

Goldberg, Joachim/von Nitzsch, Rüdiger (2004): Behavioral Finance, 4. Auflage, München 2004.

Gomes, Armando/Gorton, Gary/Madureira, Leonardo (2007): SEC Regulation Fair Disclosure, information and the cost of capital, in: Journal of Corporate Finance, Vol. 13, No. 2/3, 2007, S. 300–334.

Göres, Ulrich L. (2004): Interessenkonflikte von Wertpapierdienstleistern und -analysten bei der Wertpapieranalyse, Berlin 2004, zugl. Münster, Univ., Diss., 2003.

Göres, Ulrich L. (2008): Grundlagen der Finanzanalyse, in: Habersack, Mathias/Mülbert, Peter/Schlitt, Michael (Hrsg.): Handbuch der Kapitalmarktinformationen, München 2008, S. 466–508.

Groschupp, Alexander (2010): Die Ad-hoc-Publizität nach Einführung des TUG, in: GoingPublic, 6. Jg., Sonderausgabe, 2010, S. 11–16.

Grossmann, Sanford J./Stiglitz, Jospeh E. (1984): On the Impossibility of Informationally Efficient Markets, in: The American Economic Review, Vol. 70, No. 3, 1984, S. 393–408.

Grottke, Markus/Höschele, Dietrich (2011): Anwendungsempfehlungen zum IASB-Management Commentary, in: PiR, 2. Jg., Heft 5, 2011, S. 125–130.

Grottke, Markus/Höschele, Dietrich (2012): E-DRS 27 – Entwurf zum Konzernlagebericht, in: StuB, 14. Jg., Heft 10, 2012, S. 387–390.

Grüning, Michael (2010): Publizität börsennotierter Unternehmen, Wiesbaden 2010, zugl. Frankfurt a.d.O., Univ., Habil., 2010.

Group of 100 (2003): Guide to Review of Operations and Financial Condition, Verfügbar unter: http://www.group100.com.au/publications/g100_Review_Operations2003.pdf [abgerufen am 20.12.2012].

Guan, Yuyan/Lu, Hai/Wong, M.H. Franco (2012): Conflict-of-Interest Reforms and Investment Bank Analysts' Research Biases, in: The Journal of Accounting, Auditing & Finance, Vol. 27, No. 4, 2012, S. 443–470.

Guedj, Olivier/Bouchaud, Jean-Philippe (2005): Experts' Earning forecasts: Bias, Herding and gossamer Information, in: International Journal of Theoretical and Applied Finance, Vol. 8, No. 7, 2005, S. 933–946.

Günther, Edeltraud/Endrikat, Jan (2011): Die Delphi-Methode, in: Das Wirtschaftsstudium, 40. Jg., Heft 2, 2011, S. 202–203.

Günther, Edeltraud/Nowack, Martin (2011): Nachhaltige Unternehmensführung mit der Delphi-Methode, in: Das Wirtschaftsstudium, 40. Jg., Heft 4, 2011, S. 510–511.

Haaker, Andreas (2012): Verkürzung des Prognoseberichts im Lagebericht (Pro, mit Contra von Freiberg, Jens), in: PiR, 8. Jg., Heft 9, 2012, S. 290–291.

Hachmeister, Dirk (2002): Lagebericht, in: Ballwieser, Wolfgang (Hrsg.): Handwörterbuch der Rechnungslegung und Prüfung, 2002, Sp. 1437–1438.

Hackl, Peter (2013): Einführung in die Ökonometrie, 2. Auflage, München 2013.

Hagest, Joachim/Kellinghusen, Georg (1977): Zur Problematik der Prognoseprüfung und der Entwicklung von Grundsätzen ordnungsmäßiger Prognosebildung, in: Wpg., 30. Jg., Heft 15/16, 1977, S. 405–415.

Hahn, TeWhan/Song, Minsup (2013): Regulation Fair Disclosure and Analysts' Reliance on Earnings Announcements, in: Journal of Accounting and Public Policy, Vol. 32, No. 2, 2013, S. 26–43.

Han, Jun/Tan, Hun-Tong (2010): Investors' Reaction to Management Earnings Guidance: The Joint Effect of Investment Position, News Valence, and Guidance Form, in: Journal of Accounting Research, Vol. 48, No. 1, 2010, S. 81–104.

Hank, Benno (1999): Informationsbedürfnisse von Kleinaktionären – Zur Gestaltung von Investor Relations, Frankfurt am Main u.a. 1999, zugl. München, Univ., Diss., 1999.

Hayn, Marc (2012): Bewertung junger Unternehmen, in: Peemöller, Volker H. (Hrsg.): Praxishandbuch zur Unternehmensbewertung, 4. Auflage, Herne 2012, S. 769–802.

Hax, Georg (1998): Informationsintermediation durch Finanzanalysten, Frankfurt a.M. 1998, zugl. Frankfurt a.M., Univ., Diss., 1997.

Heflin, Frank/Subramanyam, K.R./Zhang, Yuan (2003): Regulation FD and the Financial Information Environment: Early Evidence, in: The Accounting Review, Vol. 78, No. 1, 2003, S. 1–37.

Hempel, Carl G./Oppenheim, Paul (1948): Studies in the Logic of Explanation, in: Philosophy of Science, Vol. 15, No. 2, 1948, S. 135–175.

Henze, Jana (2004): Was leisten Finanzanalysten?, Lohmar 2004, zugl. Münster, Univ., Diss., 2004.

Herrmann, Don/Hope, Ole-Kristian/Payne, Jeff L./Thomas, Wayne B. (2011): The Market's Reaction to Unexpected Earnings Thresholds, in: Journal of Business Finance & Accounting, Vol. 38, No. 1, 2011, S. 34–57.

Hippel, Boris (2011): Konzernlagebericht und Kapitalmarkt, Düsseldorf 2011, zugl. Münster, Univ., Diss., 2010.

Hirst, Eric D./Koonce, Lisa/Miller, Jeffrey (1999): The Joint Effect of Management's Prior Forecast Accuracy and the Form of Its Financial Forecast on Investor Judgment , in: Journal of Accounting Research, Vol. 37, Supplement, 1999, S. 101–124.

Hirst, Eric D./Koonce, Lisa/Venkataraman, Shankar (2008): Management Earnings Forecasts: A Review and Framework, in: Accounting Horizons, Vol. 22, No. 3, 2008, S. 312–338.

Ho, Yew-Kee/Sequeira, John M. (2007): Earnings Surprises, Asymmetry of Returns, and Market-Level Changes: An Industry Study, in: The Journal of Accounting, Auditing & Finance, Vol. 22, No. 1, 2007, S. 29–55.

Höhn, Balthasar (2011): Theorie und Praxis der Zwischenberichterstattung im Prime Standard, in: KoR, 11. Jg., Heft 11, 2011, S. 530–537.

Hoffmann, Wolf-Dieter (2013): Wesentlichkeit im Lagebericht, in: StuB, 15. Jg., Heft 20, 2013, S. 757–758.

Holtfort, Thomas/Issagholian Hadani, Emanuel (2009): Technische Handelssysteme – Optimierung mittels der Ansätze der Behavioral Finance, in: Finanz Betrieb, 11. Jg., Heft 10, 2009, S. 568–574.

Hong, Harrison/Kubik, Jeffrey D. (2003): Analyzing the Analysts: Career Concerns and Biased Earnings Forecasts, in: The Journal of Finance, Vol. 58, No. 1, 2003, S. 313–351.

Hong, Harrison/Kubik, Jeffrey D./Solomon, Amit (2000): Security analysts' career concerns and herding of earnings forecasts, in: The Journal of Economics, Vol. 31, No. 1, 2000, S. 121–144.

Hopt, Klaus J. (1991): Insiderwissen und Interessenkonflikte im europäischen und deutschen Bankrecht, in: Kübler, Friedrich/Mertens, Hans-Joachim/ Werner, Winfried (Hrsg.): Festschrift für Theodor Heinsius zum 65. Geburtstag am 25. September 1991, Berlin u.a. 1991, S. 289–322.

Hovakimian, Armen/Saenyasiri, Ekkachai (2010): Conflicts of Interest and Analyst Behavior: Evidence from Recent Changes in Regulation, in: Financial Analysts Journal, Vol. 66, No. 4, 2010, S. 1–12.

Howe, Jeff (2006): The Rise of Crowdsourcing. Verfügbar unter: http://www.wired.com/wired/archive/14.06/crowds.html?pg=1&topic=crowds&topic_set= [abgerufen am 14.01.2013].

Hüfner, Bernd (2007a): The SEC's MD&A: Does it meet the informational demands of investors?, in: sbr, Vol. 59, No. 1, 2007, S. 58–84.

Hüfner, Bernd (2007b): MD&A- und OFR-Berichtsregelungen der U.S.-amerikanischen SEC, in: BFuP, 59. Jg., Heft 3, 2007, S. 289–310.

Hutton, Amy P. (2005): Determinants of Managerial Earnings Guidance Prior to Regulation Fair Disclosure and Bias in Analysts' Earnings Forecasts, in: Contemporary Accounting Research, Vol. 22, No. 4, 2005, S. 867–914.

Hutton, Amy P./Miller, Gregory S./Skinner, Douglas J. (2003): The Role of Supplementary Statements with Management Earnings Forecasts, in: Journal of Accounting Research, Vol. 41, No. 5, 2003, S. 867–890.

Hutton, Amy P./Stocken, Phillip C. (2009): Prior Forecasting Accuracy and Investor Reaction to Management Earnings Forecasts, Working Paper Boston College and Dartmouth College, 2009, S. 1–45.

International Accounting Standards Board (IASB) (2010a): IFRS Practice Statement Management Commentary – A framework for presentation, London: IFRS Foundation 2010.

International Accounting Standards Board (IASB) (2010b): The Conceptual Framework for Financial Reporting, London: IFRS Foundation 2010.

Irani, Afshad J./Karamanou, Irene (2003): Regulation Fair Disclosure, Analyst Following, and Analyst Forecast Dispersion, in: Accounting Horizons, Vol. 17, No. 1, 2003, S. 15–29.

Irvine, Paul J. (2003): The Incremental Impact of Analyst Initiation of Coverage, in: Journal of Corporate Finance, Vol. 9, No. 4, 2003, S. 431–451.

Jansen, Harald (2005): Neoklassische Theorie und Betriebswirtschaftslehre, in: Horsch, Andreas/Meinhövel, Harald/Paul, Stephan (Hrsg.): Institutionenökonomie und Betriebswirtschaftslehre, München 2005, S. 49–64.

Jegadesh, Narasimhan/Kim, Woojin (2007): Do Analysts herd? An Analysis of recommendations and Market Reactions, in: NBER Working Paper Series, No. 12866, 2007, S. 1–38.

Jensen, Michael C./Meckling, William H. (1976): Theory of the Firm: Managerial Behavior, Agency Costs and Ownership Structure, in: The Journal of Financial Economics, Vol. 3, No. 4, 1976, S. 305–360.

Johnson, W. Bruce/Zhao, Rong (2012): Contrarian Share Price Reactions to Earnings Surprises, in: The Journal of Accounting, Auditing & Finance, Vol. 27, No. 2, 2012, S. 236–266.

Jordan, Bradford D./Liu, Mark H./Qun, Wu (2012): Do investment banks listen to their own analysts?, in: Journal of Banking & Finance, Vol. 36, No. 5, 2012, S. 1452–1463.

Jung, Boochun/Sun, Kevin J./Yang, Yanhua S. (2012): Do Financial Analysts Add Value by Facilitating More Effective Monitoring of Firms' Activities, in: The Journal of Accounting, Auditing & Finance, Vol. 27, No. 1, 2012, S. 61–99.

Jungmichel, Tim (2007): Haftung und Schadenskompensation bei Verstößen gegen Ad-Hoc-Publizitätspflichten, Hamburg 2007, zugl. Hannover, Univ., Diss., 2006.

Kadan, Ohad/Madureira, Leonardo/Wang, Rong/Zach, Tzachi (2009): Conflicts of Interest and Stock Recommendations: The Effects of the Global Settlement and Related Regulations, in: The Review of Financial Studies, Vol. 22, No. 10, 2009, S. 4189–4217.

Kadan, Ohad/Madureira, Leonardo/Wang, Rong/Zach, Tzachi (2012): Analysts' industry expertise, in: Journal of Accounting and Economics, Vol. 54, No. 2–3, 2012, S. 95–120.

Kähler, Jürgen (2002): Regressionsanalyse, in: Schröder, Michael (Hrsg.): Finanzmarkt-Ökonometrie, Stuttgart 2002, S. 33–129.

Kajüter, Peter (2009): Praxis der Lageberichterstattung – Ergebnisse einer empirischen Studie, Öffentliche Sitzungsunterlage des DSR, 2009.

Kajüter, Peter (2011): IFRS Practice Statement Management Commentary: Anwendungsperspektiven in Deutschland, in: IRZ, 6. Jg., Heft 5, 2011, S. 221–226.

Kajüter, Peter/Bachert, Kristian/Blaesing, Daniel (2010): Ergänzung des IFRS-Abschlusses um einen Management Commentary, in: KoR, 10. Jg., Heft 4, 2010, S. 183–190.

Kajüter, Peter/Barth, Daniela/Meyer, Joop (2009): Zwischenlageberichterstattung nach §37w WpHG und DRS 16 – Eine empirische Analyse der HDAX-Unternehmen, in: Wpg., 62. Jg., Heft 8, 2009, S. 462–471.

Kajüter, Peter/Fink, Christian (2012): Management Commentary – Kritische Punkte und offene Fragen zum IFRS Practice Statement des IASB, in: KoR, 12. Jg., Heft 5, 2012, S. 247–253.

Kajüter, Peter/Guttmeier, Matthias (2009): Der Exposure Draft des IASB zum Management Commentary, in: DB, 62. Jg., Heft 44, 2009, S. 2333–2339.

Kasznik, Ron/McNichols, Maureen F. (2002): Does Meeting Earnings Expectations Matter? Evidence from Analyst Forecast Revision and Share Prices, in: Journal of Accounting Research, Vol. 40, No. 3, 2002, S. 727–759.

Kato, Kazuo/Skinner, Douglas J./Kunimura, Michio (2009): Management Forecasts in Japan: An Empirical Study of Forecasts that Are Effectively Mandated, in: The Accounting Review, Vol. 84, No. 5, 2009, S. 1575–1606.

Ke, Bin/Yu, Yong (2006): The Effect of Issuing Biased Earnings Forecasts on Analysts' Access to Management and Survival, in: Journal of Accounting Research, Vol. 44, No. 5, 2006, S. 965–999.

Kent, Pamela/Ung, Karen (2003): Voluntary Disclosure of Forward-Looking Earnings Information in Australia, in: Australian Journal of Management, Vol. 28, No. 3, 2003, S. 273–285.

Khosrawi-Rad, Mohammad D. (1991): Probleme und Möglichkeiten bei der Definition, Klassifikation, Interpretation und Operationalisierung von Prognose, Prognosemodell, Prognosefehler und Prognosefehlermaße, Hamburg 1991.

Kinney, William/Burgstahler, David/Martin, Roger (2002): Earnings Surprise "Materiality" as Measured by Stock Returns, in: Journal of Accounting Research, Vol. 40, No. 5, 2002, S. 1297–1329.

Kirsch, Hanno (2012): Managementberichterstattung nach IFRS, in: StuB, 3. Jg., Heft 11, 2012, S. 425–431.

Kitagawa, Norio/Shuto, Akinobu (2013): Credibility of Management Earnings Forecasts and Future Returns, Kobe University Working Paper DP2013–30, 2013, S. 1–63.

Klein, Martin/Hartmann, Achim/Scherr, Elisabeth (2011): Investororientierte Prognoseberichtspublizität in börsenregulierten Marktsegmenten? Eine empirische Untersuchung am Beispiel des Entry Standards, in: KoR, 11. Jg., Heft 3, 2011, S. 143–152.

Knauer, Thorsten/Ledwig, Christian/Wömpener, Andreas (2012): Zur Wertrelevanz freiwilliger Managementprognosen in Deutschland, in: zfbf, 64. Jg., Heft 2, 2012, S. 166–204.

Knauer, Thorsten/Wömpener, Andreas (2010): Prognoseberichterstattung gemäß DRS 15 – Eine empirische Analyse der Unternehmen des Prime Standards, in: Corporate Finance biz, 1. Jg., Heft 2, 2010, S. 84–92.

Knauer, Thorsten/Wöhrmann, Arnt (2011): Rahmenbedingungen, Charakteristika und Konsequenzen freiwilliger Unternehmenspublizität: State of the Art und neue Perspektiven, in: Zeitschrift für Planung und Unternehmenssteuerung, 21. Jg., Heft 3, 2011, S. 235–254.

Knauer, Thorsten/Wömpener, Andreas (2011): Prognoseberichterstattung: Externalisierung der Planung?, in: Zeitschrift für Planung und Unternehmenssteuerung, 21. Jg., Heft 4, 2011, S. 483–491.

Knauer, Thorsten/Wömpener, Andreas (2012): Determinanten des Prognoseverhaltens der Unternehmen des Prime Standards, in: DBW, 72. Jg., Heft 2, 2012, S. 115–135.

Königs, Anke/Schiereck, Dirk (2010): Umfang und Organisation der Finanzkommunikation bei deutschen Großunternehmen unter veränderten Kapitalmarktanforderungen, in: DB, 63. Jg., Heft 29, 2010, S. 1541–1545.

Koh, Kevin/Matsumoto, Dawn A./Rajgopal, Shivaram (2008): Meeting or Beating Analyst Expectations in the Post-Scandals World: Changes in Stock Market Rewards and Managerial Actions, in: Contemporary Accounting Research, Vol. 25, No. 4, 2008, S. 1067–1098.

Kolasinski, Adam C./Kothari, S.P. (2008): Investment Banking and Analysts Objectivity: Evidence from Analysts Affiliated with Mergers and Acquisitions Advisors, in: The Journal of Financial and Quantitative Analysis, Vol. 43, No. 4, 2008, S. 817–842.

Kolev, Kalin/Marquardt, Carol. A./McVay, Sarah E. (2008): SEC Scrunity and the Evolution of Non-GAAP Reporting, in: The Accounting Review, Vol. 83, No. 1, 2008, S. 157–184.

Koller, Ingo (2012): Kommentierung des § 34 WpHG, Abschnitt 6, Verhaltenspflichten, Organisationspflichten, Transparenzpflichten, in: Assmann, Heinz-Dieter/Schneider, Uwe H. (Hrsg.): Wertpapierhandelsgesetz, Kommentar, 6. Auflage, Köln 2012.

Kothari, S.P./Li, Xu/Short, James E. (2009): Do Managers Withhold Bad News?, in: The Accounting Review, Vol. 84, No. 5, 2009, S. 1639–1670.

Kothari, S.P./Shu, Susan/Wysocki, Peter D. (2009): Do Managers Withhold Bad News?, in: Journal of Accounting Research., Vol. 47, No. 1, 2009, S. 241–276.

Kräkel, Matthias (2012): Organisation und Management, 5. Auflage, Tübingen 2012.

Krämer, Walter (2001): Kapitalmarkteffizienz, in: Gerke, Wolfgang/Steiner, Manfred (Hrsg.): Handwörterbuch des Bank- und Finanzwesens, 3. Auflage, Stuttgart 2001, Sp. 1267–1274.

Kranz, Tobias/Teschner, Florian (2012): Die Weisheit der Masse, in: Karlsruher Transfer, Nr. 45, 2012, S. 47–48.

Kross, William J./To, Byung T./Suk, Inho (2011): Consistency in meeting or beating earnings expectations and management earnings forecasts, in: Journal of Accounting and Economics, Vol. 51, No. 1–2, 2011, S. 37–57.

Krotter, Simon (2009): Performance-Messung, Erwartungsänderungen und Analystenschätzungen, Frankfurt am Main 2009, zugl. Regensburg, Univ., Diss., 2008.

Krumbholz, Marcus (1994): Die Qualität publizierter Lageberichte – Ein empirischer Befund zur Unternehmenspublizität, Düsseldorf 1994, zugl. Münster, Univ., Diss., 1994.

Kumm, Nina (2009): Praxisfragen bei der Regelpublizität nach Inkrafttreten des TUG, in: Betriebs-Berater, 64. Jg., Heft 21, 2009, S. 1118–1122.

Küting, Karlheinz/Heiden, Matthias (2002): Zur Informationsqualität der Lageberichte in deutschen Geschäftsberichten – Branchenangaben, Risikobericht, Prognosebericht, in: StuB, 4. Jg., Heft 19, 2002, S. 933–937.

Small, Kenneth/Kwag, Seung-Woog (Austin) (2007): The Impact of Regulation Fair Disclosure on Earnings Management and Analyst Forecast Bias, in: Journal of Economics and Finance, Vol. 31, No. 1, 2007, S. 87–98.

Lammert, Joachim/Watrin, Christoph/Zeisberger, Stefan (2011): Management Guidance. Bevorzugen professionelle Kapitalmarktteilnehmer wirklich Punktprognosen?, in: Zeitschrift für Planung und Unternehmenssteuerung, 21. Jg., Heft 3, 2011, S. 349–364.

Lang, Mark H./Lins, Karl V./Miller, Darius P. (2004): Concentrated Control, Analyst Following, and Valuation: Do Analysts Matter Most When Investors Are Protected Least?, in: Journal of Accounting Research, Vol. 42, No. 3, 2004, S. 589–623.

Lees, Francis A. (1981): Public Disclosures of Corporate Earnings Forecasts, hrsg. von: The Conference Board, No. 804, 1981.

Leimeister, Jan Marco (2012): Crowdsourcing: Crowdfunding, Crowdvoting, Crowdconnection, in: Zeitschrift für Controlling und Management, 56. Jg., Heft 6, 2012, S. 388–391.

Lerchenmüller, Julia (2012): Measurement, Determinants and Consequences of Forward-Looking Reporting Disclosure, Vallendar 2012, zugl. Vallendar, WHU – Otto Beisheim School of Management, Diss., 2012. Verfügbar unter: http://heine.bib.whu.edu/pdf_download/Lerchenmueller.Julia.Diss.pdf [abgerufen am 01.08.2103].

Lewandowski, Rudolf (1974): Prognose- und Informationssysteme und ihre Anwendungen, Band 1, Berlin 1974.

Lewandowski, Rudolf (1980): Prognose- und Informationssysteme und ihre Anwendungen, Band 2, Berlin 1980.

Libby, Robert/Hunton, James E./Tan, Hun-Tong/Seybert, Nicholas (2008): Relationship Incentives and the Optimistic/Pessimistic Pattern in Analysts' Forecasts, in: Journal of Accounting Research, Vol. 46, No. 1, 2008, S. 173–198.

Lin, Beixin/Yang, Rong (2012): Does Regulation Fair Disclosure affect analysts' forecast performance? The case of restructuring firms, in: Review of Quantitative Finance and Accounting, Vol. 38, No. 4, 2012, S. 495–517.

Lin, Wen-Yi/Chen, Po-Jung/Chen, Sheng-Syan (2011): Stock characteristics and herding in financial analyst recommendations, in: Applied Financial Economics, Vol. 21, No. 5, 2011, S. 317–331.

Löffler, Gunter (1998): Der Beitrag von Finanzanalysten zur Informationsverarbeitung, Wiesbaden 1998, zugl. Mannheim, Univ., Diss., 1997.

Löhnert, Peter G./Böckmann, Ulrich J. (2012): Multiplikatorverfahren in der Unternehmensbewertung, in: Peemöller, Volker H. (Hrsg.): Praxishandbuch zur Unternehmensbewertung, 5. Auflage, Herne 2012, S. 679–701.

Macharzina, Klaus/Wolf, Joachim (2010): Unternehmensführung – Das internationale Managementwissen; Konzepte – Methoden – Praxis, 7. Auflage, Wiesbaden 2010.

Makridakis, Spyros/ Wheelwright, Steven C./Hyndman, Rob J. (1998): Forecasting: Methods and Applications, 3. Auflage, 1998.

Mandel, Gerwald/Rabel, Klaus (2012): Methoden der Unternehmensbewertung, in: Peemöller, Volker H. (Hrsg.): Praxishandbuch zur Unternehmensbewertung, 5. Auflage, Herne 2012, S. 49–90.

Matsumoto, Dawn A. (2002): Management's Incentives to Avoid Negative Earnings Surprises, in: The Accounting Review, Vol. 77, No. 3, 2002, S. 483–514.

Mayew, William J. (2008): Evidence of Management Discrimination Among Analysts during Earnings Conference Calls, in: Journal of Accounting Research, Vol. 46, No. 3, 2008, S. 627–659.

Meckel, Miriam/Fieseler, Christian/Hoffmann, Christian (2008): Die Zukunft des Geschäftsberichts, St. Gallen 2008.

Melcher, Winfried/Murer, Alexander (2011): Das IFRS Practice Statement "Mangement Commentary" im Vergleich zu den DRS Verlautbarungen zur Lageberichterstattung, in: DB, 64. Jg., Heft 8, 2011, S. 430–434.

Menges, Günter (1967): Ökonometrische Prognosen, Köln 1967.

Mennenöh, Hartwig (1984): Prognosepublizität – Vorschläge zur ungewißheitsorientierten Gestaltung einer prospektiven Berichterstattung von Unternehmen an externe Adressaten, Bochum 1984.

Merz, Christian/Wömpener, Andreas (2012): Zur Relevanz des Enforcements in Deutschland – Der Fall der fehlenden Prognose der Merck KGaA, in: Corporate Finance biz, 3. Jg., Heft 5, 2012, S. 268–271.

Michaelsen, Lars (2001): Informationsintermediation für Privatanleger am Aktienmarkt unter besonderer Berücksichtigung des Neuen Marktes, Lohmar 2001, zugl. Köln, Univ., Diss., 2001.

Miller, Gregory S. (2002): Earnings Performance and Discretionary Disclosure, in: Journal of Accounting Research, Vol. 40, No. 1, 2002, S. 173–204.

Mola, Simona (2005): Do IPO Analysts Issue Unfavorable Recommendations on Non-IPO Firms?, Purdue University Working Paper, 2005, S. 1–46.

Möller, Hans Peter/Hüfner, Bernd (2001): Kapitalmarktforschung, empirische, in: Gerke, Wolfgang/Steiner, Manfred (Hrsg.): Handwörterbuch des Bank- und Finanzwesens, 3. Auflage, Stuttgart 2001, Sp. 1276–1294.

Morich, Sven (2007): Steuerung und Effektivität kapitalmarktorientierter Unternehmenspublizität, Wiesbaden 2007, zugl. Braunschweig, Techn. Univ., Diss., 2007.

Moxter, Adolf (1976): Fundamentalgrundsätze ordnungsgemäßer Rechenschaft, in: Baetge, Jörg/Moxter, Adolf/Schneider, Dieter (Hrsg.): Bilanzfragen, FS für Ulrich Leffson, Düsseldorf 1976, S. 87–100.

Müller, Christina (2005): Regulierung von Analysten, Wiesbaden 2005, zugl. Hamburg, Univ., Diss., 2005.

Müller, Michael (1998): Shareholder Value Reporting – ein Konzept wertorientierter Kapitalmarktinformation, in: Müller, Michael/Leven, Franz-Josef (Hrsg.): Shareholder Value Reporting, Wien 1998, S. 123–144.

Müller, Stefan/Pommerenke, Niels E./Reinke, Jens (2013): Erweiterte Anforderungen des DRS 20 an die Konzernlageberichterstattung kapitalmarktorientierter Mutterunternehmen, in: PiR, 9. Jg., Heft 4, 2013, S. 119–125.

Nadvornik, Wolfgang/Schwarz, Reinhard (1997): Freiwillige Informationen in Anhang und Lagebericht, in: Mittermair, Klaus/Pernsteiner, Helmut (Hrsg.): Freiwillige Unternehmensinformationen – Möglichkeiten aktiver Rechnungslegungspolitik, Wien 1997, S. 31–43.

Naujoks, Marcel/Aretz, Kevin/Kerl, Alexander G./Walter, Andreas (2009): Do German security analysts herd?, in: Financial Markets and Portfolio Management, Vol. 23, No. 1, 2009, S. 3–29.

Ng, Jeffrey/Tuna, Irem/Verdi, Rodrigo (2012): Management Forecast Credibility and Underreaction to News, Working Paper MIT Sloan School of Management and London Business School, 2012, S. 1–48.

Nölte, Uwe (2008): Managementprognosen, Analystenschätzungen und Eigenkapitalkosten – Empirische Analysen am deutschen Kapitalmarkt, Bochum 2008, zugl. Bochum, Univ. Diss., 2008, Verfügbar unter: http://www-brs.ub.ruhr-uni-bochum.de/netahtml/HSS/Diss/NoelteUwe/diss.pdf [abgerufen am 08.03.2012].

Nölte, Uwe (2009): Determinanten des Informationsgehalts von Managementprognosen – eine empirische Untersuchung anhand der DAX und MDAX-Unternehmen, in: ZfB, 79. Jg., Heft 11, 2009, S. 1229–1257.

Oberdörster, Tatjana (2009): Finanzberichterstattung und Prognosefehler von Finanzanalysten, Wiesbaden 2009, zugl. Münster, Univ., Diss., 2008.

O'Brien, Patricia C./McNichols, Maureen F./Lin, Hsiou-Wie (2005): Analyst Impartiality and Investment Banking Relationships, in: The Journal of Accounting Research, Vol. 43, No. 4, 2005, S. 623–650.

Ota, Koji (2010): The Value Relevance of Management Forecasts and Their Impact on Analysts' Forecasts: Empirical Evidence from Japan, in: Abacus, Vol. 46, No. 1, 2010, S. 28–59.

Ota, Koji (2011): Analysts' awareness of systematic bias in management earnings forecasts, in: Applied Financial Economics, Vol. 21, No. 18, 2011, S. 1317–1330.

Paarz, Roland (2011): Einfluss der Rechnungslegung auf Finanzanalysten, Frankfurt am Main 2011, zugl. München, Univ., Diss., 2011.

Paetzmann, Karsten (2009): § 289 Lagebericht, in: Bertram, Klaus/Brinkmann, Ralph/Kessler, Harald/Müller, Stefan (Hrsg.): Haufe HGB Kommentar, Freiburg 2009, S. 1468–1502.

Palmon, Dan/Yezegel, Ari (2011): Analysts' Recommendation Revisions and Subsequent Earnings Surprises: Pre- and Post-Regulation FD, in: Journal of Accounting, Auditing and Finance, Vol. 26, No. 3, 2011, S. 475–501.

Päßler, Nadja M. (2007): Interessenkonflikte in der Informationsintermediation, Frankfurt am Main 2007, zugl. Köln, Univ., Diss., 2007.

Patell, James M. (1976): Corporate Forecasts of Earnings per Share and Stock Price Behavior: Empirical Test, in: Journal of Accounting Research, Vol. 14, No. 2, 1976, S. 246–276.

Pechtl, Hans (2000): Die Prognosekraft des Prognoseberichts: eine empirische Untersuchung am Beispiel deutscher Aktiengesellschaften, in: zfbf, 52. Jg, Heft 2, S. 141–159.

Peemöller, Volker/Kunowski, Stefan (2012): Ertragswertverfahren nach IDW, in: Peemöller, Volker H. (Hrsg.): Praxishandbuch zur Unternehmensbewertung, 5. Auflage, Herne 2012, S. 275–347.

Peiffer, Hans-Hubert (1974a): Möglichkeiten und Grenzen der Prüfung von Prognosen im Geschäftsbericht (1.Teil), in: WPg, 27. Jg., Heft 6, 1974, S. 159–170.

Peiffer, Hans-Hubert (1974b): Möglichkeiten und Grenzen der Prüfung von Prognosen im Geschäftsbericht (2.Teil), in: WPg, 27. Jg., Heft 7, 1974, S. 186–197.

Pellens, Bernhard/Fülbier, Rolf Uwe/Gassen, Joachim/Sellhorn, Thorsten (2011): Internationale Rechnungslegung, 8. Auflage, Stuttgart 2011.

Pellens, Bernhard/Lehmann, Kai (2012): Managementprognosen und Analystenschätzungen – Eine deskriptive Analyse der HDAX-Unternehmen, in: zfbf, 64. Jg., Heft 8, 2012, S. 879–892.

Pellens, Bernhard/Nölte, Uwe/Berger, Ole (2007): Ergebnisprognosen durch das Management – Sind die Managementprognosen der DAX-Unternehmen zu pessimistisch?, in: Finanz Betrieb, 9. Jg., Heft 1, 2007, S. 24–29.

Penman, Stephen H. (1980): An Empirical Investigation of the Voluntary Disclosure of Corporate Earnings Forecasts, in: Journal of Accounting Research, Vol. 18, No. 1, 1980, S. 132–160.

Pepels, Werner (2007): Market Intelligence: Moderne Marktforschung für Praktiker: Auswahlverfahren, Datenerhebung, Datenauswertung, Praxisanwendungen und Marktprognose, Erlangen 2007.

Perridon, Louis/Steiner, Manfred/Rathgeber, Andreas (2009): Finanzwirtschaft der Unternehmung, 15. Auflage, München 2009.

Pfaff, Dieter/Ising, Peter (2010): Earnings Management – Erscheinungsformen und Aufdeckungsmöglichkeiten, in: Seicht, Gerhard (Hrsg.): Jahrbuch für Controlling und Rechnungswesen 2010, Wien 2010, S. 291–312.

Pietzsch, Luisa (2004): Bestimmungsfaktoren der Analysten-Coverage – Eine empirische Analyse für den deutschen Kapitalmarkt, Bad Soden/Ts. 2004, zugl. Oestrich-Winkel, Univ., Diss., 2003.

Pike, Richard/Meerjanssen, Johannes/Chadwick, Leslie (1993): The Appraisal of Ordinary Shares by Investment Analysts in the UK and Germany, in: Accounting and Business Research, Vol. 23, No. 92, 1993, S. 489–499.

Pownall, Grace/Wasley, Charles/Waymire, Gregory (1993): The Stock Price Effects of Alternative Types of Management Earnings Forecasts, in: The Accounting Review, Vol. 68, No. 4, 1993, S. 896–912.

Pownall, Grace/Waymire, Gregory (1989): Voluntary Disclosure Credibility and Securities Prices: Evidence from Management Earnings Forecasts, 1969–73, in: Journal of Accounting Research, Vol. 27, No. 2, 1989, S. 227–245.

Prigge, Cord (2006): Konzernlageberichterstattung vor dem Hintergrund einer Bilanzierung nach IFRS, Düsseldorf 2006, zugl. Münster, Univ., Diss., 2005.

Quick, Reiner/Kayadelen, Engin (2002): Zur Aussagefähigkeit von Prognosen in Emissionsprospekten am Neuen Markt, in: Wpg., 55. Jg., Heft 18, 2002, S. 949–965.

Radde, Jens (2006): Gestaltung und Prüfung der Prognosepublizität in Börsenzulassungsprospekten, Düsseldorf 2006.

Rau, Fritz H. (2005): Finanzanalysten stärker an die Kandare, in: GoingPublic, 8. Jg., Heft 2, 2005, S. 40–41.

Rees, Lynn/Twedt, Brady (2011): The stock price effects from downward earnings guidance versus beating analysts' forecast: which effect dominates?, in: Accounting and Business Research, Vol. 41, No. 2, 2011, S. 95–118.

Reittinger, Wolfgang (1983): Die Prüfung des Lageberichts nach Aktienrecht und nach den Vorschriften der 4. EG-Richtlinie, Frankfurt a.M. u.a. 1983.

Reuters Survey (2001): Reuters Survey of US Large Companies 2001, Temptest Consultants Inc., 2001.

Richardson, Scott/Teoh, Siew H./Wysocki, Peter D. (2004): The Walk-down to Beatable Analysts Forecasts: The Role of Equity Issuance and Insider Trading Incentives, in: Contemporary Accounting Research, Vol. 21, No. 4, 2004, S. 885–924.

Richter, Tim (2005): Die Leistung von Aktienanalysten aus Anlegersicht, Wiesbaden 2005, zugl. Hamburg, Univ., Diss., 2005.

Rosentreter, Jürgen (1976): Prognosen in der industriellen Planung - Eine Analyse von Prognoseverfahren und Anwendungsproblemen unter besonderer Berücksichtigung von Verfahren aus der Basis der exponentiellen Glättung, Saarbrücken 1976, zugl. Saarbrücken, Univ., Diss., 1976.

Rothschild, Kurt (1969): Wirtschaftsprognose. Methoden und Probleme, Berlin/Heidelberg 1969.

Rowe, Gene/Wright, George (2001): Expert Opinions in Forecasting: The Role of the Delphi Technique, in: Armstrong, J. Scott (Hrsg.): Principles of Forecasting, 2001, S. 125–144.

Rückle, Dieter (1981): Gestaltung und Prüfung externer Prognosen, in: Seicht, Gerhard (Hrsg.), Management und Kontrolle, FS für Erich Loitlsberger, Berlin 1981, S. 431–468.

Rückle, Dieter (1984): Externe Prognosen und Prognoseprüfung, in: DB, 37. Jg., Heft 2, 1984, S. 57–69.

Ruhwedel, Franca/Sellhorn, Thorsten/Lerchenmüller, Julia (2009): Prognoseberichterstattung in Aufschwung und Krise - Eine empirische Untersuchung der DAX-Unternehmen, in: DB, 62. Jg., Heft 25, 2009, S. 1305–1313.

Sapusek, Annemarie (1998): Informationseffizienz auf Kapitalmärkten, Wiesbaden 1998.

Schäfer, Susanne/La Corte, Nicola (2008): Freiwillige Publizität bei Primärmarkttransaktionen, in: Habersack, Mathias/Mülbert, Peter/Schlitt, Michael (Hrsg.): Handbuch der Kapitalmarktinformationen, München 2008, S. 296–299.

Schedlbauer, Hans/Oswald, Adolf (1979): Praxis der Erstellung und Prüfung von Planbilanzen, in: DBW, 39. Jg., Heft 3, 1979, S. 467–479.

Scheele, Alexander (2007): Strategieorientierte Lageberichterstattung, Lohmar 2007, zugl. Münster, Univ., Diss., 2006.

Schmidt, André/Wulbrand, Hanno (2007): Umsetzung der Anforderungen an die Lageberichterstattung nach dem BilReG und DRS 15 – Eine empirische Untersuchung der DAX-Unternehmen, in: KoR, 7. Jg., Heft 7–8, 2007, S. 414–426.

Schmidt, Ulrich (1971): Zum Prognoseproblem in der Wirtschaftswissenschaft – Eine Untersuchung auf wissenschaftstheoretischer Grundlage, Dagersheim 1971.

Scholz, Peter/Walther, Ursula (2011): The Trend is not Your Friend! Why empirical Timing Success is determined by the underlying's price characteristics and market efficiency is irrelevant. Working Paper, Frankfurt School of Finance and Management 2011, S. 1–30.

Schröder, Michael (2012): Einführung in die kurzfristige Zeitreihenprognose und Vergleich der einzelnen Verfahren, in: Mertens, Peter/Rässler, Susanne (Hrsg.): Prognoserechnung, Berlin/Heidelberg 2012, S. 11–45.

Schulz, Michael (1999): Aktienmarketing, Berlin 1999, zugl. Berlin, Techn. Univ., Diss., 1999.

Schwab, Martin (2010): Prognoseberichterstattung in der Finanzkrise: Unmöglichkeit gesetzestreuer Rechnungslegung, in: KoR, 10. Jg, Heft 12, 2010, S. 652–657.

Scieranski, Matthias (2010): Prognosepublizität börsennotierter Aktiengesellschaften, Baden-Baden 2010, zugl. Frankfurt a.M., Univ., Diss., 2010.

Securities and Exchange Commission (SEC) (2003): Ten of Nation's Top Investment Firms Settle Enforcement Actions Involving Conflicts of Interest Between Research and Investment Banking. Verfügbar unter: http://www.sec.gov/news/press/2003-54.htm [abgerufen am 01.02.2013].

Seed, Allen H. (1985): Winning Strategies for Shareholder Value Creation, in: The Journal of Business Strategy, 6. Jg., Heft 2, 1985, S. 44–51.

Seibt, Christoph/Huizinga, Michael (2010): Prognosen im Kapitalmarktrecht, in: Corporate Finance law, 1. Jg., Heft 5, 2010, S. 289–303.

Selch, Barbara (2003): Der Lagebericht. Risikoberichterstattung und Aufstellung nach IDW RS HFA 1, Wiesbaden 2003, zugl. Würzburg, Univ., Diss., 2003.

Sellhorn, Thorsten/Lerchenmüller, Julia (2011): DBW-Stichwort: Prognosebericht, in: DBW, 70. Jg., Heft 4, 2011, S. 501–505.

Senger, Thomas/Brune, Jens (2012): DRS 20: neue und geänderte Anforderungen an den Konzernlagebericht, in: WPg., 65. Jg., Heft 24, 2012, S. 1285–1289.

Seppelfricke, Peter (2012): Handbuch Aktien- und Unternehmensbewertung, 4. Auflage, Stuttgart 2012.

Sharpe, William F. (1975): Likely Gains from Market Timing, in: The Financial Analysts Journal, Vol. 31, No. 2, 1975, S. 60–69.

Sieben, Günter (1987): Offene Fragen bei der Erstellung und Prüfung des Lageberichts, in: Havermann, Hans (Hrsg.): Bilanz- und Konzernrecht, FS für Reinhard Goerdeler, Düsseldorf 1987, S. 581–600.

Sieben, Günter/Maltry, Helmut (2012): Der Substanzwert in der Unternehmung, in: Peemöller, Volker H. (Hrsg.): Praxishandbuch zur Unternehmensbewertung, 5. Auflage, Herne 2012, S. 653–677.

Sifi, Salima (2010): Determinanten der Publizitätspolitik: Ökonomische und empirische Analyse am Beispiel immaterieller Werte, Frankfurt am Main u.a. 2010, zugl. München, Univ., Diss., 2009.

Skinner, Douglas J./Sloan, Richard G. (2002): Earnings Surprises, Growth Expectations, and Stock Returns or Don't Let an Earnings Torpedo Sink Your Portfolio, in: Review of Accounting Studies, Vol. 7, No. 2–3, 2002, S. 289–312.

Sorg, Peter (1984): Zukunftsorientierte Berichterstattung in den Geschäftsberichten deutscher Industrie-Aktiengesellschaften, in: zfbf, 36. Jg., Heft 12, 1984, S. 1028–1049.

Sorg, Peter (1988): Die voraussichtliche Entwicklung der Kapitalgesellschaft, in: WPg., 41. Jg., Heft 13, 1988, S. 381–389.

Sorg, Peter (1994): Prognosebericht und Publizitätspraxis der AG, in: Betriebs-Berater, 49. Jg., Heft 28, 1994, S. 1962–1969.

Spreemann, Klaus (1990): Asymmetrische Information, in: Zeitschrift für Betriebswirtschaft, 60. Jg., Heft 5/6, 1990, S. 561–586.

Stang, Stefanie (2011): Die richtigen Ideen finden, in: Wissensmanagement, ohne Jg., Heft 5, 2011, S. 46–48.

Stanzel, Matthias (2007): Qualität des Aktienresearchs von Finanzanalysten, Wiesbaden 2007, zugl. Gießen, Univ., Diss., 2007.

Steiner, Manfred/Bruns, Christoph/Stöckl, Stefan (2012): Wertpapiermanagement, 10. Auflage, Stuttgart 2012.

Steiner, Manfred/Heinke, Volker G. (1996): Rating aus Sicher der modernen Finanzierungstheorie, in: Büschgen, Hans E./Everling, Oliver (Hrsg.): Handbuch Rating, Wiesbaden 1996, S. 579–628.

Stobbe, Thomas (1988): Der Lagebericht, in: Betriebs-Berater, 43. Jg., Heft 5, 1988, S. 303–311.

Strieder, Thomas/Ammedick, Oliver (2007): Die periodische unterjährige externe Rechnungslegung nach dem TUG und dem künftigen DRS 16, in: KoR, 7. Jg., Heft 5, 2007, S. 285–292.

Strzyz, Adam (2013): Determinanten der Dividendenpräferenz deutscher Privatanleger, Frankfurt am Main 2013, zugl. Bochum, Univ., Diss., 2012.

Stubenrath, Michael (2001): Kommunikation auf internationalen Kapitalmärkten, Lohmar 2001, zugl. Frankfurt a.M., Univ., Diss., 2001.

Surowiecki, James (2005): The Wisdom of Crowds: Why the Many Are Smarter Than the Few and How Collective Wisdom Shapes Business, Economies, Societies and Nations, New York 2005.

Tan, Hun-Tong/Libby, Robert/Hunton, James E. (2010): When Do Analysts Adjust for Biases in Management Guidance? Effects of Guidance Track Record and Analysts' Incentives, in: Contemporary Accounting Research, Vol. 27, No. 1, 2010, S. 187–208.

Teitler-Feinberg, Evelyn (2011): IFRS Management Commentary - Bedeutung des Practice Statements, in: Der Schweizer Treuhänder, 85. Jg., Heft 10, 2011, S. 802–808.

Tettenborn, Martin/Rohleder, Stephan/Rogler, Silvia (2013): Überdurchschnittliche Goodwillabschreibungen und Managementwechsel - Eine empirische Untersuchung deutscher Indexunternehmen im Zeitraum 2008 bis 2011, in: Corporate Finance biz, 4. Jg., Heft 1, 2013, S. 33–40.

Theil, Henri (1975): Economic Forecasts and Policy, 4. Auflage, Amsterdam 1975.

Thiele, Jens (1993): Kombination von Prognosen, Heidelberg 1993.

Tichy, Erhard (1979): Der Inhalt des Lageberichts nach § 160 I AktG - eine theoretische und und empirische Untersuchung –, Hohenhein 1979, zugl. Hohenheim, Univ., Diss., 1979.

Tietzel, Manfred (1981/1982): Über die Unmöglichkeit von Wirtschaftsprognosen, Diskussionsbeitrag Nr. 12 des Fachbereichs Wirtschaftswissenschaft der Universität Duisburg - Gesamthochschule, Duisburg 1981/1982.

Tietzel, Manfred (1983): Kriterien für die Qualität von Wirtschaftsprognosen, Diskussionsbeitrag Nr. 57 des Fachbereichs Wirtschaftswissenschaft der Universität Duisburg – Gesamthochschule, Duisburg 1983.

Tietzel, Manfred (1989): Prognoselogik oder: Warum Prognostiker irren dürfen, Jahrbuch für Nationalökonomie und Statistik, Diskussionsbeitrag Nr. 118 des Fachbereichs Wirtschaftswissenschaft der Universität Duisburg – Gesamthochschule, Duisburg 1989.

Tokyo Stock Exchange (TSE) (2009): Principles of Corporate Governance for Listed Companies (Revised on December 22, 2009). Verfügbar unter: http://www.tse.or.jp/english/listing/cg/b7gje60000003y6y-att/principles_200912.pdf [abgerufen am 23.04.2013].

Trueman, Brett (1994): Analysts Forecasts and Herding Behavior, in: The Review of Financial Studies, Vol. 7, No. 1, 1994, S. 97–124.

Tukey, John W. (1977): Exploratory Data Analysis, Reading/Massachusetts 1977.

Tweedie, Sir David (2002): Speech by Sir David Tweedie, Chairman, International Accounting Standards Board, Sydney, Thursday, 15 August 2002. Verfügbar unter: http://hesabras.org/Portals/_Rainbow/images/default/download/speech-28.pdf [abgerufen am 18.01.2013].

United States General Accounting Office (GAO) (2003): INVESTMENT BANKS – The Role of Firms and Their Analysts with Enron and Global Crossing. Verfügbar unter: http://www.gao.gov/new.items/d03511.pdf [abgerufen am 24.01.2013].

Unrein, Daniel (2011): Das IASB-Practice-Statement zum Management Commentary, in: PiR, 7. Jg., Heft 3, 2011, S. 66–73.

Užík, Martin/Nelles, Michael (2007): Debt-Rating – Kapitalmarktreaktionen auf die Ankündigung einer Ratingveränderung, in: Finanz Betrieb, 9. Jg., Heft 3, 2007, S. 172–180.

Velte, Patrick/Stiglbauer, Markus/Sepetauz, Karsten (2011): Entwicklung der Risiko- und Prognoseberichterstattung am deutschen Kapitalmarkt, in: Journal für Betriebswirtschaft, 61. Jg., Heft 2/3, 2011, S. 123–177.

Vergoossen, Ruud G.A. (1993): The use and perceived importance of annual reports by investment analysts in the Netherlands, in: European Accounting Review, Vol. 2, No. 2, 1993, S. 219–244.

von Ahsen, Helge Bernd/de Witt, Bernhard (2009): Analyseschritte zur Ermittlung des Zukunftserfolgs, in: Schacht, Ulrich/Fackler, Matthias (Hrsg.): Praxishandbuch Unternehmensbewertung, Wiesbaden 2009, S. 139–167.

von Rosen, Rüdiger/Gerke, Wolfgang (2001): Kodex für anlegergerechte Kapitalmarktkommunikation, Frankfurt am Main 2001.

von Werder, Axel (2011): Corporate Governance, in: Busse von Colbe, Walther/Crasselt, Nils/Pellens, Bernhard (Hrsg.): Lexikon des Rechnungswesens, München 2011, S. 186–190.

Wagenhofer, Alfred/Ewert, Ralf (2007): Externe Unternehmensrechnung, 2. Auflage, Berlin u.a. 2007.

Wasser, Gerd (1976): Bestimmungsfaktoren freiwilliger Prognosepublizität – Eine empirische Untersuchung auf der Basis eines Modells zur Bewertung des Informationsgehaltes veröffentlichter Unternehmensprognosen, Düsseldorf 1976.

Waymire, Gregory (1984): Additional Evidence on the Information Content of Management Earnings Forecasts, in: Journal of Accounting Research, Vol. 22, No. 2, 1984, S. 703–718.

Wichels, Daniel (2001): Grundsätze des Research, Abschnitt 1.7.1., in: Achleitner, Ann-Kristin/Thoma, Georg F. (Hrsg.): Handbuch Corporate Finance, Köln 2001.

Wichels, Daniel (2002): Gestaltung der Kapitalmarktkommunikation mit Finanzanalysen. Eine empirische Untersuchung zum Informationsbedarf von Finanzanalysten in der Automobilindustrie, Wiesbaden 2002, zugl. Diss., Oestrich-Winkel, Univ., 2001.

Winker, Peter (2010): Empirische Wirtschaftsforschung und Ökonometrie, 3. Auflage, Berlin u.a. 2010.

Withus, Karl-Heinz (2013): Prognose-, Chancen- und Risikobericht, in: Müller, Stefan/Stute, Andreas/Withus, Karl-Heinz (Hrsg.): Handbuch Lagebericht, Kommentar von § 289 und § 315 HGB, DRS 20 und Management Commentary, Berlin 2013, S. 190–241.

Wolz, Matthias (2004): Die Prognosepublizität junger, wachstumsstarker Unternehmen und deren Auswirkungen auf den Unternehmenswert, in: Betrieb und Wirtschaft, 58. Jg., Heft 3, 2004, S. 109–117.

Wooldridge, Jeffrey M. (2009): Introductory Econometrics – A Modern Approach, 4. Auflage, Canada 2009.

Yap, Bee Wah/Razahli, Nornadiah Mohd (2010): Power comparisons of some selected normality tests, Proceedings of the Regional Conference on Statistical Science, June 2010, S. 126–138.

Zülch, Henning/Hoffmann, Sebastian (2010): Fehlen eines Prognoseberichts als wesentlicher Fehler der Rechnungslegung, in: StuB, 11. Jg., Heft 3, 2010, S. 83–87.

Zülch, Henning/Siggelkow, Lena (2012): Bilanzpolitik im Rahmen der Entscheidung zur Erfassung einer Wertminderung gemäß IAS 36 – Empirische Analyse des Bilanzierungsverhaltens deutscher Unternehmen im Zeitraum 2004 bis 2010, in: Corporate Finance biz, 3. Jg., Heft 8, 2012, S. 383–391.

Zwehl, Wolfgang von (1968): Untersuchung zur Erstellung einer Planbilanz als Ergänzung des Jahresabschlusses, Berlin 1968.

**Betriebswirtschaftliche Forschung im Rechnungswesen**

Herausgegeben von Nils Crasselt, Rolf Uwe Fülbier, Joachim Gassen, Bernhard Pellens und Thorsten Sellhorn

Band 1 Verena Hill: Rechnungslegungspolitik im Rahmen der Kaufpreisallokation. Eine theoretische und empirische Analyse deutscher kapitalmarktorientierter Unternehmen. 2011.

Band 2 Ulrich Küting: Rückstellungsbilanzierung nach HGB und IFRS. Normendeskription und empirische Analysen zur deutschen und internationalen Bilanzierungspraxis. 2011.

Band 3 Felix Fischer: Der Zusammenhang zwischen Rechnungslegung und Ausschüttungsbemessung. Eine empirische Analyse deutscher börsennotierter Aktiengesellschaften. 2011.

Band 4 Torben Auste: Einfluss von Lobbying auf den IFRS-Standardsetzungsprozess. 2012.

Band 5 Michael Fischkin: Determinanten der Prüferwahl und des Prüferwechsels auf dem deutschen Prüfungsmarkt für börsennotierte Unternehmen. Eine theoretische und empirische Untersuchung. 2012.

Band 6 Maximilian Lauerbach: Investitionssteuerung mit Risk Adjusted Performance Measures im Nicht-Finanzbereich. 2012.

Band 7 Marco Kreutzer: Wertorientierte Planung und Steuerung anhand des Residualgewinnkonzepts. Eine Analyse in Abhängigkeit vom zu Grunde liegenden Rechnungslegungssystem. 2012.

Band 8 Tim-Frederik Oehr: Sozio-ökonomische Aspekte der Regulierung der Rechnungslegung. 2012.

Band 9 Adam Strzyz: Determinanten der Dividendenpräferenz deutscher Privatanleger. 2013.

Band 10 Jane Fehr: Die künftige Leasingbilanzierung nach IFRS. Auswirkungen auf das Entscheidungsverhalten der Akteure. 2013.

Band 11 Thomas Kemper-Scharpegge: Einfluss der IFRS auf die Rechnungslegungspraxis. Eine theoretische und empirische Analyse in ausgewählten Ländern der EU. 2013.

Band 12 Nico Kavvadias: Forschungs- und Entwicklungskosten. Abschlusspolitische Gestaltungsspielräume und Determinanten für deren Ausübung. 2014.

Band 13 Theresa Weiß: Steueraggressivität börsennotierter und nichtbörsennotierter Unternehmen in Deutschland. Eine theoretische und empirische Analyse. 2014.

Band 14 Kai Lehmann: Managementprognosen und Analystenschätzungen. Empirische Untersuchung zum Prognoseverhalten von Unternehmen und Finanzanalysten. 2014.

www.peterlang.com